D
€3,-

Eckhard Bieger

DAS KIRCHENJAHR zum Nachschlagen

Entstehung – Bedeutung – Brauchtum

2. Auflage

Herausgeber und Vertrieb

Allgemeine Gemeinnützige Programmgesellschaft (APG)
Redaktion: Werner Stratenschulte
Occamstraße 2, 8000 München 40
Tel. 089 / 33 10 26 oder 34 70 24
Druck: Druckwerkstätten Gebr. Nauth GmbH, Mainz
München 1985

ISBN 3-9801440-0-3

KIRCHLICHE FESTE IN DEN MEDIEN

Ziel und Aufbau der Arbeitshilfen

Kirchliche Feste finden - immer noch - unter großer Beteiligung statt. Anders als Olympiaden, die Tour de France oder Wahlen nehmen sie in den Medien jedoch wenig Raum ein. Sie lassen sich ähnlich schwer vermitteln wie Ausstellungen, Kongresse oder Fachmessen, die auch zum Teil breite Publikumsschichten anziehen. Ursachen hierfür sind:

- Strukturunterschiede zwischen massenmedialer Kommunikation und ihren Teilnahmebedingungen sowie den Kommunikationsstrukturen kirchlicher Feste.
- Veränderungen der Lebensgestaltung, die heute anderen Zeitrhythmen unterliegt als denen des kirchlichen Festkalenders.

Es ist daher nicht leicht, zwischen dem massenmedialen und dem kirchlichen System Brücken zu schlagen, so daß Inhalte christlicher Feste Veranstaltungen, Feiern der Kirche Thema von Beiträgen werden. Die bisher entwickelten Sendeformen sowie ihre Plazierung im Programm sind dafür noch unzureichend, obwohl sie unter kirchlicher Mithilfe entstanden sind. Beiträge in den Printmedien erscheinen weniger problematisch.

Auf den folgenden Seiten wird versucht, einige Wege zu bahnen:

o Strukturelle Elemente

  Es wird herausgearbeitet, wie christliche Feste strukturiert sind, wie sie funktionieren. Dadurch werden die Schwierigkeiten, die einer Umsetzung entgegenstehen, prägnanter formuliert.

o Erschließung von Material

  Über kirchliche Feste liegen eine Vielzahl von Forschungsergebnissen sowie eine Fülle von Erläuterungen vor. Über die Heiligen gibt es mehr oder weniger ausführliche Darstellungen und Biographien.

Die christliche Kunst, auch in ihren theologischen Aussagen, ist in Lexika erschlossen. Es ist daher nicht notwendig, Informationen über Feste und Heilige (letztere sind Anlaß vieler christlicher Feste) hier ausführlich zusammenzustellen. Das in Büchern und Speziallexika aufgearbeitete Material ist leicht zugänglich und wird daher nur vorgestellt.

o Ideen, Vorschläge

Die Herausarbeitung von Strukturen, die Sichtung der Materialien sowie verschiedene Gespräche haben erste Ergebnisse für die Themenentwicklung gebracht. Diese Ergebnisse werden hier nur als Vorüberlegungen zusammengestellt, ein "Kompendium" möglicher Themen und Sendeformen wird nicht angestrebt.

Literaturhinweise werden nicht zu den einzelnen Kapiteln gegeben, sondern in einem eigenen Überblick. Dabei entspricht die Nummerierung der Literatur der Einteilung der Kapitel, z.B. findet sich im Literaturteil unter 1.2.2. die Literatur zu Kapitel 1.2.2.

In den ersten beiden Kapiteln werden allgemeine strukturelle Merkmale und die Probleme der Vermittlung herausgearbeitet sowie ein Überblick über den Festkalender gegeben.

Ab dem 3. Kapitel werden die Feste einzeln dargestellt. Für die Darstellung wird jeweils ein bestimmter Aufbau gewählt, so daß eine schnelle Orientierung möglich ist.

1. Kirchliche Feste - Strukturelle Merkmale

1.1. Kirchliche Feste (katholisch) - ein erster Überblick

Kirchliche Feste sind Veranstaltungen einer Religionsgemeinschaft. Der öffentliche Charakter der Religion hat zur Folge, daß die Feste in die Alltagswelt hineinwirken, den Festtagen nicht nur einen Freizeitcharakter, sondern eine besondere Bedeutung geben.

Öffentlichkeitswirkung der Feste

Diese Bedeutung vermittelt sich nicht nur durch Appell, sondern durch Gottesdienste, Prozessionen und andere Feiern. Diese sozialen Formen ermöglichen eine Teilnahme an dem Fest. Als Handlungen haben Feste, unabhängig von ihrem konkreten Anlaß, mehrere Bedeutungsschichten:

Feste: Handlungen einer Religionsgemeinschaft

- Ausdruck der Zugehörigkeit zu einer religiösen Gemeinschaft
- Zustimmung zu den Wahrheiten und Zielen, die die Glaubensgemeinschaft vertritt
- Neue Vergewisserung der zentralen Aussagen wie auch der Hoffnungen der Glaubensgemeinschaft
- Ausdrücklicher Bezug auf die Transzendenz und den Stifter der Glaubensgemeinschaft

Bedeutungsebenen von Festen

Die christliche Religion hat eine Vielzahl von Festen und Feiertagen ausgebildet. Der Festkalender ist das Gerüst kirchlichen Lebens. Dieser Kalender hat vielfältige Entwicklungen durchlaufen. In seiner heutigen, gültigen Form wurde er 1969 im Anschluß an die vom II. Vatikanischen Konzil eingeleitete Liturgiereform festgelegt.

Der kirchliche Festkalender, das sogenannte Kirchenjahr, beginnt nicht mit dem 1. Januar, sondern mit dem 1. Adventssonntag.

Beginn des Kirchenjahres

Darstellung des Kirchenjahres s. Kap. 1.2.3., S. 19

1.2. Feste und Medien - zwei verschiedene Welten

Kirchliche Feste sind dem Ablauf des Jahres eingepaßt und charakterisieren ihrerseits einzelne Jahreszeiten. Zwischen dem Aufbau des Festkalenders und dem Zeitrhythmus der Industriegesellschaft gibt es jedoch immer größere Differenzen.

1.2.1. Kirchliche Feste in einer Arbeits- und Freizeitwelt

Feste strukturieren das Jahr

Kirchliche Feste strukturieren den Jahresablauf, Weihnachten und Ostern mit ihren Vorbereitungszeiten, Feste mit charakteristischen Riten wie Fronleichnam oder das Fest des heiligen Martin.

> Veränderungen:
>
> Das öffentliche wie auch das alltägliche Leben wurden noch in den fünfziger Jahren stärker vom kirchlichen Festkalender geprägt. Es gab auch mehr kirchliche Feiertage, die jedoch für den industriellen Arbeitsrhythmus nicht mehr funktional waren, z.B. Drei-Könige 6. Januar, Josef 19. März, Peter und Paul 29. Juni, Mariä Himmelfahrt 15. August, Mariä Empfängnis 8. Dezember.

Der Wechsel von Arbeitszeit und Freizeit:

Kirchliche Feste innerhalb des Freizeitkalenders

Heute wird das Leben stärker durch die Freizeit strukturiert: Wochenenden und Urlaubszeiten. Kirchliche Feiertage in der Weihnachtszeit, Ostern, Pfingsten, Fronleichnam, Allerheiligen verlängern eher die Freizeitwochenenden. Dadurch ergibt sich eine Diskrepanz zwischen den Strukturierungselementen. Es stehen sich gegenüber:

Religiös orientierte Strukturierungselemente: Vorbereitungszeiten, Feste, Festzeiten

In früheren Jahrhunderten sicherten die kirchlichen Feste und Festzeiten die Freizeit der Menschen. Sie hatten eine ähnliche Funktion wie heutige Tarifverträge.

Strukturierungselemente aus dem Wechsel von Arbeit und Freizeit
Arbeitszeiten
Freizeit: Wochenenden, Ferien - Urlaub

Überschneidungen gibt es in den Phasen der Festzeiten: Die kirchlichen Feiertage erweitern die "Frei-Zeit". Dadurch erhalten diese Zeiten einen religiös-kirchlichen Akzent, der auch in den Rundfunkprogrammen seinen Niederschlag findet.

Kirchengemeinden als "Veranstalter" der Feste

Das Leben der Kirchengemeinden wird auch deshalb zu einem guten Teil durch die Feste bestimmt, weil die Feste organisiert werden müssen. Diese Aufgabe wird gleichrangig neben der religiösen Unterweisung (Katechese), den sozialen Diensten, der Bildungsarbeit und den Treffen der verschiedenen Gruppen gesehen. Für die Gemeinden sind die Feste wichtige Integrationselemente, denn bei keinen anderen Veranstaltungen kommen so viele Gemeindemitglieder zusammen. An den Gottesdiensten der großen Feste nehmen mehr Menschen teil als an den Sonntagsgottesdiensten.

Auflösung lokaler Bindungen durch den Tourismus

> Tourismus als Konkurrent kirchlicher Feste
>
> Viele Gemeindemitglieder nehmen deshalb an Festen ihrer Gemeinde nicht teil, weil sie zu den Festzeiten unterwegs sind. Das trifft auch für viele Sommerwochenenden zu, nicht zuletzt für die Dauer-Camper auf den zahlreichen Wohnwagenplätzen, die sich während der warmen Jahreszeit kaum in ihrer "Stadt-Wohnung" aufhalten.
>
> Auflösung kirchlicher Bindungen
>
> Die Zahl der Menschen, die am kirchlichen Leben teilnehmen, ist in den letzten Jahren ständig zurückgegangen.

Kirchliche Bindung und Teilnahme an kirchlichen Festen

Das zeigt sich auf zwei Ebenen:

> Rückgang des Kirchenbesuches, Rückgang der kirchlichen Eheschließungen, Rückgang der Taufen und Kirchenaustritte. Das hat auch eine geringere Teilnahme an kirchlichen Festen zur Folge.
>
> Rückgang der "privaten" religiösen Praxis, z.B. Tischgebet, gemeinsame Bibellesung in der Familie, Gebetserziehung. Das hat auch zur Folge, daß die kirchlichen Feste in der Familie in weit geringerem Maße mitgefeiert werden.

Wegen des Rückgangs der religiösen Praxis in den Familien sind die Kirchengemeinden fast allein die Träger des christlichen Festkalenders geblieben. Es gelingt ihnen nur schwer, die Aussagen der christlichen Feste über den Kreis der Gottesdienstbesucher hinaus zu vermitteln.

Die Themen christlicher Feste haben nicht nur kircheninterne Bedeutung

Viele dieser Themen, z.B. die Botschaft des Friedens, die Frage nach dem Tod, das Gedächtnis der Toten, die Aufforderung zur Überprüfung der eigenen Lebenspraxis haben nicht nur für die Mitglieder einer Glaubensgemeinschaft Bedeutung. Sie könnte daher auch in solchen Programmen und Artikeln aufgegriffen werden, die nicht nur für die kirchlich orientierten Minderheiten bestimmt sind.

Die Großorganisation Kirche als Verwalterin der religiösen Thematik

Für christliche Themen ist eine breitere Öffentlichkeit jedoch nicht einfachhin ansprechbar. In der Gesellschaft werden die einzelnen Themenbereiche von Großorganisationen verwaltet. Die Erwartung der Hörer, Zuschauer und Leser geht dahin, daß die Themen der biblischen Tradition von der zuständigen Großorganisation "Kirche" wahrgenommen werden. Diese Erwartung wird noch dadurch verstärkt, daß im Bereich der jüdischen, der christlichen und islamischen Glaubensgemeinschaften die Religion weitaus stärker institutionalisiert ist als z.B. bei den asiatischen Religionen.

Nicht-religiöse Interpretation des Menschen

Im Westen hat sich in den letzten Jahrhunderten, teilweise als Reaktion auf die institutionell ausgeprägte Religion, eine Gegenbewegung gebildet, die den Menschen in seinen gesellschaftlichen, wirtschaftlichen und politischen Bezügen nicht mehr aus seiner Beziehung zur Transzendenz definiert. Religion ist allenfalls Privatsache oder wird in der atheistischen Religionskritik als "Beeinträchtigung der menschlichen Selbstverwirklichung" gesehen.

Kirchliche Feste als Themen von Artikeln und Sendungen sind daher keine unproblematischen Programme. Unter dem Stichwort "Säkularisierung" soll im folgenden kurz auf diese Fragestellung eingegangen werden.

Literatur s. S. 407 und 408

1.2.2. Säkularisierung und Sakrament

Kirchliche Feste mit ihren Gottesdiensten, dem Brauchtum und der Feiertagsruhe greifen in die Lebensgewohnheiten und auch in das Lebensgefühl der Menschen ein.

Weitere Faktoren der gesellschaftlichen Einflußnahme der Religion war und sind das Bildungssystem sowie die sozialen Dienste.

Einflußfaktoren der institutionalisierten Religion

Insoweit Klöster und Bistümer über Ländereien verfügten, waren sie auch ein Teil des wirtschaftlichen Lebens. Die Bischöfe als Landesfürsten übten einen entscheidenden Einfluß auf das politische Leben aus.

Aus diesen Positionen ist die Kirche mehrfach zurückgedrängt worden. Die Säkularisation als Enteignung des Kirchengutes 1803 führte zum Einzug von 22 Bistümern und 280 Klöstern. 3,1 Millionen Einwohner dieser Gebiete waren davon betroffen.

"Enteignung" der Kirche als Gegenreaktion

Dabei gab und gibt es jedoch nicht nur eine Einflußnahme der Kirche auf Staat und Gesellschaft. Auch der Staat hat Einfluß auf die Kirche ausgeübt und sie funktional als Element z.B. der Stabilisierung gesehen. Otto der Große gab den Bischöfen Macht, weil diese ihre Macht vererben konnten. Staatliche Macht suchte sich sogar religiös zu legitimieren. Der mittelalterliche Kaiser war Vicarius (Stellvertreter) Christi - das Gottesgnadentum der absolutistischen Herrscher und der preußischen Könige und Kaiser. Im Investiturstreit befreite sich die Kirche insoweit vom Einfluß des Staates, als sie dessen Mitbestimmung bei der Besetzung von Bischofsstühlen zurückdrängte.

Funktionalisierung der Kirche durch den Staat

Der Staat überließ der Kirche jahrhundertelang das Bildungssystem und die Sorge für Kranke, Waisen und Bettler. Für einzelne soziale Dienste sowie für die Betreuung von Jugendlichen werden heute sogar in einigen kommunistischen Ländern noch die Leistungen der Kirche nicht nur geduldet.

Dienstleistungen der Kirche für die Gesellschaft

Kirche ohne Einfluß auf die Wirtschaft

Die gesellschaftliche Erwünschtheit kirchlicher Leistungen wird jedoch von vielen bestritten. Auf jeden Fall hat die Kirche im Kernbereich der modernen gesellschaftlichen Entwicklung keinen Einfluß erhalten und wohl auch nicht gesucht: Die Wirtschaft hat sich autonom entwickelt und ihre Normen und Zielsetzungen unabhängig von der Religion ausgebildet.

Konflikt Kirche - Wissenschaften

Umstrittener war die Einflußnahme der Religion auf die Entwicklung der Wissenschaften. Hier hat die Kirche nicht kampflos das Feld geräumt. Auch hat es aus diesem Lager die heftigsten Angriffe auf die Kirche gegeben, weil die Erkenntnisse der Naturwissenschaften das Weltbild der Bibel und der Antike in Frage stellten.

Die Auseinandersetzung mit dem Einfluß der Religion erfolgte nicht nur auf der Ebene, auf der die Religion als Kirche institutionell faßbar ist.

Ablehnung auch der Religion als Idee

Es gibt auch, zumindest seit dem Spätmittelalter und der Renaissance, eine Auseinandersetzung mit der Idee der Religion. Die Religionskritik, vor allem ihre Protagonisten des 19. und 20. Jahrhunderts, wollen nicht nur Bereiche des gesellschaftlichen Lebens dem Einfluß der Kirche entziehen. Sie wollen den Menschen überhaupt nicht mehr von seinem Bezug zur Transzendenz her als Geschöpf definieren, sondern ihn als autonomes Subjekt sehen, das sich zwar in der Welt vorfindet, aber ohne Bezug auf Gott und das Jenseits seinen Lebensplan entwirft und die Gestaltung der Welt, der sozialen Umwelt und der eigenen Lebensgeschichte in die Hand nimmt.

Religionskritik unter dem Stichwort "Selbstverwirklichung"

Säkularisierung: Zurückdrängung des gesellschaftlichen Einflußes der Kirche <u>und</u> Emanzipation von der Gottesvorstellung

Säkularisierung heißt dann nicht nur Freisetzung von immer mehr Bereichen in eine von der Religion autonome Selbstbestimmung, sondern auch ein Verständnis des Menschen, das ihn nicht mehr aus dem Bezug auf eine Transzendenz definiert. Die Aufhebung dieses Bezuges wird als Voraussetzung für eine entschiedenere Selbstverwirklichung (Feuerbach, Marx), als Bejahung des Lebens (Nietzsche), als Voraussetzung für Freiheit (Sartre) gesehen. Mit wissenschaftlicher Argumentation wurden religiöse Vorstellungen als Illusion gekennzeichnet (Rationalismus). Der Mensch und die Gesellschaft emanzipieren sich nicht nur von einer Bestimmung durch die Kirche, sondern auch von der Gottesvorstellung und dem Begriff der Schöpfung. Ein Zeichen für die Säkularisierung ist die Zählung der Wochentage. Nach christlichem Verständnis beginnt die Woche mit dem Sonntag; er ist der erste, nicht der siebte Tag.

Kirchliche Feste stehen dem religionskritischen Verständnis des Menschen diametral entgegen. In den Festen "feiert" der Mensch das Geschenk des Lebens und vergewissert sich der Zusage, die eine Überwindung des Todes verheißt. Religiöse Feste interpretieren den Menschen, seine Herkunft, seine zentralen Lebenserfahrungen, die ihn umgebende Welt als von Gott gestiftet und getragen. Das Fest nimmt sogar die Überwindung des Todes symbolisch vorweg.

Feste sind eine Interpretation des Menschen

Dieses Verständnis wird in den christlichen Kirchen durch die Sakramente vollzogen: Sakramente sind Zeichen, in denen Gott selbst durch die Kirche handelt, in denen Gott dem Menschen begegnet.

Gott handelt in den Sakramenten

Der Begriff des Sakramentes wurde, vom Neuen Testament ausgehend, über Jahrhunderte hinweg entfaltet und präzisiert. Für die katholische und die orthodoxen Kirchen sind die Sakramente auch heute die zentralen sozialen Handlungen, aus denen heraus sich das kirchliche Leben strukturiert. Die Taufe, die Aufnahme in die kirchliche Gemeinschaft, befreit den Täufling von aller Schuld und macht ihn zum "Kind Gottes".

Sakramente - zentrale Handlungen der Kirchen

In der Firmung wird der einzelne mit dem Geist begabt und zu einem vollgültigen Mitglied der Gemeinde, das auch befähigt ist, Verantwortung zu übernehmen.

Das Weihesakrament (Diakon-, Priester-, Bischofsweihe) befähigt den einzelnen zu einem Amt in der Kirche.

Im Sakrament der Ehe bildet der Mensch das Verhältnis zwischen Christus und der Kirche ab (so der Eph 5,22-25). Die Beziehung der Ehepartner wird in den Raum der Gnade hineingeholt, so daß die Ehepartner in der Gemeinschaft ihr Heil finden.

Im Sakrament der Buße erhält der einzelne durch die Lossprechung des Priesters von Gott Vergebung seiner Schuld.

Im Sakrament der Krankensalbung führt die Kirche das Handeln Jesu gegenüber den Kranken fort. Schwere Krankheit wird so zur Heilssituation.

Das Sakrament der Eucharistie ist die Fortführung des Mahles, das Jesus mit seinen Jüngern hielt. Die Gemeinde versammelt sich, um das Wort der Bibel zu hören und an dem Mahl teilzunehmen. Der Priester wiederholt die Worte Jesu, der in den Gestalten von Brot und Wein als real gegenwärtig geglaubt wird. Die Eucharistie ist das zentrale Element der kirchlichen Feste. Der Sonntag ist mit der Eucharistie eng verbunden. Am Sonntag versammeln sich die Christen, um des Todes und der Auferstehung Jesu zu gedenken, die sie sakramental mitvollziehen. In dem Mahl ist die Hingabe Jesu für die Menschen ausgedrückt, die in seinem Tod ihre Vollendung fand. Die Eucharistie ist Ausdruck der Hingabe Jesu. Der Sonntag ist das älteste Fest der Christen.

Sakramente konstituierten bereits die neutestamentlichen Gemeinden

Diese Zeichenhandlungen waren zum größeren Teil schon in den neutestamentlichen Gemeinden üblich. Die Fortsetzung des Mahles war der Kristallisationskern, aus dem sich die Gemeinden entwickelten. Weiter gab es den Aufnahmeritus der Taufe und die Firmung, die Einsetzung von Amtsträgern sowie die Krankensalbung.

Sakramente in der theologischen Begrifflichkeit

Die Theologen haben immer wieder versucht, die Bedeutung dieser Zeichenhandlungen zu begründen und zu formulieren. Im Vergleich zur Funktion der Sakramente für das kirchliche Leben sind die Ergebnisse der Theologen jedoch eher blaß. Allerdings wurden wichtige Kriterien zur Abgrenzung der Sakramente von magischen oder bloß rituellen Handlungen herausgearbeitet:

- Sakramente sind nicht Leistungen des Menschen, sondern Handlungen Gottes. Der Mensch versucht nicht, durch magische Praktiken Gott gnädig zu stimmen, vielmehr antwortet er nur auf die Initiative Gottes, die in den Sakramenten zeichenhaft in seiner Lebenswelt "ankommt".
- Sakramente sind "wirksame Zeichen" - indem sie vollzogen werden, bewirken sie die Gnade.

- Die sakramentalen Zeichenhandlungen: Übergießen mit Wasser, Salben mit Öl, Essen von Brot und Wein sind aus sich heraus nicht wirksam. Entscheidend ist das Wort, das in der Zeichenhandlung gesprochen wird. Das Wort macht die Handlung erst zum Sakrament.
- Die Wirkung des Sakramentes ist nicht abhängig von der Heiligkeit des Amtsträgers. Er ist nur Werkzeug, Instrument, allerdings insofern ein personales Werkzeug, als er absichtsvoll handeln muß. Er kann nicht nur den Ritus ausführen, sondern muß "intendieren zu tun, was die Kirche in den Sakramenten tut".
- Das Sakrament wirkt auf symbolische Weise. Wie ein Richterspruch das Urteil nicht nur mitteilt, sondern setzt, bewirkt, wie die Krönung einen Mann zum König macht, bewirken die Sakramente, indem sie vollzogen werden.
- Die Wirkung kommt zustande, wenn der Empfänger an Jesus Christus und seine Erlösung glaubt, sich nicht gegen die Gnade des Sakramentes wendet. Von ihm werden keine weiteren besonderen Leistungen gefordert.

Urbild des Handelns Gottes: Der Mensch Jesus

Die Sakramente leiten sich unmittelbar her von Jesus Christus: Er ist das Zeichen Gottes in der Welt, in ihm handelt Gott selbst, er ist das Ursakrament. Dieses Handeln Gottes wird in der Kirche weitergeführt. Die Kirche ist mit dem ersten Ostern gestiftet. Jesus hat sich der Gruppe, die er zu seinen Lebzeiten um sich gesammelt hat, gezeigt. Er ist in der Kirche anwesend und wirksam. Er handelt selbst in den Handlungen der Kirche - in der Wortverkündigung und den Sakramenten. Diese kommunikativen Handlungen konstituieren die Kirche immer neu.

Beziehung Christus - Kirche

Sakramente als Interpretation zentraler Lebensabschnitte

Zugleich zielen die Sakramente auf entscheidende Situationen im Leben des einzelnen - Geburt, Erwachsenwerden, Heirat, Tod - und beziehen so diese Lebenssituation auf Gott und das Lebensschicksal Jesu. Sie interpretieren das Leben als religiös bestimmt und geben dem Leben eine neue Dimension, indem sie Gnade, d.h. wirkliches Leben vermitteln.

Rollenzuweisung durch Sakramente

Als soziale Handlungen interpretieren die Sakramente nicht nur den Menschen und einzelne Lebensabschnitte, sie weisen ihn auch in eine Rolle ein, die zumindest im kirchlichen Kontext fundamental ist und früher auch die Rolle als gesellschaftliches Subjekt begründete. Die Bedeutung, die ein kirchliches Begräbnis immer noch hat, ist ein Nachhall davon.

Quasi-sakramentale Handlungen der Gesellschaft

Die Gesellschaft hat vergleichbare soziale Handlungen ausgebildet, die den einzelnen in seiner gesellschaftlichen Rolle konstituieren, z.B. die Einschulung, die Überreichung eines Abschlußzeugnisses, Prüfungsrituale, die Aushändigung eines Gesellen- und Meisterbriefes, die Einführung in ein öffentliches Amt mit Eidesablegung, die Eheschließung. Auch der Urteilsspruch eines Gerichtes kann die gesellschaftliche Rolle des Betroffenen neu bestimmen.

Atheistische Ersatz-Sakramente

Es wurden sogar nicht-kirchliche Weihen in Konkurrenz zu den kirchlichen Sakramenten entwickelt, so von den Freireligiösen die Jugend-, Ehe- und Totenweihe, in der DDR Feste der Namensgebung (Taufe), Jugendweihe, Eheschließung, Bestattung.

Feste: Mögliche oder unmögliche Themen in den Medien

Das Zentrum kirchlicher Feste ist das Sakrament der Eucharistie. Die Feste haben deshalb sakramentalen Charakter. Damit spitzt sich die Frage zu, inwieweit Feste Thema in Mediensystemen werden können, die von einer sich nicht religiös verstehenden Gesellschaft betrieben werden.

Ansatzpunkte:

Zwei Ansatzpunkte können in einem ersten Schritt formuliert werden:

- Feste artikulieren Themen, die auch in einer säkularisierten Gesellschaft als Gesprächsbeitrag akzeptiert werden.
- Ein Teil der Gesellschaft interpretiert die menschliche Existenz religiös und nimmt an kirchlichen Festen mittelbar oder unmittelbar teil. Aufgabe der Medien wäre es, auch diesen Aspekt gesellschaftlichen Lebens im Raum der Öffentlichkeit zu artikulieren.

Ehe diese Ansatzpunkte ausgeführt werden können, müssen Strukturen und Charakteristika kirchlicher Feste kurz dargestellt werden.

Literatur s. S. 409 und 410

1.2.3. Christliche Feste - eine Kurzbeschreibung

In den Festen kehrt die Glaubensgemeinschaft an ihre Ursprünge zurück, die sie als gegenwärtig glaubt. Die Geburt Jesu, sein Tod und seine Auferstehung sind Ereignisse, die weit zurückliegen. Sie sind aber nicht vergangen, sondern nach dem Glauben der Christen in der Zeit gegenwärtig. Das findet seinen Ausdruck in der Feier, in deren Zentrum immer der eucharistische Gottesdienst steht.

Gegenwartsbezug des Ursprungs

Der Gottesdienst hat zwei Hauptelemente:

> Im Wortgottesdienst stehen Texte aus dem Neuen und Alten Testament im Mittelpunkt, die in der Predigt ausgelegt werden. Diese Texte gelten als Gottes Wort, das zu allen Generationen gesprochen ist.
>
> Im eucharistischen Gottesdienst wird die Mahlfeier wiederholt, die Jesus mit seinen Anhängern vor seiner Verurteilung gehalten hat. In den Gestalten von Brot und Wein wird er gegenwärtig geglaubt. Er ist mit seinem ganzen Heilswerk gegenwärtig. Sein Tod und seine Auferstehung werden sakramental vollzogen.

Das gemeinsame Mahl, das Jesus mit seinen Jüngern hielt, gilt als Ursprung der Kirche. Jesus hat an das jüdische Passamahl angeknüpft, ihm aber einen neuen Inhalt gegeben. Er selbst, sein Sterben und seine Auferstehung sind der neue Inhalt des Mahles. Seine Anhänger haben dieses Mahl fortgeführt und auch vor allem bei diesen Mahlfeiern die Erfahrung seiner Auferstehung gemacht.

Fortführung des gemeinsamen Mahles

In dem Gedächtnis daran ist das ganze Heilsgeschehen zusammengefaßt.

Gegenwart aller religiösen Inhalte

> Der neue Zugang zum Vater - Gott
>
> Die Befreiung von Schuld
>
> Die Eröffnung einer neuen Zukunft, eines Lebens über den Tod hinaus

Feste vermitteln in besonderer Weise eine Beziehung zwischen der Glaubensgemeinschaft und Gott. Der Stifter der Glaubensgemeinschaft hat eine zentrale Vermittlerrolle. Feste sind kollektive religiöse Handlungen, die den einzelnen einbeziehen und auf die Transzendenz hinlenken. In Gebeten und Riten wendet sich die Glaubensgemeinschaft unmittelbar an Gott.

Kommunikation mit der Transzendenz

Empfangen und Antworten

Dabei erfahren sich die Gläubigen zugleich als Empfangende und Antwortende. Im Fest antwortet der Mensch auf die Schöpfung, auch die Befreiung von persönlicher Schuld, aus Krankheit und Gefahr und die Verheißung eines Lebens nach dem Tod.

Aspektreichtum religiöser Feste

Die Stiftung der religiösen Existenz des einzelnen und der Glaubensgemeinschaft wird in verschiedenen Festen auf einzelne Inhalte und Akzente hin ausgefaltet. Damit ergeben sich eine Vielzahl von Aspekten und Bezügen.

Bezug zu zentralen Lebenserfahrungen

Feste - das gilt für alle Religionen - haben durch ihre Inhalte einen Bezug zu zentralen Lebenserfahrungen. Leben und Tod, Gefahr und Befreiung, Wachstum und Ernte, Schuld und Sühne, Verzweiflung und Hoffnung werden in den Inhalten der Feste thematisiert. Es ist daher möglich, eine Vielzahl von Themen mit Festen in Verbindung zu bringen, die Feste auf vielfältige Situationen und Erfahrungen hin auszulegen. Der einzelne kann seine Erfahrungen, seine Fragen und Hoffnungen in die Feier einbringen. Die Feste selbst erheben den Anspruch, auf die zentralen Fragen eine Antwort zu geben.

Symbolsprache der Feste

Die Feste bedienen sich in Form von Erzählungen, Gebeten, Riten und Gesten einer Symbolsprache, die die Aussagen des Festes vermitteln und zugleich die Teilnahme an der Feier ermöglichen. Diese Symbolsprache ist substantiell mit der Glaubensgemeinschaft gegeben. Die Gemeinschaft konstituiert sich durch ihre Symbole und findet darin immer neu ihre Identität. Das Hineinwachsen in die Glaubensgemeinschaft ist zu einem guten Teil identisch mit der Aneignung dieser Symbolsprache.

"Beteiligung" als Voraussetzung für Feste

Feste kommen zustande, indem Menschen das Fest begehen. Die Beteiligung am Fest ist konstitutiv dafür, daß überhaupt ein Fest stattfindet. Ein großer Teil kirchlicher Aktivität besteht in der Vorbereitung auf Feste, in sozialen Strategien, die Mitglieder der Glaubensgemeinschaft zu motivieren, sich auf die Inhalte der Feste einzustellen und an den Gottesdiensten teilzunehmen. Durch die Möglichkeit und die Notwendigkeit der Teilnahme haben die Feste charakteristische Kommunikationsstrukturen entwickelt, die nicht einfach in das Kommunikationsnetz der Massenmedien umgesetzt werden können. Feste finden am selben Tag, aber zugleich an vielen Orten statt. Ereignisse, die durch die Massenmedien vermittelt werden, finden nur an einem Ort statt, so daß eine Teilnahme nur durch die Medien möglich ist (z.B. Olympische Spiele oder Papstmesse).

Differenz der Beteiligungsstrukturen

Literatur s. S. 410-412

1.3. Programmentwicklung - Themen, Kriterien, Sendeformen

Im folgenden wird zuerst eine kurze Bestandsaufnahme und Analyse der medienspezifischen Probleme versucht. Es werden dann einige allgemeine thematische Linien entwickelt. Bei den einzelnen Festen werden thematische Vorschläge konkreter gefaßt.

1.3.1. Feste in den Medien: Sperrige Themen

Die großen Feste haben auch Auswirkungen auf die Programmgestaltung der Medien. Es wird Wert auf Feierlichkeit gelegt. Thematisch geben die Feste allerdings auf den ersten Blick wenig her.

Feste: Kein Thema für Berichterstattung

- Feste haben keinen Neuigkeitswert. Obwohl sie wie Sportwettkämpfe zyklisch durchgeführt werden, gibt es keine Ergebnisse. Für Insider ist allenfalls interessant, wie die Gottesdienste gestaltet worden sind, welche Ideen andere hatten, wie die Gottesdienste bei den Leuten angekommen sind.

Struktur der Feste macht Berichterstattung überflüssig

- Kirchliche Feste finden, anders als z. B. eine Weltmeisterschaft, an allen Orten statt. Dasselbe Fest wird zugleich in allen Gemeinden gefeiert. Auf diese Weise ist es jedem Mitglied einer Kirche möglich, an dem Fest teilzunehmen. Anders als bei einer Papstmesse oder einem Konzil, ist der einzelne nicht auf die Berichterstattung durch die Medien, angewiesen, um teilnehmen zu können.

Die Liturgien des Fernsehens

Teilnahmestruktur der Medien

Die Massenmedien ermöglichen die Teilnahme an Veranstaltungen und Festen, die das Interesse und auch die Beteiligung der Allgemeinheit auf sich ziehen:

- Der Ausgang von Wahlen kann durch die Übertragungen im Hörfunk und Fernsehen vom einzelnen mitverfolgt werden.

- Sportwettkämpfe werden durch Übertragungen auch für jeden in ihrem Verlauf, nicht nur in ihrem Ergebnis zugänglich.

Daneben hat vor allem das Fernsehen eigene "Liturgien" ausgebildet, die festgefügte Abläufe, wie z.B. eine katholische Messe, haben:

- Shows und Quizsendungen haben ebenfalls einen zyklischen Charakter. Sie werden zu festen Terminen wiederholt und haben ihren Sinn allein in der Zelebration, in der Durchführung des Ritus.

- Die Fernsehliturgien haben teilweise Spielcharakter. In Quizsendungen ist ähnlich wie beim Sport ein Wettkampfelement enthalten.

  Shows und Musiksendungen haben eher darstellenden Charakter und sind weniger auf ein Ergebnis ausgerichtet.

- Das Publikum ist ebenfalls einbezogen, die Zuschauer haben wie bei einer Gottesdienstübertragung ihre Stellvertreter im Publikum der Veranstaltung.

- Anders als bei einem kirchlichen Fest, das in den Gemeinden gefeiert wird, kann das Publikum nicht bei den Fernsehliturgien anwesend sein. Diese Liturgien finden nur an einem Ort statt, werden aber für das gesamte Fernsehpublikum aufgeführt.

Kollektive Identifikation

Kirchliche Feste: Minderheitsbeteiligung

Feste haben, weil jeder daran teilnehmen kann, einen kollektiven Charakter und ermöglichen Identifikation. Kirchliche Feste haben weitgehend diese Funktion verloren, da nur noch eine Minderheit an den Gottesdiensten und kirchlichen Veranstaltungen teilnimmt. Die Gottesdienstübertragungen in Hörfunk und Fernsehen können diesen Funktionsverlust nicht kompensieren.

Neue kollektive Ereignisse

Ereignisse kollektiven Charakters, die allen gemeinsame Erfahrungen vermitteln und damit die Möglichkeiten zur Identifikation geben, sind weniger die staatlichen Feiertage, der 17. Juni oder der 1. Mai, auch nicht mehr Paraden, sondern Ereignisse wie Wahlen, Staatsbesuche, Weltmeisterschaften und Olympiaden. Durch die unmittelbare Berichterstattung haben auch Katastrophen und Terroranschläge eine derartige Funktion: Sie vermitteln gemeinsame Erfahrungen und fordern zur Identifikation heraus.

Funktionsverlust christlicher Feste

Die Kommunikationsstrukturen einer demokratischen Massengesellschaft werden durch die Medien ermöglicht und zugleich auch mitbestimmt.

Lebensrhythmus und kirchlicher Festkalender stimmen nicht mehr überein

Der Rhythmus des alltäglichen Lebens, der früher durch den kirchlichen Festkalender, die Riten und das Brauchtum geprägt und zugleich gewährleistet war, wird heute vom Wechsel von Arbeits- und Freizeit und in seinen spezifischen Ausprägungen durch die Massenmedien bestimmt. Nicht mehr das Angelusläuten, sondern die Nachrichtensendungen geben die zeitliche Orientierung im Alltag.

Vermittelte Beteiligung an den Fernsehereignissen

Die Beteiligungsstrukturen der Medien, vor allem des Hörfunks und Fernsehens, sind anders als die der christlichen Feste. Die lokale Eingebundenheit kirchlicher Gottesdienste und Feiern konkurriert direkt mit den Fernsehveranstaltungen, die nur eine vermittelte Beteiligung ermöglichen, zugleich aber eine geringere Mobilität verlangen.

Konkurrenz kirchlicher und massenmedialer Beteiligungsstrukturen

Diese Strukturunterschiede zeigen, daß die Möglichkeiten, die Beteiligung an christlichen Festen durch Hörfunk und Fernsehen zu steigern, begrenzt sind, ja daß sogar ein bundesweites Fernsehprogramm eher die Wirkung hat, die Beteiligung an kirchlichen Festen zu reduzieren.

Die bisherige Praxis der Programmplanung ist daher kritisch zu sehen.

Feste in der Programmplanung der Medien

Feste finden Niederschlag im Programm

An Weihnachten, am Karfreitag, an Ostern, am Reformationstag, am Totensonntag wird das Programm von Hörfunk und Fernsehen auch an den Inhalten dieser Feste ausgerichtet. Die Wirkung dieser Programmplanung ist jedoch zwiespältig.

> Auf der einen Seite wirkt das Programm auf die Rahmenbedingungen des Festes ein, es fördert die für das Fest charakteristische Atmosphäre.

Auf der anderen Seite hat das Programm eine problematische Ersatzfunktion für die reale Teilnahme an Gottesdiensten und Feiern in den Gemeinden. Das höhlt die Teilnahmestruktur der Feste aus.

Hinzu kommt, daß viele Sendungen erklärenden Charakter haben und oft erst am Abend des Festtages gesendet werden. Das "Wissen", das sie vermitteln, müßte der Hörer bzw. Zuschauer jedoch schon vorher haben, um das Fest mitfeiern zu können.

Medienprogramm und Festkalender sind nicht richtig aufeinander abgestimmt

Daraus ergeben sich zwei Folgerungen:

- Informationen über das Fest selbst müßten in den Zeiten vor dem Fest vermittelt werden, sollen sie eine Mitfeier ermöglichen.
- Das Festtagsprogramm selbst dürfte nicht vorrangig auf die kirchlich orientierten Hörer und Seher zielen, sondern die Thematik des Festes in ihrer allgemeineren Bedeutung erschließen.

In den Printmedien finden kirchliche Feste ebenfalls Berücksichtigung. Diese Medien treten allerdings von ihrer Kommunikationsstruktur her im Vergleich zu den Funkmedien weniger als Konkurrenten kirchlicher Festveranstaltungen auf. Der Abdruck der Gottesdienstzeiten in der Tageszeitung stellt sogar eine Dienstleistung für die kirchlichen Gemeinden dar.

1.3.2. Die Darstellung des religiösen Bezuges

Funk- und Printmedien sind auf die Darstellung aktueller Vorgänge und Entwicklungen angelegt. Aussagen des christlichen Glaubens beziehen sich auch auf die aktuelle Lebenssituation, sie stellen aber auch einen Bezug zur Transzendenz her. Dieses Wechselverhältnis von wahrnehmbarer zeitlicher Realität und Transzendenz ist durch das Christentum stärker als bei anderen Religionen intensiviert worden:

Aktualität und Transzendenz

Die Lebenspraxis des Christen bestimmt unmittelbar seinen Bezug zur Transzendenz. Die religiöse Welt ist keine Zweitwelt, in der der Mensch auch lebt. Es gibt nur eine Welt, die sich aber nicht mit der wahrnehmbaren Umwelt vollständig deckt.

Die religiöse Welt ist keine Zweitwelt

Endgültigkeit des Geschichtlichen

Dieses Wechselverhältnis ist im Urbild der christlichen Existenz, in Jesus Christus, vorgegeben. Nach dem Glauben der Christen hat das Leben Jesu, vor allem sein Tod, eine unbedingte Bedeutung. Ein geschichtliches, bedingtes, in den Augen von Beobachtern eher zufälliges Ereignis hat nach diesem Glauben die Situation des Menschen grundlegend verändert.

Die Bedeutung der Person Jesu für das christliche Weltverständnis

Jesus ist nicht nur Mensch, sondern Gott und Mensch in einer Person - untrennbar, aber auch unvermischt (Konzil von Chalcedon 451).

Der geschichtliche Mensch Jesus wird dadurch nicht nur zum Mittelpunkt der Geschichte, sondern eröffnet allen Menschen als Auferstandener, als der Erstgeborene von den Toten, eine Zukunft über den Tod hinaus.

Bildhafte Darstellung des religiösen Bezugs

Die in der konkreten Geschichte vorhandenen Bezüge sind vom Christentum nicht allein im Wort dargestellt worden. In der Malerei, im Kirchenbau, durch Erzählungen, durch Tanz und Theater werden in einer vielfältigen Symbolsprache dargestellt,

- daß Jesus den Menschen Heil bringt,
- daß Heilige in einer besonderen Beziehung zu Gott stehen,
- daß Verstorbene und Lebende zusammengehören,
- daß der Mensch überhaupt einen Bezug zu Gott, zur Transzendenz hat.

Religiöse Bildsprache ist nicht ins Fernsehbild umsetzbar

Der Heiligenschein, das Licht, die religiöse Bedeutung von Farben, der Tanz, das Sprechen Gottes oder des Teufels in Theaterstücken u.a. haben eine Bedeutung, die mit der Bildsprache des Fernsehens nicht einfach wiederzugeben ist. Würde z.B. ein biblischer Wunderbericht verfilmt, so wäre dadurch seine Aussageabsicht total verfälscht. Zwar arbeitet das Fernsehen auch mit einer Symbolsprache, z.B. der der politischen Riten - Reden, Wahlen, Paraden, Staatsbesuchen. Für den religiösen Bereich beschränkt es sich aber auf die Übertragung von Gottesdiensten und Persönlichkeitsbildern religiöser Menschen. Eine Symbolsprache, die den religiösen Bezug zur Darstellung bringt, ist jedoch nicht entwickelt. Die Schwierigkeiten, religiöse Sendungen "mediengerecht" zu produzieren, sind sicher hauptsächlich hier begründet.

Weniger schwierig ist es, die Symbolsprache in die Printmedien oder in den Hörfunk umzusetzen. Werke der christlichen Kunst können reproduziert, religiöse Erzählungen und Porträts von Heiligen können ohne Bruch im Hörfunk wiedergegeben werden.

Allgemein kann man sagen, daß die Inhalte eines Festes, die Inkarnation, die Auferstehung, die Himmelfahrt, die Geistsendung kaum direkt darstellbar sind, sondern nur vermittelt wird durch Menschen, die Zeugen sind, d.h. die religiöse Erfahrungen gemacht haben, die zum Glauben gekommen sind.

Im Vergleich dazu ist die Darstellung von Heiligen mit weniger Problemen verbunden. Diese Überlegungen, den religiösen Bezug darzustellen, sind vor allem beim Oster- und Pfingstfest notwendig.
(s. hierzu Kapitel 3.6.6., S. 153 und 3.8.6., S. 172).

1.3.3. Zielraster und thematische Linien

Übernahme kirchlicher Kommunikationsstrukturen führen zu einer "Kirchenatmosphäre" in den Medien

Die Darstellung religiöser Feste wird auf weite Strecken nicht medienspezifisch geleistet, sondern dadurch, daß kirchliche Kommunikationsformen in den Medien reproduziert werden:

- Es werden Predigten gehalten oder geschrieben
- Es werden Gottesdienste übertragen

Oft beauftragen die Redaktionen Priester mit der Herstellung eines Beitrages, die dann "dasselbe" tun, was sie in der Gemeinde tun. Die Umsetzung in die Medien gelingt nicht, Macher wie Rezipienten haben das ungute Gefühl, daß die Atmosphäre des Kirchenraumes reproduziert wird, in dem sich dann nur noch die Kirchgänger wohlfühlen.

Im Zusammenhang mit der Durcharbeitung einzelner Feste haben sich medienspezifische Zugänge und Themenstellungen ergeben, die in dem jeweiligen Kapitel formuliert sind. Im folgenden werden stichpunktartig einige Leitlinien zusammengestellt, die sich aus der Arbeit an den einzelnen Fragestellungen ergeben haben.

Das existentielle, das allgemeine Thema eines Festes

Jedes Fest spricht Erfahrungen, Situationen an, die nicht nur im Kontext einer institutionalisierten Religion auftreten.

> Das Leben, die Aufnahme eines Kindes in die Gemeinschaft, der Geist, der belebt, das Leid, Scheitern, Leben trotz des Todes ...

Werden diese Erfahrungen, Situationen, Fragen thematisiert, so wird schon eine Einführung in ein religiöses Fest gegeben.

Plazierung von Beiträgen, Vorbereitungs- und Festzeiten

Die Chance der Medien ist weniger darin zu sehen, den einzelnen Festtag mitzugestalten. Hier konkurrieren die Medien eher mit den Veranstaltungen der Kirchengemeinden. Das gilt vor allem für die großen Feste Ostern und Weihnachten. Beiträge sind leichter mediengerecht zu realisieren, wenn sie in den Vorbereitungszeiten der Feste gebracht werden. Das stimmt sogar auch besser mit der Struktur des kirchlichen Festkalenders überein. Für die großen Feste, Ostern und Weihnachten, kennt der Kalender sowohl Vorbereitungszeiten (Fastenzeit und Advent) wie auch Festzeiten. "Ostern" dauert bis Pfingsten, "Weihnachten" bis zum 2. Februar.

Nach christlich-jüdischem Brauch beginnt das Fest am Vorabend, man nennt die Nacht und auch den Tag vor dem Fest "Vigil". Dies kann für die Plazierung von Artikeln und Beiträgen von Bedeutung sein.

Symbolsprache

Die Inhalte der Feste, das Ereignis, das dem Fest zugrunde liegt, werden in Symbolen vermittelt. Die Symbolsprache besteht nicht nur in einem Zeichensystem. Sie verlangt auch eine Gruppe, die sich des Zeichensystems bedient, seine Bedeutung kennt und entfaltet. Die Symbolsprache muß ständig gelernt und auch weiterentwickelt werden, sonst zerfällt die religiöse Kommunikation. In den letzten Jahren ist die religiöse Kommunikation in eine Krise geraten, die Symbole haben ihre Bedeutung verloren, es wurde von einem Ende der Religion gesprochen. Man konnte über die Transzendenz, über Gott nichts mehr sagen.

In den letzten Jahren wurde die Symbolsprache neu belebt, es wurden neue Formen des Gebets, des Gottesdienstes gefunden und der Sinn der alten Symbole neu entdeckt. Nicht alle Symbole lassen sich in den Medien verwenden, ohne daß sie ihre Bedeutung verlieren. Die Entwicklung einer Symbolsprache für die religiöse Kommunikation in den Medien muß noch weitgehend geleistet werden.

Feste sind zweckfrei

Feste zielen weder auf Handhabung der Umwelt noch auf die Steuerung gesellschaftlicher Entwicklungen. Sie erscheinen daher leicht als Fremdkörper. Feste finden in ausgegrenzten Zeiten und Räumen statt. Die Feiertage sind aus dem Alltagsleben herausgenommen. Der Kirchenraum, Schmuck, Gewänder sind Zeichen für den besonderen Charakter der Feste.

Aber Feste sind Geschenke an den Menschen, Befreiung von der Arbeit. Jeder Mensch, nicht nur wenige Privilegierte, ist zur Teilnahme an dem Fest eingeladen.

Im Fest, in der Feier, vergewissert man sich der Realität weder durch Leistung noch durch kritische Argumentation. Man kann sich beschenken lassen. Gottes Handeln befreit von den Anstrengungen, die der Alltag dem Menschen abverlangt. Feste sind auch eine Chance für ein Programm. Sie sollten aber nicht als Folklore mißverstanden werden.

Feste sind öffentliche Ereignisse

Religion hat im öffentlichen Bewußtsein privaten Charakter. Die Christen verstehen ihre Feste jedoch nicht als etwas Privates. Nun muß die Form der Feier und die spezifische christliche Aussage nicht unbedingt in der Medienöffentlichkeit reproduziert werden. Möglich wäre es, die Themen der Feste, z.B. Leben, Geist, Überwindung des Todes, das Kind als neuer Anfang, der Mensch unterwegs ... in eigenen Beiträgen aufzugreifen, ohne diese christlich zu etikettieren.

Die Befähigung, Feste zu feiern

Feste gelingen in dem Maße, wie sie vorbereitet werden. Die Medien haben für viele Bereiche eine Servicefunktion übernommen, auch für das Festefeiern. Da die Familien in ihrem Wohn- und Lebensraum zu sehr eingegrenzt sind, können sie nicht wie frühere Generationen Feste feiern. Das Fernsehen wie auch die Tageszeitung sind ein "Familien-Medium" und können deshalb das Festefeiern in der Familie unterstützen.

Abgrenzungen, Negativ-Kriterien

- Hinweise auf Gottesdienste unterstützen die Gestaltung der Feste, die Übertragung von Gottesdiensten und Feierlichkeiten in Hörfunk und Fernsehen dagegen darf nicht in der Weise erfolgen, daß sie die persönliche Teilnahme am Fest ersetzt.
- Die kirchlichen Feste müssen mit dem tätigen Christentum in Verbindung gebracht werden. Wäre die christliche Religion durch ihre Feste repräsentiert, wäre das eine einseitige Form der Darstellung.
- Die Übertragung von Gottesdiensten allein genügt nicht, um die Aussagen eines Festes zu vermitteln. Denn die Riten und Handlungen sind aus sich heraus nicht verständlich. Das im rituellen Vollzug Gemeinte muß anderweitig gewußt werden, aus der Katechese, der Predigt.
- Abgrenzung von den Riten des Fernsehens, den Shows und Quizsendungen: Diese "Fernsehliturgien" haben eine andere Begründung als kirchliche Feiern. Sie verweisen weder auf Ereignisse noch stehen sie in einem ausge-

sprochenen Wechselverhältnis zum alltäglichen Leben. Die Shows sind bloße Spielhandlungen, deren Bedeutung aufhört, wenn die Sendung zuende ist.

- Abgrenzung von der Symbolwelt der Werbung: Diese Symbolwelt hat mythischen Charakter, sie appelliert an Glücksvorstellungen, vermittelt das Bild einer heilen Welt.
- Das Fernsehen ermöglicht die erlebnishafte Teilnahme an den verschiedenen Ausschnitten der Welt, an einer Vielzahl von Ereignissen, an verschiedenen Kulturen, ohne daß diese vom Fernsehen vermittelten Erlebnisse mit dem eigenen Leben verbunden werden können. Werden Feste und Feiern Thema von Sendungen, werden sie Teil des "Erlebnisteppichs" und dadurch in ihrer Wirkung verändert. Es müßten Sendeformen entwickelt werden, die dieser durch das Fernsehen selbst verursachten Rezeptionsweise entgegenwirken.
- Die Vermittlung der Inhalte kirchlicher Feste muß in einer Sprache geschehen, die den umfassenden Charakter der Feste wiedergibt. Die Sprache darf nicht auf abstrakte Begrifflichkeit begrenzt werden, sondern muß auch erzählerische und poetische Strukturen haben.
- Feste sind zweckfreie Handlungen. Sie dürfen nicht zum Medium der Belehrung werden.

1.3.4. Gottesdienstübertragungen

In Hörfunk und Fernsehen sind Gottesdienstübertragungen wichtige Bestandteile des Festtagsprogramms. In diesem Zusammenhang gibt es eine theologische Diskussion über den Sinn solcher Übertragungen. Die sakramentale Struktur des Gottesdienstes kann in einer massenmedialen Verbreitung nicht vermittelt werden. Die Teilnahmestrukturen zwischen Gottesdienstbesucher und Fernsehzuschauer bzw. Radiohörer sind grundsätzlich verschieden.

Theologisch gesehen ist eine Gottesdienstübertragung kaum zu rechtfertigen. Daher gibt es große Vorbehalte der Bischöfe und Priester gegenüber Gottesdienstübertragungen. Die kirchliche Diskussion wurde durch einen Kompromiß abgeschlossen.

- Gottesdienste werden für diejenigen übertragen, die wegen Krankheit oder Alter nicht zur Kirche gehen können.
- Zentrale Gottesdienste aus Rom oder von Katholikentagen werden übertragen, um möglichst vielen eine Teilnahme zu ermöglichen
- Es wurden Gottesdienstformen entwickelt, die eine Studioatmosphäre zulassen und keine Messe sind (Vespergottesdienste).
- Gottesdienste werden an Feiertagen übertragen.

Statt Abfilmen der Beter Einblendungen von religiösen Symbolen und Darstellungen

Die Gottesdienstübertragungen verlangen von der Regie eine große Strenge. Die Gemeinde, die die Messe feiert, muß sichtbar gemacht werden, aber es ist zu fragen, ob es verantwortbar ist, betende Gottesdienstbesucher, ähnlich wie Zuschauer einer Sportveranstaltung, abzufilmen. Gottesdienstbesucher untereinander tun das in der Regel nicht. Ein solches Verhalten würde als störend empfunden. Es müßten neue Formen der Kameraführung entwickelt werden, die neben den Symbolhandlungen des Priesters am Altar die Gemeinde als Ganzes darstellen, so daß für den Zuschauer Möglichkeiten der Identifikation bestehen. Es können auch religiöse Motive, Symbole, Gemälde, Plastiken eingeblendet werden, auf die ja auch der Blick der Gottesdienstbesucher fällt.

2. Die christlichen Riten und der Festkalender

In diesem Abschnitt wird ein Überblick über die christlichen Feste gegeben. In den danach folgenden Nummern werden die Feste im einzelnen dargestellt.

2.1. Charakteristika christlicher Riten

Die gleichen Riten bei verschiedenen Religionen

Religiöse Riten - Prozessionen, Opfer, Tanz, Waschungen, Gebet - gehören zum Bestand verschiedener Religionen. In diesen unspezifischen Riten drückt jede Religion ihr Weltbild, ihre Beziehung zur Transzendenz aus. Auch das Christentum gebraucht die meisten dieser Riten.

Der "Sonntag" als ältestes christliches Fest

Der zentrale Ritus des Christentums, zumindest der orthodoxen und der katholischen Kirchen, ist das Gedächtnismahl - die Fortführung des Mahles, das Jesus mit seinen Jüngern gefeiert hat. Dieses Gedächtnismahl wurde am Auferstehungstag gefeiert. Der erste Tag der jüdischen Woche ist das älteste Fest der Christenheit. In diesem Fest ist bereits das gesamte Erlösungsgeschehen enthalten. Jesus ist am 1. Wochentag der Juden, der zum christlichen Sonntag wurde, "von den Toten auferstanden". Die Christen glauben, daß Gott ihn in ein neues Leben auferweckt hat und daß Jesus in diesem neuen Leben bei seiner Kirche ist. Mit der Auferstehung ist der Tod Jesu verbunden. So betet der Priester im zentralen Gebet der Meßfeier:

> Darum, gütiger Vater, feiern wir das Gedächtnis
> des Todes und der Auferstehung deines Sohnes.

An den Sonntagen wird in den Lesungen aus den vier Evangelien auch aus dem Leben Jesu berichtet. Der Sonntag ist der Auferstehungstag. Besondere Betonung erhielt der Auferstehungstag des Jahres, der Ostertag. Erst langsam haben sich dann weitere Feste entwickelt: Das Pfingstfest, die Kartage von Gründonnerstag bis Ostersonntag, der Himmelfahrtstag. Das Weihnachtsfest entstand erst im 4. Jahrhundert. Zu den großen Festen kamen Festzeiten, die Woche nach Weihnachten und nach Ostern sowie Vorbereitungszeiten, Advent und Fastenzeit.

Entfaltung des christlichen Festkalenders

Wie eine alte Kirche durch Anbauten erweitert wird, neue Altäre, Statuen aufgestellt werden, hat sich das Kirchenjahr entwickelt. Es ist nicht nach einem logisch aufgebauten Konzept konstruiert, sondern eher ein verwinkelter Bau. Verschiedene Reformen haben immer wieder versucht, die Zahl der "Altäre" zu reduzieren, den Bau zu begradigen. Die letzte dieser Reformen war 1969.

Elemente verschiedener Regionen

Der Festkalender der katholischen Kirche wie auch der Bestand der Riten ist zuletzt deshalb nicht sehr einheitlich, weil Entwicklungen verschiedener Regionen zusammengeflossen sind. Die Liturgien der römischen Kirche, der fränkischen, spanischen, nordafrikanischen und der östlichen Kirchen haben in ihm ihren Niederschlag gefunden. Erst mit dem Trienter Konzil wurden Kalender und Liturgie einheitlich für die ganze lateinische Kirche geregelt (1570 von Pius V. in der Ausführung eines Konzilsbeschlusses).

Übernahme von Festterminen und Brauchtum

Aus den verschiedenen Regionen ist auch z.T. das Brauchtum, das oft mit heidnischen religiösen Vorstellungen und Riten verbunden war, aufgegriffen worden. Oft haben die Christen heidnischen Festen einen christlichen Inhalt gegeben und mit demselben Datum weitergeführt. Der 25. Dezember war in Rom das Fest des "Unbesiegten Sonnengottes" (Natale Solis Invicti). Frühlings- und Erntedankfeste fanden ebenfalls Eingang in den christlichen Kalender. Die Vielzahl der Feste, Riten, Symbole und des Brauchtums sind daher sehr unterschiedlichen Ursprungs. Sie können hier nicht vollständig inventarisiert werden.

Taufe - Waschung

Der Aufnahmeritus ist wohl aus dem Judentum übernommen worden. Die Urkirche konnte an Johannes den Täufer anknüpfen sowie an die jüdische Proselyten-Taufe, mit der Heiden in die jüdische Gemeinde aufgenommen wurden. Die Taufe symbolisiert Reinigung von Schuld. Das Untertauchen des Täuflings wird von Paulus als "Mit-Sterben" mit Jesus und "Mit-Auferstehen" gedeutet.

Riten und Symbole im Gottesdienst

Das gesprochene Wort wird durch Gesang und Musik herausgehoben. Das Licht der Kerze hat symbolischen Charakter. Der Duft des Weihrauchs, besonders Gefäße und Gewänder sind Ausdruck der Feierlichkeit und Zeichen der Verehrung. Kreuzzeichen: Das Kreuz ist Zeichen des Heils für die Christen. Als Kruzifix ist es das zentrale Zeichen im Gotteshaus. Das Kreuzzeichen wird zu Beginn und zum Ende eines Gottesdienstes sowie über Brot und Wein und andere Gegenstände gemacht, die gesegnet werden sollen.

Als Ausdruck der Ehrerbietung und Anbetung sind Kniebeuge und Verneigung dem Hofzeremoniell der Kaiser entnommen.

Orante-Haltung: Die Ausbreitung der Hände beim Gebet ist aus der römischen Religion übernommen. Die Gebetshaltung drückt Offenheit gegenüber der Transzendenz aus.

Öl: Die Salbung mit Öl wird zum Zweck der Heilung durchgeführt, aber auch zur Begabung mit dem Geist und damit zur Befähigung für ein Amt (Salbung der Könige, Priester, Bischöfe, der Firmlinge). Gesalbt werden auch Altäre, Kirche, Glocken. "Christus" bedeutet "Der Gesalbte", der Geistbegabte.

Prozessionen

Das Judentum, die Religionen Kleinasiens und Roms kennen Prozessionen. Diesen Ritus konnten die Christen übernehmen, als sie nach der Verfolgungszeit öffentliche Anerkennung erhielten. Denn die Prozession ist nicht nur Ausdruckshaltung, die auf die Glaubensgemeinschaft bezogen ist, sondern eine religiöse Handlung, die vor den Augen der Öffentlichkeit stattfindet. Es hat im Zusammenhang mit verschiedenen Festen Prozessionen gegeben. Heute ist die Fronleichnamsprozession die bedeutendste. Sie hat zwei Aspekte: Wie alle Prozessionen drückt sie aus, daß der Mensch auf dem Weg ist. Der andere Aspekt ist, daß der Leib Christi in Gestalt des Brotes aus dem Kirchenraum heraus in die Gemeinde getragen wird. Innerhalb der Gottesdienste gibt es kleinere Prozessionen, z.B. am Palmsonntag. Bei feierlichen Gottesdiensten ziehen Priester und Meßdiener in einer kleinen Prozession ein. Der Gang zum Pult, von dem aus das Evangelium verlesen wird, wird als Prozession gestaltet.

Wallfahrten

Der Besuch heiliger Stätten ist auch im Christentum Brauch geworden. Es gab schon zur Zeit Konstantins organisierte Wallfahrten nach Palästina. Der Bericht der Pilgerin Aetheria über eine Wallfahrt etwa um das Jahr 400, die auch nach Ägypten und Antiochien führte, ist eine wichtige Quelle über die kirchlichen Feste und liturgischen Feiern der frühen Kirche.

Im Mittelalter war neben Palästina und den Apostelgräbern in Rom das Grab des Hl. Jacobus in Santiago de Compostela (Nordspanien) Ziel von Pilgern aus ganz Europa.

Heute sind neben Palästina und Rom vor allem Marienbilder an verschiedenen Orten Ziel von Wallfahrten.

Vom Besuch der heiligen Orte erhoffen sich die Wallfahrer eine größere Nähe zu Gott, zu dem Heiligen sowie Hilfe in Notsituationen. Die Mühen der Wallfahrt gelten als Bußübung. Anders als im Islam ist die Wallfahrt kein konstituierendes Element für die christliche Religion.

Bilderverehrung

Anders als das Judentum und der Islam haben die Christen kein Bilderverbot. Der menschgewordene Gott konnte gemalt ebenso wie die Heiligen bildlich dargestellt werden. Erst später entschließt man sich, auch Bilder dessen, den Jesus Vater genannt hat, den aber kein Mensch "gesehen" hat, zu malen.

Die Bilderverehrung war in der Kirche nicht unumstritten. In Byzanz kam es im 9. Jahrhundert zu einem Verbot der Bilderverehrung durch den Kaiser, zur Zerstörung von Bildern (Ikonoklasmus) und sogar zur Verfolgung der Bilderverehrer. Es gibt sogar Märtyrer der Bilderverehrung. Im Westen war in der fränkischen Kirche zur gleichen Zeit eine Bewegung gegen die Bilderverehrung.

Die ausufernde Bildfreudigkeit des späten Mittelalters führte zu scharfen Reaktionen der Reformatoren, vor allem Calvins. Dessen alttestamentlich orientierte Theologie griff auf das Bilderverbot der Zehn Gebote zurück.

In der Bilderverehung drückt sich vor allem die Volksfrömmigkeit aus. Sie wird von den katholischen Kirchen gebilligt, aber nicht verlangt. Die theologische Begründung sieht in der Verehrung des Bildes eine Verehrung des Urbildes. Sie läßt nur eine Verehrung, nicht jedoch Anbetung zu.

Reliquienverehrung

Sterbliche Überreste von Märtyrern wurden aus Pietät aufbewahrt. Man übertrug jedoch, wie in anderen Religionen, die geistigen Kräfte der Person auch auf die sterblichen Überreste, sogar auf sogenannte Berührungsreliquien. Seit dem Ende des 2. Jahrhunderts zeigen sich Ansätze für eine Reliquienverehrung.

Da der Gottesdienst in den Katakomben an den Gräbern von Märtyrern gefeiert wurde, entstand im 6. Jahrhundert der Brauch, Märtyrergebeine in die Kirchen zu überführen und unter dem Altar beizusetzen bzw. Altäre über den Märtyrergräbern zu errichten.

In der Kirche der ersten Jahrhunderte wurde die Reliquienverehrung auch gegen den Glauben an die Zauberwirkung von Amuletten eingesetzt.

Das Mittelalter kennt eine ausufernde Reliquienverehrung. Es wurden Reliquiensammlungen angelegt. Keine größere Kirche war ohne Reliquien denkbar. Die schon in der frühen Kirche bekannte Verlegung und Teilung von Reliquien wurde durch die Kreuzzüge noch verstärkt.

Brauchtum

Christliche und heidnische Wurzeln des Brauchtums

Um die kirchlichen Feste herum ist ein vielfältiges Brauchtum entstanden. Teile dieses Brauchtums sind auch aus christlichen Wurzeln entwickelt, große Teile aus der jeweiligen Umwelt und deren religiösen Vorstellungen übernommen und uminterpretiert worden.

Die Nachbildung und das Nacherleben biblischer Berichte sind z.B.

Palmsonntag:	Prozession mit Palmen zur Erinnerung an den Einzug Jesu nach Jerusalem.
Gründonnerstag:	Fußwaschung zur Erinnerung daran, daß Jesus den Jüngern die Füße gewaschen hat.
Ostern:	Osterspiele, die die Begegnung der Frauen und Aposteln mit dem Engel und Jesus nachbilden. Osterhase: Der Hase als Symbol der Auferstehung. Der Hase schließt die Augen nicht beim Schlafen, er hat keine Augenlider: Christus entschläft im Tod nicht (Byzantinische Tiersymbolik)
Weihnachten:	Die Krippe erinnert an die Geburt im Stall, den Besuch der Hirten und der drei Weisen.

Nicht-christliche Wurzeln hat u.a. folgendes Brauchtum:

Feuerweihe in der Osternacht:	Frühlings-Sonnenwendfeuer
Osterei:	Ei als Lebenssymbol, zugleich Pachtzins des kleinen Mannes. Ostern bzw. der Gründonnerstag waren Pachttermine.
Kräuterweihe	an Mariä Himmelfahrt (15. August), ein in Deutschland entstandener Brauch. Die Germanen kannten Beschwörungsformeln und magisches Zeremoniell beim Ausgraben heilkräftiger Kräuter. Dieses heidnische Brauchtum wurde durch kirchliche Segensformeln "getauft".
Feuer und Feuerräder am Fest Johannes des Täufers (24. Juni):	Fest der Sommer-Sonnenwende (6 Monate vor dem Geburtsfest Jesu)

Barbara-zweige	Lebenssymbole schlagen mit der "Lebensrute": Die Triebkraft der Natur wird in den Frühling hineingetragen. Die Zweige werden am Barbaratag (4. Dezember) geschnitten und ins Wasser gestellt. Sie sollen zu Weihnachten blühen. Das Grünen und Blühen gilt als Vorzeichen für die Obsternte.
Winterlichtfest am Luciafest (13. Dez.) in Skandinavien:	Lucia tritt auf als Lichtbringerin. Das Fest hat deshalb Bedeutung erlangt, weil es bis zur Kalenderreform 1582 Mitt-Wintertag war.
Feldprozession:	Am 25. April gab es in Rom eine Bittprozession zu Ehren des Gottes Robigus zur Abwehr des Mehltau-Befalls beim Getreide. Die Bittprozessionen an den drei Tagen vor Christi Himmelfahrt sind christlichen Ursprungs (469 in Vienne eingeführt).
Erntedank:	Er wird als Fest in vielen Religionen,auch bei den Juden (Laubhüttenfest) begangen. Am ersten Sonntag im Oktober wird in katholischen Kirchen der Altar mit Früchten geschmückt.

2.2. Der Aufbau des Festkalenders (Kirchenjahr)

Zwei Jahreszyklen kirchlicher Feste

Die kirchlichen Feste haben sich, wie in 2.1. dargestellt, aus verschiedenen Wurzeln herausgebildet. Das Entstehen der einzelnen Feste und die geschichtlichen Wandlungen sind zu einem guten Teil von der Liturgiewissenschaft erforscht. Das Kirchenjahr, sein Kalender und die Feier der Feste beruhen auf zwei großen Zyklen.

1. Herrenjahr: Es werden die Ereignisse aus dem Leben Jesu gefeiert. Es gibt die Festzeiten Weihnachten und Ostern mit ihren verschiedenen Festen sowie ihre Vorbereitungszeiten und den Jahreskreis, das sind die 32 oder 33 Wochen außerhalb der Vorbereitungs- und Festzeiten. Dabei haben die Sonntage eine zentrale Bedeutung für das gesamte Herrenjahr.

2. Der Heiligenkalender, der sich in der Regel am Todestag des Heiligen ausrichtet.

Beginn des Festes am Abend vorher

Wichtig ist folgender Hinweis: Feste beginnen im jüdischen und christlichen Verständnis am Abend vorher mit dem Vesper-Gebet (Vesper von lateinisch" Abend").

In den Kirchengemeinden gibt es noch eigene Feste, die den allgemeinen Festkalender ergänzen. Weiter kann man von Festen der einzelnen sprechen, die sich nicht aus dem allgemeinen Festkalender herleiten, z.B. Taufe, Eheschließung.

Die heute gültige Form des Festkalenders der katholischen Kirche beruht auf einer Reform aus dem Jahre 1969, die durch das II. Vatikanische Konzil vorbereitet wurde.

Reform des kirchlichen Feiertages und Heiligenkalenders

Im Anschluß an die Liturgiereform des II. Vatikanischen Konzils wurde auch der Kalender revidiert. Wichtigstes Ziel war die Konzentration auf die großen Feste und eine Zurückdrängung der Heiligengedenktage. Im einzelnen wurden folgende Änderungen vorgenommen:

Ziel der Reform: Konzentration auf die zentralen Feste

Weihnachten

Gegenüber dem 25. Dezember wurde der 6. Januar als bisher liturgisch wichtigeres Weihnachtsfest zurückgestuft.

Der 25.12. ist jetzt, entsprechend der Praxis der westlichen Länder, das Weihnachtsfest - im Gegensatz zur Orthodoxie.

Pfingsten

Ebenso wurde das Pfingstfest auf Ostern bezogen als Fest der Geistsendung und Kirchengründung. Früher war es ein eher eigenständiges Fest des Heiligen Geistes gewesen.

Sonntage

Der Ablauf der Sonntage wurde neu geordnet. Es gibt nicht mehr die Sonntage nach "Erscheinung" bzw. nach "Pfingsten", sondern sie werden als Sonntage durchnummeriert.

Das Christkönigsfest wurde aus dem Oktober auf den letzten Sonntag im Kirchenjahr verlegt.

Für die Meßfeier der Sonntage wie auch der Werktage wurde sowohl eine neue Ordnung der Lesungen aus dem Alten und Neuen Testament wie auch der Texte aus den vier Evangelien eingeführt. Für die Sonntage gibt es jetzt drei Zyklen (Lesejahr A, B oder C), für die Werktage zwei Zyklen für die Lesungen, jedoch nur einen Zyklus für die Evangelientexte.

Größere Auswahl biblischer Texte für die Gottesdienste

Die Zahl der Heiligengedenktage wurde reduziert (u.a. der Hl. Georg). Einzelne Feste wurden auf neue Termine gelegt. Für die einzelnen Regionen gibt es Kalender der dortigen Heiligen (s. 4.2. Der Heiligenkalender S. 221-265).

Die Abfolge und der Zusammenhang der Feste sind nicht auf einer Ebene zu beschreiben. Das wird in dem Schema entlang der Zeitachse des Jahres auf drei Aspekte hin abgebildet:

Herrenjahr
Heiligenkalender
Spezielle Marienfeste
Gemeinde

Herrenjahr

Das Gliederungsprinzip des Kirchenjahres ist die Unterscheidung in

Vorbereitungszeiten
Festtage - Festzeiten
Jahreskreis

- Advent und Fastenzeit sind die Vorbereitungszeiten
- Festzeiten sind Weihnachten bis 6. Januar sowie die Kartage und Ostern bis Pfingsten. Hinzukommen weitere Feiertage, die zum großen Teil in Zusammenhang mit Ostern stehen. Die Feste sind auf die wichtigen Ereignisse des Lebens Jesu bezogen (Geburt, Tod, Auferstehung, Himmelfahrt, Geistsendung).
- Der Jahreskreis ist die Zeit außerhalb der Festzeiten, also die Zeit zwischen dem 6. Januar (Drei Könige) und Aschermittwoch, dem Beginn der Fastenzeit sowie dem Montag nach Pfingsten bis zum Christkönigssonntag.

Heiligenkalender

- o Die Feste der Heiligen sind nicht parallel zum Ablauf des Kirchenjahres datiert, sondern entsprechend den Todestagen oder der Überführung von Reliquien vor der Einweihung einer dem Heiligen gewidmeten Kirche. Das erklärt, warum z. B. am zweiten Weihnachtsfeiertag das Fest des Hl. Stephanus gefeiert wird.

- o Einige Heiligenfeste haben durch ein charakteristisches Brauchtum Bedeutung gewonnen, u.a. St. Martin (Umzug mit Lampions), Barbara (Barbara-Zweige), Nikolaus, Johannes (Sonnenwend-Feuer).

- o In Gegenden, wo der Namenstag mehr gefeiert wird als der Geburtstag, gewinnen Heiligenfeste dadurch an Bedeutung, daß viele an dem Festtag ihren Namenstag feiern, z.B. Anna, Johannes, Peter, Paul, Franz, Elisabeth.

- o Einige Heilige haben eine besondere Popularität erlangt, so daß ihre Feste auch eine größere Bedeutung haben, z.B. Elisabeth von Thüringen, Josef, Franz v. Assisi, Antonius von Padua. Heilige haben auch eine besondere Bedeutung für einzelne Regionen.

- o Maria, der Mutter Jesu, hat sind mehrere Feste, die jeweils an Ereignisse ihres Lebens anknüpfen, ähnlich wie das Herrenjahr an den Ereignissen des Lebens Jesu orientiert ist. Die Marienfeste strukturieren jedoch nicht den Ablauf des Jahres.

Gemeinde

Aus dem Blickpunkt der Gemeinde ergeben sich noch einmal besondere Akzentsetzungen, die einmal durch die Vorbereitung auf die Feste, zum anderen durch eigene Feste bedingt sind.

- o Die Vorbereitungszeiten beziehen sich jeweils auf das Hauptfest. Die dem Hauptfest nachfolgenden Feste werden nicht mit der Intensität gefeiert wie z. B. Weihnachten und Ostern. Das Fest der Erscheinung des Herrn (Drei Könige) am 6. Januar hat nicht vergleichsweise die Bedeutung wie der 25. Dezember. Ähnliches gilt für Christi Himmelfahrt und Pfingsten.

  Die Fastenzeit zielt in den Aktivitäten der Gemeinde nicht nur auf Ostern, sondern auf die Feiern, die am Gründonnerstag Abend beginnen und weiter den Karfreitag, die Osternacht und den Ostersonntag umfassen.

- o Teilweise parallel zu den Daten des Festkalenders laufen Vorbereitungszeiten für Gemeindemitglieder,
  - die zur Ersten heiligen Kommunion geführt werden. Der Tag der Erstkommunion liegt in vielen Pfarreien auf dem Weißen Sonntag bzw. an einem anderen Tag zwischen Ostern und Pfingsten.

- die sich auf die Firmung vorbereiten.
  Die Firmung wird durch den Bischof gespendet, der dafür die Gemeinde besucht. Daher gibt es keinen allgemeinen Firmtermin. In den Gemeinden findet auch meistens nicht jedes Jahr eine Firmung statt. Die Firmtermine werden nach Möglichkeit in die Nähe des Pfingstfestes gelegt.

Die Feiern der Erstkommunion und der Firmung sind ausgesprochene Gemeindefeste, an denen viele Gemeindemitglieder und Gäste teilnehmen, die mit den Kindern und Jugendlichen verwandt sind.

o Neben den Festen des Herrenjahres und denen der Erstkommunion und Firmung haben die Gemeinden noch eigene Feste, die mit unterschiedlicher Akzentsetzung in den verschiedenen Gemeinden gefeiert werden.

- Kirchweihtag: Gedächtnis der Weihe der Kirche

- Patrozinium: Namenstag der Gemeinde am Fest des Heiligen, nach dem Kirche und Gemeinde benannt sind. Ist die Gemeinde nicht nach einem Heiligen benannt, sondern nach Ereignissen aus dem Leben Jesu, z. B. Himmelfahrt oder heißt sie "Herz Jesu Gemeinde" oder "Heilig Kreuz", ist das Kirchweihfest an den jeweiligen Festtagen.

- Gemeindefest: Pfarrfest, eine Art Sommerfest der Gemeinde. Dieses Fest liegt vor bzw.nach der Ferienzeit. Es erfordert vielfältige Vorbereitungen und hat in der Gemeinde eine große Breitenwirkung.

- Gemeindetag: Dieser Tag wird in verschiedenen Gemeinden durchgeführt und hat als Ziel religiöse Besinnung. Es wird meditiert, über religiöse Themen gesprochen und Gottesdienst gefeiert.

- Wallfahrt: Viele Gemeinden führen, oft zu jeweils feststehenden Terminen, Wallfahrten durch.

Feste des einzelnen

Für den einzelnen gibt es Feste, die nicht vom Kirchenjahr her bestimmt sind:

Taufe
Firmung
Versöhnung - Empfang des Bußsakramentes
Eheschließung
Jubiläen, z.B. Goldene Hochzeit

	Dezember	Januar	Februar	März	April	Mai
Herrenjahr	**Advent** – Weihnachten 25.12.	Neujahr 1.1.; Erscheinung 6.1.; Gebetswoche für die Einheit der Christen; Jahreskreis	Darstellung des Herrn 2.2.; Aschermittwoch; Österliche Bußzeit	Verkündigung des Herrn 25.; **Karwoche**	**Ostern**; Weißer Sonntag	Christi Himmelfahrt; 9 Tage
	Weihnachtszeit				O s t e r z e i t	
Heiligenkalender	4. Barbara; 6. Nikolaus; 13. Luzia; 26. Stephanus; 27. Johannes (Apostel); 28. Unschuldige Kinder	28. Thomas von Aquin	3. Blasius; 4. Rabanus Maurus	19. Josef	27. Petrus Canisius; 29. Katharina von Siena	2. Athanasius
Marienfeste	8. Hochfest Marias					Marienmonat
Jahresrhythmus der Gemeinde	Advent	Weihnachtszeit	Fastnacht	Fastenzeit	Gründonnerstag; Karfreitag; Ostern	

Vorbereitung auf die erste Kommunion

Vorbereitung auf

Juni	Juli	August	September	Oktober	November
Pfingsten Dreifaltigkeitssonntag Fronleichnam Herz-Jesu-Fest		6. Verklärung des Herrn			Allerheiligen Allerseelen Christkönigssonntag
Jahreskreis					**Advent**
5. Bonifatius 13. Antonius von Padua 24. Johannes der Täufer 29. Peter und Paul	11. Benedikt 31. Ignatius von Loyola	8. Dominikus 14. Maximilian Kolbe 28. Augustinus	17. Hildegard von Bingen 25. Niklaus von Flüe 29. Michael	2. Schutzengel 4. Franz von Assisi 31. Wolfgang	11. Martin 19. Elisabeth von Thüringen
	2. Mariä Heimsuchung 16. Gedenktag unserer Lieben Frau auf dem Berge Karmel	15. Mariä Himmelfahrt 22. Maria Königin	8. Maria Geburt 12. Maria Namen 15. Gedächtnis der Schmerzen Marias	7. Unsere Liebe Frau vom Rosenkranz	21. Gedenktag Marias in Jerusalem
die Firmung	Gemeindefest			Erntedank Weltmissionssonntag	Advent

3. Feste und Festzeiten im Kirchenjahr

3.1. Advent

3.1.1. Anthropologische Grundlagen

Der Advent ist Vorbereitungszeit auf Weihnachten und gehört zum Fest dazu. Der Advent wird in seinem Charakter von Weihnachten bestimmt - er ist Vorbereitung auf die Ankunft des Erlösers. Es ist eine Zeit der Erwartung. Die Kinder freuen sich auf ein schönes Fest, die Erwachsenen bereiten das Fest vor.

Advent - Zeit der Besinnung auf die Zukunft

Damit ist die Thematik des Advents jedoch nicht ausgeschöpft. Denn die Erwartung richtet sich bei den Christen nicht nur auf die Geburt Jesu - es gibt auch die Erwartung seines zweiten Erscheinens, mit dem die Geschichte ihr Ziel erreichen soll. Dieser Aspekt des Advents könnte heute wieder greifen. Wir sind gezwungen, uns mit der Zukunft auseinanderzusetzen, wir müssen uns von vielen naiven Vorstellungen über die kommenden Entwicklungen lösen. Der Advent soll neues Denken einüben.

Zeit der Propheten

Die Auseinandersetzung mit der Zukunft ist ein Spezifikum der jüdischen Religion. Sie denkt nicht zyklisch, erwartet nicht die Wiederkehr des immer Gleichen. Träger dieses Gedankens sind die Propheten - die von ihren Zeitgenossen meist nicht verstanden werden. Das ist heute sicher nicht anders, auch wir versuchen, Propheten mundtot zu machen.

Erwartung einüben

Der Advent spiegelt einen wichtigen Zug menschlicher Erfahrung wider - daß der Mensch noch nicht am Ziel ist, daß er mit der Gegenwart selten zufrieden ist. Damit diese Unzufriedenheit nicht zur Spießigkeit führt, muß sich die Erwartung weiträumig ausspannen.

3.1.2. Bezug zur Öffentlichkeit

Der Advent ist eine sympathische Zeit, die nicht als so streng gilt wie die Fastenzeit. Der Glanz des Weihnachtsfestes und sein Stimmungsgefüge prägen den Advent. Anders als Ostern hat Weihnachten keinen Karfreitag.

Gegensatz zwischen Besinnung und Kaufimpulsen

Der Advent gilt als eine Zeit der Stille und der Besinnung, - die ganz im Gegensatz zu dem Gebaren in der Öffentlichkeit steht. Während in vielen Familien am Sonntag nachmittag ein Zusammensein gepflegt wird, sind die Straßen von der Weihnachtswerbung geprägt. Der Brauch, zu Weihnachten Geschenke zu kaufen, wird verstärkt durch die Auszahlung eines Weihnachtsgeldes. So ist der Advent auch die Zeit des Einzelhandels.

Verengter Sinn von Weihnachten

Der Advent wird, als Vorbereitungszeit auf Weihnachten, von dem verengten Verständnis dieses Festes geprägt, das möglichst nur die Idylle sieht, das, was das Gefühl anspricht. Der christliche Sinn von Weihnachten wird eher als Korrektiv für die vorweihnachtliche Konsumwelle gesehen. Erfahrungsgemäß intensiviert sich in Krisenzeiten die religiöse Bedeutung einer solchen Zeit.

Adveniat

Die Katholiken in Deutschland werden durch verschiedene Informationen und Anregungen mit der Situation der Kirche in Südamerika vertraut gemacht. Zur Unterstützung dieser Kirchen wird eine Spendenaktion durchgeführt, die an Weihnachten ihren Höhepunkt hat. "Adveniat" heißt das Bischöfliche Hilfswerk für Südamerika.
(s.u. 3.1.5. S. 49)

3.1.3. Entstehung des Advents

Ähnlich wie Ostern hat auch Weihnachten eine Vorbereitungszeit ausgebildet. Heute sind es die Wochen zwischen dem 1. Adventssonntag und Weihnachten.

Der 11.11.

In Frankreich gab es, ähnlich wie vor Ostern, eine sechswöchige Vorbereitungszeit mit einem Karnevals-Vorspann. Der 11.11. als

Beginn der Karnevalszeit hat dort seinen Ursprung. Der Termin für den Beginn der fränkischen Adventszeit ergibt sich aus einer Berechnung von 40 Wochentagen bis zum 6. Januar, der anfangs der Termin des Weihnachtsfestes in Gallien war. Die Wochentage, nicht die Samstage und Sonntage, waren Fasttage.

Geburt Christi und Weltende

Neben der Vorbereitung auf die Geburt Christi, wie sie im Osten und in Rom im Mittelpunkt steht, hat der Advent in Gallien einen besonderen Akzent erhalten. Die Wiederkunft Christi am Ende der Welt war ein beherrschender Gedanke im 6. Jahrhundert. Durch diese Ausprägung wurde der Advent als Bußzeit begangen. Spuren davon finden sich heute noch, aber sie bestimmen nicht den Charakter dieser Zeit.

3.1.4. Aussagen der Adventszeit

In die Vorbereitungszeit auf die Ankunft Christi sind verschiedene Themenstränge verwoben.

Alttestamentliche Texte

Im Advent wird auf das Alte Testament zurückgegriffen, in dem sich die Erwartung eines Messias herausgebildet hat. Die Christen haben in den alttestamentlichen Schriften viele Hinweise auf Jesus entdeckt. Bereits in den Evangelien wird darauf hingewiesen, daß alttestamentliche Verheißungen erfüllt sind.

Propheten Johannes der Täufer

Eine besondere Rolle spielen die Propheten, besonders Jesaja, aber auch Johannes der Täufer, der Vorläufer des Messias.

Geburt Jesu und Gottessohnschaft

Die Vorbereitung auf die Geburt Jesu hat durch die Auseinandersetzung um die Gottessohnschaft Jesu einen besonderen Akzent bekommen. Wie Weihnachten nicht nur das Geschenk feiert, das Gott in dem Kind den Menschen machte, sondern ebenso den Sohn Gottes, der Mensch geworden ist, so ist der Advent auch auf die theologische Aussage der Menschwerdung hin orientiert.

Wiederkunft Christi

Nicht nur auf die Geburt Jesu, seine erste Ankunft in der Welt, richtet der Advent seinen Blick. Die zweite Ankunft des Gottessohnes am Ende der Welt ist auch Thema des Advent. Im Gallien des 6. Jahrhunderts war der Gedanke an das Weltende lebendig.

Das Weltgericht war im Bewußtsein, was sich in den Gerichtsszenen an den mittelalterlichen Kathedralen widerspiegelt. In der Vorbereitung auf das Weltgericht hat der Advent Bußcharakter, allerdings nicht so ausgeprägt wie die Fastenzeit.

3.1.5. Elemente, Bilder, Brauchtum

Im Mittelpunkt der Adventszeit stehen die Sonntage, die auch eigens gezählt werden. Als Adventsschmuck hat sich nach dem 1. Weltkrieg der Adventskranz durchgesetzt. Für jeden der vier Sonntage hat dieser Kranz eine Kerze.

Adventskranz - ein junger Brauch

Für die Kinder gibt es eigene Adventskalender. Jeder Tag im Dezember bis zum 24. hat ein eigenes Bild, das jeweils durch Aufschlagen eines kleinen Türchens sichtbar wird.

Adventskalender

Es hat einen pädagogische Hintergrund, wenn Kinder Strohhalme für die Krippe sammeln - für eine gute Tat gibt es einen Strohhalm.

Strohhalme sammeln

Neben den Adventssonntagen werden Wochentage noch besonders durch die sogenannten Rorate-Messen herausgehoben. Eine besondere Bedeutung haben die Wochentage vor dem Weihnachtsfest.

Rorate ist das Anfangswort des Eingangsverses (Rorate caeli desuper - Tauet Himmel ... Jes 45,2). Rorate-Messen werden an den Samstagen oder täglich in der Zeit vom 17. bis 24. Dezember gefeiert. Die Texte nehmen besonderen Bezug auf Maria. Dadurch, daß in dem seit 1969 gültigen Meßbuch jeder Tag im Advent eigene Texte erhalten hat, sind die Rorate- Messen als besondere Frömmigkeitsübung zurückgegangen.

Rorate-Messen

An den letzten sieben Tagen vor Weihnachten, vom 17. bis 24., werden die O-Antiphonen gebetet oder gesungen. Antiphonen sind Gebetsverse. Die O-Antiphonen wenden sich an den kommenden Messias. Sie beginnen jeweils mit "O" und haben daher ihren Namen.

O-Antiphonen

Die O-Antiphonen beziehen sich auf Jesus:

1. O Weisheit, hervorgegangen aus Gottes Mund, mächtig wirkst du in aller Welt, und freundlich ordnest du alles. Komm, o Herr, und lehre uns den Weg der Einsicht.

2. O Herr und Fürst des Hauses Israel, du bist dem Mose erschienen in der Flamme des Dornbuschs und gabst ihm das Gesetz am Sinai. Komm, o Herr, und erlöse uns mit starkem Arm.

3. O Wurzel Jesse, gesetzt zum Zeichen für die Völker. Vor dir verstummen die Mächtigen, zu dir rufen die Völker. Komm, o Herr, und erlöse uns, zögere nicht länger.

4. O Schlüssel Davids und Zepter des Hauses Israel, du öffnest und niemand schließt, du schließest und niemand öffnet. Komm, o Herr, und befreie aus dem Kerker den Gefangenen, der da sitzt in Finsternis und im Schatten des Todes.

5. O Anfang, Glanz des ewigen Lichtes, du Sonne der Gerechtigkeit, komm, o Herr, und erleuchte uns, die wir sitzen in Finsternis und im Schatten des Todes.

6. O König der Völker, den sie alle ersehnen. Du Eckstein, der das Getrennte eint. Komm, o Herr, und befreie den Menschen, den du aus Erde erschaffen hast.

7. O Immanuel, Gott mit uns. Du König und Lehrer, du Sehnsucht der Völker und ihr Heiland. Komm, o Herr, und erlöse uns, Herr, unser Gott.

Frautragen

In Tirol und Oberbayern wurde ein alter Brauch wiederbelebt. Ein Marienbild wird an den neun letzten Abenden vor Weihnachten von einem Bauerngehöft zum anderen getragen und auf den Hausaltar gestellt. Die Nachbarschaft versammelt sich um das Bild und betet gemeinsamen. In der Weihnachtsnacht wird das Bild dann in die Pfarrkirche gebracht.

Familienandachten

In den letzten Jahren bemühen sich einige Diözesen, den Brauch sogenannter Familienandachten, häusliche Gebetsstunden in der Adventszeit, einzuführen.

Ein alpenländischer Brauch ist die Herbergssuche. Jugendliche ziehen von Haus zu Haus, singen ein Herbergslied und erhalten Gaben. Teilweise werden dabei auch kleine Spiele aufgeführt. Diese Herbergssuche hängt wohl mit den sogenannten Klöpfel-Nächten zusammen.

Herbergssuche

Adventsspiele

In den drei Donnerstagsnächten des Advent ziehen Kinder und Jugendliche umher, klopfen gegen Türen und Fenster und werfen Erbsen, singen oder sprechen Verse. Es handelt sich wohl ursprünglich um einen Orakelbrauch. Der Brauch wird in Süddeutschland geübt, heißt in Baden, im Elsaß und der Schweiz Bosselns oder Bochselns.

Klöpfel-Nächte

Während im Kirchenjahr das Totengedächtnis auf den November konzentriert ist, leben im Advent noch Totenbräuche fort. Es gibt wohl Vorstellungen, daß die Toten in den Winternächten unterwegs sind (Wilde Jagd). Dämonisches wirkt in den Gestalten des Knecht Ruprecht, Hans Muff und Krampus weiter (s. Stichwort Nikolaus 4.6.6., S. 318 f).

Totenbräuche

In den verschiedenen Regionen hat sich das Adventsblasen erhalten, das auf einen Brauch der Hirten in der vorweihnachtlichen Zeit zurückgeht.

Adventsblasen

Daß das Brauchtum auch in den audiovisuellen Medien wirksam ist, zeigen z.B. das Adventssingen an den Adventssonntagen sowie Reportagen über Adventsbräuche.

Adventssingen

Zu den Gepflogenheiten des Advent gehört auch das Backen des Weihnachtsgebäcks. Illustrierte und Bücher bieten hier einen reichhaltigen Service.

Weihnachtsgebäck

Einzelne Heiligengedenktage im Advent haben ein besonderes Brauchtum ausgebildet, das in Verbindung mit Advent und Weihnachten zu sehen ist.

Heiligenfeste im Advent

Am Barbara-Tag (4. Dezember) werden Zweige von Kirschbäumen oder anderen Obstbäumen abgeschnitten und in Wasser gestellt, damit sie Weihnachten blühen. Die blühenden Zweige sollen wohl ursprünglich versinnbildlichen, daß das Leben über den Winter hinübergerettet wird.

Barbara

Nikolaus	s. bei 4.6.6., S. 318 f
Lucia	Der Lucia-Tag (13. Dezember) ist sowohl in Südeuropa wie auch in Nordeuropa mit vielfältigem Brauchtum verknüpft. Er war bis zur gregorianischen Kalenderreform der alte Mitt-Wintertag. Es gibt Orakelbräuche, Bräuche zur Dämonenabwehr. Lucia erscheint als Gabenbringerin und in Schweden als Lichtbringerin.
Adveniat-Kollekte	Ein neuer "Brauch" ist der Spendenaufruf zur Adveniat-Kollekte (Adveniat regnum tuum: zu uns komme dein Reich), die parallel zur Misereor-Kollekte der Fastenzeit aufgebaut wurde. Seit 1961 werden die Katholiken zu Spenden für die Kirche in Lateinamerika aufgerufen. Die Gelder werden von einer Geschäftsstelle in Essen verwaltet (Bernestraße 5, 4300 Essen 1, Telefon 0201/ 22041).

3.1.6. Themen für Beiträge

Ausgangspunkt "Lebensgefühl"

Der Advent ist gekennzeichnet durch eine unerfüllte Spannung. Die Hektik der Vorweihnachtszeit erzeugt leicht ein Gefühl der Leere. Das Kaufen von Geschenken und die Erwartung, beschenkt zu werden, bringen nicht die erhoffte Erfüllung.

Es können auch Erwartungen aufgegriffen werden, die die Menschen bewegen: Sehnsucht nach Frieden, Loskommen von Konsum- und Leistungsdenken, Zeit-Haben, Rückbesinnung auf Sinnfragen des Lebens...

Diese Art von Erwartungen artikulieren sich oft nur als Zeitkritik, ohne daß eine Erfüllung erhofft wird. Es sind Hoffnungen ohne Glauben, während das Christentum eine Spannung zwischen Verheißung und bereits begonnener Erfüllung der Verheißungen kennt.

Unter dem Titel "Adventsgespräch" können verschiedene Themen aufgegriffen werden.

Das Alte Testament als Vorgeschichte des Christentums

Die christliche Religion fußt auf der jüdischen. Jesus ist nach dem Glauben der Christen der im Alten Testament verheißene Messias, während die Juden den Messias noch erwarten. Die Loslösung der jungen Kirche vom Judentum erfolgte erst nach längerem Ringen, sie war nicht unbedingt notwendig und kann als ebenso tragisch angesehen werden wie die Spaltungen der christlichen Kirchen.

Das Alte Testament ist nicht nur das heilige Buch der Juden, sondern auch das der Christen. Die junge Kirche hat erst mit Hilfe des Alten Testaments ihren Glauben formulieren und verstehen können.

Die thematischen Möglichkeiten des Alten Testaments können hier nicht entwickelt werden. Es muß auf die leicht zugänglichen Handbücher verwiesen werden (s. Materialteil).

Das Judentum

Die Thematisierung des Alten Testaments kann auch weitergeführt werden zu einem "Gespräch mit dem Judentum", zur Darstellung seiner Geschichte, auch nach dem Jahre 0 bis hin zum neuen Staat Israel und der religiösen Praxis heute lebender Juden. Ein formaler Aufhänger können die "Wege Israels" sein - die Wanderschaft Abrahams von Mesopotamien nach Palästina, der Josephssöhne nach Ägypten, der Israeliten unter Moses von Ägypten nach Palästina, der Juden in diesem Jahrhundert.

Erwartung des Messias

Die christliche Religion steht nicht allein mit ihrem Glauben an einen Heilbringer. Die Erwartungen des Alten Testaments und anderer Religionen können miteinander verglichen und auch Heilserwartungen unserer Zeit dargestellt und von der christlichen Überlieferung her kritisiert werden.

Das Thema Zukunft

Die Erwartungen der Christen auf die Wiederkehr Christi, die sich in den Texten der Evangelien vom Weltgericht und der Geheimen Offenbarung niederschlagen sowie die Hoffnung auf einen neuen Himmel und eine neue Erde, stehen in Konkurrenz zu den Vorstellungen anderer Weltanschauungen:

- Technologisch und ökonomisch orientierte Zukunftsforschung, die teilweise heutige Entwicklungslinien in die Zukunft verlängert oder das Ende der technischen Zivilisation vorhersagt.
- Die Vorstellung einer kommunistischen Gesellschaft, in der alle Ungleichheit, aller Mangel, alle Klassenunterschiede aufgehoben sind.

Zukunft der Kirchen

Eher unbemerkt von Europäern gewinnen die Kirchen der Dritten Welt an Bedeutung. In der katholischen Kirche werden diese Länder zahlenmäßig das Übergewicht bekommen. Auch die Zahl der Priester und Ordensleute nimmt in diesen Ländern zu. Es ist an der Zeit, daß sich die europäischen Christen auf diese Veränderungen vorbereiten und sich für die geistigen Entwicklungen dieser Kirchen öffnen.

Die Kirchen Lateinamerikas

Durch die Adveniat-Sammlung wird der Blick auf Südamerika gelenkt. Hier gibt es vielfältige Entwicklungen, über die bereits berichtet wird und weiter berichtet werden muß

- Soziale Gerechtigkeit
- Neue Gemeindemodelle
- Theologische Strömungen, u.a. Theologie der Befreiung
- Die Rolle der Indios
- Ökonomische Fragen, Nord-Süd-Konflikt

Die Propheten

Die jüdische Religion ist wesentlich durch die Propheten geprägt. Der Prophet ist weniger der apokalyptische Seher, der Verborgenes, Zukünftiges schaut, sondern der, der in der Gegenwart bereits die drohende und auch wieder gnadenvolle Zukunft sieht. Der Prophet erkennt die Strömungen der Gegenwart, die Zeichen der Zeit und konfrontiert die Zeitgenossen damit. Solche Männer und Frauen sind heute genauso unbequem wie die Propheten in ihrer Zeit. Sie sollten wenigstens im Advent gehört werden.

Schwierig ist die Darstellung zeitgenössischer Propheten. Werden z.B. C.F. von Weizsäcker, Ernesto Cardenal, Mutter Teresa, Ivan Illich, Roger Schütz, Vaclav Havel, Pedro Arrupe als Propheten tituliert, würden sie sozusagen durch den Rundfunk in diese Rolle eingesetzt. Das riefe zumindest heftige Reaktionen hervor. Unproblematischer wäre es, Texte der Propheten mit zeitgenössischen Texten zu konfrontieren. Es kann ebenso gezeigt werden, daß Aussagen der Propheten auch heutige Situationen treffen. Es können Zeichenhandlungen der Propheten (Jeremia versteckte einen Gürtel am Euphrat, um die Verbannung Israels vorauszusagen, Jer 13, oder das Gleichnis vom Töpfer im 18. Kap.) mit Zeichenhandlungen heutiger Menschen in Zusammenhang gebracht werden: Menschen, die kein Fleisch essen, um gegen die Verschwendung von Getreide, das als Futtermittel verwendet wird, zu protestieren, und andere Beispiele.

Vorgeschichte der Geburt Jesu

Vor allem das Lukasevangelium berichtet über verschiedene Ereignisse vor der Geburt Jesu. Die Berichte werden in der Adventszeit im Gottesdienst gelesen und sind damit auch Adventsthemen. (S. bei Weihnachten 3.2.4., S. 69 ff)

- Verkündigung der Geburt Jesu durch den Engel
- Besuch Marias bei Elisabeth

Eine formale Idee wäre es, kurze Beiträge mit "Kleine Schritte nach Bethlehem" zu überschreiben und auch aktuelle Bezüge einzubringen.

Johannes der Täufer

Eine wichtige Figur des Advents ist Johannes der Täufer, der Vorläufer Jesu. Berichte über seine Geburt und sein Auftreten werden in den Gottesdiensten des Advent gelesen.

Advent in der Familie

Für die Gestaltung adventlicher Lese- und Gebetsstunden können in der Familie können in Beiträgen Anregungen gegeben werden.

Fernseh-Adventskalender

Der Adventskalender der Kinder kann als formale Idee für einen Spot in einer täglichen Nachrichten- bzw. Magazinsendung aufgegriffen werden. Wichtig ist, daß hinter jedem "Türchen" etwas Neues, Überraschendes angeboten wird. Anregungen können die religiösen Spots des "Franciscan Communication Center" in Los Angeles bieten. Aktuelles kann in Kurzreportagen aufgegriffen, ein Text vorgelesen, ein Prophet oder Heiliger des Advent dargestellt werden.
Mit diesem Kalender könnte man am 1. Adventssonntag beginnen, das entspräche dem kirchlichen Kalender.

Die nähere Vorbereitung für Weihnachten beginnt am 17.12.. Hier könnten besondere Akzente gesetzt werden.
s.o. 3.1.5., S. 49 - Brauchtum)

3.2. Weihnachten und die Weihnachtszeit

3.2.1. Anthropologische Voraussetzungen

3.2.2. Bezug zur Öffentlichkeit

3.2.3. Entstehung der Feste der Weihnachtszeit

3.2.3.1. 25. Dezember

3.2.3.2. 6. Januar (Erscheinung des Herrn - Drei Könige)

3.2.3.3. Taufe Jesu

3.2.3.4. Stephanus und Johannes 26. u. 27. Dezember

3.2.3.5. Unschuldige Kinder: 28. Dezember

3.2.3.6. Neujahr

3.2.3.7. Darstellung des Herrn: 2. Februar

3.2.3.8. Fest der Heiligen Familie am Sonntag nach Weihnachten

3.2.4. Aussagen des Festes

3.2.5. Elemente, Bilder, Brauchtum

3.2.6. Themen für Sendungen

(Materialerschließung s. unter 0.3.2.)

3.2.1. Anthropologische Voraussetzungen des Festes

Neuer Anfang

An Weihnachten wird die Geburt eines Kindes gefeiert. Wie bei jedem Kind ist damit die Chance eines neuen Anfangs gegeben. Mit dieser Geburt wurde tatsächlich die Zählung der Zeit neu begonnen.

Zukünftige Rolle des Kindes

Mit diesem Kind verbinden sich Verheißungen, ein Motiv, das bereits im Alten Testament bekannt war:

- Isaak war dem Abraham verheißen worden
- Samuel und Samson und Johannes der Täufer waren verheißene Kinder

Diese Motive sind auch in einer "Durchschnittsfamilie" nicht unbekannt. Die Geburt des Stammhalters (vgl. Isaak) hat eine besondere Bedeutung. Es gibt Mütter, die für ihre Kinder eine religiöse Berufung erhoffen.

Überwindung der Angst

Ein Kind wird als Geschenk erfahren. Im Kind offenbart sich das Geheimnis des Lebens; daß es lebt, daß es gesund ist, muß auf dem Hintergrund der Ängste der Eltern gesehen werden, die immer mit einer gewissen Furcht gelebt hat, ob das Kind lebend und gesund zur Welt kommt.

Erfahrung des Ursprungs, des Lebens

Das lebendige Kind vermittelt eine Erfahrung vom Ursprung des Lebens. Die Eltern haben das Leben selbst nicht hervorgebracht, sondern weitergegeben. Es ist die Erfahrung, daß das Leben unerschöpflich, immer wieder neu und jung ist, daß es stärker ist als all seine Bedrohung.

Das Kind als Geschenk

Das Kind selbst wird als Geschenk gesehen, es ist den Eltern, der Familie, allen Menschen geschenkt worden - als Bereicherung und Aufgabe, als Herausforderung.

Geschenk des Schöpfers

Für dieses Geschenk danken Menschen dem Vater aller Menschen, dem Ursprung des Lebens, dem Schöpfer. Das Kind kommt aus seiner Hand. Bei den Gabun Pygmäen erhebt der Häuptling das Neugeborene, hält es der Sonne entgegen und spricht:

Dir Schöpfer, Dir dem Mächtigen,
Opfere ich diese neue Pflanze -
Neue Frucht des alten Baumes
Du bist der Herr
Wir sind die Kinder
Dir dem Schöpfer, Dir dem Mächtigen
Wir sind keine Tiere
Wir werden nicht geboren wie Tiere
Wenn wir zur Welt kommen
Schaut uns der Schöpfer an
Und wir schauen ihn an -
Mit dem Angesicht ihm zugewandt

Das Kind und die Mutter

Das Neugeborene hat eine besonders starke Beziehung zur Mutter. Daher ist Maria und das Kind in der abendländischen Kunst zum Urbild der Beziehung zwischen Mutter und Kind geworden.

Bedrohung

Weihnachten hat jedoch nicht nur das Thema Geburt, Geschenk, Freude. Es gibt auch die Bedrohung. Der König Herodes fühlt sich durch den Nachkommen Davids bedroht und bedroht wiederum das Kind. Hier werden Motive angesprochen, die es auch in der alltäglichen Lebenserfahrung gibt. Ältere Geschwister fühlen sich unmittelbar durch das Neugeborene bedroht, sie fürchten, daß das Kleine die ganze Zuwendung der Eltern auf sich zieht. Neugeborene können eine Konkurrenz für andere potentielle Erben sein. Schließlich kann ein Neugeborenes den Lebensraum der übrigen Familie einengen - weil die Wohnung zu klein geworden, der finanzielle Spielraum noch begrenzter ist.

3.2.2. Bezug zur Öffentlichkeit

Die verschiedenen Lebensbezüge, die das Weihnachtsfest anspricht, finden sich nur in schmalen Ausschnitten in den heute üblichen Festgebräuchen wieder.

Die Festtagsgebräuche der Konsumgesellschaft decken zentrale Inhalte zu

Die Feier des Kindes, die Erfahrung des Lebens, der Geschenkcharakter einer Geburt - das alles artikuliert sich fast gar nicht.

Obwohl Weihnachten das christliche Fest ist, das noch den größten Nachhall in der Öffentlichkeit findet, sind die möglichen Themen des Festes kaum gegen die Festtagsgebräuche der Konsumgesellschaft durchzusetzen.

Es sollen hier aber nicht die Kritiken der bundesrepublikanischen Weihnacht resümiert werden, sondern die Aspekte aufgegriffen werden, die tatsächlich an die Inhalte des Festes anknüpfen.

Kinder sind einbezogen

Weihnachten ist, anders als z.B. Sylvester und Neujahr, ein Fest, bei dem die Kinder mit einbezogen sind, ja im Mittelpunkt stehen.

Erfahrung der Familie

Es ist in Deutschland ein Fest der Familie, bei dem Familie besonders ausdrücklich erlebt wird. Bei den Erwachsenen verbinden sich mit dem Fest Erinnerungen an die eigene Kindheit. Geborgenheit und Zusammengehörigkeit werden erlebt.

Erfahrung der Einsamkeit

Weihnachten wird daher von vielen, die in keiner Familie leben, die sich in ihrer Familie nicht wohlfühlen, schmerzlich erlebt. Sie haben das Gefühl, nicht dazuzugehören. Weihnachten verstärkt das Bewußtsein der Einsamkeit - das liegt aber nicht in der ursprünglichen Idee des Festes. Als kirchliches Fest hat es öffentlichen Charakter. Die Weihnachtsgottesdienste schließen niemand aus, wie es die Feiern in den Familien tun. Die Bedeutung, die das Weihnachtsfest für das Selbstverständnis der Familie hat, daß an Weihnachten die Familie sich selbst feiert, hat kulturgeschichtliche Wurzeln, die nicht zuletzt im Pietismus zu suchen sind.

Das Weihnachtsfest hatte über Jahrhunderte hinweg einen stärker öffentlichen Charakter, als wir es gewohnt sind. Die Weihnachtsfeiern der Vereine und Betriebe gehen auf Feiern der Zünfte und Bruderschaften zurück. Der familiäre Charakter der Feiern bildete sich erst im 18. und 19. Jahrhundert heraus und damit auch die Intimität des Festes, die seine Erlebnisqualitäten prägt.

Weihnachtsgeschenke

Daß an Weihnachten Geschenke ausgetauscht werden, prägt die Vorbereitungszeiten auf das Fest und ist wichtiger Inhalt der familiären Feierlichkeit. Obwohl das Schenken zur Konvention geworden ist, hat es doch einen symbolischen Charakter behalten, der allerdings unter dem Zugriff der Werbung seinen Sinngehalt fast verloren hat.

Von seinem Ursprung her hat das Geschenk sogar Anspruchscharakter: Die Kinder hatten das Recht, von ihren Paten Geschenke zu erhalten (ursprünglich am Nikolaustag). Daß der einzelne auch heute ein Anrecht darauf hat, daß ihm etwas geschenkt wird, daß er etwas bekommt, das nicht nur Gegenwert einer Leistung ist, gibt dem Geschenk immer noch seinen besonderen Charakter. Im christlichen Sinn drückt sich darin aus, daß den Menschen an Weihnachten etwas geschenkt wurde, das sie sich nicht erwerben konnten und das sie nicht verdient hatten.

Feiertagsessen

Neben dem Austausch von Geschenken hat das Festessen in der Familie eine zentrale Bedeutung. Ein vielfältiges, regional bestimmtes Brauchtum prägt die Mahlzeiten. Stärker als bei anderen Festen hält man an Weihnachten an bestimmten Speisen fest, z.B. an der Gans, am Karpfen.

"Unterbrechung des öffentlichen Lebens"

Der starke familiäre Akzent von Weihnachten prägt den Charakter des Festes und damit auch seine Bezüge zum öffentlichen Leben. Zumindest am Heiligabend "erstirbt" das öffentliche Leben, weil alle Welt sich in den Bereich der Familie zurückzieht. Die Privatsphäre gilt in diesen Stunden als besonders geschützt. All denen, die am Heiligabend arbeiten müssen, Bahnbeamte, Straßenbahnfahrer, Krankenhauspersonal und Schichtarbeiter, gilt ein besonderes Mitgefühl.

Fest des Friedens

Neben der Familie thematisiert Weihnachten auch den "Frieden". Hier sind Elemente der christlichen Tradition im öffentlichen Bewußtsein besonders lebendig. Ausgehend von der Friedensbotschaft, die die Hirten von den Engeln erhielten, wird Friede als Möglichkeit menschlichen Zusammenlebens an diesem Fest besonders ins Bewußtsein gehoben. Der Friedensgedanke ist sicher eine Chance, das Fest über die Vermittlung von Stimmungen hinaus wirksam werden zu lassen.

3.2.3. Entstehung der Feste der Weihnachtszeit

Weihnachten gehört nicht zum Urbestand der christlichen Liturgie. Erst im Laufe der Entwicklung hat die Urkirche Ereignisse aus dem Leben Jesu in eigenen Festen aufgegriffen. Diese Feste kamen zu der Feier des Sonntags und des Jahresgedächtnisses der Auferstehung, dem Osterfest, hinzu. Die Herausbildung des Weihnachtsfestes wurde darüber hinaus von außen angestoßen, ein Grund dafür, daß es in der Christenheit zwei Weihnachtsfeste gibt: den 25. Dezember und den 6. Januar.

3.2.3.1. Der 25. Dezember

Das Weihnachtsfest am 25. Dezember ist in Rom entstanden. Der Tag der Wintersonnenwende wurde mit einem Fest des "sol invictus", des unbesiegten Sonnengottes, begangen. Dieses Fest war 274 durch Kaiser Aurelian eingeführt worden.

Fest des "sol invictus"

Um die Christen gegen dieses Fest zu immunisieren, hatte die Kirche dem heidnischen Sonnengott die "wahre Sonne" das "wahre Licht der Welt" entgegengesetzt.

Diese Ableitung des christlichen Geburtsfestes ist in der historischen Forschung jedoch nicht einhellig. Es ist auch möglich, daß die Christen bei dem Versuch, das Geburtsdatum Jesu genauer zu bestimmen, den Tag der Sommersonnenwende zum Ausgangspunkt nahmen. Am 24. Juni wird die Geburt Johannes des Täufers gefeiert. Nach den biblischen Berichten wurde Jesus sechs Monate später geboren. (Lk 1,26)

Im Johannesevangelium wird folgendes Wort des Täufers über Jesus berichtet:

> Ihr selbst könnt mir bezeugen, daß ich gesagt habe: Ich bin nicht der Messias, sondern nur ein Gesandter, der ihm vorausgeht ... Er muß wachsen, ich aber muß kleiner werden. (Joh 3,28)

Dieses Wort wurde auf die Sonne bezogen. Nach dem Fest des Täufers nimmt die Sonne ab, nach dem Fest der Geburt Christi nimmt die Sonne zu. Der Geburtstag Jesu am Tag der Wintersonnenwende hatte auf jeden Fall eine große symbolische Aussagekraft, die sicher die Verbreitung des Weihnachtsfestes beschleunigte.

Möglicherweise haben sich beide Tendenzen gegenseitig verstärkt. Dem Fest des Sonnengottes ein christliches Fest entgegenzusetzen, war wohl nur möglich, wenn die Berechnung des Geburtsdatums unter den Christen akzeptiert war. Die Geburt Jesu am Tag der Wintersonnenwende symbolisierte für die Menschen der damaligen Zeit, daß Gott mit diesem Kind das Leben neu entstehen ließ, ein Licht im Dunkeln entzündete.

Theologische Deutung der Gottessohnschaft

Ein weiteres Motiv für die Verbreitung des Weihnachtsfestes war die Infragestellung der Gottessohnschaft Jesu durch Arius. Für ihn war der Logos ein Geschöpf Gottes, Gott nicht wesensgleich. Logos war ein philosophisch geprägter Begriff, den das Johannesevangelium auf Jesus anwendete (Joh 1,1-18). Logos bedeutet Wort, Weisheit, Sinn. Jesus ist das Wort Gottes, das der Vater ausspricht, und durch dieses Wort ist alles erschaffen (Joh 1,3), es ist der tiefste Sinn des Kosmos. Ähnliche Gedanken, wie sie die jüdische Weisheitsphilosophie entwickelt hatte, fanden die Christen in der Philosophie des Mittleren Platonismus wieder. Dieser sah im Logos allerdings ein Geschöpf Gottes, nicht wie die Christen eine Person des dreifaltigen Gottes. Arius hat sich der damaligen Philosophie angeschlossen (s.u. ausführlicher 3.9. Dreifaltigkeitssonntag). Das Konzil von Nicäa verurteilte 325 seine Lehren, die jedoch erst in den Jahrzehnten danach ihre größte Verbreitung fanden, von verschiedenen Kaisern unterstützt wurden und schließlich mit dem Konzil von Konstantinopel 381 überwunden waren.

Das Weihnachtsfest hat daher von Anfang an nicht nur die Inkarnation des Sohnes, das Erscheinen der Zweiten Person der Gottheit im Fleisch, sondern auch die Geburt des Sohnes aus dem Vater zum Thema. Das wird heute noch in einer der Präfationen von Weihnachten deutlich:

> In Wahrheit ist es würdig und recht, dir, Vater im Himmel, zu danken durch unseren Herrn Jesus Christus. Denn groß ist das Geheimnis seiner Geburt, heute ist er, der unsichtbare Gott, sichtbar als

Mensch erschienen. Vor aller Zeit aus dir geboren, hat er sich den Gesetzen der Zeit unterworfen. In ihm ist alles neu geschaffen. Er heilt die Wunden der ganzen Schöpfung ...

Das Weihnachtsfest der Ostkirche ist der 6. Januar. Es hatte in der Westkirche bis zur Liturgiereform 1969 die gleiche Stellung wie der 25.12. Diese liturgische Gleichstellung hatte jedoch faktisch keine Bedeutung. Im Zentrum stand immer der 25. Dezember. Die Reform hat nur das bestätigt, was in der Praxis der Kirche schon üblich war.

3.2.3.2. Der 6. Januar

Das Weihnachtsfest am 6. Januar ist in Alexandrien entstanden. Eine christliche Sekte feierte an diesem Tag das Fest der Taufe Jesu. Nach ihrem Verständnis war die Taufe durch die Herabkunft des Geistes die eigentliche Geburt des Sohnes. Das Datum geht wahrscheinlich auf das Fest des alexandrinischen Stadtgottes zurück. In der Nacht vom 5. auf den 6. Januar wurde der Geburtstag des Gottes Äon, Gott der Zeit und der Ewigkeit, gefeiert.

Fest des alexandrinischen Stadtgottes

Das Gedächtnis der Taufe Jesu an diesem Tag kann sich von dem Brauch, am Fest des Gottes Äon Wasser aus dem Nil zu schöpfen, herleiten.

Am 6. Januar wird auch des Weinwunders bei der Hochzeit zu Kana gedacht, weil nach heidnischen Vorstellungen in der Nacht vom 5. auf den 6. Januar aus manchen Quellen Wein fließt.

In Gallien wurde zeitweise auch der 6. Januar als Hauptweihnachtsfest gefeiert. Zwischen Gallien und dem Osten bestanden enge Verbindungen.

Dadurch, daß der Osten wie der Westen gegenseitig das Weihnachtsfest des anderen übernahmen, erhielten beide Feste eine unterschiedliche Akzentsetzung.

- 25.12. Das Fest der Geburt: Gott und Mensch in einem unscheinbaren Kind
- 6. 1. Die Bedeutung des Kindes wird schon zu Beginn von den Magiern erkannt: Erscheinung, Epiphanie des Herrn.

3.2.3.3. Fest der Taufe Jesu

Die Liturgiereform des Jahres 1969 hat traditionelle Inhalte des Epiphaniefestes auf die folgenden Sonntage gelegt. Am Sonntag nach Erscheinung wird das Fest der Taufe Jesu gefeiert, das Evangelium der Hochzeit zu Kana wird am 2. Sonntag nach Erscheinung gelesen.

3.2.3.4. Stephanus und Johannes: 26. und 27. Dezember

Weihnachten hat wie Ostern eine eigene Festwoche ausgebildet. Bereits vorhandene Feste wurden beibehalten und durch das Weihnachtsfest aufgewertet. In Deutschland ist durch den sogenannten 2. Feiertag, der Gedenktag des heiligen Stephanus, des ersten Märtyrers, besonders ins Bewußtsein gerückt. Dieser Tag ist in der Liturgie nicht weihnachtlich geprägt, vielmehr steht der Bekennermut des Diakons Stephanus im Vordergrund. Die Gerichtsverhandlung, seine Verteidigungsrede und seine Hinrichtung werden in der Bibel selbst überliefert (Apg 6,8 - 8,11).

Mit dem Fest des Apostels Johannes am 27.12. ist der Brauch einer Weinsegnung verbunden. Es gibt eine Legende, daß Johannes, ohne Schaden zu nehmen, einen Becher vergifteten Weines getrunken habe (zum Brauchtum siehe bei 3.2.5.).

3.2.3.5. Unschuldige Kinder: 28. Dezember

Anders als die Gedenktage des heiligen Stephanus und des heiligen Johannes steht dieses Gedächtnis in unmittelbarer Beziehung zu Weihnachten. Im Matthäusevangelium wird berichtet, daß Herodes die Knaben bis zum Alter von zwei Jahren in Bethlehem aus Angst vor einem Rivalen hat umbringen lassen. Der biblische Bericht greift Elemente der Mosesgeschichte im Buch Exodus 1,16 auf.

Der Pharao ließ alle neugeborenen Knaben töten. Überliefert ist auch die Grausamkeit des Herodes, der drei seiner Söhne hinrichten ließ.

3.2.3.6. Neujahr

Der Neujahrstag ist kein ursprünglich christliches Fest, sondern geht auf die Kalenderreform Cäsars im Jahre 46 zurück, der den Jahresbeginn vom 1. März auf den 1. Januar verlegte. Die ausgelassenen Feiern in der Nacht zum 1. Januar gehen ebenfalls auf die Römer zurück. Gegen die heidnischen Feierlichkeiten setzten die Christen sogar ein Fasten, in Rom wurde ein Marienfest eingeführt, das aber wieder in den Hintergrund trat. In Spanien und Gallien hatte sich im 6. Jahrhundert ein Fest der "Beschneidung des Herrn" herausgebildet, das ein Ereignis der Kindheitserzählungen aufgreift. In Lk 2,21 heißt es: "Als acht Tage vergangen waren und das Kind beschnitten werden sollte, erhielt das Kind den Namen Jesus, wie der Engel es genannt hatte, noch bevor es im Mutterschoß empfangen war." Der 8. Tag nach Weihnachten, wenn man den 25.12. als ersten mitzählt, ist der 1. Januar. Dieser Festinhalt setzte sich allgemein durch, mit der Liturgiereform 1969 wurde auf das alte römische Marienfest zurückgegriffen. Es heißt jetzt "Hochfest der Gottesmutter Maria und des Namens Jesu". In den östlichen Kirchen wird ein Marienfest am 26. Dezember begangen. In der Liturgie des Tages wird auch Bezug auf den Neujahrstag genommen. Es wird ein Symbolgebet für das neue Jahr gesprochen. Papst Paul VI. hat den 1. Januar zum Weltfriedenstag erklärt. Das Friedensthema wird in den Gottesdiensten aufgegriffen. Von Bedeutung ist auch das Papstwort zu diesem Tag.

3.2.3.7. Darstellung des Herrn: 2. Februar

Dem Lukasevangelium entsprechend wurde Jesus nach dem mosaischen Gesetz in den Tempel gebracht, und zwar am 40. Tag nach der Geburt, der damit auf den 2. Februar fällt. In Deutschland heißt das Fest auch Lichtmeß, weil es mit einer Lichtprozession verbunden ist. Diese geht auf eine alte heidnische Sühneprozession in Rom zurück, die verdrängt werden sollte. Das Licht im christlichen Gottesdienst nimmt auf den Evangeliumsbericht Bezug, in dem Jesus von dem greisen Simeon als "Licht zur Erleuchtung der Heiden und zur Verherrlichung Israels" begrüßt wird.

Zählt man vom 6. Januar an 40 Tage, so kommt man auf den 14. Februar, an dem die Ostkirchen das Fest der Darstellung des Herrn feiern. Möglicherweise ist der Valentinstag in Frankreich auch von da hergeleitet, ohne daß der Inhalt des Festes noch bewußt ist. In Gallien war eine zeitlang der 6. Januar das Weihnachtsfest.

3.2.3.8. Fest der Heiligen Familie

Am Sonntag nach Weihnachten wird ein sehr junges Fest begangen, das erst im 19. Jahrhundert entstanden ist. Die heilige Familie wird als Vorbild gesehen und ihre Verehrung gefördert.

3.2.4. Aussage des Festes

Im Weihnachtsfest fließen verschiedene theologische Linien zusammen. Wie bereits aus der Entstehungsgeschichte des Festes deutlich wurde, ist die Aussage des Festes nicht auf eine Formel zu bringen.

Gott ist Mensch geworden - die unterschiedlichen Berichte der Evangelien tragen nicht zuletzt zur thematischen Fülle des Weihnachtsfestes bei. Sie stellen das Geheimnis der Menschwerdung unterschiedlich dar. Während das älteste Evangelium, das Markusevangelium, mit dem öffentlichen Auftreten Jesu beginnt, haben die drei anderen einen "Vorspann".

Der Logos-Hymnus des Johannes-Evangeliums

Johannes hat einen Hymnus an den Anfang gesetzt. Der Hymnus greift Weisheitsspekulationen des Judentums auf und identifiziert Jesus mit der Weisheit, die unter den Menschen ihr Zelt aufgeschlagen hat. Das Weisheitsmotiv wird noch radikalisiert - der Logos, das Wort, der Sohn Gottes, ist wesensgleich mit dem Vater.

Der Leser des Johannesevangeliums weiß durch diese Einleitung, wer der Jesus ist, von dem berichtet wird. Das Evangelium arbeitet heraus, wie die Menschen, die "Welt", auf den fleischgewordenen Logos reagiert haben. Das erste Kapitel des Johannesevangeliums wird in einer der drei Weihnachtsmessen gelesen. Es hat die Theologie der frühen Kirche in starkem Maß beeinflußt. In starkem Kontrast dazu stehen die Berichte von Matthäus und Lukas.

Midrasch-Erzählungen bei Matthäus und Lukas

Diese stellen nicht in der Form eines Hymnus den Ursprung des Logos aus Gott und sein Erscheinen in der Welt dar, sondern erzählen Geschichten, in denen sie die Bedeutung des Kindes - für den heutigen Leser eher indirekt - aufzeigen. Die Menschen der damaligen Zeit haben sicher unmittelbarer als wir verstanden, was wir erst durch die Hilfe der Bibelwissenschaft entdecken, die diese Erzählungen mit der Literatur des damaligen Judentums und deren Erzählabsichten vergleicht. Aus dem Vergleich mit ähnlichen Erzählungen des damaligen Judentums kann exakter bestimmt werden, welche Aussageabsichten die Texte haben. Es sind Midrasch-Erzählungen, durch die die Juden Ereignisse auf dem Hintergrund des Alten Testaments deuteten. Die alttestamentlichen Texte werden herangezogen, um die Überlieferung über die Geburt Jesu auszugestalten. Eine Fülle von Anspielungen auf verschiedene alttestamentliche Stellen finden sich bei Matthäus und Lukas. Bei der Entwicklung dieser Erzählungen, die die Evangelisten sicher schon vorfanden, war nicht ein historisches Interesse im heutigen Sinne leitend. Es geht in den Erzählungen nicht um die exakte Beschreibung der Ereignisse, vielmehr wird hier Erzählungen mitgeteilt, was die Ereignisse bedeuten. Aus dem Wissen um Jesus, den Gekreuzigten und Auferstandenen, sind diese Erzählungen entwickelt worden.

Deutung durch Rückgriff auf das Alte Testament

Im Alten Testament fanden schriftgelehrte Christen viele Hinweise auf die Vorgänge, die sich beim Auftreten des Messias abspielen sollten. Und obwohl wir diese Erzähltechnik nicht mehr verstehen, gehen wir in ähnlicher Weise mit den Erzählungen um. Auch wir sehen in der Geburt im Stall, in der Verfolgung des Kindes durch die Machthaber und darin, daß zuerst die einfachen Hirten das Kind gefunden haben, den Lebensweg und das Schicksal dieses Kindes vorgezeichnet. Auch wir entdecken in den verschiedenen Eigenarten der Erzählungen Aussagen über den göttlichen Ursprung des Kindes. Trotzdem muß heute mit Hilfe der Bibelwissenschaft eine Brücke zu den Texten geschlagen werden. Im folgenden werden nur in einem Überblick einige Aspekte zusammengestellt, da exegetische Abhandlungen leicht zugänglich sind. Im Anhang werden einzelne Kommentare und Monografien auch in Textauszügen vorgestellt (3.2.4.). Die Textproben sind so ausgewählt, daß sie jeweils auf andere Teile der biblischen Erzählungen Bezug nehmen und auch anstelle des folgenden Überblicks benutzt werden können.

Lukas

Lukas ist der Evangelist, der unsere Vorstellungen von Weihnachten am stärksten geprägt hat. Er überliefert die Erzählungen:

- Verkündigung des Engels Gabriel an Maria
- Besuch Marias bei Elisabeth
- Herbergssuche
- Geburt im Stall
- Verkündigung an die Hirten
- Beschneidung und Darstellung Jesu im Tempel
- Der Zwölfjährige im Tempel

Alttestamentliche Parallelen zu den Geburtstagsgeschichten

Lukas parallelisiert die Ankündigung und Geburt Jesu mit der Johannes des Täufers. Auch die Geburt des Johannes wird durch einen Engel angekündigt und geschieht auf wunderbare Weise, denn die Mutter war unfruchtbar und bereits im vorgerückten Alter. Schon die Empfängnis der beiden Kinder deutet darauf hin, daß sie von Gott mit besonderen Aufgaben bedacht werden. Das ist in der biblischen Überlieferung nicht ungewohnt. Isaak wurde von der neunzigjährigen Sarah geboren (Gen 17 und 18).

Ankündigung der Geburt

Die Mütter von Samson (Ri 13) und Samuel (1. Sam 1,1-20) waren unfruchtbar. All diese Geburten werden den Eltern vorher angekündigt. Die Angesprochenen erheben Einwände bzw. fragen zurück. Zur Bestätigung der Verheißung wird ein Zeichen gegeben. Für Maria ist die Schwangerschaft von Elisabeth das verbürgende Zeichen.

Jungfrauengeburt - kein Ärgernis für die antike Welt

Daß Jesus von einer Jungfrau geboren wurde, ist im Verständnis der damaligen Zeit nichts Außergewöhnliches. Ähnliche Berichte gibt es über Buddha, Augustus und Sargon. Die Erzählung will vor allem aussagen, daß das Kind aus Gott hervorgegangen und daß der Ursprung des Kindes in Gott zu suchen ist.

Hinweise auf die Gottessohnschaft Jesu

Daß das Kind Gottes Sohn ist, drückt Lukas auch durch die Verwendung alttestamentlicher Texte aus.

- In Lukas (1,76) heißt es in Anspielung auf Maleachi (3,1), daß Johannes dem Herrn, d.h. Gott vorausgeht. Jesus wird mit Jahwe identifiziert.

- Der Engel spricht zu Maria: Der Heilige Geist wird über dich kommen und die Kraft des Höchsten wird dich überschatten. Darum wird auch das Heilige, das aus deinem Schoß hervorgehen wird, Sohn Gottes heißen. Der Heilige ist aber Gott selbst (Lk 1,35).

- Jesus ist König, "seiner Herrlichkeit wird kein Ende sein" (Lk 1,33). Diese Aussage wird im Alten Testament von Gott gemacht.

- Jesus ist der Retter. Jesus heißt "Jahwe-Retter", beim Propheten Zefanja (3,17) wird Gott selbst als der Retter Israels verkündet. "Der Herr, dein Gott, ist bei dir, ein Held, der Rettung bringt". Die Engel verheißen den Hirten den "Retter".

In diesem Zusammenhang gewinnt auch die Bedeutung der Tempel in den lukanischen Kindheitsberichten Bedeutung. Die Dynamik der Erzählung tendiert auf den Tempel hin. Hier geben Simeon und Hanna den Eltern Aufschluß über die Bestimmung des Sohnes.

Die alttestamentlichen Messiaserwartungen sind erfüllt. Aber noch mehr drückt sich darin aus. Die Juden glauben an eine besondere Gegenwart Gottes im Tempel, die Menschwerdung Gottes verwirklicht auf vollkommene Weise das Wohnen Gottes im Tempel. Der Weg Jesu zum Tempel ist die Erfüllung von Verheißungen, die auch Simeon und Hanna bestätigen. Der Zwölfjährige sagt dann zu seinen Eltern: "Wußtet ihr nicht, daß ich im Haus meines Vaters sein muß?" (Lk 2,49)

Gottes Gegenwart im Tempel

Parallel dazu wird auch die Gestalt Mariens gedeutet. Sie ist die Tochter Sions, der Gnade und Freude verheißen wird. Der Gruß des Engels ist wie eine Weissagung des Propheten Zefanja (3,14 - 15) über Jerusalem aufgebaut. Das Überschatten durch den Heiligen Geist erinnert an die Gegenwart Gottes im Zelt der Bundeslade und später im Tempel in der Gestalt einer Wolke.

Maria als Tochter Sion

Im Kontrast zu den Aussagen über das Kind stehen die Umstände der Geburt. Hier zeigt sich ein Charakteristikum der christlichen Botschaft, die nicht allein aus dem Alten Testament abzuleiten ist.

Jesus tritt nicht wie ein großer Herrscher in die Welt, sondern unscheinbar. Er wird in einem Stall geboren und nur von einfachen Hirten erkannt. Daß sein Lebensweg nicht einfach von Erfolg gekennzeichnet wird, sagt die Verheißung des Simeon: "Dieser ist zum Fall und zur Auferstehung vieler in Israel bestimmt, zum Zeichen des Widerspruchs. Auch deine eigene Seele wird ein Schwert durchdringen." (Lk 2,34 f)

Jesus als der Messias der Armen

Matthäus

Matthäus setzt in seinen Erzählungen über die Geburt Jesu andere Akzente:

> Empfängnis und Geburt werden nur in Berichtsform erwähnt (Mt 1,18-25), allerdings mit verschiedenen Verweisen darauf, daß alttestamentliche Verheißungen in Erfüllung gegangen sind.

Die Huldigung der Weisen und die Flucht aus Ägypten ebenso der Kindermord sind eigenständige Erzählstücke dieses Evangeliums.

Das Sternmotiv ist in der damaligen Zeit üblich. Den Großen wurde ein besonderer Stern zugeschrieben.

Die Heiden, nicht die Juden finden den neuen Messias

Daß nicht Juden, sondern Heiden den jüdischen Messias gefunden haben, ist eine Erfahrung der jungen Christengemeinden. Wie Jesus wurden auch die Christen von den Juden abgelehnt. In dem Bericht über die Weisen dürfte auch auf eine Stelle im Buch Numeri Bezug genommen werden. Bileam war von Balak, einem Israel feindlichen König, aus dem Zweistromland herbeigerufen worden, um Israel zu verfluchen. Statt eines Fluches spricht er eine Verheißung aus:

> "Spruch Bileams, des Sohnes Beors, Spruch dessen, der Gottesworte hört ... Ich sehe ihn, aber nicht jetzt, ich erblicke ihn, aber nicht in der Nähe: Ein Stern geht in Jakob auf, ein Zepter erhebt sich in Israel ..." (Num 24,15-17)

Jesus, der neue Messias

Auch die Erzählungen von der Flucht nach und der Rückkehr aus Ägypten dürften alttestamentlich motiviert sein. Das Volk Israel hielt sich in Ägypten auf und kehrte wieder nach Palästina zurück. Jesus ist der neue Moses - wie dieser schon als Kind in Gefahr, doch auf wunderbare Weise gerettet, ist er von Gott zum Retter seines Volkes bestimmt.

Zusammenfassung

Die Erzählungen über die Geburt Jesu sind Lehrstücke, die theologische Aussagen machen wollen:

- Die Erwartungen, die sich auf einen Messias richten, haben sich erfüllt, Jahwe hat seine Verheißungen eingelöst.
- Das Kind hat seinen Ursprung aus Gott, es ist Sohn Gottes, in ihm kommt Gott selbst, so wie es die Propheten geweissagt haben.
- Das Kind ist der Retter, der Mose noch überbietet.
- Der Sohn ist ein Geschenk des Friedens - eine neue Zeit bricht an.

- Die einfachen Menschen und die Heiden erkennen den Messias, das offizielle Judentum lehnt ihn ab.
- Das Lebensschicksal Jesu zeichnet sich in den Ereignissen der Geburt bereits ab.

Die Aussagen der biblischen Texte bieten einen Maßstab, an dem die Gestaltung der Feste der Weihnachtszeit gemessen werden muß. Auf jeden Fall rechtfertigen sie keine falsche Sentimentalität und keine vorschnelle Versicherung, daß alles in Ordnung ist.

3.2.5. Elemente, Bilder, Brauchtum

Meßfeier als Zentrum des kirchlichen Festes

Zentrum des Weihnachtsfestes ist nicht eine Krippenfeier, sondern die Messe - das Gedächtnismahl, das Jesus mit seinen Jüngern hielt. Dieses Mahl erhält an Weihnachten einen besonderen Akzent. Nicht allein Leiden, Tod und Auferstehung stehen im Zentrum, sondern auch die Menschwerdung, die Erscheinung des Wortes Gottes, die sich nach dem Glauben der Christen in den Gestalten von Brot und Wein jetzt ereignet, denn in den Gestalten wird der Gottessohn anwesend geglaubt.

In einem Gebet, das in der Messe über Brot und Wein gesprochen wird, heißt es:

> Himmlischer Vater,
> erfülle die Gaben dieser Erde mit deinem Segen,
> damit sie das Geheimnis dieses Tages darstellen;
> Wie Christus
> als neugeborener Mensch und wahrer Gott
> vor uns aufleuchtet,
> so laß uns durch diese irdische Speise
> das göttliche Leben empfangen.

In den meisten Gegenden wird die Messe um Mitternacht oder am Abend gefeiert, in einigen Gegenden auch in der Frühe des ersten Weihnachtstages. Dabei haben die Messen, entsprechend ihres Evangeliums, unterschiedliche Akzente.

1. Die erste Messe in der Nacht hat das Evangelium der Geburt nach Lk 2,1-7.
2. Die Messe am frühen Morgen heißt auch Hirtenmesse, weil das Evangelium von der Erscheinung der Engel vor den Hirten und dem Besuch der Hirten im Stall berichtet.
3. Die Messe am 1. Weihnachtsfeiertag ist geprägt vom Prolog des Johannesevangeliums in dem die Menschwerdung mehr philosophisch-theologisch dargestellt wird.

Weihnachtskrippe ohne liturgische Funktion

Die Krippe, d.h. die Nachbildung des Stalles, in dem Jesus geboren wurde, mit den Figuren des Kindes, Marias und Josefs, der Hirten und der Engel, hat im Gottesdienst selbst keine Funktion. Sie prägt aber zusammen mit dem Schmuck den Kirchenraum. Bei Andachten, d.h. Gottesdiensten am Nachmittag und Abend, ist die Krippe allerdings stärker einbezogen. Dabei findet oft ein eigener Kindersegen statt. Nach den Gottesdiensten gehen Kinder und Erwachsene zur Krippe, um die Szene zu betrachten und um zu beten. Manche machen sogar eine Art Krippenwallfahrt und besuchen die Krippen in verschiedenen Kirchen.

Die Krippendarstellungen sind im Mittelalter entstanden, das im Gegensatz zur frühen Kirche ein starkes Interesse an den konkreten Umständen und den Begebenheiten des Lebens Jesu entwickelte. Auf Franz von Assisi geht die erste Krippenfeier zurück (1223 im Wald von Greccio). Die Krippe und die Krippenspiele wurden als Frömmigkeitsübung gefördert.

Von der Malerei sind die Motive der biblischen Erzählungen immer wieder aufgegriffen worden. Dieses Erbe lebt heute in den Weihnachtskarten fort.

Krippendarstellungen in den Wohnungen

Die Krippe hat auch seit dem 17. Jahrhundert Eingang in die Familien gefunden. Sie gehört zum weihnachtlichen Schmuck und soll an den zentralen Inhalt des Weihnachtsfestes erinnern.

Das Weihnachtslied

Ein wichtiges Element sowohl der kirchlichen wie auch der familiären Feiern ist das Lied. Die Weihnachtslieder sind bekannt und beliebt, nicht zuletzt deshalb, weil auch Erwachsene mit den Liedern viele positive Erinnerungen verknüpfen.

Der Tannenbaum, der Tannenschmuck sowie die Kerzen sind der jahreszeitliche Festschmuck und zugleich Hinweis auf die Bedeutung des Lichtes - Licht, das trotz der Winterzeit nicht ganz erlischt - und das, christlich gesehen, Sinnbild für den Erlöser ist. Auch an Ostern stehen die Kerzen und das Feuer im Mittelpunkt der Feier.

Schmuck und Licht

Das reiche Brauchtum der Weihnachtszeit, das allerdings nicht mehr lebendig ist, geht zu einem großen Teil auf heidnische Vorstellungen zurück, die teilweise durch das Christentum uminterpretiert wurden, aber auch selbständig weiterlebten.

Einflüsse des germanischen Julfestes

Bei den Germanen gab es das Julfest, das als Mittwinterfest ursprünglich im Januar gefeiert, aber nach der Christianisierung auf den 25.12. verlegt wurde. Mit diesem Fest waren Riten verbunden, die die Ernte des nächsten Jahres beeinflussen sollten, zum anderen war die Mittwinterzeit eine Zeit der Toten, der Dämonen und der "Wilden Jagd".

Der grüne Baum, das Verzehren von Ährengrütze und Weihnachtsbroten sollte die Fruchtbarkeit ins neue Jahr hinüberbringen. Man gab auch den Tieren vom Weihnachtsbrot zu fressen, damit sich ihre Fruchtbarkeit auf das kommende Jahr übertrage.

Fruchtbarkeitsriten

Das Essen von Schweinefleisch in manchen Gegenden hatte auch mit dem Schwein, dem Eber als Fruchtbarkeitssymbol zu tun. Auch Umzüge sollten Segen und Fruchtbarkeit für das nächste Jahr bringen.

Das Weihnachtsgebäck geht wohl auch auf Fruchtbarkeitsriten zurück. Es wird schon seit Jahrhunderten in bestimmten Formen (Schnecke, Kranz, Henne, Hirsch, Eber) gebacken. Ihm wurden heilende Kräfte zugesprochen. Selbstverständlich gehören besonderes Essen und Backwerk zum Charakter jedes Festes.

Weihnachtsgebäck

Weihnachtsumzüge in Masken und Lärm hat es in verschiedenen Gebieten gegeben. Sie stellen Dämonen dar, aber auch Tiere, z.B. Bären oder Wölfe. Einige Bräuche lassen sich als Dämonenabwehr interpretieren, z. B. das Lärmen, Türen bemalen,

Nächte der Dämonen und Toten

Glockengeläute. Andererseits stellte man den Dämonen und den Hausgeistern Eßwaren hin. Hier dürften Opfermahlzeiten noch wirksam sein. Es gab auch in verschiedenen Gegenden die Vorstellung, daß die Toten an Weihnachten in die Häuser kommen. Man deckt ihnen den Tisch oder stellt ihnen Speisen ans Fenster oder vor die Tür. Überhaupt verbindet sich mit der Weihnachtszeit die Vorstellung einer größeren Nähe zum Übersinnlichen, einer Verbindung mit Geistern. Licht und Feuer haben selbstverständlich eine große Bedeutung. Das Licht wird über die Winterzeit hinübergerettet.

Ursprünge des Weihnachtsbaumes

Der Weihnachtsbaum und -zweig galten als Lebensbewahrer, sie spenden Fruchtbarkeit und Gesundheit. Das gilt vor allem für die abgeschnittenen Zweige, die zu Weihnachten zum Grünen und Blühen gebracht werden. Es wurden auch aus Zweigen von immergrünen Bäumen (Wacholder, Buchs, Eibe, Stechpalme) Sträuße gebunden und in den Häusern aufgehängt.

Der Weihnachtsbaum selbst hat aber wohl wenig Beziehung zu Fruchtbarkeitsriten. Er kam im 16. Jahrhundert auf und wurde zuerst in Zunftstuben aufgestellt und mit Obst, Nüssen und Gebäck behängt. Allmählich übernahmen dann die Familien diesen Brauch, und zwar zuerst in den Städten und an den Fürstenhöfen. Im 19. Jahrhundert wurde der Weihnachtsbaum sogar zu einem deutsch-nationalen Symbol. Erstmals im deutsch-französischen Krieg 1870/71 und dann im 1. Weltkrieg wurde der Weihnachtsbaum bei Weihnachtsfeiern des Militärs aufgestellt und erhielt so eine Breitenwirkung.

Weihnachtsgeschenke

Die Weihnachtsgeschenke gehen auf verschiedene Ursprünge zurück. Äpfel, Nüsse haben wohl mit Fruchtbarkeitsvorstellungen zu tun. Daß die Kinder Geschenke erhalten, geht auf ein altes Recht zurück. Die Paten mußten den Kindern an bestimmten Tagen des Jahres etwas schenken.

Vom Nikolaus zum Christkind

Die Beschenkung der Kinder war im ausgehenden Mittelalter am 6. Dezember, dem Nikolaustag. Luther und der Protestantismus setzten gegen diesen Brauch den Weihnachtstag. Das Christkind brachte nun die Geschenke, aus dem heiligen Nikolaus wurde der Weihnachtsmann. Aus den Nikolausmärkten wurden Christkindlmärkte.

Mit der Weihnachtsnacht und der Weihnachtszeit werden Vorstellungen wundersamer Vorgänge verbunden, die auch heute noch in Weihnachtserzählungen tradiert werden:

Wundersame Vorgänge

Die Tiere können reden, Bäume blühen und tragen Früchte, die Glocken versunkener Kirchen läuten.

Es ist aber auch die Nacht des Spuks, die Toten ziehen umher (Wilde Jagd), Ahnen und Gottheiten kehren bei den Menschen ein, Geister zeigen sich. In Vorkommnissen der Weihnachtszeit wird orakelhaft das kommende Jahr abgelesen, ob einer stirbt, ob es eine gute Ernte gibt, welchen Bräutigam das Mädchen findet.

Der Weihnachtsschmuck, die Krippe, die Lieder und in den Familien auch der Duft des Weihnachtsgebäckes schaffen die spezifische weihnachtliche Atmosphäre. Diese Stimmung wird auch durch die Programme von Hörfunk und Fernsehen verbreitet, vor allem durch Barockmusik, durch "versöhnliche" Erzählungen und Geschichten; eine Idylle, die immer mehr fragwürdig erscheint.

Die von Weihnachten ausgelöste Erzähltradition

Die Berichte von der Suche nach einer Unterkunft, der Geburt in einem Stall, von Hirten und Magiern, der Flucht nach Ägypten und dem Kindermord haben eine Erzähltradition ausgebildet, die auch heute noch wirksam ist. Das "Verzeichnis der lieferbaren Bücher" weist unter dem Stichwort Weihnachtserzählungen und -geschichten 1979 51 Titel aus.

Diese Erzählungen werden von den Hörfunk- und Fernsehprogrammen in breitem Umfang aufgegriffen. In den Erzählungen wird die Aussage des Weihnachtsfestes wohl oft authentischer weitervermittelt als durch manche Predigten und Meditationen.

Weihnachtsspiele

Die Szenen der Evangelienberichte wurden auch im Zusammenhang mit den Weihnachtsgottesdiensten in und vor dem Kirchenraum aufgeführt. Die Tradition eines Weihnachtsspieles ist heute noch in einigen Gegenden lebendig, wo an den Weihnachtstagen Theaterstücke aufgeführt werden.

Fest des "Buches"

Mit Weihnachten ist das Buch eng verbunden. Vielleicht deshalb, weil Weihnachten zum Erzählen anregt. Bücher gehören zum Weihnachtsfest, - und es gibt auch eine Fülle von Weihnachtsliteratur mit Geschichten, Liedern, Bildern; Lesebücher, Erzählungen, Bücher, in denen die Feiern der Weihnacht in den verschiedenen Ländern und Regionen dargestellt werden: Erinnerungen an Weihnachtsfeste und Arbeitsbücher zur Gestaltung von Weihnachtsfeiern, Liederbücher, Kunstbücher.

Weihnachtliche Briefkultur

Weihnachten ist Anlaß, Briefe zu schreiben; hinzu kommt der Jahreswechsel, um mit Verwandten und Bekannten wieder in Kontakt zu treten.

Weihnachtsfeiern

Vor dem Festtermin treffen sich die Angehörigen von Vereinen, Verwaltungen und Betrieben zu Weihnachtsfeiern. Hier sind wohl alte Traditionen wirksam. Denn ehe Weihnachten zum typischen Familienfest wurde, gab es bereits Weihnachtsfeiern der Zünfte und Bruderschaften. Der erste Bericht über den geschmückten Weihnachtsbaum bezieht sich auf die Feier einer "Stubengesellschaft" in Schlettstadt im Elsaß. Die Weihnachtsfeiern haben auch teilweise den Charakter von Wohltätigkeitsveranstaltungen.

Die vielen Elemente und Bräuche des Weihnachtsfestes, die hier nur in einem kleinen Überblick und nur in einer Auswahl zusammengestellt werden konnten, zeigen, wie tief dieses Fest verwurzelt ist. Seine emotionalen Qualitäten können leicht mißbraucht werden. Es ist aber auch möglich, die humanisierende Funktion von Festriten und Brauchtum aufzuzeigen und ihre Tradition zu verlebendigen. An einigen Tagen der Weihnachtszeit hat sich noch ein spezielles Brauchtum herausgebildet.

Johanniswein

Am 27. Dezember, dem Fest des Evangelisten Johannes, wird der "Johannis-Wein" gesegnet und ausgeteilt. Bei den Germanen, aber auch bei anderen Völkern war ein Trunk zu Ehren der Götter ein religiöser Ritus. Bei den Germanen hieß das "Minne trinken". Die Christen machten daraus einen Trunk zu Ehren bestimmter Heiliger. So spricht man im Mittelalter von "Johannisminne". Wegen der Weinsegnung an diesem Tag hat sich der Brauch bei diesem Heiligen besonders gehalten.

Es gab und gibt den Brauch, vor allem in Klöstern und Schulen, daß an einem Tag des Jahres der oder die Jüngste das Regiment übernimmt. Dieser Tag war meist der der "Unschuldigen Kinder". Kinder-Herrschaft

Neben den Glückwünschen zum neuen Jahr gibt es auch den schon lang eingeführten Brauch, daß die Höhergestellten den Niedergestellten ein Geschenk machen. Ähnlich wie die Kinder Anspruch auf Geschenke haben, haben es auch an diesem Tag die Untergebenen. In einigen Gegenden war und ist es üblich, daß die Eltern der beschenkten Kinder am Neujahrstag den Paten, von denen die Kinder etwas erhalten hatten, ein Gegen-Geschenk machen. Neujährchen

In Deutschland hat das Weihnachtsfest am 6. Januar weniger die Aussage, daß sich die Gottheit Christi gegenüber den Weisen aus dem Morgenland bei der Taufe und dem Weinwunder in Kana offenbarte. Vielmehr stehen die drei Magier, Weisen, im Vordergrund, die seit dem 6. Jahrhundert Könige genannt werden. Die Dreizahl leitet sich wohl von den drei Gaben Gold, Weihrauch und Myrrhe her, die im Evangelium erwähnt werden. Die Namen Caspar, Melchior und Balthasar werden den Weisen seit dem 9. Jahrhundert gegeben. Sie gelten als Vertreter der drei Rassen, der drei Erdteile und der drei Lebensalter. Seit dem 12. Jahrhundert gibt es den Mohrenkönig. Die Reliquien der Drei Könige wurden in Mailand verehrt und 1164 nach Köln überführt, wo sie in einem Goldschrein im Dom aufbewahrt werden. Dadurch breitete sich die Verehrung der Drei Könige in Deutschland aus. Sternsinger

Mit dem Dreikönigstag ist ein Haussegen verbunden. Über der Tür werden die Jahreszahl und die Namen der Könige mit Kreide aufgezeichnet: 19+C+M+B+81. Die Buchstaben lassen sich auch folgendermaßen deuten "Christus Mansionem Benedicat" - Christus segne das Haus. In den letzten Jahren hat sich ein mittelalterlicher Brauch wiederbelebt. Kinder ziehen von Haus zu Haus, dabei wird der Haussegen mit Kreide angebracht. Die Kinder erhalten Gaben, die in den letzten Jahren den Missionswerken zugute kommen. Am 6. Januar wird auch Wasser und Salz gesegnet, zum Gedächtnis an die Taufe Jesu, sowie die Kreide, mit der die Sternsinger die Türbalken bezeichnen. Wie in den Nächten der Weihnachszeit haben sich auch Dämonenglauben Haussegen C+M+B

Patrone der Reisenden

und Riten zur Dämonenabwehr erhalten. Die Drei Könige sind auch Patrone der Reisenden. Die Gasthausnamen Mohr, Stern, Krone erinnern daran.

Blasiussegen

In enger Verbindung mit dem Lichtmeßtag steht das Fest des heiligen Blasius am 3. Februar, der nach der Legende einen Knaben heilte, der an einer Fischgräte zu ersticken drohte. Blasius ist einer der 14 Nothelfer, an seinem Gedenktag wird ein Segen mit zwei gekreuzten Kerzen gespendet, der vor Halskrankheiten schützen soll. In solchen Segnungen wird die Erlösung für Leib und Geist deutlich, die die christliche Religion jedem Menschen verheißt.

3.2.6. Themen für Beiträge

Weihnachten, so wie wir es heute feiern, geht auf verschiedene Ursprünge zurück. Die Entwicklung der Weihnachtsfeste ist auf vielen Wegen und unter verschiedenen Einflüssen erfolgt. Die Festtage zwischen dem 25. Dezember und 6. Januar, hinzuzurechnen ist auch der 2. Februar, beziehen sich auf einzelne Abschnitte der Kindheitsevangelien, wie sie Lukas und Matthäus überliefert haben. Die Weihnachtsfeste haben weitere Motive an sich gezogen, die oft aus nicht christlichen religiösen Vorstellungen stammen und teilweise vom Christentum aufgegriffen und uminterpretiert wurden.

Damit bietet Weihnachten ein breites Themenspektrum an, das stichwortartig hier aufgelistet werden soll.

- Die Hoffnung, die Kinder mitsichbringen
- Lebensbedingungen der Kinder
- Kinder in anderen Ländern
- Bedrohung der Kinder
- Wie Eltern die Geburt ihrer Kinder erleben bzw. erlebt haben
- Mutter und Kind
- Rivalität der Geschwister

Für diesen und die folgenden Themenkreise kann die Form des Gesprächs, z.B. mit Müttern, aufgegriffen werden, die in der holländischen Serie "Heel de Mens" entwickelt wurde.

Neuer Anfang

Das Kind bietet die Chance eines neuen Anfangs. Mit dem Jesuskind hat sogar eine neue Zeit angefangen. Ein neuer Anfang ist nicht unbedingt mit einem Kind verknüpft, aber in der Weihnachtszeit könnte von Menschen erzählt werden, die einen neuen Anfang machen konnten.

- Genesung von einer Krankheit
- Überwindung einer Krise
- Begegnungen, die das eigene Leben verändert haben
- Veränderungen, die ein Kind bewirkt hat
- Bekehrung

Neues Leben - Ursprung des Lebens

Weihnachten als Mittwinterfest hält die Erwartung des wiederkommenden Lebens wach. Die blühenden Zweige, blühende Tulpen und Narzissen, die zu Weihnachten geschenkt werden und der Tannenbaum sind Zeichen, daß das Leben im Winter nicht erlischt.

Das neue, unerschöpfliche Leben, das immer wieder hervorbricht, ist ein weihnachtliches Thema. Meditationen über das Leben, die das Ursprunghafte einer Blüte, eines grünenden Baumes, eines Kindes vermitteln, sagen vielleicht mehr über Weihnachten als die vielen Geschichten über Schnee- und Wintererlebnisse.

Familie

Weihnachten ist ein Fest der Familie, an dem die Hoffnung besteht, die positiven Seiten des Familienlebens zu erleben. Weil die Erwartungen oft zu hoch sind, schlägt die Erfahrung der realen Weihnacht leicht um. Jugendliche können die Festvorstellungen der Eltern nicht mitvollziehen und empfinden das Fest als Belastung. Die Ursache ist u.a., daß Weihnachten als einziges Fest der Familie übriggeblieben ist und als familiäre Sonderveranstaltung zu einer Pflichtübung wird. Hinzu kommt der Verdruß über den Geschenkerummel.

Beiträge könnten helfen, negative Erfahrungen aufzuarbeiten und Inhalte anzubieten, die auch für solche Zuschauer und Hörer umzusetzen sind, die die christlichen Aussagen des Weihnachtsfestes nicht übernehmen.

- Erfahrungen verschiedener Familien mit Weihnachten
- Möglichkeiten, Feste zu feiern
- Wie halten wir es mit den Geschenken?
- Nachbarschafts- und Verwandtschaftsbesuche
- Die Einsicht, daß Familiengemeinschaft keine Sonderveranstaltung sein sollte, sondern dauernd gepflegt werden muß
- Wiederaufnahme der gemeinsamen Hausmusik

Einsamkeit

Für die, die an Weihnachten mit der Einsamkeit besonders konfrontiert werden, sollten eher Sendungen konzipiert werden als für diejenigen, die in einer Familie leben. Die Einsamen dürften mehr Radio hören und fernsehen als die anderen. Neben Hörspielen, Buchlesungen und Filmen, die eine Teilnahme an Erlebnissen anderer Menschen ermöglichen, sollten auch Beiträge zur Lebenshilfe angeboten werden.

- Was habe ich an Weihnachten gemacht?
- Wie bin ich mit der Einsamkeit fertiggeworden?
- Anrufe bei der Telefonseelsorge als Spiegelbild problematischer Weihnachtserfahrungen

Die Botschaft der Engel auf den Feldern Bethlehems verheißt Frieden, weil Gott den Menschen Frieden anbietet. Damit ist zugleich ein Anspruch verbunden, den nicht nur diejenigen teilen, die auf dem Boden des Christentums stehen. Der Friede umfaßt viele Dimensionen:

- Friede mit sich selbst
- Friede mit der Familie
- Friede mit der Nachbarschaft, im Betrieb
- Friede zwischen den Völkern
- Friede mit Gott

Möglichkeiten des Unfriedens werden in vielen Sendungen dargestellt. In der Weihnachtszeit könnten Sendungen, die die Chance des Friedens aufzeigen, im Vordergrund stehen.

Weihnachten - Fest der Völker

Die Feier der Weihnacht ist bei den Völkern oft sehr verschieden. Die Darstellung der Festgebräuche kann rein folkloristisch gesehen werden. Es ist aber auch möglich, mit Hilfe dieses sympathischen Festes das Verständnis für andere Völker zu vertiefen sowie einen neuen Zugang zu den verschiedenen Nationalitäten zu erschließen, z.B. zu jenen, die als "Gastarbeiter" in Deutschland leben.

Biblische Themen

Aus den biblischen Motiven der Weihnachtszeit können Elemente aufgegriffen und aktualisiert werden.

- Herbergssuche: Wo suchen heute Eltern für sich und ihr Kind eine Bleibe? Wohnungssuche.
- Die drei Weisen - Suche nach einem Messias, nach Menschen, die von weit hergekommen sind, Menschen, die, von außen kommend, etwas am Christentum entdeckt haben, das die Christen nicht mehr wahrnehmen.

- Bethlehemitischer Kindermord
  Kinder heute, die verfolgt, gequält, umgebracht werden.
- Familien auf der Flucht - in Krisengebieten, auf der Flucht vor der Arbeitslosigkeit, dem Krieg.
- Der Zwölfjährige im Tempel - religiöse "Begabung" von Kindern, was denken sie über den Ursprung der Welt, den Sinn des Lebens, über Gott?
- Reportagen vom "Ort des Geschehens" als Möglichkeit, die Weihnachtsgeschichten szenisch darzustellen, z.B. Hirten, Palast des Herodes, Gefolge der "Drei Könige".
- Es ist weiter möglich, durch den Mund eines der Evangelisten zu erzählen und Bezüge zum öffentlichen Leben Jesu, zu seinen Worten und Taten herzustellen.

Geschichten erzählen

Die von Matthäus und Lukas ausgelöste Erzähltradition wird in Hörfunk und Presse durch Erzählen von Geschichten aufgegriffen. Es hat sich teilweise bewährt, im Fernsehen einen Erzähler zu Wort kommen zu lassen, ohne aus der Geschichte eine Spielhandlung zu machen. Eine Geschichte ist die Legende vom unbekannten vierten König, der erst am Karfreitag in Jerusalem eintrifft.

Symbole, Bilder, Brauchtum

Darstellung der Symbole der Weihnachtszeit, ihrer Aussage, ihrer Geschichte.

- Krippe
- Weihnachtsbaum
- Sternsinger

Weihnachtliche Gepflogenheiten

- Weihnachtsfeiern - Vereine, Betriebe, Pfarreien
- Christbaum versteigern
- Weihnachtsbazar

Gottes Sohn wurde Mensch

Die zentrale Aussage des Weihnachtsfestes entzieht sich der Darstellung. Die Bilder der Maria mit dem Kind, des Stalles, der drei Magier geben dieses Geheimnis nicht wieder. Auch die Weihnachtsevangelien sprechen eher zurückhaltend und in Andeutungen. Das Kind selbst wird überhaupt nicht als außergewöhnlich dargestellt, es vollbringt keine Krafttaten wie junge Heroen der Sage, es heilt niemanden, es spricht noch nicht einmal.

Die Aussage "Dieses Kind ist Gottes Sohn" wird von den Glaubenden gemacht, von den Hirten, den Magiern. Auch heute gibt es Weise und Hirten, die von Jesus sagen, er sei Gottes Sohn. Wie sind sie zu diesem Glauben gekommen, wie erfahren sie diesen Glauben?

- Wie hat der Künstler das Geheimnis aufgefaßt?
- Für wen hat er das Bild gemalt?
- Was wollte er mit dem Bild mitteilen?

Weihnachten ohne christlichen Inhalt

Um die Aussage des Weihnachtsfestes im Kontrast herauszuarbeiten, könnte man z.B. in einem Hörspiel ein Land darstellen, in dem es den Feiertag gibt, in dem aber keiner mehr Weihnachten feiert. Es könnte dann deutlich werden, daß das Brauchtum und die Gepflogenheiten der Weihnachtszeit nur "funktionieren", weil es einen christlichen Ursprung der Inhalte des Festes gibt. Das ist eine innere Verbindung, die viele Zeitgenossen nicht mehr erkennen.

Das Weihnachtsfest von Christen in einem Land, in dem Weihnachten kein offizielles Fest ist, z.B. Indien. In diesen Ländern zeigt sich der Sinn von Weihnachten vielleicht deutlicher als dort, wo Weihnachten zum kulturellen Bestand gehört.

Weihnachtslieder

Einzelne Lieder haben eine besonders Entstehungs- und Wirkungsgeschichte.
z.B. "Es kam ein Engel hell und klar ..." ist von Martin Luther gedichtet. Mehrere Lieder sind Übersetzungen mittelalterlicher lateinischer Hymnen.

3.3. Verkündigung des Herrn: 25. März

"Mariä Verkündigung"

Dieses Fest erhält sein Datum vom 25. Dezember. Ihm liegt der Bericht des Lukasevangeliums zugrunde, daß der Engel Gabriel der Jungfrau Maria die Geburt eines Kindes ankündigte. Der 25. März ist im Bewußtsein der Katholiken ein Marienfest. Bis zur Liturgiereform 1969 hieß das Fest auch "Maria Verkündigung", jetzt hat es seinen ursprünglichen Namen zurückerhalten.

3.3.1. Anthropologische Grundlagen

Das Kind der Jungfrau

Das Fest hat einen spezifisch religiösen Inhalt: daß eine Jungfrau ein Kind gebiert, das keinen irdischen Vater hat. Diese Vorstellung war in verschiedenen Epochen faszinierend, heute stößt sie eher auf Skepsis und wird von den Theologen häufig "entmythologisiert". Neue Bewegungen, die die alten Mythen wieder ausgraben, sich mit Druiden, Feen und magischen Künsten beschäftigen, können sich wieder für die Gestalt der jungfräulichen Mutter interessieren. Faszinierend dürfte für alle jedoch das Entstehen eines Menschen sein. Der Gedanke, daß in jedem Menschen ein göttlicher Funke wirksam ist, daß der Mensch Anteil hat an der Transzendenz, am Prinzip des Geistigen, findet sich in vielen Philosophien und Religionen.

3.3.2. Bezug zur Öffentlichkeit

Das Fest, der "Verkündigung des Herrn"das eigentlich zu Weihnachten, nämlich in den Advent gehört, fällt in die Fastenzeit, zu der es keinen Bezug hat. Im Vergleich zu den Marienfesten am 15. August oder 8. Dezember hat es im Bewußtsein der Katholiken einen geringeren Stellenwert.

3.3.3. Entstehung des Festes

Im Osten wird das Fest bereits seit der Mitte des 5. Jahrhunderts gefeiert. Dort wurde es "Verkündigung der Gottesgebärerin" genannt. Im Westen gab es auch im 5. Jahrhundert ein Gedächtnis der Verkündigung am Samstag vor Weihnachten. In Rom wird es seit dem 7. Jahrhundert am 25. März gefeiert und hieß "Verkündigung des Herrn", es gab jedoch auch den Titel "Verkündigung Mariens", der sich durchsetzte. Erst mit der Liturgiereform nach dem Konzil wurde der alte Name "Verkündigung des Herrn" wieder eingeführt.

Ursprünglich lag das Datum im Advent

3.3.4. Aussage des Festes

Das Fest bezieht sich einmal auf das Geheimnis der Menschwerdung Gottes, das an Weihnachten gefeiert wird.
(s.o. 3.2.4., S. 67 ff)

Menschwerdung Gottes

Ein anderer Aspekt des Festes ist die Gestalt Marias, die durch den Gruß des Engels als begnadeter Mensch ausgewiesen wird.

Die Gestalt Marias

> "Sei gegrüßt, du Begnadete,
> der Herr ist mit dir" (Lk 1,28)

In dieser Anrede sehen die Katholiken die Freiheit Marias von aller Sünde, auch von der Erbsünde begründet.
(s. 4.5., S. 268)

Der Engel verheißt Maria, daß sie den ersehnten Messias gebären wird, der über das "Haus Jakob in Ewigkeit herrschen" wird. Dieses Kind empfängt Maria nicht von einem Mann:

> "Der Heilige Geist wird über dich kommen, und
> die Kraft des Höchsten wird dich überschatten.
> Deshalb wird auch das Kind heilig und Sohn
> Gottes genannt werden." (Lk 1,35)

Maria wird als Jungfrau Mutter, das bestätigt, daß sie Mutter Gottes, Gottesgebärerin ist. (s.u. 4.5.3., S. 281 ff)

3.3.5. Elemente, Bilder, Brauchtum

Unterbrechung der Fastenzeit

Der 25. März ist ein Fest, das meist in die Fastenzeit fällt, die sozusagen durch das Fest unterbrochen wird. In der feierlichen Messe wird der Bericht aus dem Lukasevangelium verlesen.

Frühlingsbrauchtum

Die Verkündigungsszene, die Begegnung zwischen dem Engel und Maria, ist ein häufiges Motiv der Kunstgeschichte. Mit dem Fest hat sich, bedingt durch das Datum, Frühjahrsbrauchtum verbunden. Der Tag gilt als günstig für die Saat und das Setzen von Bäumen, das Vieh wird das erste Mal ausgetrieben.

3.3.6. Ideen für Beiträge und Sendungen

Die wunderbare Empfängnis

Beispiele für Verheißungen

Die wunderbare Empfängnis ist ein Motiv, das bereits im Alten Testament eine Rolle spielt. Sarah empfängt Isaak, als sie schon alt ist (Gen 18 und 21), ebenso Elisabeth, den Johannes den Täufer (Lk 1,5-25), der Prophet Samuel wird von der lange Zeit kinderlosen Hanna geboren (1 Sam 1,1-20), ebenso der Held

Simson oder Samson (Ri 13,1-25). Immer geht der Geburt des Kindes eine Verheißung voraus. Nicht nur bei religiösen Gestalten wird eine Beziehung des Sohnes zur Mutter gesehen, zugleich liegt in der Geburt eines Kindes eine Hoffnung.

Inkarnation als Geheimnis der Welt

Daß Gott Mensch geworden ist, bezeichnen die Christen als Geheimnis. Zugleich machen sie eine Aussage über die Welt: Die Welt ist nicht nur von Gott geschaffen, Gott hat die Welt auch angenommen und sie damit verändert. Dies ist keine magische Weltsicht. Der Sohn ist Mensch geworden, ein wirklicher Mensch, nicht nur die Erscheinung eines Gottes in einem Scheinleib. Er ist geboren und gestorben. Die Einheit ist eine personale, Jesus ist einer, es gibt in ihm keine zwei Personen. Die theologische Aussage der Inkarnation hat ein bestimmtes Weltverhältnis der Christen zur Folge: Die Welt fällt nicht aus der Hand Gottes, die Katastrophen und die Schuldverstrickungen der Geschichte werden von Gott selbst mitgetragen. Die Geschichte wird trotz allem zu einem guten Ende geführt. Der christliche Gottesdienst wie auch die christliche Kunst wurzeln in dem Glauben an die Inkarnation. Spuren davon finden sich in Glaubenszeugnissen, in der abendländischen Philosophie und in der bildenden Kunst vor allem und in der Vorstellung, im "Nächsten" tatsächlich Jesus zu begegnen.

Die Gestalt Marias

(s.u. 4.5., S. 268 ff)

3.4. Karneval - Fastnacht

Das Karneval- und Fastnachtfeiern geht möglicherweise sogar auf einen christlichen Ursprung zurück, es erhielt aber durch die nachfolgende Fastenzeit einen eigenen Charakter, wurde und wird durch die Kirche gefördert und ist Programmpunkt im Veranstaltungskalender vieler Pfarrgemeinden. Zudem hat der Karneval gerade darin seinen Reiz, daß er an einem bestimmten Termin zuende geht.

3.4.1. Anthropologische Grundlagen

Außer-Kraft-setzen der normalen Ordnung

Rollenveränderung, Experimentierverhalten

Die Aufhebung der normalen Ordnung, die Absetzung der Autoritäten, das Verkleiden, die Ausgelassenheit gehören zum Inventar des Festefeierns. Sicher haben diese Riten Ventilfunktion. Zugleich bieten sie auch Möglichkeiten, in einem gesellschaftlichen Freiraum ein anderes Verhalten auszuprobieren, die vorhandenen Institutionen und Autoritäten zu relativieren. Daß in der Karnevalszeit "über die Stränge geschlagen" wird, gehört zum Experimentiercharakter dieser Zeit. Der Karneval steht so in einem Wechselverhältnis zum normalen Leben. Indem er es relativiert, schafft er Distanz und damit Festcharakter. Er vermittelt Erfahrungen, die über die Alltagswelt hinausgehen, freilich auf andere Weise, als die religiösen Feste in unserem Kulturkreis.

3.4.2. Bezug zur Öffentlichkeit

Karnevalsriten zielen auf persönliche Teilnahme

Geringe Bedeutung der Medien für den Öffentlichkeitsbezug

Der Karneval entfaltet, ähnlich wie Sportwettkämpfe oder politische Wahlen, ein eigenes Ritual. Ziel der Veranstaltungen des Karnevals ist, möglichst jeden einzubeziehen. Die Karnevalsriten haben damit, sozialpsychologisch gesehen, eine ähnliche Struktur wie kirchliche Riten. Eine Übertragung in Hörfunk oder Fernsehen stellt daher, ähnlich wie die Übertragung eines Gottesdienstes, den Ritus in Frage. Zudem läßt sich das Erlebnis, z.B. Teilnahme an einer Narrensitzung oder an einem Umzug medial nicht wirklich vermitteln. So sind die Medien, anders als z.B. bei Olympiaden oder Wahlen, weit weniger für den Öffentlichkeitsbezug des Karnevals von Bedeutung. Die regionale Verschiedenheit der Riten macht es überregionalen Zeitungen, Fernsehprogrammen sowie Illustrierten schwierig, ihrem Publikum Karnevalsveranstaltungen zu vermitteln.

Der Karneval als ausgegrenzte Zeit des Vergnügens, der Tanzveranstaltungen, erfährt eine gewisse Konkurrenz durch die Unterhaltungskultur, die über das ganze Jahr hinweg angeboten wird. Für Discos, für Unterhaltungsmusik und Shows gibt es keine besonderen Zeiten. Sie sind immer präsent. Im Vergleich dazu strukturiert der Karneval, ähnlich wie die christlichen Festzeiten,in manchen Religionen den Jahresablauf.

Karneval im Unterschied zur Unterhaltungskultur

3.4.3. Entstehung des Karnevals, der Fastnacht

Die Wurzeln des Fastnachtstreibens sind vielfältig. Römische Saturnalien wirken im italienischen Raum fort. Im süddeutschen Raum sind Frühlingsriten in die Fastnacht eingegangen. Die Austreibung des Winters, die Abwehr böser Geister durch Masken, das Schlagen mit Ruten, um Fruchtbarkeit zu übertragen. Weiter gehören Heischebräuche (Kinder gehen Erwachsene, oft "nachdrücklich", um Gaben an) in diese Zeit. Neben den Veranstaltungsformen auf den Straßen gibt es auch Festformen in Räumen.

Winter austreiben, Dämonen schrecken

- Festessen vor dem Beginn der Fastenzeit waren in den Klöstern üblich

Festessen vor der Fastenzeit

- In Italien entfaltete sich der Karneval in großen Bällen, die im Barock bereits in Deutschland übernommen wurden. Von dort her wurde auch der Name Karneval übernommen.

Italienische Einflüsse

- Die Narren- bzw. Fremdensitzungen des rheinischen Karnevals sind zum Teil auch politischen Ursprungs. Sie stehen im Zusammenhang mit der französischen Besetzung (Elferrat - Jakobinerrat).

Politische Komponente

Eine kirchliche Miturheberschaft ist einmal darin zu sehen, daß die Fastenzeit sozusagen den Gegenpol zum Karneval darstellt und damit die terminliche Festlegung der Karnevalszeit bestimmt. Die Tage vor Aschermittwoch, dem Beginn der Fastenzeit, sind auch heute noch die Tage des Karnevals. Im 19. Jahrhundert

Kirchliche Miturheberschaft

wurden die Bälle und Veranstaltungen auf die Zeit ab Dreikönig ausgedehnt. Auch der 11.11. als Beginn der Karnevalszeit ist durch den kirchlichen Kalender bedingt. In Gallien wurde der Advent sechs Wochen begangen - bezogen auf das Fest Erscheinung des Herrn am 6. Januar. Vor der adventlichen Bußzeit entwickelte sich, parallel zu den Tagen vor dem Beginn der Fastenzeit, ein Karneval. Daraus berechnet sich der 12.11. als Beginn der vorweihnachtlichen Bußzeit.

Zurückdrängung des Karnevalstreibens

Der Karneval wurde von der Kirche gefördert, zumindest zeitweise im 13. und 14. Jahrhundert. Als in der Renaissance das Karnevalstreiben zu sehr überhand nahm und sich in Italien auch in die Fastenzeit ausdehnte, gab es kirchlichen Widerstand.

Die Reformatoren, vor allem die Calvinisten, bezogen den Karneval in ihre Religions- und Kirchenkritik mit ein, so daß Karneval und Fastnacht heute weitgehend Brauchtum katholischer Gebiete sind. Dort gehört der Karneval, die Fastnacht, heute auch zum Programm vieler Pfarreien, die wie andere Vereine und Gruppen Veranstaltungen durchführen.

Karneval im kirchlichen Veranstaltungskalender

3.4.5. Aussagen

Keine transzendenten Wahrheiten

Die Inhalte der Karnevalszeit, was gesagt und getan wird, beziehen sich meist nicht auf transzendente Wahrheiten. Insofern hat es der Karneval einfacher als christliche Feste. Erklärungsbedürftig ist allenfalls das Brauchtum.

Theologische Einordnung des Karnevals wird hin und wieder versucht, ist jedoch überflüssig

Es gibt kirchlicherseits immer wieder Versuche, den Karneval theologisch einzuordnen und zu reflektieren. Diese Versuche scheitern meist oder wirken zumindest unbeholfen. Eine biblische Rechtfertigung des Humors steht nicht in Frage, ist aber auch nicht notwendig. Man kann sich kaum auf Jesus berufen, wenn man den Humor und seine Ausdrucksformen bekämpfen will. Auf der anderen Seite ist der Humor auch kein ausdrückliches Thema der Bibel. Trotzdem gehört der Karneval zum christlichen Festkalender, wird er im Jahresprogramm einer Gemeinde berücksichtigt. Der Gottesdienst am Karnevalssonntag wird von dafür begabten Seelsorgern auch karnevalsbezogen gestaltet. Zumindest kommen die Kinder kostümiert in den Gottesdienst.

3.4.6. Elemente, Bilder, Brauchtum

Für diesen Punkt des Schemas, das der Darstellung der christlichen Feste zugrundegelegt wurde, gibt es keine spezifisch christlichen Informationen.

3.4.7. Ideen für Beiträge

Hier gilt dasselbe wie zu Punkt 3.4.6. Festzuhalten ist nur, daß die Kirche und ihre Amtsträger wie alle anderen Zielscheibe des Humors, des Spotts sein dürfen. Biblische Einwände gegen eine solche Behandlung bestehen nicht.

Kirche sollte von Witz und Spott nicht ausgenommen werden

Anzumerken ist weiter, wie bereits bei 3.4.2. dargestellt, daß sich für die Übertragung von Karnevalsveranstaltungen und Umzügen dieselben Probleme stellen wie bei der Übertragung von Gottesdiensten. Sie scheinen eigentlich nicht fernsehgerecht, denn sie "Funktionieren" nur, wenn Leute nicht zuschauen, sondern mitmachen.

Übertragung von Karnevalsveranstaltungen und -Umzügen ist problematisch

3.5. Fastenzeit (Österliche Bußzeit)

40 Tage bereitet sich die Kirche auf Ostern vor. Diese Vorbereitungszeit beginnt mit dem Aschermittwoch.

3.5.1. Anthropologische Voraussetzungen der Fastenzeit

Konfrontation mit Fehlern und Versagen

Die Fastenzeit ist einmal Vorbereitungszeit für das Osterfest, zum anderen Zeit der Buße. Der Mensch wird mit seinen Fehlern, mit seinem Versagen und den Folgen seiner Untaten konfrontiert. Während die Osterzeit eine Zeit der Freude ist, ist die Fastenzeit von Ernst geprägt. Sie stellt das Leben weniger als Geschenk dar, so wie Weihnachten und Ostern, sondern als Aufgabe. Zugleich hört der Mensch, daß er diese Aufgabe nicht erfüllt, daß er mit dem Geschenk seines Daseins nicht richtig umgegangen ist. Drohend werden ihm die Folgen seines Versagens vor Augen gehalten. Er hört, daß er eigentlich nicht mehr mit Wohlwollen rechnen kann.

Das Leben wird nicht als Geschenk, sondern als Aufgabe dargestellt

Fastenzeiten außerhalb des Kirchenjahres

Fastenzeiten erleben die Menschen meist nicht im Rhythmus eines Jahres, sondern sie geraten in Fastenzeiten. Die Konfrontation mit den Untaten des Nationalsozialismus war eine, wenn auch schlecht genutzte Fastenzeit der deutschen Geschichte. Ähnlich gibt es im Leben des einzelnen Zeiten, in denen er mit seinem Unvermögen, mit den Folgen seiner Fehler und Untaten konfrontiert wird.

"Übungscharakter" der Fastenzeit

Die Fastenzeit als jährlich wiederkehrende Bußzeit wird von der Kirche als Einübung in diese Seite der menschlichen Existenz verstanden. Die Einführung einer solchen Zeit der Besinnung, der Reinigung ist keine Erfindung des Christentums, sondern findet sich in vielen Kulturen und Religionen. Daß sich die Haltung des Umdenkens, der Buße in Handlungen und Werken ausdrückt, ist anthropologisch notwendig, damit der Sinn dieser Zeit vollzogen wird. Fasten, Almosen geben, Beten sind Elemente der Fastenzeit. Das Fasten in der Osterzeit würde dagegen den Charakter dieses Festes zerstören. Allerdings steht die Fastenzeit in engem Zusammenhang mit der Osterzeit, ihr Ziel ist es, die Erlösung, die von Ostern ausgeht, wieder bewußt zu machen.

Die Fastenzeit dient der Vorbereitung auf Ostern. Ein Fest zu feiern, verlangt Vorbereitung, nicht nur, daß die notwendigen Gegenstände bereitgestellt werden und die Feier geplant wird. Die Einstellung auf ein großes Fest erfordert Zeit und Intensität. So gehören Vorbereitungszeiten wohl zum Lebensrhythmus.

Vorbereitung als Möglichkeit, ein Fest zu feiern

3.5.2. Bezug zur Öffentlichkeit

Die Auswirkung der kirchlich vorgegebenen Thematik auf das öffentliche Leben ist kaum noch zu spüren. Während früher der Speisezettel in der Fastenzeit geändert wurde, vor allem durch den Verzicht auf Fleisch und Tanzveranstaltungen teilweise sogar durch Gesetze verboten waren, bringt heute die Fastenzeit kaum eine Veränderung. Vorschläge, auf das Rauchen und Süßigkeiten zu verzichten, dürften sich kaum in den Umsätzen des Einzelhandels niederschlagen. Einen neuen Akzent hat die Fastenzeit durch die Sammlung des bischöflichen Hilfswerkes Misereor für die Dritte Welt erhalten. Diese nennt sich "Fastenaktion der deutschen Katholiken".

Gering gewordener Einfluß auf das öffentliche Leben

3.5.3. Entstehung der Fastenzeit

Bereits aus dem 2. Jahrhundert gibt es Berichte, daß sich die Christen durch ein zweitägiges Trauerfasten auf das Osterfest vorbereiteten. Dieses Fasten wurde im 3. Jahrhundert auf die ganze Karwoche ausgedehnt. Im 4. Jahrhundert ist die vierzigtägige Vorbereitungszeit auf Ostern bereits fester Brauch.

Trauerfasten vor dem Karfreitag

Die Zahl 40 ist ein biblisches Zeitmaß. Vor allem leitet sich die Dauer der Fastenzeit von dem Bericht über eine vierzigtägige Gebets- und Fastzeit her, die Jesus nach der Taufe im Jordan auf sich nahm. Das Alte Testament berichtet, daß Moses, als er vierzig Tage auf dem Berg Sinai war, nichts aß und trank (Ex 34,28; Dtn 99,18), daß Elias 40 Tage zum Berg Horeb wanderte, ohne etwas zu essen (1 Kön 19,8). Der Beginn der Fastenzeit war im 4. Jahrhundert der 6. Sonntag vor Ostern. Da man an den Sonntagen nicht fastete, wurde der Beginn der

Vierzigtägiges Fasten Jesu

Fastenzeit auf den Mittwoch vor dem 6. Sonntag vor Ostern vorgezogen und der Karfreitag wie der Karsamstag in die Fastenzeit mit einbezogen, so daß es nun vierzig Fasttage gab. Die byzantinische Kirche fastete auch am Samstag nicht. Sie benötigte 8 Wochen, um auf 40 Tage zu kommen und beginnt daher früher. Als Vorfastenzeit wurde diese Zeit auch in den Kalender der römischen Kirche übernommen. Die Sonntage hießen Septuagesima (der 70.), Sexagesima (der 60.), Quinquagesima (der 50.) - eine aufgerundete Zählweise. Mit der Neuordnung des Kirchenjahres 1969 wurde die Vorfastenzeit abgeschafft. Geblieben ist der Beginn am Aschermittwoch, der so benannt ist, weil an diesem Tag die Gläubigen mit Asche bestreut werden. In der Kirche der ersten Jahrhunderte bestand das Fasten darin, daß man täglich nur eine Mahlzeit zu sich nahm. Fleisch, Wein, Eier- und Milchprodukte waren vom Speisezettel verbannt. Eine Fastenpraxis war bereits im Judentum wie auch in den Mysterienkulten üblich. Die Römer und Griechen kannten ein Fasten aus medizinischen Gründen.

Fastenpraxis bereits im Judentum und in den Mysterienkulten

Vorbereitung auf Ostern

Im Fasten sah man vor allem eine Vorbereitung auf Ostern. Die Katechumenen, die sich auf den Eintritt in die Kirche vorbereiteten, wurden am Osterfest getauft. Das durch Fasten Eingesparte wurde bewußt den Armen gegeben. Ein weiteres Element der Fastenzeit war in den ersten Jahrhunderten die öffentliche Buße. Sie war die Form des Beichtsakramentes, die erst seit dem 8. Jahrhundert von der häufigen Beichte durch Sündenbekenntnis vor dem Priester abgelöst wurde. Die Büßer, die eine schwere Sünde begangen hatten (Glaubensabfall, Mord, Ehebruch), bekannten ihre Vergehen am Beginn der Fastenzeit dem Bischof. In dieser Form empfing man das Bußsakramentes nur einmal im Leben. Man wurde in den Büßerstand aufgenommen, mit Asche bestreut, verließ den Gottesdienst nach der Predigt, trug ein besonderes Gewand und verzichtete auf Körperpflege. Am Gründonnerstag wurden die Büßer wieder in die Gottesdienstgemeinschaft voll aufgenommen. Sie legten ihre Bußgewänder ab, der Bischof legte ihnen die Hände auf, und sie nahmen wieder am eucharistischen Gottesdienst teil.

Öffentliche Buße als Form des Bußsakramentes

Teilweiser Ausschluß aus der Gottesdienstgemeinschaft

Spuren des alten Bußritus

Dieser Bußritus hat noch Spuren in liturgischen Texten hinterlassen sowie in dem Kirchengebot, in der "Österlichen Zeit" das Bußsakrament zu empfangen, d.h. heute, zur Beichte zu gehen.

Sowohl die strenge Fastenpraxis der ersten Jahrhunderte wie auch die öffentliche Buße wurden aufgegeben, nicht aber die Fastenzeit und ihre Sinngebung.

3.5.4. Aussagen der Fastenzeit

Die Fastenzeit beinhaltet für die Katholiken das Angebot, sich intensiv am kirchlichen Leben zu beteiligen und sich auf die Grundlagen der christlichen Existenz neu zu besinnen. Für jeden Tag der Fastenzeit gibt es eigene liturgische Texte sowie biblische Lesungen, die der Fastenzeit ein eigenes Gepräge geben.

Sonntage der Fastenzeit

Die Sonntage der Fastenzeit greifen zentrale Texte der Bibel auf, in denen Aussagen über das Schicksal des Menschen gemacht werden. Aus dem Alten Testament die Berichte vom Sündenfall (Gen 9,8-15), die Berufung des Abrahams (Gen 12), der Bundesschluß mit Abraham (Gen 15), die Verhinderung der Opferung des Isaak (Gen 22), Isaak als Urbild Jesu, die Berufung des Moses (Ex 3), Moses gibt den Israeliten Wasser zu trinken (Ex 17,3-7 als Bild für das Taufwasser), sowie Verheißungen eines Neuen Bundes zwischen Gott und seinem Volk, die die Christen durch Jesus als erfüllt ansehen (Ez 27, 12-14; Jer 31,31-34; Jes 43,16-21). Die Texte aus den Evangelien beziehen sich nicht nur auf die Konfrontation Jesu mit den jüdischen Behörden, sondern auch auf wichtige Ereignisse des öffentlichen Auftretens Jesu, das des Fastens und der Versuchung durch den Teufel am Beginn seines Wirkens (Mt 4,1-11; Mk 1,12-15; Lk 4,1-13), die Verklärung (Mt 17,1-9; Mk 9,2-20; Lk 9), das Gespräch Jesu mit der Samariterin (Taufthematik Joh 4,5-42), die Heilung eines Blindgeborenen (Joh 9,1-41), die Auferweckung des Lazarus (Joh 11,1-45 - weist auf Ostern hin), das Gespräch mit Nikodemus (Joh 3,14-21), das Gleichnis vom verlorenen Sohn und dem verzeihenden Vater (Luk 15).

Thema: Umkehr und Gerechtigkeit

In den ersten vier Wochen steht der Gedanke der Buße und Umkehr im Vordergrund, der vor allem durch Lesungen aus den Propheten zum Ausdruck kommt. In den beiden letzten Wochen der Fastenzeit werden Leiden und Sterben Jesu in den Mittelpunkt gerückt.

Die biblischen Texte an den Wochentagen der ersten vier Wochen stellen den Gedanken der Umkehr in den Mittelpunkt, warnen vor einer veräußerlichten Bußpraxis und fordern gerechtes Handeln. Dem, der umkehrt, wird Vergebung verheißen: Die Texte der Evangelienlesungen sind zu einem großen Teil aus den Lehrreden Jesu entnommen, die Matthäus im Anschluß an die Bergpredigt zusammengestellt hat.

Thema: Verfolgung und Leid

Es wird jedoch auch im ersten Teil der Fastenzeit das Leiden Jesu einbezogen - so durch Texte aus Jeremias, der ebenfalls von seinen Volksgenossen Verfolgung erleiden mußte. In den Evangelientexten finden sich Leidensweissagungen Jesu sowie Auseinandersetzungen mit jüdischen Religionsvertretern. Die Evangelientexte im zweiten Teil der Fastenzeit sind zum großen Teil aus dem Johannesevangelium entnommen, der den Konflikt zwischen Jesus und den Juden besonders stark herausarbeitet. In der Karwoche steht nur noch der Leidensweg Jesu im Blick der Liturgie.

Fasten wird nicht ritualisiert

Die Liturgie stellt das Fasten und andere Bußanstrengungen nicht in einen rituellen Rahmen, sondern in die wechselvolle Geschichte des Alten Testaments und zugleich zieht sie eine Verbindung zum Auftreten Jesu, seiner Auseinandersetzung mit der jüdischen Religion.

Bezug zum Alten Testament und zum Leben Gerechter

Der Ruf nach Umkehr, die Aufforderung, schlechte Gewohnheiten aufzugeben, sich wieder neu der Gerechtigkeit zu verpflichten, wird im Zusammenhang mit dem Leben alttestamentlicher Gerechter und des endgültigen Heilbringers gebracht.

Die Fastenzeit konfrontiert den Menschen also nicht nur mit dem eigenen Versagen, den falschen Abhängigkeiten und Gewohnheiten, sondern auch mit dem Lebensweg der Gerechten. Aus deren

Gerechtes Handeln führt zu Konflikten

Schicksal lernt der Christ, daß gerechtes Handeln nicht problemlos ist, sondern Verfolgung und Leid auf sich zieht. Dieser Gedanke ist schon im Alten Testament entwickelt, vor allem im

Zusammenhang mit dem Weg des Propheten Jeremia (vgl. auch Hos 9,8-9). Auch Josef, der Lieblingssohn Jakobs, wird als Verfolgter in Verbindung mit Jesus gesehen. Im Neuen Testament erhält das Leiden des Gerechten sogar den Charakter des Notwendigen. Die Auseinandersetzung mit dem Leid gehört zum Gedanken des Fastens - Fasten nicht nur als Buße, sondern auch als Einübung in das Leiden.

Das richtige Verhältnis zu Gott

Die Konfrontation mit der moralischen Wertordnung, die Aufforderung, ungerechtes Handeln aufzugeben und sich stattdessen für Gerechtigkeit einzusetzen, wird auf Gott bezogen. Gott verlangt vom Menschen moralisches Handeln. Die Anerkennung Gottes, das richtige Verhältnis des Menschen zu Gott, ist im Alten Testament auch eine Frage des Kultes, ob nämlich die Israeliten den Göttern Kanaans, den Baalen, Opfer darbringen, oder ob sie Jahwe opfern. Das Verhältnis des Menschen zu Gott wird im christlichen Denken weniger in Kategorien des Kultes, sondern des Gebetes ausgedrückt. Seitdem der Monotheismus sich durchgesetzt hat, konkurriert im christlichen Erfahrungsbereich Gott nicht mehr mit anderen Göttern. Beten heißt also für den Christen, sich auf Gott zu beziehen. Die Fastenzeit fordert zum Gebet auf und damit zur Hinwendung zu Gott.

Kult und Gebet als Kategorien des Gottesverhältnisses

Gebet allein kann Selbsttäuschung sein

Allerdings hört der Christ, ähnlich wie im Zusammenhang mit dem Fasten, daß Gebetsanstrengungen ohne gerechtes Handeln wertlos sind.

> Ist das ein Fasten, wie ich es liebe, ist das ein richtiger Bußtag, wenn man den Kopf neigt wie ein Schilfrohr und sich in Sack und Asche bettet?...
> Ist das ein Fasten, wie ich es liebe, Stricke des Jochs entfernen, Gefolterte freilassen, jedes Joch zerbrechen, dein Brot an die Hungrigen austeilen, Arme, die kein Obdach haben, aufnehmen, wenn du einen Nackten siehst, ihn bekleiden und deinen Bruder nicht im Stich lassen.
> (Jes 58,5-7)
>
> Denn Liebe will ich, nicht Schlachtopfer, Erkenntnis Gottes, nicht Brandopfer. (Hos 6,6)
>
> Wenn ihr betet, macht es nicht wie die Heuchler. Denn sie stellen sich beim Gebet gern in die Synagogen und an die Straßenecken, um den Leuten aufzufallen ... Du aber geh, wenn du betest, in deine Kammer und schließ die Tür zu. Dann bete zu deinem Vater, der im Verborgenen ist ...
> Wenn ihr betet, sollt ihr nicht plappern wie die Heiden, die meinen, sie werden nur erhört, wenn sie viele Worte machen ...

> Wenn ihr aber den Menschen nicht vergebt, dann wird euer Vater eure Verfehlungen auch nicht vergeben.
> (Mt 6,5-7.15)
>
> Ihr sollt also vollkommen sein, wie auch euer himmlischer Vater vollkommen ist. (Mt 5,48)
>
> Seid barmherzig, wie euer Vater barmherzig ist. Richtet nicht, dann werdet auch ihr nicht gerichtet werden ... Erlaßt einander die Schuld, dann wird auch eure Schuld erlassen, gebt, dann wird auch euch gegeben werden.
> (Lk 6,36-38)

Einsatz für Arme und Unterdrückte

Gerechtes handeln gehört zur Umkehr. Die Fastenzeit stellt darüber hinaus die Forderung auf, mehr zu tun, Almosen zu geben, sich für den Armen und Unterdrückten einzusetzen. Fasten, Beten, Almosen geben sind die drei Bestandteile christlicher Praxis in der Fastenzeit. Diese Zeit erhält ihren Sinn und ihre Perspektive von Ostern her. Sie ist Vorbereitungszeit auf das zentrale Fest der Christenheit. Die Intensität, das Bemühen, das der Christ in dieser Zeit "investiert", gewinnt er sozusagen als Festtagsfreude zurück. Dieser allgemeine Zusammenhang erhält noch eine christliche Perspektive. Was Ostern gefeiert wird, das neue Leben, die Vergebung der Schuld, ein neues Verhältnis zu Gott, das sind bereits Themen der Fastenzeit. Sowohl die Texte aus dem Alten wie dem Neuen Testament sprechen von Vergebung, von einem neuen Gottesverhältnis. In der kirchlichen Praxis wird der Empfang der Sakramente, besonders des Bußsakramentes, empfohlen - als Vorbereitung auf das Osterfest. Für die meisten Katholiken ist der Gang zur Beichte keine angenehme Sache. Dies prägt in gewisser Weise die Stimmung der Fastenzeit - allerdings auch das Gefühl der Erleichterung, wenn man die Beichte hinter sich hat.

Themen des Osterfestes in der Fastenzeit

Beichte gehört zur Fastenzeit

Taufmotive

Die Vorbereitung auf Ostern hat in der alten Kirche auch die Vorbereitung der Katechumenen auf den Empfang der Taufe beinhaltet. Heute wird in der Osternacht auch wieder die Taufe gespendet. Von den bereits Getauften soll die Fastenzeit dazu genutzt werden, die Taufgnade wieder zu beleben, nicht zuletzt durch den Empfang des Bußsakramentes. Die Tauftheematik ist für die Fastenzeit ein tragender Gedanke und wurde durch die letzte Liturgiereform wieder deutlicher herausgestellt.

Die inhaltliche Gestaltung der Fastenzeit hat durch zwei Bewegungen neue Impulse bekommen:

Entwicklungshilfe

Der Gedanke, daß die Industrieländer für die Entwicklungsländer eine besondere Verantwortung haben, ist seit 1958 durch die Aktion Misereor (d.h. "Ich erbarme mich") zu einem festen Thema der Fastenzeit geworden. Misereor, von den deutschen Bischöfen gegründet, bezeichnet sich als Fastenaktion der deutschen Katholiken und hat durch seine Öffentlichkeitsarbeit wesentlich dazu beigetragen, daß Entwicklungshilfe nicht mehr als Zumutung verstanden wird. Misereor entwickelte zuerst das Konzept der Hilfe zur Selbsthilfe.

Neuer Lebensstil

Die ökologische Diskussion ist von christlichen Gruppen aufgegriffen worden und mit dem Gedanken der Fastenzeit zu dem Motiv "Neuer Lebensstil" verbunden worden. Verzicht wird hier nicht nur als Bußpraxis für einen bestimmten Abschnitt des Jahres verstanden, sondern als dauernde Haltung. Ähnlich wie in anderen Erneuerungsbewegungen der Kirchengeschichte, wird ein einfaches, armes Leben als Ideal, Wohlstandsüberfluß dagegen als Gefährdung der Humanität und des Bezuges zur Transzendenz gesehen.

3.5.5. Elemente, Bilder, Brauchtum der Fastenzeit

Die Praxis der Fastenzeit ist geprägt durch:

- Häufigen Gottesdienstbesuch, auch an den Werktagen
- Verzicht auf Genußmittel
- Fasten
- Almosen geben
- Empfang des Bußsakraments
- Kreuzweg

Allgemein wird eine Intensivierung des religiösen Lebens angestrebt.

Fastenpredigten

Fastenpredigten, seit dem Konzil von Trient (1545) vorgeschrieben, werden heute meist an den Sonntagen gehalten.

Sie werden in der Regel in einen thematischen Rahmen gestellt und zielen auf eine Vertiefung des religiösen, theologischen und moralischen Wissens. Für die Predigten werden oft fremde Prediger, Seelsorger aus anderen Gemeinden oder Ordenspriester eingeladen.

Hirtenbrief für jedes einzelne Bistum

Die Bischöfe schreiben jeweils zur Fastenzeit einen eigenen Fastenhirtenbrief, der an einem der Sonntage verlesen wird. Es werden jeweils grundsätzliche Fragen aufgegriffen. Im Unterschied zu den meisten anderen Hirtenbriefen handelt es sich nicht um einen Brief aller Bischöfe, sondern jeder Bischof verfaßt für seine Diözese einen eigenen Brief.

Fastenpraxis

Das Fasten selbst ist nur noch für den Aschermittwoch und den Karfreitag vorgeschrieben. Eine Fastenpraxis selbst ist kaum noch vorhanden. Die ökologische Bewegung, die allgemein zum Verzicht auffordert, kann als Neubelebung des Fastengedankens verstanden werden.

Neben dem Fasten kennt man den Brauch der Abstinenz, d.h. kein Fleisch zu essen, auf Nikotin, Süßigkeiten, Alkohol zu verzichten.

Aschenkreuz

Am Beginn der Fastenzeit wird ein Ritus verwendet, der aus der Bußpraxis der alten Kirche stammt. Die Büßer wurden mit Asche bestreut. Seit 1091 ist dieser Ritus für alle vorgeschrieben. Der einzelne wird nicht nur an die Buße, sondern an die Vergänglichkeit erinnert.

> Bekehrt euch und glaubt an das Evangelium
> (Mk 1,15)
>
> oder
>
> Bedenke Mensch, daß du Staub bist und wieder zu Staub zurückkehren wirst
> (Gen 3,19)

betet der Priester, wenn er dem einzelnen mit Asche ein Kreuz auf die Stirn zeichnet.

Kreuzweg

Ein Gebet der Fastenzeit ist der Kreuzweg. In ihm wird der Leidensweg Jesu von der Verurteilung bis zur Kreuzabnahme nachgebildet. In den Kirchen sind die Kreuzwegbilder oder auch Stationen aufgehängt. Es sind 14 Stationen, die auf eine Tradition in Jerusalem zurückgehen. Jedoch gab und gibt es Kreuzwege mit weniger Stationen, z.B. mit sieben Stationen.

Die Kreuzweg-Stationen sind:

1. Station:	Jesus wird zum Tode verurteilt
2. Station:	Jesus nimmt das Kreuz auf seine Schultern
3. Station:	Jesus fällt zum ersten Mal unter dem Kreuz
4. Station:	Jesus begegnet seiner Mutter
5. Station:	Simon von Cyrene hilft Jesus das Kreuz tragen
6. Station:	Veronika reicht Jesus das Schweißtuch
7. Station:	Jesus fällt zum zweiten Mal unter dem Kreuz
8. Station:	Jesus begegnet den weinenden Frauen
9. Station:	Jesus fällt zum dritten Mal unter dem Kreuz
10. Station:	Jesus wird seiner Kleider beraubt
11. Station:	Jesus wird an das Kreuz genagelt
12. Station:	Jesus stirbt am Kreuz
13. Station:	Jesus wird vom Kreuz abgenommen und in den Schoß seiner Mutter gelegt
14. Station:	Der heilige Leichnam Jesu wird in das Grab gelegt.

Wenn keine Bilder vorhanden sind, finden sich zumindest kleine Kreuze an Stelle der Stationen.

Die Gläubigen gehen den Kreuzweg für sich allein durch. Bei Kreuzwegandachten geht der Priester in der Kirche die Stationen ab und betet jeweils laut einen Text. Neuere Kreuzwege sehen im Schicksal Verfolgter und Gefolterter den Leidensweg Jesu. Für den Kreuzweg gibt es viele Textvorlagen, die meist als kleine Bücher oder Schriften veröffentlicht sind. Der Kreuzweg ist seit einigen Jahren von der Jugend wieder aufgegriffen worden. Der Bund der Katholischen Jugend gibt jedes Jahr Bilder und Texte für den Kreuzweg heraus.

Kalvarienberg

Kreuzwege finden sich auch außerhalb der Kirchen. Die Stationen sind entlang eines Weges aufgestellt, der meist auf einen Berg führt, der dann oft Kalvarienberg heißt.

Bußandacht

In der Fastenzeit werden von den meisten Gemeinden Bußgottesdienste veranstaltet. In diesen Gottesdiensten wird nicht nur die individuelle Schuld in den Mittelpunkt gestellt, sondern auch das Schuldigwerden von Gruppen, Gemeinden gegenüber Randgruppen, sozialen Verhältnissen, der Dritten Welt. Die Bußgottesdienste waren eine Zeitlang umstritten, weil sie teilweise als Ersatz für die persönliche Beichte gesehen wurden. Es entstand dadurch ein typisch katholisches Problem, ob nämlich die Bußandachten eine Form des Beichtsakramentes sind oder "nur" eine religiöse Übung. Das kirchliche Amt hat die Bußandacht nicht zum Sakrament erklärt, so daß diese Andacht anstelle der Einzelbeichte träte.

Für viele Katholiken dürfte die Teilnahme an einer Bußandacht der ihnen angemessene Ausdruck des Willens zur Umkehr und zum Eingeständnis eigener Schuld geworden sein. Der Bußgottesdienst hat jedoch die persönliche Beichte nicht verdrängt, sondern in einigen Gemeinden sogar wieder belebt. Allerdings ist die Beichtpraxis im ganzen stark zurückgegangen.

Misereor

Der Aspekt des Almosengebens hat durch die bischöfliche Aktion Misereor eine weltweite Dimension bekommen. Der Arme in der Welt ist der Bedürftige. Misereor ruft nicht nur zu einer Geldspende auf, sondern bringt auch Arbeitsmaterialien für die Gestaltung der Fastenzeit in den Gemeinden heraus. Neben Arbeitsmappen, Predigtentwürfen, Plakaten, Dias und Filmen bietet Misereor auch ein Hungertuch an, das in Kirchen und Gemeindehäusern aufgehängt werden kann. Dies geht auf eine alte Tradition zurück.

Hungertuch

Mit einem Tuch wurde etwa seit dem Jahre 1000 in der Fastenzeit der Altar verhängt. Der Gedanke war wohl, daß der sündige Mensch unwürdig ist, Gott zu sehen. Im Mittelalter wurden die Hungertücher mit Passionsmotiven bebildert. Auch die neuen Hungertücher, meist von Künstlern der Dritten Welt geschaffen, stellen biblische Motive dar.

Anschrift Misereor

Die Arbeitshilfen, Broschüren und Medien, die Misereor zur Verfügung stellt, können von der Geschäftsstelle in 5100 Aachen, Mozartstr. 9, angefordert werden.

Der Aschermittwoch der Künstler geht auf den französischen Karikaturisten und Theatermaler Adolphe Willette zurück. Er versammelte 1914 am Aschermittwoch Künstler zu einer religiösen Besinnung. Nach seinem Tod wurde 1926 in der Kirche St. Germain l'Auyerrois, der Kirche der Künstler in Paris, eine Messe für die verstorbenen Künstler gelesen. Neben dem Gedächtnis der Toten ist der Tag auch ein Anlaß der Besinnung und Meditation. An diesem Tag kommt es zu einer Begegnung zwischen Künstlern und dem Bischof. Der Aschermittwoch der Künstler wurde 1950 in Köln und 1955 in München übernommen. Informationen sind vom Künstlerseelsorger des jeweiligen Bistums zu erhalten.

Aschermittwoch der Künstler

3.5.6. Ideen für Beiträge

Aus den drei Hauptlinien der Fastenzeit - Fasten, Gebet, Almosen - ergeben sich u.a. folgende Themenbereiche:

Fasten - alternatives Leben

- Erfahrungen mit dem Fasten
- Erprobung eines neuen Lebensstils als Kritik an der Lebenspraxis einer Konsumgesellschaft, verschiedene Möglichkeiten des Konsumverzichts
- Der Zusammenhang von Lebensstil und humanen, religiösen Erfahrungen

Gebet

- Anregungen für das Gebet
- Gebetsschule
- Erfahrungen mit dem Beten
- Texte großer Beter

Almosen und Entwicklungshilfe

- Beispiele für den Einsatz für Arme, für Randgruppen
- Verantwortung für die Dritte Welt, Projekte der Entwicklungshilfe
- Erfahrungen von Entwicklungshelfern

Einsatz für Gerechtigkeit bedeutet Verfolgung

Die Herstellung gerechter Verhältnisse, gerechtes Handeln gehören zu den Imperativen der alttestamentlichen Propheten. Die Verfolgung derjenigen, die sich für Gerechtigkeit einsetzen, ist eine konstante Erfahrung seit den Tagen der Propheten. Beispiele gibt es heute in Fülle. Viele moderne Kreuzwege vergleichen den Leidensweg Verfolgter mit dem Schicksal Jesu.

Umkehr, Verarbeitung von Schuld

Der Gedanke der Schuld, daß der einzelne sich von seinen Fehlgriffen und seinem Versagen distanzieren muß, ist durch Erkenntnisse der Psychologie in Frage gestellt. Diese hat gezeigt, daß Schuldgefühle von der Umwelt induziert werden, um Abhängigkeit zu erzeugen. Der Gedanke der Emanzipation verträgt sich nur schwer mit dem des persönlichen Versagens. Er schließt vielmehr die Emanzipation von Schuldgefühlen mit ein. Auch die kirchliche Bußpredigt wird kritisiert als Mechanismus ungerechtfertigter Einflußnahme. Das Thema Schuld ist nicht so populär wie in früheren Epochen. Die Versuche, die Deutschen für die Verbrechen des Nationalsozialismus haftbar zu machen, stellen eine Tendenz in umgekehrter Richtung dar. "Bußpredigten" in den Massenmedien dürften sicher schwer zu formulieren sein, aber unter den Oberbegriff "Lebenshilfe" gehört es auch, die Menschen, mit ihrem Versagen zu konfrontieren. Das wiederum geschieht in vielen Theaterstücken und Filmen, allerdings ohne eine christliche Perspektive. Vor allem in den trivialen Genres, den Serien, führt Schuld zur Vernichtung. Die Gesellschaft kann nur in der Weise des Verbrechens Herr werden, indem sie den Verbrecher vernichtet. Auch in den literarisch anspruchsvollen Filmen und Theaterstücken führt Schuld meist zum Scheitern.

Schuld ohne Vergebung

Zu einer christlichen Auseinandersetzung mit der Schuld gehört die Vergebung, die Versöhnung, die Einsicht, daß Gott nicht die Vernichtung des Sünders, sondern einen neuen Anfang will.

Eine Kritik an der "Ideologie der Vernichtung des Bösen" in den Handlungsschemata des Unterhaltungsangebotes müßte gerade in der Fastenzeit als Zeitkritik geleistet werden.

Kritik der "Vernichtung des Bösen" in der Ideologie der Krimiserien

Weiter kann unter der Überschrift "Lebenshilfe" gezeigt werden, wie Menschen mit persönlichem Versagen fertig geworden sind, welche Hilfe sie erhalten haben, welche sie nötig gehabt hätten, aber nicht erhalten haben.

Verarbeitung von Schuld

Kreuzwege

Im Kreuzweg konfrontiert sich der Christ mit dem Leidensweg Jesu. Der Kreuzweg ist nicht nur von vielen Künstlern gestaltet worden, auch der Leidensweg von Verfolgten und Gefolterten ist als Kreuzweg zu verstehen. Dabei geht es nicht nur um Anklage gegen Ungerechtigkeit, sondern wesentlich um Solidarität mit den Leidenden, darum, es bei den Leidenden auszuhalten.

Hungertuch für die Medien

Die formale Idee des Hungertuches kann für ein Massenmedium realisiert werden. Auf dem Tuch sind jeweils mehrere Felder dargestellt, die in einem Zusammenhang stehen, aber auch einzeln betrachtet werden können. Dieser Rhythmus von Entfaltung und erneutem Zusammenfügen könnte Gestaltungsprinzip für eine Sendereihe sein.

3.6. Karwoche und Osterwoche

Palmsonntag, Gründonnerstag, Karfreitag, Karsamstag, Osternacht, Ostern, die Osterzeit

Zentrale christliche Feste

In den Tagen zwischen dem Palmsonntag und Ostern feiern die Kirchen die zentralen Ereignisse, die die christliche Religion begründet haben. Die Feste dieser Woche beziehen sich auf die letzten Tage im Leben Jesu:

> Einzug in Jerusalem, Feier des Paschafestes mit den Jüngern, Gefangennahme, Verurteilung und Hinrichtung, Manifestation einer neuen Gegenwart

Karwoche als Einheit

Diese Tage müssen in ihrem Zusammenhang gesehen werden, sie gewinnen ihre Bedeutung erst in ihrem gegenseitigen Bezug.

Im folgenden wird das gleiche Raster zugrunde gelegt, nach dem bereits oben das Material zu den jeweiligen Festen zusammengestellt wurde. Soweit es notwendig ist, wird der einzelne Festtag der Karwoche ausgegliedert. Die Darstellung zielt jedoch im ganzen darauf ab, die Karwoche als Einheit darzustellen.

3.6.1. Anthropologische Voraussetzungen

Thematisierung von existentiellen Erfahrungen

In den Tagen der Karwoche werden die entscheidenden Erfahrungen menschlicher Existenz bis in ihre politische Dimension hinein thematisiert.

- Öffentlicher Erfolg und Unterstützung des Volkes am Palmsonntag
- Politische Intrigen und Machtkämpfe sowie das öffentliche Auftreten Jesu vor den Pilgerscharen in Jerusalem in den Tagen vor dem Paschafest
- Das religiöse Gedächtnismahl im Freundeskreis als Beginn der christlichen Kirche
- Die Einsamkeit und Angst vor dem kommenden Konflikt
- Der Verrat durch einen Freund und die Gefangennahme
- Das Wechselspiel der politischen Mächte in einem besetzten Land, in das ein religiöser Prophet gerät
- Der schmachvolle und schmerzhafte Tod
- Die Verstörung und Resignation der Freunde
- Der Beginn eines neuen Lebens

In diesen Ereignissen kann der einzelne eine Vielfalt eigener Erfahrungen wiedererkennen.
Zugleich wird dem Weg Jesu eine Deutung gegeben, die der einzelne auch für sich übernehmen kann. Die Deutung des Lebensweges Jesu durch die Kirche ist mutig und provokativ. Der schmachvolle Tod, durch Mißgunst und politische Intrigen herbeigeführt, wird als heilbringend, als Neubeginn und sogar als Gottes Wille interpretiert.

Vielfältige Möglichkeiten der Identifikation

Die Ereignisse und Begegnungen der Karwoche umfassen eine außerordentlich große Spannweite menschlicher Erfahrungen und spiegeln die verschiedensten Empfindungen und Stimmungen zwischen Jubelrufen und dem Ruf "Kreuzige ihn", zwischen der Intimität einer Freundesgemeinschaft und dem Verrat, zwischen dem Gefühl äußerster Verlassenheit und der größten Nähe, zwischen Scheitern und Erfolg. So halten diese Tage ein unerschöpfliches Reservoir an Themen bereit, wenn man nicht nur bei der historischen Rekonstruktion der Ereignisse stehenbleibt, sondern diese in Beziehung zu den Erfahrungen anderer Generationen bringt.

Große Spannweite von Erfahrungen, Empfindungen und Stimmungen

3.6.2. Bezug zur Öffentlichkeit

Die Karwoche und die Ostertage haben nicht den prägenden Einfluß auf das öffentliche Leben wie die Weihnachtszeit. Dafür ist die Verflechtung mit der Konsumwelt nicht so eng wie an Weihnachten. Im Blickwinkel der Öffentlichkeit dürfte Weihnachten eher als zentrales kirchliches Fest gesehen werden, während Ostern im kirchlichen Kalender das zentrale Ereignis ist, mit dem die meisten theologischen Aussagen ausgesprochen sind.

Geringere Öffentlichkeitswirkung als Weihnachten

Diese Diskrepanz zwischen öffentlicher Einschätzung und kirchlichem Stellenwert wird in den Kirchengemeinden der Städte und Großstädte noch dadurch verschärft, daß ein großer Teil der Gemeindemitglieder die vielen Feiertage für einen Kurzurlaub nutzt. Vor allem die innerstädtischen Gemeinden sind zu einem guten Teil entvölkert.

Karwoche als Urlaubstage

Karfreitag als Tag der Trauer

Im öffentlichen Bewußtsein haben die Kartage eine unterschiedliche emotionale Färbung. Der Karfreitag kann als Tag der Trauer charakterisiert werden, ähnlich dem Totensonntag im November. Für die evangelischen Kirchen steht der Karfreitag im Mittelpunkt.

Die Kar- und Ostertage werden nicht als Einheit erlebt

Der Karsamstag hat im Gegensatz dazu eher den Charakter eines normalen Samstags. Das Thema "Grabesruhe", von dem der Tag im liturgischen Kalender geprägt ist, ist kaum bewußt. Dadurch bricht eigentlich der Spannungsbogen zusammen, der vor allem den Gründonnerstag und den Karfreitag mit der Feier der Auferstehung am Abend des Karsamstages verbindet. Der Ostersonntag selbst gilt als Auferstehungstag, wird aber von vielen nicht in seinem inneren Bezug zu Gründonnerstag und Karfreitag erlebt.

Ostern als Frühlingsfest

Der Charakter des Osterfestes ist in unseren Breiten auch dadurch mitgeprägt, daß der Termin in die Frühlingszeit fällt.

Höheres Maß an Beteiligung als bei anderen kirchlichen Festen gefordert

Die Mitfeier der Karwoche verlangt mehr Beteiligung und Konzentration auf die Inhalte der Feste, als es an Weihnachten gefordert ist. Die Themen dieser Tage sind auch schwieriger mitzuvollziehen als die Aussagen des Weihnachtsfestes. So begrenzen die Kartage die Möglichkeit der Mitfeier auch von der Thematik her stärker als z.B. das Weihnachtsfest. Trotzdem können die Themen dieser Tage nicht nur einen kirchlich orientierten Menschentyp ansprechen, sondern jeden mit Erfahrungen konfrontieren, von denen er immer wieder betroffen ist.

3.6.3. Entstehung und Entwicklung der Kartage

3.6.3.1. Der Ostertermin

Die Ursprünge der Kartage reichen sicher weiter zurück als die des Weihnachtsfestes. Das ist schon dadurch gegeben, daß Ostern im Zusammenhang mit dem jüdischen Paschafest steht. Jesus wurde wahrscheinlich an diesem Fest hingerichtet. Aus dem 2. Jahrhundert sind Hinweise auf das Fest überliefert und sogar eine Osterpredigt des Melito von Sardes, der um 190 gestorben ist. (s. S. 448, 3.6.4.5.-8)

Ostern: Das älteste Fest

In der zweiten Hälfte des 2. Jahrhunderts gab es bereits einen Streit um das Datum des Osterfestes, den sogenannten Osterfeststreit. Strittig war, ob Ostern unabhängig vom Wochentag am Vollmondtag des ersten Frühlingsmonates oder am Sonntag nach diesem Tag gefeiert werden sollte.

Problem des Ostertermins

Das jüdische Paschafest lag im Todesjahr Jesu unmittelbar vor einem Sabbat. Der Tag nach dem Sabbat, der erste Tag der Woche, ist der Tag der Auferstehung und das älteste kirchliche Fest. Für die Christen entstand daraus die Frage, ob sie in bezug auf den Ostertermin am ersten Wochentag festhalten sollten oder den Todestag Jesu im Zusammenhang mit dem Paschafest des jüdischen Jahreskalenders begehen sollten. Es setzte sich als Termin der erste Wochentag durch, endgültig durch das Konzil von Nizäa 325 bestimmt. Damit grenzte sich die Kirche vom Judentum ab, sogar in der Weise, daß wenn der Frühlingsvollmond auf einen Sonntag fällt, Ostern erst am Sonntag danach gefeiert wird. Durch diese Regelung unterliegt der Ostertermin einer Schwankungsbreite von fünf Wochen zwischen dem 22.3. und 25.4.

Loslösung des Ostertermins vom jüdischen Paschafest

Die unterschiedlichen Termine für das Osterfest in den orthodoxen Kirchen gehen auf verschiedene Kalender und damit Berechnungsmodi für den Frühlingsanfang zurück.

Ostertermin der orthodoxen Kirchen

Allerdings ist die Datierung des Todestages in der biblischen Überlieferung nicht eindeutig. Die ersten drei Evangelien berichten, daß Jesus am Paschafest selbst hingerichtet wurde.

Wurde Jesus am Paschafest hingerichtet?

Auf das Paschafest folgte dann der Sabbat. Der erste Tag der Woche ist dann der Auferstehungstag (vgl. Mk 14,12.17; 15,6.42. Matthäus und Lukas folgen dieser Chronologie.)

Nach dem Johannesevangelium ist Jesus am Tag vor dem Paschafest, nicht am Paschafest selbst gekreuzigt worden. Das Abendmahl hat daher nicht am Vortag des Paschafestes, sondern einen Tag vorher stattgefunden, das Paschafest wird erst am Abend des Todestages Jesu gefeiert (Joh 18,28). Dieses Evangelium zieht eine Parallele zwischen dem Schlachten der Paschalämmer und dem Sterben Jesu.

Die Bibelwissenschaftler sind bis heute unterschiedlicher Meinung, ob die Synoptiker (Matthäus, Markus, Lukas) oder Johannes die historischen Daten wiedergeben. Das liturgische Jahr geht von der Sicht der Synoptiker aus. Das Abendmahl, das Jesus mit den Jüngern hielt, das mit dem Paschamahl der Juden zusammenfiel, das am Vorabend des Festes gefeiert wurde.

Während anfangs das Osterfest allein gefeiert wurde, bildeten sich im 4. Jahrhundert der Palmsonntag, der Gründonnerstag und der Karfreitag mit eigenen Gottesdiensten heraus.

3.6.3.2. Entstehung des Palmsonntags

Der Ursprung des Palmsonntags geht wohl auf Jerusalem zurück, wo man die einzelnen Ereignisse des Leidensweges Jesu in eigenen Feiern und Riten nachbildete. Der Palmsonntag erinnert an den Einzug Jesu in Jerusalm, wo das Volk ihm zujubelte.

3.6.3.3. Entstehung des Gründonnerstags

Ursprung des Wortes "Grün"

Die Herkunft des Namens ist nicht völlig eindeutig geklärt. Er leitet sich möglicherweise von dem mittelhochdeutschen Wort ab, das in den Worten "greinen" oder "grienen" noch fortlebt. Es würde sich dann auf die Wiedereingliederung der Büßer beziehen, die als "Weinende" gesehen wurden. Ihre Entlassung aus dem Büßerstand führte auch zur Bezeichnung "Antlaßtag". Möglicherweise kommt Gründonnerstag auch tatsächlich von Grün, weil im Mittelalter an diesem Tag grüne Meßgewänder getragen wurden.

Der Gründonnerstag beendet die vierzigtägige Fastenzeit. Er gehörte anfänglich nicht zu dem dreitägigen Festkreis (österliches Triduum), der sich von der Auferstehung am "Dritten Tag" ableitet. Zwar gab es schon im 4. Jahrhundert einen Gedächtnisgottesdienst der Abendmahlfeier, die Jesus mit den Jüngern hielt. Erst im Mittelalter wurde der Gründonnerstag zum Kernbereich der österlichen Tage hinzugerechnet und es entwickelte sich der Begriff des Triduum Sacrum (heilige drei Tage), das mit der abendlichen Messe am Gründonnerstag beginnt.

Beendigung der Fastenzeit

3.6.3.4. Entwicklung des Karfreitags

Der Gedächtnistag des Leidens und Sterbens Jesu war ein Tag der Trauer und, um das Mitleiden auszudrücken, ein Tag des Fastens. Dieses Fasten ist schon im 2. Jahrhundert bezeugt. Von daher kommt auch der Brauch, an jedem Freitag zu fasten und des Leidens Jesu zu gedenken.

Karfreitag als Fasttag

Anfangs wurde dieser Tag wohl ohne einen Gottesdienst begangen. In Jerusalem entstand die Verehrung des Kreuzes, das 320 von der Kaiserin Helena wiedergefunden worden war. Im Westen entwickelte sich ein Gottesdienst mit Lesungen und Gebeten; die Verehrung des Kreuzes wurde schon früh an Orten gepflegt, die eine Reliquie des Kreuzes erhalten hatten.

Entwicklung des Karfreitags-Gottesdienstes

Kreuzverehrung

Bis heute wird am Karfreitag keine Messe zelebriert. Erst seit dem 7. Jahrhundert wurde eine Kommunionfeier an den Gebetsgottesdienst angeschlossen. Die Hostien werden bereits in der Gründonnerstagsmesse konsekriert. Der Zeitpunkt des Karfreitagsgottesdienstes liegt seit dem Mittelalter am Nachmittag. Die Todesstunde Jesu ist nach den Berichten der Evangelien 15 Uhr.

3.6.3.5. Entstehung und Entwicklung des Karsamstags und der Osternacht

Karsamstag - keine Liturgie

Der Karsamstag ist heute ohne eigene Liturgie. Als Tag der Grabesruhe Christi wurde er auch in der alten Kirche mit Fasten gehalten. Die Auferstehungsfeier begann erst um Mitternacht. So hat es bis ins 5. Jahrhundert wohl auch keine eigenen Gottesdienste am Ostertag gegeben, da die Auferstehungsfeier die ganze Nacht dauerte.

Osternachtfeier am Karsamstagmorgen

Die Osternachtfeier wanderte jedoch immer weiter nach vorne, bis sie schließlich am Morgen des Karsamstags gefeiert wurde. Praktisch war diese Feier jedoch eine reine Klerikerliturgie. Die Gemeinde feierte Ostern in den Gottesdiensten am Sonntag.

Wiederherstellung der alten Ordnung

1955 wurde die altkirchliche Ordnung nach einer Experimentalphase seit 1951 wiederhergestellt. Heute ist die Osternachtfeier der zentrale Gottesdienst des Jahres. Er besteht aus vielfältigen Elementen und ist daher für Priester, Lektoren und Meßdiener eine der schwierigsten liturgischen Aufgaben des Jahres.

Die Osternachtfeier soll in der Zeit nach der Abenddämmerung bzw. vor dem Morgengrauen liegen, wird aber aus praktischen Gründen meist auf den Abend vorverlegt. Manche Gemeinden beginnen schon um 19 Uhr.

3.6.3.6. Entwicklung der Osterzeit, der Weiße Sonntag

Ostern und Pfingsten - jüdischer Ursprung der 50 Tage

Die Festzeit nach Ostern reicht bis Pfingsten, das 50 Tage (griechisch: Pentecoste - der Fünfzigste) nach Ostern liegt. Dies geht bereits auf den jüdischen Festkalender zurück, bei dem man 50 Tage nach dem Paschafest, das auch Fest der Gerstenernte war, das "Fest der sieben Wochen" als Fest der Weizenernte feierte. Die Gleichheit von sieben Wochen und 50 Tagen kommt dadurch zustande, daß in der Antike der erste Tage einer Zeitspanne immer mitgerechnet wurde. Innerhalb dieser Zeit ist die Woche nach Ostern, die Osteroktav, besonders herausgehoben. Sie war eine arbeitsfreie Zeit, was in der Landwirtschaft nicht immer als Vorteil empfunden wurde, da die Oktav meist in die Zeit der Aussaat fällt. Die Osteroktav ist thematisch nicht nur durch die Auferstehung bestimmt, sondern auch durch die Rücksicht auf die in der Osternacht Getauften. Diese trugen während der ganzen Woche ein weißes Kleid.

Am Weißen Sonntag legten sie die weißen Kleider wieder ab. Dieser Sonntag ist heute in vielen Gemeinden durch die weißen Kleider der Mädchen bestimmt, da er seit dem 18. Jahrhundert häufig der Tag der Erstkommunion ist. Der Brauch, den Tag der Erstkommunion auf den Sonntag nach Ostern zu legen, hat sich inzwischen gelockert. Heute werden oft andere Sonntage oder Feiertage der Osterzeit gewählt.

Ursprung des "Weißen Sonntags"

3.6.4. Aussagen der Feste der Karwoche und des Osterfestes

3.6.4.1. Die Einheit der Feste der Karwoche und des Osterfestes

In den Feiern der drei österlichen Tage (Gründonnerstag, Karfreitag, Ostern) wird das Werk der Erlösung, der Rettung des Menschen und der Welt vergegenwärtigt in allen Dimensionen der religiösen Existenz.

Grundlegung der Dimensionen der christlichen Existenz

- Stiftung der Kirche durch die zentrale Kulthandlung der Mahlfeier
- Leiden und Sterben des Religionsstifters als tiefster Ausdruck der Gemeinschaft Gottes mit den Leidenden und ungerecht Verfolgten
- Hingabe des Sohnes an den Vater bis zum Tod, damit die Wiederherstellung der Kommunikation zwischen Gott und dem Menschen und die Rettung aller Menschen
- Auferweckung, Auferstehung von den Toten. Jesus als der "Erstgeborene von den Toten", und dadurch Überwindung des Todes. Die Zugehörigkeit zu Jesus ist damit Teilhabe am neuen Leben.

- Die Auferweckung ist zugleich Bestätigung und Verherrlichung des Sohnes durch den Vater. Der Schmerz und die Verlassenheit des Sterbenden ist umgeschlagen in Freude, neues Leben, Leben mit Gott.

Beginn der Loslösung vom Judentum

In den Ereignissen der Karwoche und der Osterzeit geschieht bereits die Loslösung vom Judentum. In der letzten Zeit seiner Wirksamkeit hatte sich Jesus zurückgezogen, um dem Zugriff der Behörden zu entgehen. Bei seinem erneuten Auftreten, als er sich öffentlich in Jerusalem zeigte, wurde er von der Menge bejubelt. Er erfüllte jedoch nicht die politischen Erwartungen, verließ die Stadt wieder und wurde von den Behörden gefangengenommen, weil diese ihn als religiösen Führer ausschalten wollten und einen Konflikt mit den Römern fürchteten. Die Verurteilung Jesu auf Betreiben der Juden führte zum Bruch, der sich auch nach Ostern in der Unterdrückung und Verfolgung der jungen Gemeinde fortsetzte, die sich vorerst noch als Teil des Judentums verstand.

Die religiöse Sendung Jesu scheitert

Auch die Jünger erleben den Tod Jesu als Scheitern

Geschichtlich gesehen spitzte sich die Situation in der Woche vor dem Paschafest zu. Die religiöse Sendung Jesu kam in ihre entscheidende Phase, die auf den ersten Blick mit einem Scheitern endete. So verstanden es auch die Anhänger Jesu. Sie waren von Trauer und Niedergeschlagenheit erfüllt und zerstreuten sich.

Begegnung mit Jesus als Neubeginn der Jüngergemeinschaft

Sehr verhalten, zögernd, mit langsam wachsendem Verständnis für die Wege Gottes vollzieht sich ein Wandel bei den Anhängern Jesu. So berichten es die Evangelien. Ursache dieses Wandels sind Begegnungen mit Jesus, der als Lebender erfahren wird. Aus diesen Begegnungen heraus beginnt eine Sammlung der Anhänger Jesu und auch die aktive Missionierung sowohl der Juden wie auch der Heiden.

Stiftung der Mahlgemeinschaft und Lebensschicksal Jesu als Grundelemente der Kirche

Diese Gründungsphase ist also durch wichtige Elemente gekennzeichnet, die sich gegenseitig bedingen. Durch die Stiftung des Mahls, das die Jünger im Gedächtnis an Jesus weiterführen sollen. Diese Stiftung Jesu ist innerlich verbunden mit seinem Lebensschicksal. Sein Leiden und Sterben und seine Auferwekkung von den Toten werden damit Inhalt des Gedächtnismahles. Auf seinem Lebensschicksal gründet die Kirche, und zugleich ist

Jesu Schicksal zentrales Thema allen kirchlichen Lebens, denn die Existenz des Christen ist unmittelbar mit dem Lebensweg Jesu verbunden.

Der Christ nimmt sakramental an Leiden, Sterben und Auferstehen Jesu teil. Paulus formuliert das so:
"Wir wurden ja durch die Taufe auf seinen Tod mit ihm zusammen begraben, damit auch wir, wie Christus auferweckt wurde von den Toten durch die Herrlichkeit des Vaters, in einem neuen Leben wandeln. Denn wenn wir mit seinem Todesabbild geeint wurden, werden wir auch seiner Auferstehung zugehören." (Röm 6,4-5).

Teilnahme des Christen an der Existenz Jesu Christi

Diese Teilhabe am Lebensweg Jesu und seiner neuen Existenzweise wird dem Christen in der Annahme des Glaubens und durch das Taufsakrament geschenkt.

In den anderen Sakramenten wird dieser Grundvollzug immer wieder erneuert. Die damit gewonnene neue Existenzweise muß der einzelne Christ in seinem Leben realisieren durch

Realisierung der christlichen Existenz

- Nachfolge Jesu, die sich nicht zuletzt in der Nächstenliebe realisiert.
- Teilnahme an dem Missionsauftrag, alle Menschen in die Jüngerschaft Jesu einzuladen und zu rufen
- Feier der Heilsgeheimnisse

Diese Grundstruktur des christlichen Lebensvollzuges ist in den Tagen des Paschafestes (wahrscheinlich des Jahres 30) durch die Stiftung Jesu und sein eigenes Lebensschicksal grundgelegt worden. Sie wird durch die Feste dieser Woche erinnert und vergegenwärtigt. Die Feste selbst entfalten diese Einheit in ihre Aspekte. Das soll im folgenden kurz skizziert werden.

3.6.4.2. Palmsonntag - seine Aussage

Jesus zeigt sich in der Öffentlichkeit, nachdem er sich einige Zeit zurückgezogen hatte

Am Palmsonntag wird des Einzugs Jesu in Jerusalem gedacht. Jesus hatte sich einige Zeit nicht in der Öffentlichkeit gezeigt, weil die Behörden ihn überwachten. Sein Erscheinen im Zusammenhang mit dem jüdischen Paschafest, zu dem viele Wallfahrer in die Stadt kommen, erregt Aufsehen. Er wird freudig begrüßt, als er auf einem Esel in die Stadt reitet.

Alle vier Evangelisten berichten von diesem Einzug (Mt 21,1-11; Mk 11,1-11; Lk 19,29-40; Joh 12,12-19). Die Menschen legten Kleider auf die Straße und streuten grüne Zweige, damit Jesus darüber reiten konnte.
Der Ruf der Menge wird heute in jeder Messe wiederholt:

> Hosanna - gesegnet, der kommt im Namen des Herrn
> Gesegnet das kommende Reich unseres Vaters David
> Hosanna in der Höhe
> (Mk 11,7; 10)

Religiös-politische Messiaserwartungen

Dieser Zuruf wurde damals nicht allein religiös verstanden. Die Erwartungen richteten sich darauf, daß Jesus das Reich Davids wiederherstellen, d.h. die politischen Verhältnisse in Palästina ändern würde. Jesus entzieht sich dieser Erwartung. Er "nutzt" die Begeisterung der Menge nicht politisch aus.

Jesus übernimmt kein politisches Mandat

Vielmehr verläßt er abends die Stadt und übernachtet in Bethanien. Die drei Synoptiker berichten von einer eher religiös orientierten Handlung, der sogenannten Tempelreinigung. Jesus treibt die Händler, die für das kommende Fest Schafe und anderes verkaufen, aus dem Tempel. Weiter referieren die Evangelisten Jesu Kritik an der religiösen Obrigkeit, Streitgespräche mit den Pharisäern und Sadduzäern sowie die Gerichtsrede über Jerusalem. Der Einzug in Jerusalem und die Reaktion Jesu auf die politischen Erwartungen sind im Zusammenhang mit der Rolle der Christen und der Kirche im politischen Kräftespiel zu sehen. Dieser Fragenkomplex wird am Palmsonntag thematisiert.

Aussagen über das Verhältnis Jesu zur Politik

Jesus hat nicht die Öffentlichkeit gescheut, er wollte wirksam werden. Er bezog eindeutig zu gesellschaftlichen Problemen Stellung, nahm sich der Ausgestoßenen an, nicht nur der Armen und Kranken, sondern auch der korrupten Zöllner und Prostituierten. Er hat keinen Zweifel daran gelassen, daß vor Gott alle Menschen gleich sind, daß Reichtum religiös nichts bedeutet, sondern gefährlich für den Menschen ist. Schließlich stellt er den Einsatz für den Nächsten ins Zentrum seiner Ethik.

Kein Verzicht auf gesellschaftliche Wirksamkeit

Damit hat er dem Christentum Perspektiven gesellschaftlicher Wirksamkeit eröffnet, die immer wieder aufgegriffen wurden. Jesus lehnte es jedoch ab , seine Sendung mit politischen Mitteln zu verwirklichen.

Reich Gottes und politische Systeme

Die Herbeiführung eines bestimmten politischen Systems hat also nichts mit dem von Jesus angekündigten Reich Gottes zu tun, es besteht höchstens dann ein Zusammenhang, wenn mehr Gerechtigkeit verwirklicht werden soll.
Zur politischen Situation Palästinas, der römischen Fremdherrschaft und den herodianischen Vasallenkönigen hat Jesus nach den Berichten der Evangelisten nicht Stellung bezogen. Er hat seine Anhängerschaft nicht für politische Ziele eingesetzt.

Programmatische Aussagen in dem Bericht über die Versuchung Jesu

Dieses Verhalten Jesu, sich einem politischen Messianismus zu verweigern, ist im Bericht von der Versuchung Jesu bereits programmatisch von Matthäus und Lukas beschrieben. Jesus lehnt es als Versuchung des Satans ab, seine Macht dazu zu benutzen, die Menschen zu beeindrucken, indem er Steine in Brot verwandelt oder sich von einer Zinne des Tempels stürzt. Er lehnt die Macht über die Reiche der Welt ab (Mt 4,1-11, Lk 4,1-13).
Der Ritt auf dem Esel wurde immer auch als Zeichen des Selbstverständnisses Jesu gesehen.

Das Verhalten Jesu im politischen Kräftefeld seiner Zeit zeigt einen christlichen Weg, dessen konkrete Gestalt für die verschiedenen Epochen der Geschichte nicht einfach aus dem Evangelium abgelesen werden kann. Daher ist diese Frage in jeder Zeit umstritten - in diesem Zusammenhang bieten sich zuletzt deshalb vielfältige Themen an.

3.6.4.3. Der Gründonnerstag - seine Aussage

a) Stiftung der Eucharistie
b) Fußwaschung
c) Verrat des Judas
d) Gefangennahme Jesu
e) Verleugnung durch Petrus

Am Gründonnerstagabend feiert Jesus mit den Jüngern das jüdische Paschafest, so wie es wohl viele Pilgergruppen in Jerusalem getan haben. Das berichten die drei ersten Evangelien (vgl. 3.6.3.1. - Der Ostertermin).

Ursprünge des Paschafestes

Das Paschafest hat zwei Wurzeln:

- Es geht einmal auf den Brauch der Nomadenstämme zurück, im Frühling ein junges männliches Tier der Herde zu opfern und sein Blut an das Zeltgestänge zu streichen. Damit sollten die bösen Geister abgewehrt werden.
- Die andere Wurzel ist ein bäuerliches Fest, bei dem die erste Gersten-Garbe geopfert und sieben Tage nur ungesäuertes Brot gegessen wurde. Daher kommt auch der im Evangelium genannte Name "Fest der ungesäuerten Brote".

Verbindung eines Jahreszeitenfestes mit geschichtlichen Ereignissen

Diese im Jahresrhythmus wurzelnden Feste schmolzen zusammen und erhielten einen historischen Inhalt: Erinnerung an den Auszug aus Ägypten. An diesem Fest sollte der Hausvater die Geschichte vom Auszug aus Ägypten erzählen. So heißt es im Buch Deuteronomium (16,1.6.8).

> Achte auf den Monat Abib und feiere Jahwe, deinem Gott, das Paschafest, denn im Monat Abib hat der Herr, dein Gott, dich nachts aus Ägypten geführt ... du sollst das Paschatier schlachten am Abend bei Sonnenuntergang, zu der Stunde, in der du aus Ägypten gezogen bist ... Sechs Tage sollst du ungesäuertes Brot essen, am siebten Tag ist eine Festversammlung für den Herrn, deinen Gott, da sollst du keine Arbeit tun.
>
> Im Buch Exodus (13,8) heißt es:
> An diesem Tag erzähl deinem Sohn: Das geschieht für das, was der Herr an mir getan hat, als ich aus Ägypten auszog.

Zur Zeit Jesu hatte das Mahl folgenden Ablauf:

Ritus des Paschamahles

- Segenssprüche über den ersten Becher Wein
- Auftragen der ungesäuerten Brote und der Kräuter
- Auftragen des Paschalammes
- Erzählung der Auszugsgeschichte
- 1. Teil des großen Hallel (Ps 113, 114, 1-8)
- Zweiter Becher
- Verzehren des Paschalammes mit bitteren Kräutern und ungesäuertem Brot -Dritter Becher mit einer Danksagung über das Mahl
- Vierter Becher mit dem zweiten Teil des Hallel (Ps 115 - 118)

Jesus hat Teile dieses rituellen Mahles, jedoch nicht den zentralen aufgegriffen und mit einem neuen Sinn versehen. Dabei hat er eine Handlung - Darreichung des Brotes und des (vierten) Bechers mit Deute-Worten zusammengefügt.

Umwidmung des Paschamahles durch Jesus

Der 1. Korintherbrief und die drei synoptischen Evangelien berichten mit etwas unterschiedlichem Wortlaut. Die liturgische Praxis der ersten Gemeinden hat den auf Jesus zurückgehenden Worten eine etwas unterschiedliche Ausformung gegeben, auf die sich die biblischen Texte stützen:

> Denn ich habe vom Herrn empfangen, was ich euch dann überliefert haben: Jesus, der Herr, nahm in der Nacht, in der er ausgeliefert wurde, Brot, sprach das Dankgebet, brach das Brot und sagte: Das ist mein Leben für euch. Tut dies zu meinem Gedächtnis! Ebenso nahm er nach dem Mahl den Kelch und sprach: Dieser Kelch ist der Neue Bund in meinem Blut. Tut dies, so oft ihr daraus trinkt, zu meinem Gedächtnis!
>
> (1 Kor 11,23-25)

> Als die Stunde gekommen war, begab er sich mit den Aposteln zu Tisch. Und er sagte zu ihnen: Ich habe mich sehr danach gesehnt, vor meinem Leiden dieses Paschamahl mit euch zu essen, bis das Mahl seine Erfüllung findet im Reich Gottes. Und er nahm den Kelch, sprach das Dankgebet und sagte: Nehmt den Wein, und verteilt ihn untereinander! Denn ich sage euch: Von nun an werde ich nicht mehr von der Frucht des Weinstocks trinken, bis das Reich Gottes kommt. Und er nahm das Brot, sprach das Dankgebet, brach das Brot und reichte es ihnen mit den Worten:

Das ist mein Leib, der für euch hingegeben wird. Tut dies zu meinem Gedächtnis! Ebenso nahm er nach dem Mahl den Kelch und sagte: Dieser Kelch ist der Neue Bund in meinem Blut, das für euch vergossen wird.

(Lk 22,14-20)

Während des Mahls nahm er das Brot und sprach den Lobpreis; dann brach er das Brot, reichte es ihnen und sagte: Nehmt, das ist mein Leib. Dann nahm er den Kelch, sprach das Dankgebet, reichte ihn den Jüngern, und sie tranken alle daraus. Und er sagte zu ihnen: Das ist mein Blut, das Blut des Bundes, das für viele vergossen wird. Amen, ich sage euch: Ich werde nicht mehr von der Frucht des Weinstocks trinken bis zu dem Tag, an dem ich von neuem davon trinke im Reich Gottes.

(Mk 14,22-25)

Während des Mahls nahm Jesus das Brot und sprach den Lobpreis; dann brach er das Brot, reichte es den Jüngern und sagte: Nehmt und eßt; das ist mein Leib. Dann nahm er den Kelch, sprach das Dankgebet und reichte ihn den Jüngern mit den Worten: Trinkt alle daraus; das ist mein Blut, das Blut des Bundes, das für viele vergossen wird zur Vergebung der Sünden. Ich sage euch: Von jetzt an werde ich nicht mehr von der Frucht des Weinstocks trinken, bis zu dem Tag, an dem ich mit euch von neuem davon trinke im Reich meines Vaters.

(Mt 26,26-29)

Jesus hat nicht ein Gedächtnismahl neu gestiftet, sondern ein kultisches Gedächtnismahl umgewidmet. Dabei konnte er an verschiedenen religiösen Inhalten des Paschamahles anknüpfen. Die Theologie zur Zeit Jesu bezieht das Paschamahl auf vier Nächte mit Offenbarungen Jahwes, eine Symbolik, die in der Osternachtsliturgie wieder aufgegriffen wird.

Jüdische Deutungen des Paschamahles wurden von den Christen übernommen

- Nacht der Schöpfung, in der die Welt noch dunkel war
- Offenbarung an Abraham, Verheißung des Isaak
- In der dritten Nacht erschlug Jahwe die Erstgeburt Ägyptens, verschonte aber die der Israeliten
- In der vierten Nacht wird die Welt an ihr Ende gelangen, die Bande der Gottlosigkeit werden zerstört werden ... und der neue Messiaskönig wird kommen

Jesus proklamiert eine neue Heilszeit

Jesus war mit dem Anspruch aufgetreten, eine neue Heilszeit einzuleiten, er kündigte das nahe Hereinbrechen des Reiches Gottes an. Damit ist die messianische Zeit, auf die das Paschamahl ausgreift, bereits angebrochen. Es wird ein "Neuer Bund" zwischen Gott und seinem Volk gestiftet. Im Korintherbrief heißt es (11,24), ebenso bei Lukas (22,20):

"Dieser Becher ist der Neue Bund in meinem Blut."

Wie der Alte Bund so ist auch der Neue Bund eine Initiative Gottes. Gott ermöglicht überhaupt die Existenz seines Volkes, indem er Abraham eine große Nachkommenschaft verheißt, indem er sein Volk aus der Gefangenschaft in Ägypten befreit, es in das "gelobte Land" führt. Dieser Heilstaten Gottes gedachte man beim Paschafest.

Jesus verbindet Brot und Wein mit seinem Leben

Jesus hat das Brot in gleicher Weise wie ein jüdischer Hausvater gebrochen und an die Anwesenden verteilt. In der Gabe des Brotes sah schon der Jude eine Heilszeichen. Jesus nennt das Brot seinen Leib. Mit Leib ist das ganze Wesen des Menschen gemeint. Seinen Leib hingeben heißt dasselbe wie seine Seele hingeben, d.h. "sich selbst". Im Judentum wird diese Terminologie auf den Märtyrertod angewandt.

Den Becher mit Wein identifiziert Jesus mit seinem Blut. Darin drückt sich noch einmal die Hingabe Jesu, sein Sterben aus. Das Blut wird "für viele" (so bei Matthäus und Markus) bzw. "für euch", so bei Lukas, vergossen. Der Neue Bund wird durch Jesu Lebenshingabe gestiftet.

Abschiedmahl und Gedächtnismahl

Die Christen haben dieses Mahl weitergeführt. Jesus hat es als Abschiedsmahl verstanden. Worte wie "ich werde nicht mehr von der Frucht des Weinstocks trinken bis zu dem Tag, da ich neu davon trinke im Reich Gottes" (Mk 14,25, ähnlich auch bei Matthäus und Lukas) deuten daraufhin. Zugleich wird vom Auftrag Jesu gesprochen, dasselbe in seinem Gedächtnis zu tun. Die Abschiedsreden des Johannesevangeliums (Joh 14-16) führen diesen Aspekt des Mahles mit den Jüngern weiter aus.

Das Gedächtnismahl ist historisch gesehen eine Stiftung Jesu

Sicher sind uns die Aussagen Jesu während des Mahles nicht im einzelnen wörtlich überliefert. Die Texte spiegeln zu einem guten Teil die gottesdienstliche Praxis der ersten christlichen Gemeinden wieder. Aber es gilt als historisch gesichert, daß diese Gestalt des Mahles, die Handlungen und Deuteworte auf Jesus zurückgehen. Die Unterschiede zum Verständnis des jüdischen Paschamahles sind deutlich. Sie können nicht durch Übernahme außerjüdischer Mahlriten erklärt werden, stimmen aber mit dem Selbstverständnis Jesu und seiner Reich-Gottes-Botschaft überein. Jesus selbst hat zudem wiederholt das Reich Gottes im Bild des Mahles dargestellt.

Drei Gesichtspunkte, die vor allem das katholische Eucharistieverständnis prägen, sind bereits im damaligen Verständnis des Mahles, das die jüdische Theologie ausgearbeitet hatte, grundgelegt:

- Die Aktualisierung des Heilsereignisses
- Die Realpräsenz Jesu in Brot und Wein
- Die Gewißheit des kommenden Heils

Ständige Gegenwart des Heils

Schon für die Teilnehmer des jüdischen Mahles galt, daß der Bund eine bleibende Realität ist. Gott hat jeden Israeliten, nicht nur deren Vorfahren befreit. Gleiches sagen die Christen von Jesus. Nicht nur den Jüngern ist in Brot und Wein die Lebenshingabe Jesu zuteil geworden, sondern allen, die in seine Jüngerschaft aufgenommen worden sind.

Vorstellungsmodelle zur Erklärung der Gegenwart Jesu im Mahl

Die Gegenwart Jesu im Gedächtnismahl, seine Gegenwart in Brot und Wein haben immer wieder eine theologische Deutung herausgefordert. Der Glaube an die Gegenwart Jesu in den Gestalten von Brot und Wein hat in der katholischen Kirche eine besondere Ausprägung gefunden. Das konsekrierte Brot wird aufbewahrt und angebetet. Wie ist diese Gegenwart zu verstehen? Entsprechend den anthropologischen Vorstellungen des jeweiligen Zeitalters wurde diese Gegenwart unterschiedlich gedeutet.

- Als Gegenwart des konkreten Leibes und Blutes des irdischen Jesus (frühes Mittelalter).
- Als substantielle Gegenwart. Die Substanz des Brotes und des Weines sind Leib und Blut Jesu, das Erscheinungsbild bleibt Brot und Wein. Diese Vorstellung der Transsubstantiation ist auf dem Hintergrund der aristotelischen Philosophie entwickelt worden (Hochmittelalter).

- Als Gegenwart im Symbol, vergleichbar der bleibenden Treue eines Menschen, die sich in einem Ring ausdrückt. Diese symbolische Gegenwart wird als real, nicht nur als hinweisend verstanden. Sie macht besser als die vorherigen Theorien deutlich, daß es nicht nur um eine faktische Identität von Brot und Leib, von Wein und Blut geht, sondern daß erst durch die Hingabe Jesu Brot und Wein ihn gegenwärtig setzen, daß der Stiftungswille Jesu die Realität der Zeichen bestimmt (s.o.) (Neuere Theologie).

In den Zeichen bleibt der Stiftungswille Jesu präsent

Das Mahl bezieht sich als Gedächtnismahl nicht nur auf die Vergangenheit, es ist nicht nur Gegenwärtigsetzung der Hingabe Jesu, es hat auch eine Perspektive auf die endgültige Verwirklichung des Heils.
Jesus wird nicht mehr von dem Wein trinken, bis das Reich Gottes gekommen ist. (Mk 14,2; Lk 22,18)

Ausgriff auf die Zukunft

> Es soll kommen die Gnade und vergehen
> diese Welt, maranatha, der Herr komme,

heißt es in der Didache aus der ersten Hälfte des zweiten Jahrhunderts. Dieses Mahl wird von den Christen "Eucharistia", Danksagung, genannt. Die Christen preisen Gott für seine Heilstat und bringen das Handeln Jesu sowie sein Sterben und seine Auferstehung in den Zusammenhang mit dem Handeln Gottes im Alten Testament.

Das Gedächtnismahl stiftet Gemeinschaft mit ihm und damit mit Gott. Zugleich ist es, auch im soziologischen Sinn, gemeinde- und kirchenbildend. Das Gedächtnis an Jesu Lebenshingabe und seine Auferstehung, seine Gegenwart und die Verheißung seines endgültigen Heils ist ein Anlaß, daß Christen zusammenfinden.

Gemeindebildende Wirkung des Mahles

Das Mahl selbst als soziale Form hat schon den Charakter der Vergemeinschaftung. Es soll auch Ferment der Einheit unter den Christen sein, zwischen denen schon früh Streitigkeiten ausbrachen. Im ersten Korintherbrief schreibt Paulus (1 Kor. 10,17)

Überbrückung auch der Konflikte unter Christen

> Weil es ein Brot ist, sind wir ein Leib, die
> vielen, denn wir haben alle an dem einen Brot
> teil.

Im 11. Kapitel desselben Briefes wendet sich Paulus gegen Spaltungen, die bei den Gemeindeversammlungen aufkamen.

In der Didache, einer Schrift aus der ersten Hälfte des 2. Jahrhunderts, heißt es:

> Wie dieses Brot zerstreut war über die Hügel hin und nun, zusammengebracht, eins geworden ist, also werde zusammengebracht deine Kirche von den Enden der Erde in dein Reich. Denn dein ist die Herrlichkeit und die Macht durch Jesus Christus in Ewigkeit.

Die Darstellung des Johannes-Evangeliums

Das Johannesevangelium berichtet zwar von dem Abschiedsmahl Jesu, enthält eine ausgefaltete Abschiedsrede und ein Gebet Jesu, erwähnt aber das Brot- und das Wein-Wort Jesu nicht. Die eucharistischen Aussagen finden sich im 6. Kapitel des Evangeliums. Johannes berichtet im Zusammenhang mit dem Abendmahl von einer Fußwaschung Jesu, die für viele die Gesinnung und die Hingabe Jesu in gleicher Weise ausdrückt, wie bei der Darreichung von Brot und Wein.

Verrat, Todesangst und Verhaftung Jesu kontrastieren die Mahlfeier im Freundeskreis

Der Gründonnerstag ist nicht nur das Gedächtnis des letzten Mahles Jesu mit den Jüngern.

- Der Verrat des Judas spielt bereits in den Berichten vom gemeinsamen Mahl eine Rolle.
- Alle Evangelien berichten von einem einsamen Gebet, in dem Jesus von der Todesangst übermannt wurde.
- Die Gefangennahme Jesu geschieht noch in derselben Nacht. Jesus wird dem Hohenpriester vorgeführt.
- Petrus verleugnet Jesu.

Versagen des Petrus

Der Gegensatz zu der brüderlichen Mahlgemeinschaft kann nicht krasser als durch den Verrat des Judas und die Verleugnung des Petrus zum Ausdruck kommen. Hier berichtet die Kirche von menschlicher Erbärmlichkeit und Schwäche. Bei der Bedeutung des Petrus in der Urkirche dürfte seine Verleugnung Jesu nicht überliefert worden sein, wenn nicht ein historischer Kern des Berichts vorgelegen hätte.

Jesus erfährt die Verlassenheit nicht nur durch die Schwäche seiner Freunde. Er erschaudert vor seinem Tod. Sicher liegt auch hier ein historisches Faktum zugrunde. Die christliche Überlieferung hätte von sich aus kein Interesse gehabt, Jesus schwach zu zeigen.

Die Frömmigkeitsgeschichte hat sich immer wieder an diesem Gebet Jesu orientiert. Die Christen versuchen, an der Angst Jesu Anteil zu nehmen, nicht zuletzt um Kraft zu finden, die eigenen Ängste anzunehmen. Zugleich sehen sie im Gebet Jesu, im Verrat des Judas und in der Verleugnung des Petrus, daß Jesus nichts Menschliches fremd war, daß auch die eigenen Enttäuschungen und Ängste aus der religiösen Welt nicht ausgeschlossen sind.

Angst, Enttäuschung und Versagen werden nicht aus dem religiösen Erfahrungsbereich eliminiert

3.6.4.4. Der Karfreitag - seine Aussage

Jesus ist zu dem schmerzlichsten und schmählichsten Tod verurteilt worden, den die damalige Zeit kannte.

Als Gekreuzigter war er nicht nur hingerichtet, er war zugleich geächtet. Seine Anhänger haben das nicht verkraftet. Sie hatten mit einer erfolgreichen Karriere ihres Meisters gerechnet. Nur einige, vor allem Frauen, harrten bei ihm aus und beerdigten verstohlen seinen Leichnam.

Kreuzigung bedeutet Ächtung des Hingerichteten

Diese Vorgänge werden uns jedoch nicht in einer konstatierenden Nachrichtensprache überliefert, vielmehr sind in die Passionsberichte Deutungen des Leidens und Sterbens Jesu eingegangen. So umfaßt der Karfreitag zwei Aspekte:

Darstellung der Passion beinhaltet zugleich Deutung

- o Das Scheitern, die Erniedrigung eines Menschen
- o Die theologische Deutung dieses Leidens und Sterbens als Heil für die Menschen

Die Evangelisten stützen sich, das gilt vor allem für die drei ersten Evangelien, auf einen schon zusammenhängenden Bericht (s.S. 437 f mit einem Überblick über den Aufbau des bereits Markus vorliegenden Passionsberichtes).

Passionsberichte der Evangelien beruhen auf sehr alten Überlieferungen

Der Bericht beginnt damit, daß Jesus nicht mehr öffentlich auftritt und sich nach Cäsarea Philippi zurückzieht Er geht dann, wie viele Juden, zum Paschafest nach Jerusalem. Zwischen dem Einzug am Palmsonntag und der Gefangennahme wird von der Vertreibung der Händler aus dem Tempel, von Streitgesprächen mit den Juden, von der Tötungsabsicht der Gegner Jesu und der

Auseinandersetzungen Jesu mit den Juden vor dem Paschafest

Absprache mit Judas berichtet. Die Gleichnisse vom unfruchtbaren Feigenbaum und den Weinbergpächtern beinhalten ein hartes Urteil über die Juden.

Der Lauf des Unheils wird durch die Abendmahlfeier im Jüngerkreis unterbrochen, Die Feier jedoch wird durch die Anwesenheit des Verräters bereits überschattet.

Jesus deutet seinen Tod bereits bei dem Mahl mit den Jüngern

Durch die Umwidmung des Paschamahles deutet Jesus selbst seinen Tod. Nach dem Mahl geht Jesus mit den Jüngern in einen Garten und ringt im Gebet um den Willen Gottes. Darauf folgt die Gefangennahme.

Ablauf der Ereignisse:
- Gefangennahme
- Jüdisches Gericht
- Römisches Gericht

Jesus wird von der jüdischen Obrigkeit verhört und von dieser an den Oberbefehlshaber der römischen Besatzungsmacht überwiesen. Die Verurteilung erfolgt in einem Hin und Her zwischen Pilatus und der jüdischen Obrigkeit, die wiederum die Menge zu steuern vermag. Pilatus bietet eine Amnestie an, die aber einem anderen Verhafteten, Barabbas, zugute kommt.

- Geißelung
- Verspottung
- Weg zur Hinrichtungsstätte
- Kreuzigung und Tod
- Beisetzung

Bevor Jesus zur Kreuzigung geführt wird, wird er gegeißelt und als Pseudokönig verhöhnt. Dann wird er zur Hinrichtungsstätte geführt und gekreuzigt. Selbst hier verspotten ihn noch seine Gegner. Er stirbt und wird beigesetzt.

Diese Vorgänge werden vor allem durch Markus, den Verfassern des ältesten Evangeliums, eher nüchtern berichtet. Sie erscheinen sogar objektiv und distanziert dargestellt.

Aufbau des Passionsberichtes beinhaltet Deutung

Die Forschung hat jedoch gezeigt, daß in die Berichte Deutungen hineingearbeitet sind, die eine genau Rekonstruktion des Prozesses erschweren. Wenn auch der äußere Ablauf - Verhör durch die jüdische Obrigkeit, Prozeß vor dem römischen Statthalter, Todesurteil, Kreuzigung - historisch sein dürfte, ist nur schwer auszumachen, aufgrund welcher Anklage Jesus tatsächlich verurteilt wurde.

Die Anklage gegen Jesus ist nicht mehr exakt zu rekonstruie-

Hier spielt das theologische Interesse der Evangelien sehr stark herein. Denn es geht um die Frage, ob die Juden tatsächlich wußten, was sie taten, ob sie wußten, daß sie den von Gott gesandten Messias, den sie seit Jahrhunderten erwarteten, umgebracht hatten. Hier ist auf die Streitgespräche Jesu mit den Juden zurückzuverweisen. Im Gleichnis von den Weinbergspächtern (Mk 12,1-12; Mt 21,33-46; Lk 29,9-19) heißt es, daß die Pächter die Pacht nicht zahlen wollen, die Boten des Besitzers wegjagen und schließlich dessen Sohn umbringen.

ren. Aussage der Evangelien: Die Juden bringen den lang ersehnten Messias um

Auch das Johannesevangelium kennt unmittelbar vor der Passion Auseinandersetzungen Jesu mit den Juden, in denen diese den Anspruch Jesu bestreiten (Joh 12,31-35; 44-50). Die Ablehnung des Boten Gottes durch die Juden wird von den Evangelisten als die Ursache für den Tod Jesu dargestellt. Weil sie Jesus ablehnen, wollen sie ihn beseitigen.

Es wird auch von politischen Überlegungen der jüdischen Obrigkeit berichtet. Jesus könne Auslöser für eine Aufruhrbewegung sein, die von den Römern niedergeschlagen und mit härteren Unterdrückungsmaßnahmen beantwortet würde (Joh 11,45-53). Im Bericht vom Prozeß vor der römischen Instanz wird die jüdische Obrigkeit als treibende Kraft dargestellt, während Pilatus schwankt, ob er ein Urteil im Sinne der Ankläger fällen soll.

Politische Implikationen des Auftretens Jesu

Die in den Evangelien, vor allem bei Matthäus und Johannes, herausgearbeitete Schuld der Juden an Tode Jesu hat eine ungemein historische Wirkung gehabt und ist in verschiedenen Epochen Motiv und Rechtfertigung des Judenhasses gewesen.

Motiv und Rechtfertigung des Antisemitismus

Die Passionsberichte der Evangelien erklären jedoch das Schicksal Jesu letztlich nicht allein aus der Ablehnung der Juden. Sie sehen hinter dem Geschehen und dem Schuldigwerden der Menschen einen göttlichen Heilsplan, dessen Konturen sich bereits im Alten Testament zeigen. So wird in dem Bericht über den Prozeß, das Leiden und Sterben Jesu die Deutung nicht zuletzt durch die Einbeziehung des Alten Testamentes gegeben. Dort fanden die Christen Aussagen, die den Sinn des Todes Jesu erschließen. Wie die Schuldfrage der Juden wird auch die Deutung des Leidens bereits vor dem Leidensweg Jesu angesprochen.

Schuld der Juden nicht die einzige Erklärung für den Tod Jesu

Kategorien zur Deutung des Todes Jesu aus dem Alten Testament

Die Ölbergszene als theologische Deutung des Leidens Jesu

Das Gebet Jesu im Garten drückt aus, daß Jesus sein Leiden als Willen Gottes akzeptiert.

> Vater, alles ist dir möglich. Laß diesen Kelch an mir vorübergehen. Doch nicht, was ich will, sondern was du willst (geschehe). (Mk 14,36)

In diesem Bericht ist nicht historisch exakt ein Gebet wiedergegeben. Vielmehr wird, wie häufig im Judentum, ein Gebet formuliert, um die Rolle einer Person in der Heilsgeschichte zu beschreiben. Lukas erweitert die Aussage noch dadurch, daß Jesus Trost empfängt. Ein Engel stärkt ihn (Lk 22,43). Die Kraft Gottes ermöglichte Jesu, die Todesangst durchzustehen.

In der Bibel ist der Wille Gottes zu finden

Daß der Leidensweg Jesu letztlich durch den Willen Gottes bestimmt ist, wird auch durch den Verweis auf die heilige Schrift ausgedrückt. In den heiligen Schriften ist der Wille Gottes zu finden. Jesus weist bei seiner Gefangennahme darauf hin, daß die Schriften erfüllt werden müssen (Mk 14,49; Mt 26,54). Auch die Emmaus-Jünger werden auf das Alte Testament verwiesen:

> Ihr Unverständigen, wie schwer fällt es euch, an all das zu glauben, was die Propheten geweissagt haben. Mußte der Messias nicht dies alles leiden und so in seine Herrlichkeit eingehen. (Lk 24,25-26)

Die Verweise auf das Alte Testament sind mehr oder weniger deutlich, so z.B. sehen die biblischen Autoren bei der Gefangennahme und der Flucht der Jünger wohl einen Hinweis auf Sacharja (13,7).

> Ich will den Hirten schlagen, daß sich die Schafe zerstreuen.

Verweise auf einzelne alttestamentliche Texte

Die verschiedenen Bezüge auf das Alte Testament finden sich in den Bibelausgaben jeweils an der entsprechenden Textstelle. Sie werden deshalb hier nicht im einzelnen referiert. Die Hinweise auf das Alte Testament sind in einem größeren Zusammenhang zu sehen.

Das Bild vom leidenden Gerechten

Jesus wird in alttestamentlicher Tradition als der leidende Gerechte gesehen, der gerade deshalb verfolgt wird, weil er auf Gott vertraut, Gerechtigkeit fordert und sündenlos ist. Die Verspottung Jesu durch seine Gegner und sein hoheitsvolles Schweigen kennzeichnen ihn als leidenden Gerechten. Zwei Texte zeigen, daß die Gestalt Jesu als die des leidenden Gerechten gezeichnet ist.

Laßt uns dem Gerechten auflauern!
Er ist uns unbequem und steht unserem Tun im Weg.
Er wirft uns Vergehen gegen das Gesetz vor und beschuldigt uns des Verrats an unserer Erziehung.
Er rühmt sich, die Erkenntnis Gottes zu besitzen, und nennt sich ein Kind des Herrn.
Er ist unserer Gesinnung ein lebendiger Vorwurf,
schon sein Anblick ist uns lästig;
denn er führt ein Leben, das dem der andern nicht gleicht,
und seine Wege sind grundverschieden.
Als falsche Münze gelten wir ihm;
von unseren Wegen hält er sich fern wie von Unrat.
Das Ende der Gerechten preist er glücklich
und prahlt, Gott sei sein Vater.
Wir wollen sehen, ob seine Worte wahr sind,
und prüfen, wie es mit ihm ausgeht.
Ist der Gerechte wirklich Sohn Gottes,
dann nimmt sich dieser seiner an
und entreißt ihn der Hand seiner Gegner.
Roh und grausam wollen wir mit ihm verfahren,
um seine Sanftmut kennenzulernen
und seine Geduld zu erproben.
Zu einem ehrlosen Tod wollen wir ihn verurteilen;
er behauptet ja, es werde ihm Beistand zuteil.
So denken sie, aber sie irren sich;
denn ihre Schlechtigkeit macht sie blind.
Sie verstehen von Gottes Geheimnissen nichts,
sie hoffen auf keinen Lohn der Frömmigkeit
und erwarten keine Auszeichnung für untadlige Seelen.

(Weish 2,12-22)

Gottverlassenheit und Heilsgewißheit

Mein Gott, mein Gott, warum hast du mich verlassen,
bist fern meinem Schreien, den Worten meiner Klage?

Mein Gott, ich rufe bei Tag, doch du gibst keine Antwort; ich rufe bei Nacht und finde doch keine Ruhe.

Aber du bist heilig,
du thronst über dem Lobpreis Israels.

Dir haben unsre Väter vertraut,
sie haben vertraut, und du hast sie gerettet.

Zu dir riefen sie und wurden befreit,
dir vertrauten sie und wurden nicht zuschanden.

Ich aber bin ein Wurm und kein Mensch,
der Leute Spott, vom Volk verachtet.

Alle, die mich sehen, verlachen mich,
verziehen die Lippen, schütteln den Kopf:

"Er wälze die Last auf den Herren,
der soll ihn befreien!
Der reiße ihn heraus,
wenn er an ihm Gefallen hat!"

Du bist es, der mich aus dem Schoß meiner Mutter zog,
mich barg an der Brust der Mutter.

Von Geburt an bin ich geworfen auf dich,
vom Mutterschoß an bist du mein Gott.

Sei mir nicht fern, denn die Not ist nahe,
und niemand ist da, der hilft.

Viele Stiere umgeben mich,
Büffel von Baschan umringen mich.

Sie sperren gegen mich ihren Rachen auf,
reißende, brüllende Löwen.

Ich bin hingeschüttet wie Wasser,
gelöst haben sich all meine Glieder.
Mein Herz ist in meinem Leib wie Wachs zerflossen.

Meine Kehle ist trocken wie eine Scherbe,
die Zunge klebt mir am Gaumen,
du legst mich in den Staub des Todes.

Viele Hunde umlagern mich,
eine Rotte von Bösen umkreist mich.
Sie durchbohren mir Hände und Füße.

Man kann all meine Knochen zählen;
sie gaffen und weiden sich an mir.

Sie verteilen unter sich meine Kleider
und werfen das Los um mein Gewand.

Du aber, Herr, halte dich nicht fern!
Du, meine Stärke, eil mir zu Hilfe!

Entreiße mein Leben dem Schwert;
mein einziges Gut aus der Gewalt der Hunde!

Rette mich vor dem Rachen des Löwen,
vor den Hörnern der Büffel rette mich Armen!

(Ps 22,2-22)

Der Gerechte, der von den Bösen verfolgt wird, bewahrt seinen Glauben an Gott, läßt sich nicht einschüchtern und wird von Gott errettet (Weish 5,1-7; Ps 34,20-21).

Jesus erfüllt diese Vorstellung des leidenden Gerechten auf außerordentliche Weise. So zeichnen die Evangelien seinen Leidensweg.

Die Passionsberichte beziehen sich noch nicht auf den Sühnegedanken

Erstaunlich ist, daß die biblischen Passionsberichte selbst den Sühnecharakter des Leidens und Sterbens Jesu noch nicht herausstellen. Die Deutung des Todes als Hingabe für die anderen klingt zwar im Abendmahlsbericht an ("Dies ist mein Blut, das für viele vergossen wird"), aber in der Passion selbst spielt diese Deutung nur bei Lukas eine Rolle, wo Jesus dem einen Mitgekreuzigten das Mit-Aufgenommensein in das Paradies verheißt (Lk 23,43). Das ist umso erstaunlicher, als die Deutung des Leidens als Sühne bereits im Alten Testament vorgezeichnet ist.

Das vierte Lied vom Gottesknecht:

> Seht, mein Knecht hat Erfolg,
> er wird groß sein und hoch erhaben.
>
> Viele haben sich über ihn entsetzt,
> denn er sah entstellt aus, nicht wie ein Mensch,
> seine Gestalt war nicht mehr die eines Menschen.
>
> Jetzt aber setzt er viele Völker in Staunen,
> Könige müssen vor ihm verstummen.
> Denn wovon ihnen kein Mensch je erzählt hat,
> das sehen sie nun;
> was sie niemals hörten,
> das erfahren sie jetzt.
>
> Wer hat geglaubt, was uns berichtet wurde?
> Die Hand des Herrn - wer hat ihr Wirken erkannt?
>
> Vor den Augen des Herrn wuchs er auf wie ein junger Sproß,
> wie der Trieb einer Wurzel aus trockenem Boden.
> Er hatte keine schöne und edle Gestalt,
> und niemand von uns blickte ihn an.
> Er sah nicht so aus, daß er unser Gefallen erregte.
>
> Er wurde verachtet und von den Menschen gemieden,
> ein Mann voller Schmerzen,
> mit der Krankheit vertraut.
> Wie ein Mensch, vor dem man das Gesicht verhüllt,
> war er bei uns verfemt und verachtet.

Aber er hat unsere Krankheiten getragen
und unsere Schmerzen auf sich genommen.
Wir meinten, er sei vom Unheil getroffen,
von Gott gebeugt und geschlagen.

Doch er wurde durchbohrt wegen unserer Verbrechen,
wegen unserer Sünden mißhandelt.
Weil die Strafe auf ihm lag, sind wir gerettet,
durch seine Wunden sind wir geheilt.

Wir hatten uns alle verirrt wie die Schafe,
jeder ging für sich seinen Weg.
Doch der Herr warf all unsere Sünden auf ihn.

Er wurde geplagt und niedergedrückt,
aber er tat seinen Mund nicht auf.
Wie ein Lamm, das man wegführt, um es zu schlachten,
und wie ein Schaf, das verstummt, wenn man es schert,
so tat auch er seinen Mund nicht auf.

Durch Haft und Gericht kam er ums Leben,
doch wen kümmerte sein Geschick?
Er wurde aus dem Land der Lebenden verstoßen
und wegen der Verbrechen seines Volkes getötet.

Bei den Gottlosen gab man ihm sein Grab,
bei den Verbrechern seine Ruhestätte,
obwohl er kein Unrecht getan hat,
und aus seinem Mund kein unwahres Wort kam.

Doch der Herr fand Gefallen an seinem mißhandelten
(Knecht),
er rettete den, der sein Leben als Sühneopfer hingab.
Er wird lange leben und viele Nachkommen sehen.
Durch ihn setzt der Wille des Herrn sich durch.

Nachdem er so vieles ertrug,
erblickt er wieder das Licht
und wird erfüllt von Erkenntnis.
Mein Knecht ist gerecht,
darum macht er viele gerecht;
er nimmt ihre Schuld auf sich.

Deshalb gebe ich ihm seinen Anteil unter den Großen
und mit den Mächtigen teilt er die Beute;
denn er gab sein Leben hin
und wurde zu den Verbrechern gerechnet.
Er trug die Sünden von vielen
und trat für die Schuldigen ein.
(Jes 52,13-53, 12)

Vgl. auch die anderen Gottesknechtlieder (Jes 42,1-9; 49,1-9; 50,4-9. Diese Jesaiatexte finden in den Passionsberichten noch keinen deutlichen Niederschlag, haben aber die frühchristliche Predigt beeinflußt, vgl. u.a. Apg 8,32-33 und die Theologie des Paulus in Röm 3,25-25; Gal 2,19-20; 2 Kor 5,14.

In seinem Leidensweg erweist sich Jesus nicht nur als der Gerechte. Die Evangelien sehen im Geschick Jesu Gottes Handeln. So wie Jesus seinen Weg gegangen ist, so handelt Gott. Markus führt den Hörer zu dieser Einsicht. Jesus wird nicht durch Machttaten, durch den Erweis von Überlegenheit als Sohn Gottes erkannt, sondern in seinem Tod:

In Jesus handelt Gott

> Als der Hauptmann, der Jesus gegenüberstand, ihn auf diese Weise sterben sah, sagte er: Wahrhaftig, dieser Mensch war Gottes Sohn.
> (Mk 15,39)

Der Tod Jesu als Offenbarung Gottes

Die anderen Evangelien schildern die Passion nicht so karg und düster wie Markus, sie arbeiten stärker Züge heraus, die Jesus als Messias und Sohn Gottes erkennen lassen. Das gilt vor allem für Johannes (vgl.Literaturauszüge S. 434 f, 3.6.4.4.-1 und 2).

Die Grundzüge der Passionsberichte

Die Christen sehen den Weg Jesu als maßgebend für das eigene Leben.

Aussagen über das Leid

- Die Überwindung des Leidens erfolgt nicht nur im Protest und der Vernichtung der Gegner. Das Leiden wird von Jesus angenommen und getragen. Gegen die Verursacher des Leides wird keine Gewalt angewandt.

Überwindung des Leides nicht durch "Gegen-Gewalt"

- Das Leiden wird, anders als z.B. im Buddhismus, nicht als Existential des Menschen gesehen, mit dem er fertig werden muß. Das Leiden Jesu ist durch Menschen verursacht.

Der Mensch ist Ursache des Leides

- Die Annahme des Leidens hat nicht vorrangig das Ziel, die Belastung psychisch zu verarbeiten. Das Leiden wird als Gottes Wille akzeptiert.

Annahme des Leides und psychische Verarbeitung

- Gott ist mit dem Leidenden. Er läßt den Gerechten nicht im Stich. Er befreit ihn und schenkt ihm ein neues Leben, nachdem die Feinde des Gerechten diesem das Leben verwehrt hatten.

Aussagen über Gott

- Das Leiden des Gerechten hat Folgen für andere. Es wirkt heilend und befreiend.

Auswirkungen des Leides für andere

3.6.5.5. Karsamstag

Der Karsamstag ist ein Tag der Trauer, der Besinnung. Am Karsamstag selbst gibt es keinen Gottesdienst.

3.6.5.6. Ostern, die Aussage des Festes

Anderer Charakter der Osterberichte

Während der Karfreitag ein öffentliches Geschehen zum Thema hat, die öffentliche Hinrichtung eines religiösen Außenseiters, bezieht sich Ostern auf die Erfahrungen weniger Menschen, die nur schwer greifbar sind. Einige Anhänger Jesu, Frauen und seine Jünger haben Erfahrungen gemacht, die ihr Leben total verändern werden.

Wenig greifbare Erfahrungen mit großer Wirkung

Von den Erfahrungen wird eher zurückhaltend berichtet, die Eindrücke sind nicht einfach faßbar, eher flüchtig - aber sie sind außerordentlich in ihren Auswirkungen. Auf die Begegnungen der Jünger und der Frauen, in denen sie Jesus lebend erfuhren, gründet die christliche Gemeinschaft.

Ostern: Beginn der Kirche nach dem Zusammenbruch am Karfreitag

Ostern ist der eigentliche Ausgangspunkt der Jesus-Bewegung. Die Hoffnungen, daß Jesus ein messianisches Reich aufrichten werde, waren durch die Hinrichtung Jesu zusammengebrochen. Die Evangelien berichten, daß der Jüngerkreis sich aufzulösen begann, daß die Anhänger Jesu deprimiert waren, weil sie den Tod Jesu als Unglück, als Katastrophe erlebt haben.

Missionarisches Auftreten im Kontrast zur Niedergeschlagenheit nach dem Tod Jesu. Jesus ist nicht ein Märtyrer, sondern wird als Lebender verkündet

Im Kontrast dazu steht der missionarische Elan, der Bekennermut und die Botschaft, die die Jünger verkünden. Jesus wird nicht als der Märtyrer einer gerechten Idee dargestellt, als mahnendes Beispiel für die Folgen menschlicher Verblendung und Bosheit, sondern als Lebender, als einer, der in eine neue Königswürde eingesetzt ist, auf dessen endgültige Herrschaft die Geschichte ausgerichtet ist.

Wird einmal vorausgesetzt, daß sowohl die Niedergeschlagenheit der Jünger wie auch ihr neues Sendungsbewußtsein historisch unbestreitbar sind, dann kommt es auf die Interpretation der Erfahrungen, der psychischen Prozesse an, die diese Veränderungen herbeigeführt haben. Diese ist - auch unter den Bibelwissenschaftlern selbst - umstritten. So ist das Osterfest mit einer massiven theologischen Fragestellung befrachtet.

Gründe für den Stimmungsumschwung

Die Infragestellung der Ostererfahrungen der Anhänger Jesu setzte mit der Veränderung des Weltbildes durch das cartesische Denken und die Aufklärung ein. Die Erfahrungen der Jünger Jesu wurden rational psychologisch erklärt.

Problematik der historischen Verifizierbarkeit der Ostererfahrungen

- Es gibt gar keine von außen kommende Erfahrung. Die Jünger haben die Trauer um Jesu Tod verarbeitet, sich auf Jesu Botschaft besonnen und diese weitergeführt. Dieses Umdenken hat sie zu der Überzeugung kommen lassen, daß Jesus nicht tot sein kann.

- Der Sinneswandel der Jünger, ihr Missionseifer hat sie dazu geführt, die historischen Fakten zurechtzubiegen. Sie haben das Märchen der "Auferstehung" Jesu in die Welt gesetzt und, um es zu beweisen, den Leichnam Jesu gestohlen. Diese Interpretation des Reimarus (Fragmente eines Unbekannten, von Lessing 1778 veröffentlich) greift einen Vorwurf auf, gegen den sich bereits Matthäus wendet. Offensichtlich haben die Juden den Christen schon vorgeworfen, die Jünger hätten den Leichnam Jesu gestohlen (Mt 28,11-15).

- Die Vorstellung von der Auferstehung sei in der damaligen Zeit nichts Außergewöhnliches gewesen. Im Judentum gab es die Vorstellung, Elias und Henoch seien in den Himmel entrückt worden. Auch in der griechischen Welt sprach man von Menschen, die in die Gemeinschaft der Götter aufgenommen wurden, wie z.B. Herkules.

- Schließlich sei die Zeit sowieso von Vorstellungen des Weltuntergangs, "apokalytischer" Ereignisse geprägt gewesen, so daß das Erscheinen von Toten geradezu erwartet wurde.

Diese verschiedenen Erklärungsversuche forderten die kirchlich orientierten Theologen heraus, die historische Realität der Erscheinungen des Auferstandenen aufzuweisen. Einzelne Züge der Auferstehungsberichte kommen diesen Überlegungen entgegen.

Realistische Darstellung der Erscheinungen Jesu

- Jesus ißt mit den Jüngern (Lk 24,41-43)
- Thomas, der Zweifler, wird durch das leibhaftige Erscheinen Jesu überzeugt (Joh 20,26-29)
- Die Bibel selbst stellt das Faktum der Auferstehung als durch viele bezeugt heraus (1 Kor 15,3-7)

Vertieftes Verständnis der Osterberichte

Der Versuch, die Erscheinungen Jesu als greifbare Realität aufzuweisen, wie es im Vergleich zu den Ereignissen der Verurteilung, Geißelung und Kreuzigung Jesu möglich ist, wird heute nicht mehr gemacht. Die rationalistische Kritik der kirchlichen Auferstehungsvorstellungen hat die Theologen zu einem vertieften Verständnis der Berichte geführt. Das ist von den Texten her auch notwendig, denn die Berichte sind teilweise widersprüchlich. Markus und Matthäus legen nahe, daß Jesus in Galiläa erschienen ist. Der Engel sagt zu den Frauen am Grab: Er (Jesus) geht euch voraus nach Galiläa; dort werdet ihr ihn sehen, wie er es euch gesagt hat (Mk 16,7, vgl. Mt 28,16-20). Lukas und Johannes berichten von Erscheinungen in Jerusalem (Lk 24,36-53; Joh 20,19-29). Bei Lukas heißt es sogar, die Jünger sollten Jerusalem nicht verlassen. Matthäus und auch Johannes berichten jedoch von einer Erscheinung in Galiläa. Diese Unterschiede können nicht einfach harmonisiert werden.

Widersprüche in den Berichten können nicht einfach harmonisiert werden

Für die Ausarbeitung einer Interpretation sind dann verschiedene Überlegungen maßgebend.

Erscheinungsberichte sind keine Reportagen

o Die Berichte können nicht als Reportagen von Ereignissen verstanden werden. Jesus wird nicht in dieses Leben zurückgerufen, es handelt sich nicht um eine Totenerweckung, wie sie die Evangelien von der Tochter des Jairus, vom Jüngling von Naim und von Lazarus berichten. Die Begegnungen mit dem Auferstandenen müssen daher anders sein als die mit Jesus vor seinem Tod.

Es gibt ältere Zeugnisse für die Auferstehung, die den Erscheinungsberichten vorausliegen

o Die Berichte von den Erscheinungen sind nicht die ältesten Teile der Überlieferungen von der Auferstehung. Älter sind Formeln und Bekenntnisse im ältesten Text des Neuen Testamentes. Im 1 Thessalonicherbrief heißt es:

"... den er (Gott) von den Toten auferweckte"
(1 Thess 1,10)
... wir glauben, "daß Christus starb und auferstand."
(1 Thess 4,14)

Auch in den Evangelien gibt es solche formelhaften Bekenntnisse:

"Der Herr ist wirklich auferstanden und dem Simon erschienen" (Lk 24,34)

Die literarische Eigenständigkeit

o Die Erscheinungsberichte sind nicht aus religiösen Vorstellungen und Erwartungen der damaligen Zeit übernommen.

Obwohl es vielfältige Vorstellungen von Totenerweckungen und Begegnungen mit Göttern und heiligen Menschen in der damaligen Zeit gab, stellt sich bei einem Vergleich heraus, daß die Berichte der Evangelien eigenständig sind und nicht bereits vorhandene Vorstellungsmuster auf Jesus angewendet haben. Die Berichte der Evangelien sind, literarisch gesehen, eigene Schöpfungen. Einzigartige Erfahrungen haben zur Herausbildung eigener literarischer Formen geführt.

der Osterberichte deutet auf neuartige authentische Erfahrungen hin

o Die Proklamierung Jesu zum Sohn Gottes, zum endzeitlichen Herrn der Welt, ist nicht bloß eine nachträgliche Interpretation seiner Anhänger. Wenn man fragt, ob Jesus nicht einfach ein gottesfürchtiger Prediger innerhalb der jüdischen Religion war, der erst nach seinem Tod als Messias, Sohn Gottes und endzeitlicher Weltenrichter dargestellt wurde, so ergibt eine genaue Untersuchung der Evangelien: Jesus selbst ist bereits mit einem besonderen Anspruch aufgetreten. Er hat sich nicht nur als engagierter Prediger verstanden, sondern eine besondere, nur für ihn geltende Beziehung zu Gott in Anspruch genommen, eine neue Heilszeit mit seiner Person verbunden. Es gibt keinen fundamentalen Unterschied zwischen dem Selbstverständnis Jesu, das historisch faßbar ist und der Predigt seiner Anhänger über den Auferstandenen und Erhöhten.

Es gibt einen Zusammenhang zwischen dem Selbstverständis Jesu und den Aussagen der Osterberichte

Die genaue Analyse der Texte führt also dazu, daß die Kritik der Auferstehungsvorstellungen an den Texten nicht zu verifizieren ist. Das heißt aber nicht, daß die Auferstehung ein unbestreitbares Ereignis ist wie die Kreuzigung Jesu. Ähnlich wie der Glaubende im Kreuzestod Jesu nicht ein tragisches Ereignis sieht, sondern ein Geschehen, das mit Heil und Unheil zu tun hat, so haben die Christen von Anfang an gesagt, daß die Auferstehung nur dem Glauben zugänglich ist. Was heißt das aber genauer?

Die Auferstehungszeugnisse müssen in ihrer Eigenart verstanden werden

Die Begegnungen mit Jesus, von denen seine Anhänger berichten, sind religiöse Erfahrungen. Religiöse Erfahrungen werden in den Religionen meist nur in Andeutungen und sehr behutsam beschrieben. Sie entziehen sich einer empirischen Verifikation ähnlich wie personale Erfahrungen überhaupt. Die Erfahrung von Sinn, Glück, Angenommensein, von Schuld und Vergebung sind allenfalls in ihren Auswirkungen greifbar.

Die Eigenart religiöser Erfahrungen

Diese Erfahrungen können auch nicht hergestellt werden. Sie sind damit durch Wiederholungen nicht nachprüfbar wie z.B. Experimente der Wahrnehmungspsychologie.

Religiöse Erfahrungen sind nicht empirisch überprüfbar

Zugang zu religiösen Erfahrungen durch Zeugen

Wir haben nur durch die Mitteilung derjenigen Zugang, die die Erfahrungen gemacht haben. Sie sind uns nicht beweisbar, sondern nur bezeugbar. Die Bibel spricht auch von den Zeugen, auf die sich der Glaube an die Auferstehung gründet. Paulus schreibt:

> Und vor allem habe ich euch überliefert, was auch ich empfangen habe:
> Christus ist für unsere Sünden gestorben, gemäß der Schrift und ist begraben worden. Er ist am dritten Tag auferweckt worden, gemäß der Schrift und erschien dem Kephas, dann den Zwölf. Danach erschien er mehr als fünfhundert Brüdern zugleich; die meisten von ihnen sind noch am Leben, einige sind entschlafen. Danach erschien er dem Jakobus, dann allen Aposteln. Als letztem erschien er auch mir, dem Unerwarteten, der "Mißgeburt". (1 Kor 15,3-8)

Osterberichte müssen als Zeugnisse gelesen werden

Hat man sich einmal von dem Zwang befreit, die Osterberichte historisch-kritisch zu verifizieren, sondern sie als Zeugnisse zu lesen, entfalten die Berichte eine eigene Dynamik. Es sind Berichte, die auf den Weg bringen können, die offen sind und ein breites Spektrum der Interpretation ermöglichen. Da die Auslegungsbemühungen und die Osterberichte verschiedentlich aufgearbeitet und zusammengefaßt sind, werden hier nur einige Stichworte formuliert. Im Literaturteil finden sich Hinweise und Textauszüge.

Bekenntnisformeln und Hymnen als ältestes Bekenntnis der Auferstehung

Die ältesten Zeugnisse für die Auferstehung sind formelhafte Bekenntnisse. Sie finden sich vor allem in den Briefen des Neues Testaments. Teilweise sind es Hymnen oder andere literarische Texte, die zitiert werden.

1 Kor 15,3-8 (Textauszug s.o.)

Im folgenden zwei Hymnen, die in Briefen zitiert werden:

Er war Gott gleich, hielt aber nicht
daran fest, Gott zu sein,
sondern er entäußerte sich
und wurde wie ein Sklave
und den Menschen gleich.
Sein Leben war das eines Menschen,
er erniedrigte sich und war gehorsam
bis zum Tod, bis zum Tod am Kreuz.
Darum hat Gott ihn über alle erhöht
und ihm den Namen verliehen,
der größer ist als alle Namen,
damit alle im Himmel, auf der Erde und
unter der Erde ihre Knie beugen vor dem
Namen Jesu und jeder Mund bekennt:
"Jesus Christus ist der Herr" - zur Ehre Gottes
des Vaters.

(Phil 2,6-11)

Er wurde offenbart im Fleisch,
gerechtfertigt durch den Geist,
geschaut von den Engeln,
verkündet unter den Heiden,
geglaubt in der Welt,
aufgenommen in die Herrlichkeit.

(1 Tim 3,16)

... denn wenn du mit deinem Mund bekennst:
"Jesus ist der Herr"
und mit deinem Herzen glaubst
"Gott hat ihn von den Toten auferweckt"
so wirst du gerettet werden.

(Röm 10,9)

Diese Bekenntnisse sagen

- Gott hat Jesus auferweckt (1 Thess 1,10)

  zugleich heißt es auch:
- Jesus ist gestorben und auferstanden (1 Thess 4,14)
- Jesus ist erhöht und zum Herrn, zum Kyrios eingesetzt worden
- Jesus ist dem Simon und anderen erschienen (1 Kor 15)

In diesen formelhaften Bekenntnissen ist bereits der gesamte Osterglaube niedergelegt. Die urchristlichen Gemeinden haben sie nicht in historischer Absicht gebraucht. Sie wandten sich an den lebenden Jesus, den Kyrios der Kirche und der ganzen Welt. Sie richteten ihre Gebete an den erhöhten Herrn. So tun es die Christen heute noch und drücken damit aus, daß Jesus auferstanden und erhöht ist.

Gebet zu dem lebenden und erhöhten Herrn ist der Kern des Osterglaubens

Erscheinungsberichte entfalten das Bekenntnis zum auferstandenen und erhöhten Jesus

Die Berichte über Erscheinungen sind als sekundär gegenüber den Bekenntnisformeln zu betrachten. Sie entfalten die Aussagen über Auferstehung und Erhöhung Jesu in Form von Erzählungen. Sie sind damit nicht Schilderungen von Ereignissen, die möglichst exakt einen Geschehensablauf wiedergeben wollen, sondern bringen in der Erzählung vor allem theologische Aussagen zum Ausdruck. Liest man die Erscheinungsberichte auf diesem Hintergrund, werden Widersprüche und Ungereimtheiten nicht zu einer Infragestellung der Aussage. Zentral für das Selbstverständnis der Kirchen und das Verständnis des Osterfestes sind die Erscheinungen Jesu am Ostertag abends im Kreis der Jünger. Lukas (24,36-49) und Johannes (20,19-23) berichten von diesen Begegnungen.

Die Erscheinungen Jesu "überwältigen" nicht, sondern lassen Zweifel offen

Die Jünger sind zusammengekommen und fürchten sich vor den Juden. Die Erscheinung selbst überwältigt sie nicht, vielmehr sind Zweifel zu überwinden (Lk 34,37). Sie müssen sich an den Glauben herantasten. Lukas berichtet, daß Jesus den Jüngern den Sinn der Schrift, d.h. des Alten Testaments erschloß, aus dem hervorgeht, daß der Messias leiden und am dritten Tag von den Toten auferstehen muß (Lk 24,25-27). Bei Johannes erhalten die Jünger einen Auftrag:

> Empfanget den heiligen Geist;
> denen ihr die Sünden vergebt,
> denen sind sie vergeben;
> denen ihr sie behaltet,
> sind sie behalten. (Joh 20,22-23)

Ausgestaltung der Berichte durch die Evangelisten

Die unterschiedliche Ausgestaltung des Erscheinungsberichtes bei Lukas und Johannes zeigt, daß wohl eine gemeinsame Tradition vorliegt, die Berichte jedoch eine spezifische Bedeutung erhalten. Bei Lukas handelt es sich um eine Belehrung, Unterweisung. Jesus zeigt sich selbst und gibt sich in einer Weise zu erkennen, daß er nicht mit einem Geist verwechselt werden kann; er ißt ein Stück gebratenen Fisch. Dann zeigt er den Jüngern, daß sein Lebensweg schon im Alten Testament vorgezeichnet ist, daß sein Sterben und seine Auferstehung nicht so überraschend sind, wie es die Reaktionen der Jünger vermuten lassen (Lk 24,36-48). Bei Johannes dagegen offenbart sich Jesus, er spendet Frieden, schenkt seinen Geist und beauftragt die Jünger (Joh 20,19-23).

Die Berichte zielen zumindest auf ein Zweifaches:

- Sie bestätigen, daß Jesus lebt, daß er die Jünger nicht allein gelassen hat
- Sie sprechen von einer Beauftragung, von einer Sendung

Bestätigung der Auferstehung durch Jesus selbst

Das bestätigende Moment kommt bei Johannes in der Begegnung mit Thomas zum Ausdruck. Thomas hatte gezweifelt, daß die Jünger tatsächlich "den Herrn gesehen haben" (Joh 20,24-25). Jesus erscheint wiederum beim wöchentlichen Treffen der Jünger und überzeugt den Zweifelnden.

Beauftragung der Jünger

Die Sendung wird in mehreren Berichten zum Thema. Bei Lukas heißt es (24,46-48):

> Er sagte zu ihnen: So steht es in der Schrift. Der Messias wird leiden und am dritten Tag auferstehen, und in seinem Namen wird man allen Völkern, angefangen in Jerusalem, verkünden, sie sollen umkehren, damit ihre Sünden vergeben werden. Ihr seid Zeugen dafür.

In der Apostelgeschichte heißt es:

> Ihr werdet Kraft empfangen, indem der Heilige Geist auf euch herabkommt, und ihr werdet meine Zeugen sein in Jerusalem und in ganz Judäa und Samaria und bis an das Ende der Welt. (Apg 1,8)

Bei Matthäus erhalten die Anhänger Jesu den Auftrag:

> Gegeben ist mir alle Gewalt, im Himmel und auf Erden. Gehet nun und machet zu Jüngern alle Völker, indem ihr sie tauft auf den Namen des Vaters und des Sohnes und des heiligen Geistes und indem ihr sie lehret, alles zu halten, was ich euch geboten habe. Und siehe, ich bin bei euch alle Tage bis zur Vollendung der Weltzeit (Mt 28,18-20).

Neue Gegenwart Jesu

Jesus lebt, er ist mit einer Vollmacht ausgestattet, er sendet die Jünger. Er ist in einer neuen Weise gegenwärtig, nicht nur dadurch, daß sein Auftrag ausgeführt wird, sondern daß seine Anhänger mit seinem Geist begabt sind (Lukas und Johannes). Er ist gegenwärtig in seinen Worten und Geboten, die die Jünger weitergeben und in seinem Beistand (Matthäus). Diese ständige, neuartige Gegenwart Jesu ist der Grund dafür, daß die Oster-

Die Osterberichte bezeugen, daß Jesus "jetzt" lebt und wirksam ist

berichte nicht historische objektive Berichte sein können, sondern von dem gegenwärtigen, jetzt wirksamen, sendenden, beistehenden und lehrenden Herrn der Kirche sprechen.

Osterberichte können auch heute neu erzählt werden. Ihr Inhalt: Anerkennung, daß Jesus lebt und wirksam ist

Es läßt sich daher eine Art Typologie eines Osterberichtes ableiten, die auch für heutige Erzählungen von Jesusbegegnungen gilt. Wo ein Mensch Jesus als lebend erfährt, sich seiner Herrschaft unterwirft, einen Sendungsauftrag verspürt, sein Wort und sein Gebot hört und annimmt, setzt sich das Ostergeschehen fort.

Spätere Erscheinungsberichte

So gibt es auch Erscheinungsberichte, die sich nicht auf die zentralen Zeugen, die Apostel beziehen, die aber nicht weniger paradigmatische Bedeutung für den Glaubensweg der einzelnen haben.

Die Emmaus-Jünger

Lk 24,13-35: Zwei Anhänger Jesu, die niedergeschlagen von Jerusalem nach Emmaus gehen, begegnen Jesus, ohne ihn zu erkennen. Jesus schließt sich ihnen wie ein Wanderer an. Er deutet im Rückgriff auf das Alte Testament die Geschehnisse in Jerusalem und kehrt mit ihnen ein. Beim Brotbrechen, d.h. beim eucharistischen Mahl erkennen sie ihn. Neuerdings hat man entdeckt, daß diese Geschichte in gleicher Weise aufgebaut ist wie die ebenfalls von Lukas in der Apostelgeschichte erzählte Bekehrung des Kämmerers durch den Diakon Philippus. Auch hier gesellt sich Philippus dem Reisenden zu, erklärt ihm die Schrift. Diesem werden die Augen geöffnet für die wahre Bedeutung der Geschehnisse. Nicht das eucharistische Mahl, aber gleicherweise eine sakramentale Handlung, die Taufe, schließt die Begegnung ab. Wie auch Jesus entschwindet Philippus plötzlich (Apg 8,26-39).

Bekehrung des äthiopischen Kämmerers

Bekehrung des Saulus

Die Bekehrung des Saulus geschieht in einer Begegnung mit Jesus. Paulus befindet sich ebenfalls auf dem Weg. Wir haben mehrere Berichte von der Bekehrung, von Paulus selbst sowie an drei Stellen in der Apostelgeschichte. Gal 1,15. 16; 1 Kor 15,8-11; Apg 9,1-30; 22,1-16; 26,12-18.

Die Bekehrungsvision ist an diesen Stellen mehr oder weniger ausführlich dargestellt. Auf jeden Fall führt Paulus seine Missionstätigkeit auf eine unmittelbare Beauftragung durch den auferstandenen Jesus zurück.

Neben den Berichten, die Jesus als Lebenden darstellen, der seinen Anhängern begegnet, sich ihnen offenbart, sie sendet, gibt es die Berichte vom leeren Grab. Alle Evangelien haben einen solchen Bericht. Die Auslegung der teils unterschiedlichen Überlieferungen führt zu der Annahme, daß hier tatsächlich historisch Verläßliches berichtet wird, d.h. daß das Grab tatsächlich leer war.

Berichte über das leere Grab: Nicht als Beweis für die Auferstehung intendiert

Doch wenn auch hier historisch abgesicherte Fakten vorliegen, so ist das leere Grab nicht glaubensbegründend. Es hat nur Hinweischarakter. Keiner der Evangelisten leitet aus dem leeren Grab die Tatsächlichkeit der Auferstehung ab. In der Gestalt von Jünglingen, Engeln (Mk 16,6-7; Mt 28,5-7; Lk 24,4-7; Joh 20,14-18) wird die Bedeutung des leeren Grabes erklärt. Matthäus und Johannes berichten, daß Jesus den Frauen bzw. Maria von Magdala begegnet (Mt 28,9-10; Joh 20,14-18), die zuerst darüber bestürzt waren, daß sie den Leichnam Jesu nicht fanden. Das leere Grab löst ein Umdenken aus, es folgen aber jeweils Begegnungen mit Jesus selbst, oft ausgelöst durch das Auffinden des leeren Grabes.

Neben den Erscheinungsberichten, den Sendungsaufträgen und den Berichten vom leeren Grab haben die Evangelien des Markus und des Johannes jeweils einen Anhang, der nach übereinstimmender Meinung der Exegeten den Evangelien später angefügt wurde. Beide Zusätze beziehen sich auf Ostern.

Nachtrag des Markusevangeliums

Das Markusevangelium endet mit Kap. 16,8. Die Frauen erhalten die Verheißung, daß die Jünger Jesus in Galiläa sehen werden. Die Frauen sind von heiligem Schrecken erfaßt und fliehen. In den Versen 9-20 folgt eine Aufzählung der Erscheinungen, die in den anderen Evangelien berichtet wurden.

Nachtrag des Johannesevangeliums

Das 21. Kapitel des Johannesevangelium schildert eine Begegnung mit dem auferstandenen Jesus am See Tiberias. Wie bei Markus und Matthäus wird hier eine Tradition aufgenommen, die Erscheinungen in Galiläa kennt. Diese Ostergeschichte verbindet Erfahrungen mit dem irdischen Jesus (wunderbarer Fischfang, Mahlgemeinschaft) mit einer Beauftragung des Petrus, "Jesu Lämmer und Schafe" zu weiden.

3.6.4.7. Die Osterzeit

Im kirchlichen Kalender wird die Osterzeit durch Pfingsten abgeschlossen. Die Vorstellungen über diese Zeit sind stark von der Theologie des Evangelisten Lukas geprägt (Näheres in den Kapiteln Christi Himmelfahrt und Pfingsten). Diese Zeit wird durch die österlichen Themen geprägt und an den Sonntagen werden Osterberichte gelesen. In diese Zeit gehören auch die Abschiedsreden des Johannesevangeliums (Joh 14-17). Es handelt sich hier nicht um wörtlich überlieferte Reden Jesu, sondern um komponierte Aussagen, die stark durch die Erfahrungen mit dem Auferstandenen geprägt sind. In der Zeit nach Ostern werden weitere Teile der Apostelgeschichte gelesen, die die Ausbreitung des Evangeliums zum Thema haben.

3.6.5. Elemente, Bilder, Brauchtum

3.6.5.1. Der biblische Ursprung vieler Elemente und des Brauchtums

Die liturgischen Handlungen, die Riten und das Brauchtum der Karwoche und des Osterfestes gehen in vielem auf die Ereignisse dieser Tage zurück. Damit verbindet sich auch der Wunsch, die Ereignisse selbst zu verlebendigen und ein Miterleben zu ermöglichen.

3.6.5.2. Palmsonntag

Die Palme, in unseren Breiten oft der Buchsbaum oder andere Zweige, sind ein Element, das zum Gottesdienst hinzukommt. Die

Palmweihe

Zweige werden gesegnet, und die Gottesdienstbesucher nehmen sie mit nach Hause. In Bayern und Österreich werden die Zweige oft auf meterhohe Stangen gebunden und in die Kirche gebracht.

Die gesegneten Zweige werden mit in die Wohnungen und Ställe genommen, oft werden sie hinter das Kruzifix gesteckt. Ihnen wird heilende und schützende Wirkung sowie Schutz vor Gewitter und Ungeziefer zugeschrieben. Der kirchliche Ritus hat sich wohl mit einheimischen Bräuchen der Frühlingszeit vermischt. Die Frühlingszweige wecken Leben und geben Schutz. Durch die kirchliche Weihe, so der Glaube in manchen Gegenden, schützen die Zweige vor Hexen, Geistern, der Wilden Jagd.

Heilende, schützende Wirkung der gesegneten Zweige

In vielen Orten wird der Einzug Jesu in Jerusalem in einer Prozession nachgebildet. Allerdings nimmt der Priester nicht die Rolle Christi ein. Ihm wird nicht zugejubelt, er ist eher Teilnehmer der Prozession. Im Mittelalter wurde oft ein hölzener Esel mit darauf sitzendem Christus mitgeführt.

Prozession

Ein wichtiges Element des Gottesdienstes ist die Lesung einer der drei synoptischen Passionsberichte. Die Johannes-Passion wird am Karfreitag gelesen. Früher wurden die Passionsberichte von Markus und Lukas an den Wochentagen der Karwoche gelesen. Mit der neuen Leseordnung wird im Wechsel einer der drei synoptischen Berichte am Palmsonntag gelesen.

Lesung der Leidensgeschichte

Die Passion kann mit verteilten Rollen gelesen werden: ein Erzähler, einer, der die Worte Jesu liest, meist der Priester, und einer, der die Aussagen der übrigen Personen liest.

3.6.5.3. Gründonnerstag

Das Abschiedsmahl Jesu steht im Mittelpunkt dieses Tages. Es wird in den Abendstunden als feierliche Messe gefeiert. In Abhebung zum Bußcharakter der Fastenzeit und des kommenden Karfreitags wird der Gottesdienst feierlich gestaltet. Es wird das Gloria gesungen, dabei läuten die Glocken, die dann bis zur Osternacht schweigen sollen.

Eucharistie als Gedächtnis des Abschiedsmahles Jesu

Vorgeschlagen, vor allem für Bischofs- und Abteikirchen, ist die Fußwaschung durch den Bischof, Abt bzw. Priester als Nachahmung des Vorbildes Jesu.

Fußwaschung durch den Bischof oder den Priester

Nächtliches Gebet im Anschluß an den Gottesdienst	Nach dem Ende des Gottesdienstes wird das konsekrierte Brot in einer Prozession zu einem Seitenaltar gebracht. Der Hauptaltar wird völlig abgeräumt, es bleibt kein Tuch auf ihm liegen. Die Entblößung des Altars stellt symbolisch die Entäußerung Jesu dar. Die Gläubigen bleiben still oder beten gemeinsam, um des Gebetes und der Todesangst Jesu zu gedenken. Der Tabernakel, in dem das eucharistische Brot aufbewahrt wird, wird manchmal als "Heiliges Grab" bezeichnet. Das geht auf folgenden Brauch zurück: Nach der Kreuzverehrung am Karfreitag wurde das Kruzifix oder nur der Corpus in ein Tuch gehüllt und symbolisch in ein Grab (meist in der Kirche) gelegt. In manchen Gegenden wurde auch konsekriertes Brot in das Grab dazugelegt.
Gründonnerstag - Tag der Priester	Der Gründonnerstag wird in der katholischen Kirche als besonderer Tag der Priester und der priesterlichen Gemeinschaft gesehen, da sich dieses Amt nicht zuletzt durch seinen Bezug zur Eucharistie bestimmt.
Weihe der liturgischen Öle	Am Gründonnerstag oder einem anderen Tag der Karwoche werden in der Bischofskirche die für die Sakramentenspendung benötigten Öle, das Chrisam und das Katechumenöl geweiht. Öl versinnbildlicht den heiligen Geist Gottes.
Kräuter und Gemüse	Entsprechend dem Namen des Festes wird Wert auf grünes Gemüse und Kräuter gelegt, um die Kräfte des Frühlings aufzunehmen.
Entlassung aus dem Büßerstand	Der Gründonnerstag als Tag der Entlassung aus dem Büßerstand (Antlaßtag) wirkt noch in gewisser Weise als Beichttag fort, auch wenn die Bußpraxis der alten Kirche durch die häufige Beichte aufgelöst worden ist.
Zinstag	Im Zusammenhang mit dem Antlaßtag hat sich ein Zinstag herausgebildet. Das Ei, der Zins der kleinen Leute, spielt daher heute noch in manchen Gegenden eine Rolle.

3.6.5.4. Karfreitag

Der Karfreitagsgottesdienst hat eine eigenständige Liturgie, die ihn von anderen Gottesdiensten unterscheidet. Er findet meist um 15 Uhr, der Todesstunde Jesu, statt. Drei Teile bilden die Feier.

Gottesdienst mit eigenständiger Liturgie

1. Lesungen und Gebete

   Im Mittelpunkt steht die Passion nach Johannes, der zwei Lesungen vorausgehen.
   Dieser Wortgottesdienst wird mit den "Großen Fürbitten" abgeschlossen, die ein hohes Alter haben dürften.

2. Kreuzverehrung

   Das seit dem 5. Fastensonntag vielerorts durch ein Tuch verhüllte Kreuz wird enthüllt. Dabei wird leitmotivisch der Vers gesungen: "Seht das Kreuz, an dem der Herr gehangen, das Heil der Welt".
   Priester, Meßdiener und auch die Gläubigen nähern sich mit drei Kniebeugen dem Kreuz und küssen oder verehren es auf andere Weise.

3. Kommunionfeier

   Es werden dann die bereits am Gründonnerstag konsekrierten Hostien vom Tabernakel zum Altar gebracht. Darauf folgt dann nur die Kommunionausteilung.

Nach dem Gottesdienst wird der Altar wieder abgeräumt.

Die Darstellung des Leidens Christi in Schauspielen geht auf das Mittelalter zurück.

Passionsspiele

Der Karfreitag ist ein strenger Fasttag als Ausdruck des Mitleidens mit Jesus. Im Empfinden der Gläubigen dürfte der Karfreitag ganz von Trauer und Mitleiden geprägt sein. Die Liturgie selbst hat auch andere Aspekte: Den Sieg über den Tod, das Heil, das Jesus den Menschen gebracht hat und damit auch österliche Inhalte.

Fasten

Einiges Brauchtum leitet sich vom Trauercharakter des Tages ab. Der Tag darf nicht durch Tanzen entweiht werden. Der Schmied darf weder Hammer noch Nägel gebrauchen, weil sie Leidenswerkzeuge Christi waren. Man soll am Karfreitag weder ein Tier töten, noch ein Tier schlagen.

Frühjahrsbrauchtum - Wasser

Neben Fruchtbarkeits- und Heilungsriten spielt das Wasser eine Rolle. Es gilt an diesem Tag als besonders heilwirkend. Hier wird verschiedenes Frühjahrsbrauchtum wirksam.

3.6.5.5. Karsamstag

Der Karsamstag selbst ist frei von allen Gottesdiensten. Er ist der Tag der Grabesruhe Christi.

"Höllenfahrt" Jesu

Vor allem die östlichen Kirchen gedenken des "Abstiegs Jesu in die Welt der Toten", der auf Ikonen häufig dargestellt wurde.

3.6.5.4. Die Osternacht und Ostern

Die Nacht als Zeit der Erlösung

Wie an Weihnachten wird der zentrale Gottesdienst der Osterzeit in der Nacht gefeiert. Die Nacht ist die Zeit, in der Gott sein Volk erlöst. Nachts brachen die Israeliten aus Ägypten auf, nachts durchquerten sie das Rote Meer.

Die Feier der Osternacht soll gemäß den liturgischen Vorschriften nach der Abenddämmerung und vor dem Morgengrauen stattfinden. Die meisten Gemeinden beginnen mit der Feier gegen 21 Uhr.

Licht und Wasser

Der Gottesdienst ist vielgestaltiger als an anderen Tagen. Neben das Brot der Eucharistiefeier treten Licht und Wasser als Symbole des Lebens.

Die Osterkerze

Außerhalb der Kirche wird ein Feuer gesegnet, an dem die Osterkerze entzündet wird. Die Kerze wird mit einem dreimaligen Ruf: "Lumen Christi - Licht Christi" in die Kirche getragen. Von der Osterkerze aus werden die Kerzen der Gottesdienstteilnehmer angezündet. Das Licht wird an die Gläubigen weitergegeben. Vor der Osterkerze wird das "Exultet" gesungen, in dem die Freude über die Erlösung Ausdruck findet.

Kürzere Form des Osterlobes (Exultet)

Der Anfang lautet wie in der längeren Form. Dann:

In Wahrheit ist es würdig und recht, den verborgenen Gott, den allmächtigen Vater, mit aller Glut des Herzens zu rühmen und seinen eingeborenen Sohn, unseren Herrn Jesus Christus, mit jubelnder Stimme zu preisen. Er hat für uns beim ewigen Vater Adams Schuld bezahlt und den Schuldbrief ausgelöscht mit seinem Blut, das er aus Liebe vergossen hat. Gekommen ist das heilige Osterfest, an dem das wahre Lamm geschlachtet ward, dessen Blut die Türen der Gläubigen heiligt und das Volk bewahrt vor Tod und Verderben.

Dies ist die Nacht, die unsere Väter, die Söhne Israels, aus Ägypten befreit und auf trockenem Pfad durch die Fluten des Roten Meeres geführt hat.

Dies ist die Nacht, die auf der ganzen Erde alle, die an Christus glauben, scheidet von den Lastern der Welt, dem Elend der Sünde entreißt, ins Reich der Gnade heimführt und einfügt in die heilige Kirche.

Dies ist die selige Nacht, in der Christus die Ketten des Todes zerbrach und aus der Tiefe als Sieger emporstieg.

O unfaßbare Liebe des Vaters: Um den Knecht zu erlösen, gabst du den Sohn dahin! O wahrhaft heilbringende Sünde Adams, du wurdest uns zum Segen, da Christi Tod dich vernichtet hat. O glückliche Schuld, welch großen Erlöser hast du gefunden! Der Glanz dieser heiligen Nacht nimmt den Frevel hinweg, reinigt von Schuld, gibt den Sündern die Unschuld, den Trauernden Freude.

O wahrhaft selige Nacht, die Himmel und Erde versöhnt, die Gott und Menschen verbindet! In dieser gesegneten Nacht, heiliger Vater, nimm an das Abendopfer unseres Lobes, nimm diese Kerze entgegen als unsere festliche Gabe! Aus dem köstlichen Wachs der Bienen bereit, wird sie dir dargebracht von deiner heiligen Kirche durch die Hand ihrer Diener.

So bitten wir dich, o Herr: Geweiht zum Ruhm deines Namens, leuchte die Kerze fort, um in dieser Nacht das Dunkel zu vertreiben. Nimm sie an als lieblich duftendes Opfer, vermähle ihr Licht mit den Lichtern am Himmel. Sie leuchte, bis der Morgenstern erscheint, jener wahre Morgenstern, der in Ewigkeit nicht untergeht: dein Sohn, unser Herr Jesus Christus, der von den Toten erstand, der den Menschen erstrahlt im österlichen Licht, der mit dir lebt und herrscht in Ewigkeit!
A: Amen.

Wasser	Nach Lesungen aus dem Alten Testament wird das Taufwasser durch Gebete und Einsenken der Osterkerze in das Wasser geweiht. In manchen Gegenden ist es Brauch, daß die Gottesdienstbesucher geweihtes Wasser mit nach Hause nehmen.
Taufe	Ostern ist der Tauftag der alten Kirche gewesen. Diese Tradition wurde in den letzten Jahren wiederbelebt. Nach Möglichkeit soll in der Osternacht das Sakrament der Taufe gespendet werden. Die Teilnehmer am Gottesdienst erneuern ihr Taufversprechen. Erwachsene, die in der Osternacht getauft werden, erhalten auch das Sakrament der Firmung, empfangen das eucharistische Brot und den eucharistischen Wein.
Osterspaziergang	Verglichen mit dem Gang der beiden Jünger nach Emmaus ist der Osterspaziergang in unseren Breiten ein Spaziergang in den Frühling.
Osterlauf	Ein Osterlauf wird in manchen Gegenden zur Erinnerung an den Lauf der Jünger Jesu zum Grab veranstaltet.
Speisenweihe	Speisen als Symbol für neues Leben werden an Ostern nach dem Gottesdienst geweiht.
Osterei	Das Brauchtum um das Osterei hat zumindest zwei Wurzeln: - Das Ei als Pachtzins des kleinen Mannes (Der Gründonnerstag als Pachttag) - Das Ei als Symbol des Lebens Die Bemalung des Eies erhöht den Symbolwert
Osterhase	In der byzantinischen Tiersymbolik ist der Hase ein Symbol für Christus. Da er keine Augenlider hat, schläft er mit "offenen Augen". Ähnlich ist Jesus nicht durch den Tod entschlafen. Das Bild des Hasen wurde dem Osterbrot aufgeprägt, in das Brot wurde ein Ei gebacken. So entstand die Vorstellung vom Hasen, der Eier legt.
Osterlamm	Das Lamm als Sinnbild wird an Ostern mit einer Fahne, dem Zeichen des Sieges aufgestellt. Gebäck in Lammform gehört zum Osterbrauchtum.

In einigen Gebieten wird zu Ostern eine Christusfigur mit einer Fahne aufgestellt. Fahne

Die Osterpredigt hatte früher auch das Ziel, die Hörer nach der Zeit des Fastens und des Gedächtnisses des Leidens zum Lachen zu bringen (risus paschalis). Osterlachen

Ostern ist ein Anlaß für Besuche bei Paten, die Eier und anderes schenken, und bei Verwandten. Besuche

3.6.6. Ideen für Sendungen und Beiträge

Sterben und Auferstehen

Die Verbindung von Sterben und neuem Leben ist das zentrale Thema der Karwoche. Auch andere Religionen, nicht nur das Christentum, machen darüber Aussagen.

- Aussagen anderer Religionen über das Sterben und Leben, Fruchtbarkeitskulte, die ägyptische Religion, Totenkulte der Naturreligionen.
- Sterben und Auferstehen in Literatur und bildender Kunst.

Jesu Auftreten und die politischen Verhältnisse

- Die politische Theologie der neutestamentlichen Schriften.
- Christen im Konflikt mit der politischen Macht (Südamerika, Tschechoslowakei, Drittes Reich)

Scheitern, Leiden, Hinrichtung

- Lebenswege von Menschen, die sich für Frieden und Gerechtigkeit eingesetzt haben.
- Kreuzweg als Schema für Sendungen, Kreuzwege von Menschen des 20. Jahrhunderts
- Scheitern des "kleinen Mannes"
  Erfahrungen von Menschen, die "gescheitert" sind in Beruf, Ehe, als Politiker, als Unternehmer. (Nicht nur die Darstellung der Erfolgreichen ist ein Thema für die Medien.)

- Die Darstellung des leidenden Menschen. Menschliche Leiderfahrungen werden auf die Darstellung des leidenden Christus projiziert.

Totenklage

- Solidarität mit den Leidenden. Kampf gegen Ungerechtigkeit und Leid, Aushalten bei einem, der leiden muß.
- Totenklage (als Meditation)

Die Überwindung der Angst

Vor allem mit dem Gründonnerstag ist das Thema Angst verbunden: Jesus ist vor seiner Gefangennahme von Todesangst gezeichnet.

Juden und Christen

- Die Absage der Christen an das Judentum
- Christenverfolgung durch Juden
- Judenverfolgung durch Christen
- Das Paschafest der Juden in seinem Einfluß auf das christliche Osterfest

Der Glaube an den lebenden Jesus

Das Christentum ist dadurch entstanden, daß Menschen sagten: "Jesus, der hingerichtet wurde, lebt. Wir sind ihm begegnet." Dieser Glaube drückt sich in der Missionspredigt, im Evangelium sowie im Gebet aus. Die Christen beten zu und mit Jesus, weil sie glauben, daß er lebt. Der Glaube eines Christen heute hat die gleiche Grundstruktur wie der Glaube der Jünger Jesu. Da Ostern, die Begegnungen der Jünger mit Jesus sich der historischen Greifbarkeit entziehen, läßt sich die Auferstehung, läßt sich das leere Grab nicht in der Weise dokumentieren wie der Prozeß und die Hinrichtung Jesu. Dokumentieren läßt sich nur der Glaube der Jünger Jesu:

- die Aussageabsichten der neutestamentlichen Auferstehungsberichte
- Menschen, die heute leben und glauben, daß Jesus lebt
- Auferstehung in der Darstellung der Kunst

Erlösung in der christlichen Religion

Nicht Rache - sondern Versöhnung durch Christus

Die christliche Religion verbindet mit dem Sterben und der Auferstehung Jesu den Gedanken der Erlösung. Jesus, der Knecht Gottes, hat seine Verurteilung und seine Hinrichtung ausgehalten, er hat sich nicht gerächt, sondern Versöhnung gestiftet zwischen den Menschen und zwischen Gott und den Menschen. Die Christen sehen in Jesus den Boten Gottes und damit den Versöhnungswillen Gottes. Die Lektüre des Alten Testamentes, vor allem die der Propheten, hat sie darin bestärkt, Gott als einen zu erkennen, der Versöhnung will.

- Versöhnung als Thema nicht nur von Weihnachten, sondern auch von Ostern
- Menschen, die ihr Leben für die Versöhnung einsetzen, eingesetzt haben. Das Risiko, zwischen Gegnern zu vermitteln.

  s. Texte aus dem Propheten Jesaja oben 3.6.4.4. S. 133

Der Ursprung der Kirche

- Die Stiftung des Mahles als strukturierendes soziales Prinzip für die christliche Religionsgemeinschaft
- Die Begegnung mit dem Auferstandenen als Neubeginn des Jünger-Kreises
- Wie entstehen heute christliche Gemeinden und Gruppen?
- Das Ringen um Einheit unter den Christen, ein Thema seit den Anfängen der Kirche
  (s. auch Kapitel 3.8.6. - Pfingsten)

Das Verstehen des Lebensweges Jesu

Das Neue Testament weist daraufhin, daß die Jünger Jesu seinen Lebensweg anfangs nicht verstanden haben. Ähnlich wie die Jünger geht jeder Christ einen Weg des Verstehens, bis er erkennt, daß in dem Weg Jesu Gottes Handeln deutlich wird, die "wahren Absichten" Gottes erkennbar werden. Berichte von Christen können diesen Verstehensweg widerspiegeln, etwa mit der Leitfrage: "Wie wurden Sie Christ?"

Petrus-Erfahrungen

Die Bibel stellt den ersten Papst der Kirche als einen Menschen dar, der in einer entscheidenden Situation den Stifter der Kirche verraten hat. Darin steckt auch eine tröstliche Botschaft:

> Man kann einem Menschen wie auch einem Ideal letztlich treu bleiben, auch wenn man ihn/es einmal verraten hat.

Österliche Symbole

Die Kerze, das Lamm, Licht, Wasser (s.o. 3.6.5.6.)

3.7. Christi Himmelfahrt

9 Tage vor Pfingsten, jeweils an einem Donnerstag

3.7.1. Anthropologische Voraussetzungen des Festes

Der Himmel als Symbol für den Bereich der Transzendenz, für das, was den Menschen übersteigt, als Sphäre des Göttlichen gehört zur Vorstellungswelt der meisten Religionen. Wie es Vorstellungen gibt, daß der Mensch von der Erde kommt, gilt in manchen Religionen der Himmel als Ursprung des Menschen. Oft wird der Ursprung eines Königshauses in den Himmel verlegt.

Ursprung des Menschen im Himmel

Der Himmel ist, vor allem für die jüdischen, christlichen und islamischen Vorstellungen, die endgültige Heimat des Menschen, wo der Mensch nach dem Tod hingelangt und mit Gott lebt. Die Vorstellung des Himmels als Ort und Zustand endgültiger Selbstverwirklichung des Menschen ist Objekt der Religionskritik geworden. So wirft der Marxismus der Religion vor, sie lenke durch die Vorstellung des Himmels den Menschen von seiner alleinigen Heimat, der Erde, ab. Mit der Phantasievorstellung einer besseren Welt werde der Mensch hintergangen. Anstatt

Himmel - endgültige Heimat des Menschen

Kritik der Vorstellungen von einem Himmel

diese Welt menschenwürdig zu gestalten, werde er mit einer Scheinwelt vertröstet.

Trotz dieser Kritik dürfte der Himmel allein als Naturphänomen unsere Vorstellungswelt noch beeinflussen, als Synonym für Weite, Größe, Erhabenheit. Durch die Entdeckungen der Astronomie bedeutet für den heutigen Menschen Himmel die Tiefe des Weltalls, die Ausgedehntheit des Kosmos, die unsere Vorstellungskraft übersteigt. Damit behält die Himmelsvorstellung eine symbolische Bedeutung ähnlich wie die des Lebendigen. Aber gerade unsere, durch die Naturwissenschaften gewonnenen Kenntnisse über das Weltall stellen die Vorstellungen in Frage, die hinter dem christlichen Fest der Himmelfahrt Jesu stehen.

Himmel als Natursymbol

Daß ein Mensch in den Himmel aufgenommen wird, um endgültig bei Gott zu sein, kollidiert mit unserem Wissen um die Tiefe und Kälte des Weltraumes. Nach den heutigen Vorstellungen vom Weltraum liest sich der biblische Bericht eher so, daß Jesus in der Tiefe des Weltraumes verschwunden ist. Dort Gott zu finden, widerspricht unserem Weltbild.

Himmelfahrt und Astronomie

3.7.2. Bezug zur Öffentlichkeit

Der Inhalt des christlichen Festes wird im Bewußtsein der Öffentlichkeit kaum noch realisiert. Es hat bereits eine Uminterpretation stattgefunden. Der Himmelfahrtstag wurde, analog zum Muttertag, als Vatertag deklariert. Hier dürften wohl alte Traditionen der Männerclubs und -bünde durchgeschlagen haben, denn die Feier des Vatertages machen die Männer unter sich aus. So zeigt der christliche Festgedanke kaum noch Vitalität. Es sind auch seitens der Kirche keine Initiativen zu beobachten, diesen Tag mit neuen Vorstellungen zu füllen, wie es bei anderen Festen wie z.B. Ostern oder einzelnen Heiligenfesten geschieht. Das erleichtert nicht die Aufgabe derjenigen, die Programmbeiträge zur Thematik dieses Tages beisteuern sollen.

Kaum noch Spuren christlicher Vorstellungen

Nicht Vatertag, sondern Tag der Männerbünde

3.7.3. Entstehung des Himmelfahrtstages

Die Aussage des Himmelfahrtstages, daß Jesus erhöht und bei Gott ist, gehört zum Inhalt des Osterfestes. Auferstehung und Erhöhung sind Aussagen, die sich wechselseitig bedingen. In der Theologie des Lukasevangeliums wird die Aussage der Erhöhung von der der Auferstehung getrennt und auch zeitlich unterschieden. Bei Lukas gibt es einen Auferstehungs- und einen Himmelfahrtstag.

Lukas trennt Auferstehung und Erhöhung

In der christlichen Liturgie wurde das lukanische Zeitschema erst später schrittweise übernommen. So wurde in Jerusalem noch Ende des 4. Jahrhunderts Himmelfahrt und Geistsendung am Pfingsttag gefeiert. Aber bereits im selben Jahrhundert bildete sich ein gesondertes Fest heraus. Dieses Fest wird entsprechend der Notiz in der Apostelgeschichte am 40. Tag nach Ostern gefeiert (Apg 1,3). Die Zahl 40 galt als heilig, die Zahl 50 leitet sich von den 7 Wochen ab, die das jüdische Pfingstfest vom Paschafest trennte.

Übernahme des lukanischen Zeitschemas

3.7.4. Aussagen des Himmelfahrtsfestes

Der auferstandene Jesus von Nazareth lebt nicht wie vorher unter den Menschen, so als sei er reanimiert worden. Er gibt sich zu erkennen, aber entzieht sich auch wieder. Die Auferweckung von den Toten beinhaltet für die Jünger Jesu, daß Jesus zum Herrn eingesetzt ist, zum Herrn über den Tod, über die Welt überhaupt, daß er die Mächte des Bösen, die den Tod bringen, besiegt hat. Derjenige, der Jesus zum Herrn (Kyrios) eingesetzt und auferweckt hat, ist Gott selbst. Er handelt an Jesus und durch ihn an der Welt. Die Christen greifen zum Verständnis dieser Zusammenhänge auf alttestamentliche Texte zurück. Zugleich ist der Verweis auf das Alte Testament ein Beweis für die Messianität Jesu, denn die Verheißungen sind in ihm erfüllt.

Jesus lebt, aber nicht mehr in der Existenzweise der Menschen

Jesus ist zum Kyrios eingesetzt

Den Beschluß des Herrn will ich kundtun.
Er sprach zu mir: "Mein Sohn bist du, heute habe ich dich gezeugt. Fordere von mir, und ich gebe dir die Völker zum Erbe, die Enden der Erde zum Eigentum."
(Ps 2,7-8; Apg 13,33)

So spricht der Herr zu meinem Herrn:
"Setze dich mir zur Rechten, und ich lege dir deine Feinde als Schemel unter die Füße.
Vom Sion strecke der Herr das Zepter deiner Macht aus. Herrsche inmitten deiner Feinde."
(Ps 110,1; Apg 2,34)

Im Epheserbrief wird auf Ps 68,19 verwiesen.

Aber jeder von uns empfing die Gnade in dem Maß, wie Christus sie ihm geschenkt hat. Deshalb heißt es: Er stieg hinauf zur Höhe und erbeutete Gefangene, er gab den Menschen Geschenke. (Eph 4,7-8)

Daß Jesus beim Vater ist, wird an verschiedenen Stellen des Neuen Testamentes gesagt, u.a. in zwei alten Hymnen, die in Briefen zitiert werden.

Erhöhung Jesu

Sein Leben war das eines Menschen,
er erniedrigte sich und ward gehorsam
bis zum Tod, bis zum Tod am Kreuz.
Darum hat ihn Gott über alle erhöht
und ihm den Namen verliehen,
der größer ist als alle Namen,
damit alle im Himmel, auf der Erde
und unter der Erde ihre Knie beugen
vor dem Namen Jesu, und jeder Mund bekennt:
Jesus Christus ist der Herr, zur Ehre
Gottes des Vaters.
(Phil 2,8-11)

Er wurde geoffenbart im Fleisch,
gerechtfertigt durch den Geist,
geschaut von den Engeln,
verkündet unter den Heiden,
geglaubt in der Welt,
aufgenommen in die Herrlichkeit.
(1 Tim 3,16)

Erhöhung durch Lukas als Himmelfahrt veranschaulicht

Die Erhöhung Jesu wird in den verschiedenen Texten als Faktum ausgesagt, nicht jedoch beschrieben. Erst Lukas schildert die Erhöhung als Himmelfahrt. Wahrscheinlich stützt er sich dabei nicht auf ihm vorliegende Quellen, sondern gestaltet die Aussage von der Erhöhung als ein Geschehen, das sich vor Zeugen abspielt, und zwar sowohl in seinem Evangelium (Lk24,50-53) als auch ausführlicher in der Apostelgeschichte (1,4-14).

Himmelfahrt: Himmelsreise oder Entrückung

Himmelfahrtsvorstellungen waren der damaligen Zeit nicht fremd. Es gab außerhalb der jüdischen Religion und in der zeitgenössischen jüdischen Literatur Berichte von der Reise einer Seele durch den/die Himmel.

Bereits im Alten Testament wird die Entrückung des Elias in den Himmel (2 Kön 2,1-18) und des Henoch (Gen 5,24) berichtet. Lukas hat diese Modellvorstellung der "Entrückung", nicht die der "Himmelsreise", auf Jesus angewandt.

Einen Abschluß der Begegnungen Jesu mit den Jüngern kennt auch das Matthäusevangelium (28,16-20). Jesus begegnet den Jüngern auf einem Berg in Galiläa. Sie fallen vor ihm nieder (vgl. Lk 24,52). Die Begegnung und damit auch das Matthäusevangelium schließt mit dem Missionsauftrag.

Missionsauftrag als Zentrum des Berichtes über die Entrückung

> "Darum geht zu allen Völkern und macht alle Menschen zu meinen Jüngern, tauft sie auf den Namen des Vaters und des Sohnes und des Heiligen Geistes, und lehrt sie, alles zu befolgen, was ich euch geboten habe. Seid gewiß: Ich bin bei euch alle Tage bis zum Ende der Welt."

Auch bei Lukas steht der Missionsauftrag im Mittelpunkt der Berichte.

> "Und in seinem Namen wird man allen Völkern, angefangen in Jerusalem, verkünden, sie sollen umkehren, damit ihre Sünden vergeben werden. Ihr seid Zeugen dafür." (Lk 24,47f)
>
> "Aber ihr werdet die Kraft des Heiligen Geistes empfangen, der auf euch herabkommen wird; und ihr werdet meine Zeugen sein in Jerusalem und in ganz Judäa und Samarien und bis an die Grenzen der Erde." (Apg 1,8)

Entrückung wird in späteren Jahrhunderten nicht mehr verstanden

Die Darstellung der Entrückungsszene durch Lukas ist von den Zeitgenossen nicht so gegenständlich verstanden worden wie in späteren Jahrhunderten. Die Wolke, mit der Jesus den Blicken der Jünger entzogen wird, ist symbolisch gemeint (vgl. die Wolke, in der Jahwe den Israeliten bei der Flucht aus Ägypten vorauszog (Ex 13,21; 14,19). Die beiden Männer, die den Aposteln das Geschehen erklären, sind nicht real zu verstehen, sondern sind sogenannte Deute-Engel, die zur Interpretation des Geschehens eingeführt werden.

Die Aussage des Himmelfahrtstages "Jesus ist von Gott erhöht und ist bei Gott, er ist der Herr des Kosmos und auf ihn hin läuft die Zeit" ist für den Menschen heute nur schwer aus den Berichten herauszulesen und wohl schwerer nachzuvollziehen. Daß der Kosmos eine begrenzte Einheit ist, die von Gott getragen, umspannt wird, daß der Kosmos auf einen hingeordnet ist, kann mit der Vorstellung eines Weltalls mit unzähligen Milchstraßensystemen nicht in Einklang gebracht werden.

Heutige Vorstellung vom Kosmos stellt Aussage von der Herrschaft Jesu in Frage

Daß sich die Christen dem Kyrios Jesus lieber unterwarfen als dem Kaiser, gilt sicher auch heute noch für viele. Daß dieser Kyrios aber Herr des Kosmos und der Geschichte ist, dieser Glaube ist zumindest durch die Geschichte der Neuzeit in Frage gestellt. Die Kräfte, die die Geschichte bewegen, sind nicht auf Christus zurückzuführen. So finden wir heute eher Zugang zu dem leidenden Christus, der sich für die Armen und Entrechteten einsetzt, der nicht auf die Kräfte dieser Welt vertraut, der Unrecht erleidet. Der triumphierende Christus, der in vielen Jahrhunderten die Herzen der Menschen bewegte, ist uns eher fremd geworden. Zu dem in der Bibel überlieferten Christusbild gehören jedoch beide Seiten. Die Tradition ist für das Christusbild der jeweiligen Epoche ein Korrektiv. Zwischen dem Knecht Gottes, der geschlagen wird für die Vergehen der Menschen und dem Auferstandenen, der über das Böse triumphiert, besteht ein Spannungsverhältnis. Der Himmelfahrtstag bietet vielleicht gerade dazu einen besonderen Zugang, denn den Anhängern Jesu, die seine Zeugen sein sollten, werden keine besonderen Machtmittel in die Hand gegeben. Die Mission proklamiert Jesus, den Gekreuzigten und Auferstandenen bis an die Enden der Erde. Allein der Beistand des Geistes sichert dieses Werk.

Der Kyrios Jesus in Abhebung vom Kaiser

Heute kaum Zugang zum triumphierenden Christus

Der Kyrios Jesus verleiht keine irdischen Machtmittel

3.7.5. Elemente, Bilder, Brauchtum

Die biblischen Berichte von der Himmelfahrt haben dazu angeregt, die Vorgänge bildhaft umzusetzen. So gab es eine Prozession als Erinnerung daran, daß Jesus mit den Jüngern zur Stadt hinausgezogen ist. In einigen Kirchen wurde ein Christusbild zur Decke hochgezogen. Als Zeichen dafür, daß Jesus nicht mehr bei den Jüngern weilt, wurde die Osterkerze nach dem Evangelium gelöscht. Diese zu bildhafte Symbolik ist mit der Neuordnung der Liturgie aufgegeben worden.

Pfingstnovene

An den neun Tagen bis zum Pfingstfest betet man, wie die Jünger Jesu, um die Gabe des Geistes.

3.7.6. Themen für Beiträge

Die Aussagen des Himmelfahrtsfestes sind eine Ausfaltung des Osterfestes. Insofern ergeben sich kaum Themen, die nicht schon im Zusammenhang mit Ostern und der Osterzeit zu nennen wären. Daher hier nur einige Hinweise:

Himmelsvorstellungen

Das Thema "Himmel" in all seiner Fremdheit kann vielleicht dadurch angegangen werden, daß die Himmelsvorstellungen verschiedener Kulturen und Religionen vorgestellt werden.

Der Himmel als Zukunft des Menschen

Die sinnliche Ausgestaltung des Himmels hat den Blick dafür verstellt, daß "Himmel" nicht eine räumliche Dimension ist, sondern eine Daseinsweise, die der Auferstandene erst eröffnet, geschaffen hat. In diese neue Daseinsweise soll der Christ sich einüben. Das versuchen heute Christen ebenso wie in früheren Jahrhunderten. Es wäre darzustellen, wie diese Einübung heute aussieht. Sie sollte nicht in dem Sinne mißverstanden werden, als müßte man sich in einen anderen Ort hineindenken, sondern in die neue Existenzweise, die durch Christus eröffnet wurde.

3.8. Pfingsten

3.8.1. Anthropologische Voraussetzungen des Festes

Das Thema "Geist" wird nur innerhalb der biblischen Tradition artikuliert. Jede Kultur entwickelt eine Beziehung zu einer geistigen Dimension, zu ungreifbaren Wirkmächten, die positiven oder negativen Einfluß auf den Menschen nehmen, ihn von innen her bewegen, beleben, über seine Grenzen hinausführen, die mit dem Geistigen, das der Mensch auch ist, korrespondieren und ihn teilnehmen lassen am Göttlichen. Diese geistige Dimension wird nicht nur als Einsicht, als Denken, sondern gerade im religiösen Kontext als Erfahrung ausgedrückt. Geistige Bewegungen bestimmen nicht nur das kulturelle Leben, sondern auch die Religionen. Die Überzeugungskraft religiöser Reden und Riten wird gerade dem Geist zugeschrieben, der die "Herzen der Menschen bewegt". So führt auch das Christentum den Beginn seiner öffentlichen Missionstätigkeit auf das Wirken des Geistes zurück.

Dimension des Geistigen, an der der Mensch partizipiert

Geistige Dimension als Erfahrung

Beginn der christlichen Mission ist geistgewirkt

Die vielfältigen Erfahrungen mit dem Geistigen, mit geistigen Bewegungen, mit eher ungreifbaren, aber eindringlichen Erfahrungen, haben ebenso mit Pfingsten zu tun wie die Aufgabe, gute und schlechte geistige Bewegungen zu unterscheiden, im Religiösen wie im Politischen, im gesellschaftlichen wie im individuellen Kontext.

Unterscheidung der Geister

3.8.2. Bezug zur Öffentlichkeit

Die vielen möglichen Themen des Pfingstfestes haben kaum Niederschlag im öffentlichen Bewußtsein gefunden. Hinzu kommt, daß im Denken vieler Katholiken Pfingsten weitgehend seinen Bezug zu Ostern, zum Beginn der Missionstätigkeit der Kirche verloren hat und zum Fest des Heiligen Geistes geworden ist. Durch die Neuordnung der Liturgie ist der ursprüngliche Sinn des Pfingstfestes wiederhergestellt worden.

Aussage des Pfingstfestes wurde von der Kirche nicht vermittelt

Nicht die Geistbegabung der Christen steht im Mittelpunkt, nicht das Wirken des Geistes in der Kirche, der die Kirche vorantreibt und über selbst gesetzte enge Grenzen hinausführt, sondern die eher allgemeine Wahrheit, daß Gott personhaft Geist ist.

Fest des Frühsommers

Stärker sind die jahreszeitlichen Bezüge des Festes, das mit Sonne, Blüte assoziiert wird. So scheint Pfingsten eher ein Frühlings- bzw. Frühsommerfest zu sein, an dem die Menschen die warme Jahreszeit feiern, noch nicht unter der Hitze und Schwüle leiden, sich der schönen Zeit freuen, ein Natur-Fest, wie es die meisten Feste in ihrem Ursprung waren.

3.8.3. Entstehung des Pfingstfestes

Das christliche Osterfest hat, durch den Kreuzestod Jesu, einen historischen Zusammenhang mit dem jüdischen Paschafest. Dieser Zusammenhang wurde von den Christen jedoch durch eine andere Berechnung des Ostertermins aufgelöst.

Jüdisches Erntefest

Das erste Pfingstfest lag nach dem Bericht der Apostelgeschichte (2,1-13) auch an einem jüdischen Feiertag, dem Fest der Weizenernte, das 7 Wochen nach dem Paschafest gefeiert wurde.

Der Name Pfingsten kommt vom griechischen Wort Pentecoste, der Fünfzigste (Tag). Das jüdische Fest war ursprünglich ein Erntedankfest, wurde aber zur Zeit Jesu auch auf die Geschichte des Volkes, insbesondere die Gesetzgebung bzw. die Bundeserneuerung bezogen.

Es ist nicht unwahrscheinlich, daß die Anhänger Jesu zum jüdischen Erntefest nach Jerusalem gekommen waren und öffentlich aufgetreten sind. Der Bericht in der Apostelgeschichte läßt jedoch eine sichere Rekonstruktion nicht mehr zu. Vom zweiten Jahrhundert an gibt es Hinweise, daß die Christen ein eigenes Pfingstfest feiern, das sich inhaltlich an den Berichten der Apostelgeschichte orientiert.

Historischer Kern möglich: Anhänger Jesu trafen sich in Jerusalem

Pfingsten wurde wie Ostern zum Tauftag. In der Entwicklung des Festgedankens tritt eine Verschiebung ein, die das Fest aus dem Zusammenhang mit Ostern löst und es als Fest des Heiligen Geistes sieht. Von den biblischen Berichten ist Pfingsten jedoch als Abschluß der Osterzeit zu sehen. Die Ausgießung des Geistes ist eine Gabe des Auferstandenen und zugleich Beginn der Kirche und damit der christlichen Mission.

Pfingsten wird aus dem Zusammenhang mit Ostern gelöst

Diese ursprüngliche Bedeutung des Festes wurde durch die Liturgiereform nach dem II. Vatikanischen Konzil wiederhergestellt. Während vorher Pfingsten parallel zu Ostern eine eigene Festwoche hatte, ist die Pfingstoktav gestrichen worden. Die Osterzeit endet mit dem Pfingstsonntag. Dagegen hatten die Ostkirchen immer an dem ursprünglichen Zusammenhang von Ostern und Pfingsten festgehalten.

Ursprünglicher Festgedanke durch die Liturgiereform wieder hergestellt

3.8.4. Die Aussage des Pfingstfestes

Die Apostelgeschichte (2,1-13) berichtet über außerordentliche Wirkungen des Geistes Gottes. Es ist ein Brausen zu hören; das Haus, in dem die Jünger Jesu sich versammelt hatten, wird davon erfüllt. Zungen wie von Feuer lassen sich auf die einzelnen nieder. Die Bevölkerung von Jerusalem eilt zusammen und hört die Jünger in verschiedenen Sprachen reden.

Wirkungen des Geistes werden im Neuen Testament nicht nur im Zusammenhang mit Pfingsten erwähnt. Auch das Alte Testament kennt vielfältige Hinweise auf das Wirken des Geistes.

Im Neuen Testament viele Hinweise auf das Wirken des Geistes

Parallele zur Geistbegabung Jesu

Bereits in der Taufe wird Jesus mit dem Heiligen Geist erfüllt. So wie Petrus im Anschluß an die Geistbegabung auftritt und predigt, lehrt auch Jesus "erfüllt von der Kraft des Geistes" (Lk 4,14).

Im Johannesevangelium Geistbegabung an Ostern

Von einer Geistbegabung der Jünger spricht auch das Johannesevangelium. Jesus haucht bei seiner Erscheinung am Ostertag abends die Jünger an und spricht: "Empfanget den Heiligen Geist! Wem ihr die Sünden vergebt, dem sind sie vergeben, wem ihr die Vergebung verweigert, dem ist sie verweigert" (Joh 20,22).

Die Jünger deuten die Geisterfahrung auf dem Hintergrund des Alten Testaments

Die Erfahrungen der Jünger Jesu mit dem Wirken Gottes, das ihnen Einsicht in die heilsgeschichtlichen Zusammenhänge, sowie Kraft und Mut gibt, sich öffentlich zu Jesus zu bekennen. Die Erfahrung von Freiheit und die neue Kraft zum Gebet werden auf dem Hintergrund des Alten Testamentes gesehen.

> Gottes Geist erfüllt das Weltall (Weish 1,7)
> Der Geist Gottes als Atem verstanden, ist Ursprung des Lebens.
> "Sendest du deinen Geist aus, so werden sie erschaffen" (Ps 104,30).
> Die Propheten sind vom Geist Gottes erfüllt und getrieben (Num 11,25-29; 2 Sam 23,2; Jes 61,1; Sach 7,12)

Die Propheten sprechen vom Geist aber von allem für die kommende Heilszeit. Der Geist läßt sich auf dem kommenden Messias nieder (Jes 11,2; 42,1; 61,1).
Der Geist aus der Höhe wird über Israel ausgegossen (Jes 32,15). In der messianischen Zeit wird der Geist nicht nur von einzelnen, von Königen und Propheten Besitz ergreifen, sondern alle werden die Gabe des Geistes erhalten.

> "Ich schenke ihnen ein anderes Herz und schenke ihnen einen neuen Geist. Ich nehme das Herz von Stein aus ihrer Brust und gebe ihnen ein Herz aus Fleisch" (Ez 11,19)

Erfahrung des Geistes als Erfüllung alttestamentlicher Verheißungen

Die Erfahrung eines neuen Lebens, des Geistes, interpretieren die Jünger Jesu als Erfüllung der alttestamentlichen Verheissungen. In der Predigt des Petrus am Pfingsttag (Apg 2,14-36) wird ausdrücklich der Prophet Joel zitiert:

> Danach aber wird es geschehen, daß ich meinen Geist ausgieße über alles Fleisch.
> Eure Söhne und Töchter werden Propheten sein, eure Alten werden Träume haben, und eure jungen Männer haben Visionen.
> Auch über Knechte und Mägde werde ich meinen Geist ausgießen in jenen Tagen.
> Ich werde wunderbare Zeichen wirken am Himmel und auf der Erde ... (Joel 3,1-3)

Die Jünger leben in dem Bewußtsein, daß die verheißene messianische Zeit angebrochen ist. Die junge Kirche erwartet die Wiederkunft Christi und damit die endgültige Aufrichtung des Reiches Gottes. Langsam, als die Erwartung nicht eintrifft, verschiebt sich die zeitliche Perspektive. Es geht erst einmal um die Missionierung der Welt. Ein erstes Dokument dieses neuen Denkens ist die Apostelgeschichte. Die Anhänger Jesu erhalten durch die Geistspendung Kraft und Befähigung, Zeugen der Messianität und Herrschaft Jesu zu sein. Sie treten offen in seinem Namen auf.

Verschiebung der zeitlichen Perspektive in der Urkirche

Mission, nicht das Ende der Welt als neue Perspektive

Der Geist ist, nach der Apostelgeschichte, die treibende Kraft des Missionswerks der jungen Kirche. Er öffnet vor allem den Weg zu den Heiden. Von sich aus richten die Anhänger Jesu sich erst einmal an die Juden. Den ersten Heiden, der nicht vorher den jüdischen Glauben angenommen hatte, nimmt Petrus nach einer Vision und nachdem der römische Hauptmann und seine Hausgenossen mit dem Heiligen Geist begabt worden waren, in die Kirche auf (Apg 10,44-48; 15,8). Daß Christen, die vom Heidentum bekehrt wurden, nicht auf die Reinheitsvorschriften des Judentums verpflichtet wurden, formuliert das erste Konzil so: "Denn der Heilige Geist und wir haben beschlossen ..." (Apg 15,28).

Der Geist als treibende Kraft der Mission

Der Geist bewegt Barnabas und Paulus zu ihren Missionsreisen (Apg 13,2) und treibt sie von Asien nach Europa (Apg 16,6-10).

Die Kirche führt ihr Wirken auf den Einfluß des Heiligen Geistes zurück. Damit sind auch Aussagen verbunden, die konstitutiv für den einzelnen Christen sind:

Jeder Getaufte wird mit dem Heiligen Geist begabt, jeder Christ, nicht nur die religiösen Führer sind geistbegabt.

Jeder Christ ist mit dem Geist begabt

> "Wißt ihr nicht, daß ihr Gottes Tempel seid und der Geist Gottes in euch wohnt?" (1 Kor 3,16; 6,19)

> "Wir alle spiegeln mit enthülltem Angesicht die Herrlichkeit des Herrn wider und werden so in sein eigenes Bild verwandelt, von Herrlichkeit zu Herrlichkeit, durch den Geist Gottes" (2 Kor 3,18)

> "Wenn Christus in euch ist, dann ist zwar der Leib tot aufgrund der Sünde, der Geist aber Leben aufgrund der Gerechtigkeit. Wenn der Geist dessen in euch wohnt, der Jesus von den Toten auferweckt hat, dann wird er, der Christus Jesus von den Toten auferweckt hat, auch euren sterblichen Leib lebendig machen durch seinen Geist, der in euch wohnt"
> (Röm 8,10-11, s. auch das 8. Kapitel insgesamt)

> "Es ist der Geist der Wahrheit, den die Welt nicht empfangen kann, weil sie ihn nicht sieht und nicht kennt. Ihr aber kennt ihn, weil er bei euch bleibt und in euch sein wird ...
> Der Beistand aber, der Heilige Geist, den der Vater in meinem Namen senden wird, der wird euch alles lehren und euch an alles erinnern, was ich euch gesagt habe"
> (Joh 14,17. 26)

Firmung: Sakrament der Geistverleihung

Hinweise auf den Geistbesitz der Jünger Jesu ließen sich noch viele anführen. Die Kirche sieht die Geistbegabung vor allem in den sakramentalen Handlungen der Taufe und der Firmung ausgedrückt. Ebenso werden die Diakonats-, Priester- und Bischofsweihe als Geistbegabung verstanden. Die Geistbegabung wird schon in den neutestamentlichen Schriften von der Taufe unterschieden (Apg 8,12-17; 10,44-48; 19,1-7; 1 Kor 12,13, 2 Kor 1,21; Tit 3,4-7; Gal 4,4-7; Joh 3,5) s.u. Kap. 6.3. und 7.3.

Salbung und Handauflegung bezeichnen Geistbegabung

Die Geistbegabung wird auch "Salbung" oder "Handauflegung" genannt. Die Salbung (mit heiligem Öl) findet sich u.a. in 2 Kor 1,21 und 1 Joh 2,20-27, die Handauflebung in Apg 6,1-6; 13,3; 19,5; 1 Tim 4,14; 2 Tim 1,6; Hebr 6,2.

Im Wirken des Geistes wirkt Jesus, der Geist setzt das Wirken Jesu fort

Die oben zitierten Texte aus dem Römerbrief und dem Johannesevangelium weisen, wie auch andere Stellen des Neuen Testamentes, darauf hin, daß Jesus im Wirken des Geistes gegenwärtig ist, im Wirken des Geistes sein Wirken fortsetzt. Der Glaube an Jesus ist geistgewirkt.

> Keiner, der aus dem Geist Gottes redet, sagt, "Jesus ist verflucht". Und keiner kann sagen "Jesus ist der Herr", wenn er nicht aus dem Geist Gottes redet.
> (1 Kor 12,3)

Das Hören auf den Geist Jesu, sich von ihm bewegen zu lassen, wird damit zu einem Lebensprinzip der Christen, das viel subtiler ist als die Befolgung von Geboten und Gesetzen.

Dem Geist folgen, ist Lebensprinzip des Christen

> "Die Frucht des Geistes aber ist Liebe, Freude, Friede, Langmut, Freundlichkeit, Güte, Treue, Sanftmut und Selbstbeherrschung ... Wenn wir aus dem Geist leben, dann wollen wir auch dem Geist folgen."
> (Gal 5,22 ff; 25)

> "Beleidigt nicht den Heiligen Geist Gottes, dessen Siegel ihr tragt für den Tag der Erlösung."
> (Eph 4,30)

> "Denn alle, die sich vom Geist Gottes leiten lassen, sind Söhne Gottes."
> (Röm 8,14)

> "Löscht den Geist nicht aus."
> (1 Thess 5,19)

Dieses Grundaxiom christlicher Lebensführung wurde vor allem in den Orden gepflegt. Das religiöse Leben wird "geistliches Leben" genannt, es gibt geistliche Lehrer, Spirituäle, die Gesprächspartner für das geistliche Leben sind. Betont wird die Fähigkeit zur Unterscheidung der Geister, die in den Exerzitien des Ignatius von Loyola eingeübt wird.

Religiöses Leben ist geistliches Leben

Die Phänomene, die im Pfingstbericht der Apostelgeschichte erwähnt werden, eine besondere Bewegung, Brausen, Reden in fremden Sprachen, finden sich ähnlich auch an anderen Stellen des Neuen Testamentes. Im 1. Korintherbrief Kapitel 12 setzt sich Paulus ausführlich mit diesem Phänomen auseinander. Paulus kennt folgende Geistesgaben:

Phänomene des Pfingstereignisses werden auch an anderen Stellen des Neuen Testamentes erwähnt

- Gabe der Weisheit
- Gabe der Glaubenskraft
- Gabe, Krankheiten zu heilen
- Wunderkräfte
- Prophetische Rede
- Fähigkeit, Geister zu unterscheiden
- Zungenrede
- Gabe, die Zungenrede zu deuten
  (1 Kor 12,4-11. 28-31)
- Gabe zu beten (Röm 8,26)

Diese Vielfalt der Gaben, der Charismen, wird auf den einen Geist zurückgeführt und daraus eine Mahnung zur Einheit abgeleitet. In Korinth hatten sich Christen mit verschiedenen Begabungen gegenüber anderen profiliert, wohl besonders diejenigen, die die Gabe des Zungenredens besaßen, d.h. geistbegabtes Reden, das sich jedoch meist nicht in einer deutlichen Sprache artikuliert. Paulus relativiert diese Gabe und stellt sie neben die anderen Gaben (1 Kor 14,1-10). Möglicherweise sind auch Vorstellungen der zeitgenössischen jüdischen Schriftauslegung in die Ausgestaltung des Berichtes von der Geisterfahrung der Urgemeinde eingegangen.

Einflüsse jüdischer Theologie

Kommentare zur Gesetzgebung am Sinai beschreiben ähnliche Phänomene wie der Pfingstbericht. Moses empfängt auf dem Berg Sinai das Gesetz aus der Hand Gottes. Der Berg ist in Wolken, Gott fährt im Feuer herab, er spricht zu Moses im Donner (Ex 19,16-19). In den Targumen (den rabbinischen Kommentaren) wird der Zusammenhang von Gottes Reden und dem Feuer betont, die Worte Gottes sind wie brennende Pfeile und Feuerflammen, die Stimme ist als Feuer sichtbar, das sich in Zungen verteilt. Auch die Aussage, daß jedes Volk die Worte in seiner Sprache versteht, wird herausgestellt. Das Gesetz wurde am Sinai bereits allen Völkern verkündet. (Die Textstellen sind in J. Kremer, "Pfingstbericht und Pfingstgeschehen" zusammengestellt, vgl. 3.8.4., S.453 f)

Pfingsten und Turmbau von Babel

Das Sprachenwunder wurde bereits von den Theologen der alten Kirche als Gegenstück zur Sprachverwirrung im Bericht über den Turmbau von Babel gesehen (Gen 11,1-9). Der Geist bewirkt, daß die Menschen sich wieder verstehen. Diese Bezugnahme liegt jedoch im Text der Apostelgeschichte noch nicht vor, da die Verschiedenheit der Sprachen durch den Geist nicht aufgehoben wird. Erst die christliche Bibelauslegung hat die Verbindung beider Texte hergestellt. Der Bericht der Apostelgeschichte besagt eher, daß Menschen in allen Sprachen den Glauben ausdrücken.

Geistphänome von den Gruppen der Pfingstbewegung

Die im Pfingstbericht und im Korintherbrief genannten Phänomene - ekstatisches Sprechen, Zungenreden, Krankenheilungen - sind auch in der Pfingstkirche sowie in den Pfingstbewegungen oder charismatischen Bewegungen der verschiedenen Kirchen bekannt. Über diese Gruppen gibt es bereits Fernsehdokumentationen.

Elemente dieser Bewegungen, öffentliches Beten, Gebetserhörungen, Beten über Kranke finden sich auch in den Show-Sendungen der sogenannten "electronic-churches" in den USA.

3.8.5. Elemente, Bilder, Brauchtum

Pfingsten war in der frühen Kirche ein Tauftag wie Ostern. Bildhaft wurde im Gottesdienst eine Taube herabgelassen. (Jesus sah bei seiner Taufe durch Johannes "den Geist wie eine Taube auf sich herabkommen"; Mt 3,16). Mit Pfingsten ist ein vielfältiges Brauchtum verbunden, das mit dem Frühjahr zusammenhängt. Das Verstellen von Sachen und Schabernack in der Nacht von Pfingstsonntag auf -montag leitet sich von einem Abwehrzauber her. Häuser werden geweißt, Pfingstmaien werden an Türen und Fenstern angebracht.

Schabernack

Da an Pfingsten das Vieh zum ersten Mal ausgetrieben wird, ist es das Fest der Hirten. In Laub gekleidete Burschen werden herumgeführt, die die neuen Wachstumsgeister verkörpern (Pfingstlümmel). Das Vieh wird bekränzt.

Fest der Hirten

Der Ochse, der an Pfingsten geschlachtet wird, wird geschmückt und durch den Ort geführt. Möglicherweise war die Schlachtung ursprünglich eine Opferhandlung.

Pfingst-Ochse

Der Pfingstritt am Pfingstmontag soll den Saaten Nutzen bringen.

Pfingstritt

Mit dem Neubeginn des Lebens hängt auch der Brauch zusammen, an Pfingsten eine Quelle zu besuchen.

Pfingstwasser

3.8.6. Ideen für Beiträge

Dokumentarsendungen in der Perspektive der Apostelgeschichte

Der Geist ist die Weise, wie nach Auffassung des Christentums Gott in der Welt wirkt. Von diesem Wirken ist meist äußerlich wenig zu beobachten. Das Brausen, der Sturm, Feuerzungen sind sicher erst nachträgliche bildhafte Aussagen über Vorgänge, die nicht sichtbar sind.

Eine religiöse Interpretation der Welt und der Geschichte sieht gerade darin ihre Herausforderung, dem Wirken des Geistes Gottes nachzuspüren. Diese Interpretationsversuche sind oft oberflächlich und werden vorschnell formuliert. Es wäre trotz der Risiken jedoch reizvoll, eine solche Interpretation zu versuchen. Berichterstattung über die Kirche und religiöse Gruppen geschieht in den Medien meist unter kritischen Vorzeichen. Ähnlich wie die Machtausübung von Institutionen und Personen kritisch analysiert wird, verfährt man auch mit der Kirche und religiösen Bewegungen. Die Berichterstattung der Kirchenredaktionen dürfte sich da kaum von der anderer Redaktionen unterscheiden. Kirche kommt dann vor allem durch ihre Amtsträger in den Blick und als Institution. Es wird die Machtausübung der Institution beobachtet und gezeigt, wie wirkungsvoll sich Papst und Bischöfe ins Bild setzen. Vergleicht man die Berichte der Apostelgeschichte mit der Berichterstattung der Medien, zeigen sich bisher ungenutzte Möglichkeiten.

Bei einer Kirchenversammlung, einer Synode, könnte den Anstößen, Erfahrungen nachgegangen werden, die zu einer Entscheidung geführt haben. Von Basisgemeinden in Südamerika gibt es verschiedene Berichte, wie die Gruppe sich entwickelt hat, welche Veränderungen die Mitglieder bei sich beobachtet haben. Neue Entwicklungen im Religionsunterricht, der Seelsorge, der Gemeindekatechese gehen meist von bestimmten Erfahrungen und kaum manifesten Anstößen aus. Diese Erfahrungen sind sicher für viele interessant. Wo immer kirchliches Leben sich regt, wären Dokumentarsendungen möglich. Pfingsten wäre kirchlich gesehen, der klassische Termin für die inzwischen fast abgeschriebenen Feature-Sendungen. Wahrscheinlich müßte diese Form noch eine bestimmte Ausprägung erhalten, damit sie die oben skizzierten Inhalte auch transportieren kann.

Mission - Überwindung der selbstgesetzten Grenzen

Das Sprachenwunder des ersten Pfingstfestes nimmt die Universalität der christlichen Gemeinde vorweg. Es war jedoch ein langer Weg dorthin. Die ersten Anhänger Jesu mußten die Grenzen des Judentums überwinden. Solche Grenzen gab es immer wieder, z.B. daß Menschen anderer Hautfarbe für das Christentum nicht geeignet, daß in Südamerika über Jahrhunderte nur Männer weißer Hautfarbe Priester werden konnten.

Missionszentren: Jerusalem, Antiochien, Konstantinopel, Rom ...

Die Impulse für die Mission gingen schon in der Apostelgeschichte von bestimmten Gemeinden aus. Daß Jerusalem der Ausgangspunkt des Christentums wurde, ist sicher auf seine Bedeutung als religiöses Zentrum des Judentums zurückzuführen. Aber es wäre durchaus möglich gewesen, daß Galiläa, wohin die Jünger nach dem Paschafest wieder zurückgegangen waren, Zentrum der jungen Kirche geworden wäre. Die Apostelgeschichte berichtet bereits, daß Antiochien das neue Missionszentrum wurde. Paulus und Barnabas brechen von hier aus auf (Apg 13,1-3).

Ein nächstes Zentrum ist Ephesus. Konstantinopel ist Ausgangspunkt für die Missionierung der Slaven. Von Rom gingen viele Missionsimpulse aus: Die Missionierung Englands Ende des 6. Jahrhunderts und Deutschlands Anfang des 8. Jahrhunderts. Die Missionstätigkeit in den spanischen und portugiesischen Kolonien sowie der große Aufbruch der Missionstätigkeit im 19. Jahrhundert sind die großen Etappen der neuzeitlichen Mission. Heute wäre zu berichten, wie die Kirchen der Dritten Welt langsam eine führende Rolle in der katholischen Kirche übernehmen, ein

Vorgang, für den die deutschen Medien weitgehend blind sind. (vgl. Stichwort "Missionssonntag s. S. 331 ff) Sendungen zum Pfingstfest könnten also Sendungen über die Mission sein.

Lokale Kirchengeschichte

Es ist sicher schwierig, das Leben einer Gruppe, einer Stadt, einer christlichen Gemeinde darzustellen; die Erfahrungen, das Engagement, die Impulse, die von innen und außen kommen und die sich im Leben einer Gruppe oder Gemeinde auswirken. Vielleicht ist es in der Weise möglich, daß ältere Mitglieder einer Gruppe oder Gemeinde erzählen, so daß der Erzähler im Mittelpunkt steht und nur Fotomaterial benutzt wird. Vielleicht kann so eine Geschichte der Menschen, die zusammenleben, gelebt haben, tatsächlich vermittelt werden und gleichfalls der Sinn für Traditionen geweckt werden. Es ist bezeichnend, daß oft sogar die Leistungen der noch lebenden Alten von den Jungen schon vergessen sind oder ignoriert werden.

Missionare

Persönlichkeitsbilder von Christen, von Missionaren gibt es in großer Zahl. Oft werden diese Persönlichkeiten unter dem Aspekt der "Leistung" dargestellt, wie es eben dem Normensystem unserer Gesellschaft entspricht. Vielleicht könnte ein anderer Zugang zur Person eines Missionars gefunden werden, z.B. wenn die Entscheidungssituationen seines Lebens dargestellt werden. Was hat ihn bewegt? Wie kam er auf die Idee, etwas in Angriff zu nehmen? Wie hat er Mut gefunden, durchzuhalten?

Geistliches Leben

Das Leben aus den Anregungen des "Geistes" heraus ist schwer darzustellen. Viele Menschen, die diese Lebenspraxis befolgen, sind nicht in der Lage, ihre Erfahrungen mitzuteilen oder sie drücken sich in einer alten, frömmelnd wirkenden Sprache aus.

Wenn aber "Lebenshilfe" zum Programmkonzept der Medien gehört, dann könnte auch eine spezifische Form christlicher Beratung angeboten werden, die nicht in einer besonderen Lebenstechnik besteht, sondern anleitet, auf Erfahrungen, Begegnungen und Empfindungen zu achten.

Unterscheidung der Geister

Ein christlicher Kommentar zum Zeitgeschehen wird in Morgenansprachen und im Wort zum Sonntag versucht. Es fehlt dabei aber oft der direkte Zugriff, daß nicht nur allgemein über Normen geredet, sondern Vorfälle, Entwicklungen geschildert, Gutes wie Schlechtes konkret benannt werden, wohl deshalb, weil vielen christlichen Kommentatoren der Mut dazu fehlt oder sie in einer groben Schwarz-Weiß-Malerei befangen sind.

Das Wort des ersten Thessalonicherbriefes "Löscht den Geist nicht aus, verachtet prophetisches Reden nicht, prüfet alles und behaltet das Gute" (1 Thess 5,19-21) wird heute sicher nicht durch die christlichen Kommentatoren eingelöst.

3.9. Dreifaltigkeits-Sonntag (Sonntag nach Pfingsten)

3.9.1. Anthropologische Voraussetzungen

Zu sagen, wer Gott ist, fällt auch den Christen schwer. Sie können erst einmal von Jesus reden, davon, was er getan hat. Von Gott können sie sprechen, weil Jesus von Gott gesprochen, sich auf ihn bezogen, sich auf ihn verlassen hat.

Von Gott wissen die Christen durch Jesus

Gott kann nicht wie eine menschliche Person gedacht werden

Daß die Christen von Gott sagen, daß er einer ist und doch zugleich drei Personen, sprengt menschliche Vorstellungen von der Einheit der Person. Jedoch gibt es das Wissen, daß der Mensch sich Gott nicht auf menschliche Weise vorstellen kann. Obwohl der Mensch von seiner Selbsterfahrung ausgeht, was er vom Existieren als menschliche Person weiß, spürt er, daß Gott nicht wie eine menschliche Person gedacht werden kann.

Das Geheimnis der Dreifaltigkeit Gottes ist für den Christen eine Herausforderung, die eigenen, manchmal allzu selbstverständlichen Vorstellungen von Gott zu überprüfen. So wäre die anthropologische Voraussetzung für dieses Fest allein die, daß der Mensch ahnt, daß Gott anders ist als alle Vorstellungen über Gott.

3.9.2. Bezug zur Öffentlichkeit

Das Fest hat im öffentlichen Bewußtsein keine besondere Stellung. Der Dreifaltigkeits-Sonntag wird als normaler Sonntag gesehen. Zu erwähnen ist nur, daß die evangelische Kirche die Sonntage als Sonntage nach dem Dreifaltigkeitsfest zählt, z.B. 4. Sonntag nach Trinitatis.

3.9.3. Entstehung des Festes

Auseinandersetzung mit dem Arianismus

Der Glaube an den dreifaltigen Gott, daß Gott einer in drei Personen ist, war in der Entwicklung der Kirche nicht unbestritten. Vor allem der Arianismus hat die Kirche in ihrer Glaubenssubstanz erschüttert. Aus einem platonischen Welt- und Gottesbild heraus lehnt er die Vorstellung ab, daß das Eine, das Göttliche als mehrere Personen gedacht werden kann.

Der Widerstand gegen diese Vorstellung hat u.a. die Entwicklung des Weihnachtsfestes gefördert und zur Herausbildung einer eigenen Dreifaltigkeitsfrömmigkeit geführt.

Ein Dreifaltigkeitsfest entstand im gallischen Raum und wurde in Klöstern schon vor der Jahrtausendwende gefeiert. Die römische Zentrale stand lange der Einführung eines solches Festes ablehnend gegenüber. Tatsächlich hat ein Fest der Dreifaltigkeit eine andere Aussage als die bisherigen Feste. Es bezieht sich nicht auf ein Heilsereignis, sondern artikuliert eine Grundaussage des christlichen Glaubens, die schon in jedem Kreuzzeichen und in anderen Gebetsformeln zum Ausdruck kommt.

Ursprung des Festes in Gallien

Das Fest bezieht sich nicht auf ein Heilsereignis

Das Fest wurde erst 1334 eingeführt. Es hat für den Ablauf des Kirchenjahres insofern einen Stellenwert, als es das "normale Jahr" einleitet. Der Weihnachtsfestkreis beginnt mit dem ersten Adventssonntag. Zwischen dem Fest der Erscheinung des Herrn (6. Januar), genauer dem Sonntag nach Erscheinung (Fest der Taufe Jesu) und dem Aschermittwoch liegen auch Sonntage und Wochen, die nicht einem Festkreis zugerechnet werden.

Beginn des allgemeinen Kirchenjahres

3.9.4. Aussagen des Festes

Aussagen über Gott als einen in drei Personen finden sich nicht als Lehr-, oder wie bei der Auferstehung, als Bekenntnissätze. Es heißt nicht: Wir lehren, wir bekennen Gott als Vater, Sohn und Heiligen Geist. Im Neuen Testament sind es Tauf- und Grußformeln, in denen sich der Glaube an den dreifaltigen Gott zuerst niederschlägt.

Tauf- und Grußformeln als älteste Aussagen über die Dreifaltigkeit

> "Darum geht zu allen Völkern und macht alle Menschen zu meinen Jüngern; tauft sie auf den Namen des Vaters und des Sohnes und des Heiligen Geistes."
> (Mt 28,19)

> "Die Gnade Jesu Christi, des Herrn, die Liebe Gottes und die Gemeinschaft des Heiligen Geistes sei mit euch allen!"
> (2 Kor 13,13)

Der Evangelist Matthäus wie auch Paulus haben diese Aussagen nicht selbst geprägt, sondern Gebetsformeln der Gemeinden zitiert. Auch heute noch werden Gebete abgeschlossen mit der Formel:

> "... durch unseren Herren Jesus Christus, der mit dir lebt und herrscht in der Einheit des Heiligen Geistes, Gott von Ewigkeit zu Ewigkeit. Amen."

Durch die Begegnung der christlich-jüdischen Religion mit der hellenistischen Welt entstanden Fragen an die Gottesvorstellung der Christen, die im Arianismus zu einer existenzbedrohenden Krise wurden. Es ging um die Frage, wer Jesus ist. Daß Gott existiert, daß er Schöpfer der Welt ist, daß alles von ihm ausgeht, war für die Intellektuellen dieser Epoche (des Mittelplatonismus) kein Problem. Daß es aber neben dem einen Gott noch ein gottgleiches Wesen gibt, daß es neben dem Vater noch den Sohn gibt, das war nicht denkbar. Der Sohn, der Logos, wurde nicht auf die gleiche Stufe gestellt wie Gott selbst. Das Konzil von Nicäa (325) hat dieser aus der griechischen Religionsphilosophie formulierten Infragestellung das Bekenntnis zum Sohn, der "wesensgleich mit dem Vater" ist, entgegengesetzt und eine ausgeprägtere Begrifflichkeit benutzt als die biblischen Texte.

Arianismus: Der Sohn steht nicht auf der gleichen Stufe wie Gott

Das Konzil von Nicäa (325)

Das Glaubensbekenntnis

> Wir glauben an den einen Gott, den allmächtigen Vater, Schöpfer aller sichtbaren und unsichtbaren Dinge, und an den einen Herrn Jesus Christus, den Sohn Gottes, als Einzig geborener, gezeugt vom Vater, das heißt aus der Wesenseinheit des Vaters, Gott von Gott, Licht vom Lichte, wahrer Gott vom wahren Gott, gezeugt, nicht geschaffen, wesenseins (homoousios) mit dem Vater, durch den alles geworden ist ...

Diese Aussage greift ein älteres Glaubensbekenntnis (aus Cäsaräa) auf, das von den Täuflingen gesprochen wurde, und präzisiert es.

Aussagen über die Dreifaltigkeit: Reflexion der christlichen Gebetsform

Das Bekenntnis zu Jesus als Sohn des Vaters reflektiert die Form des Gebetes, die im christlichen Gottesdienst praktiziert wurde. Die Christen haben von Anfang an zu dem erhöhten Kyrios Jesus Christus gebetet, ihn nicht nur als Mittler zu Gott, sondern als Adressaten ihres Gebetes gesehen. Irgendwann mußte die Frage entstehen, wie Jesus in Bezug zu Gott steht, wie die Bezeichnung "Sohn" genauer zu verstehen ist. Mag das Beten zu Jesus noch verhältnismäßig problemlos sein, so steht die begriffliche Aussage über Jesus in Konkurrenz zu den jeweiligen Philosophien und ihren Gottesvorstellungen. Zweifellos ist es für die meisten Philosophien näherliegend, Gott als Einen zu denken und Jesus auf der Stufe des Geschöpflichen einzuord-

Aussagen über Jesus im Wechselverhältnis zur Philosophie

nen. Unter den Philosophen ist Hegel einer der wenigen, der die in der damaligen evangelischen Theologie kaum berücksichtigte Trinitätslehre in sein Denken einbezogen hat. Gegen die näherliegenden philosophischen Gedankengänge sagt das Konzil von Nicäa, daß der Sohn nicht Geschöpf des Vaters ist. Er ist gezeugt, nicht geschaffen, d.h. das Wesen Gottes ist notwendig dreifaltig. Trotzdem wird Gott als der Eine bekannt. Die Christen beten also nicht zu drei Göttern. Damit kommen menschliche Personvorstellungen an ihre Grenzen, sie sind nicht auf die Vorstellung von Gott übertragbar. Die Theologen haben versucht, die Dreifaltikeit Gottes zu verstehen und im Erfahrungsbereich des Menschen Analogien zu finden.

Die östlichen Religionen denken von den Personen her. Der Vater ist der Ursprung, die Quelle der Einheit, von ihm wird der Sohn gezeugt, der Geist geht vom Vater durch den Sohn aus.

Die westliche Theologie denkt die drei Personen in Bezug auf das eine göttliche Wesen. Die Zeugung des Sohnes und das Hervorgehen des Geistes deutet Augustinus im Bild geistiger Vollzüge. Der erkennende Selbstbesitz Gottes sagt das innere Wort aus (den Sohn). In der persongewordenen Liebe, dem Heiligen Geist, beziehen sich Vater und Sohn aufeinander. Der Sohn wird analog zum geistigen Vollzug der Erkenntnis, der Geist zum Vollzug des Willens, der Vater analog zum Gedächtnis (memoria als Identität des Geistes mit sich selbst) gesehen.

Jesus Christus, Gott und Mensch

Die Aussage, daß Jesus Gott ist, setzt die Aussage, daß er Mensch ist, nicht außer Kraft. Aber im Anschluß an die Aussagen des Konzils von Nicäa mußte näher bestimmt werden, in welchem Verhältnis Menschheit und Gottheit zu sehen sind. Zwei extreme Möglichkeiten wurden dabei vom kirchlichen Lehramt ausgeschlossen:

> Jesus ist zwei Personen, eine göttliche und eine menschliche. Man kann sich also an den Menschen oder an den Gott richten.
>
> Jesus ist Gott, seine menschliche Erscheinungsweise ist nicht real, sondern nur Schein (Doketismus: Die menschliche Natur ist nur Schein, Monophysitismus: Nur eine Natur).

Ein Subjekt und zwei Naturen

Das Konzil von Chalcedon hat 451 eine Formulierung gefunden, die beide Aspekte in ein Spannungsverhältnis bringt.

> Folgend ... lehren wir alle einstimmig, daß der Sohn, unser Herr Jesus Christus, ein und derselbe sei. Der eine und selbe ist vollkommen der Gottheit und vollkommen der Menschheit nach, wahrer Gott und wahrer Mensch, bestehend aus einer vernünftigen Seele und dem Leibe. Der eine und selbe ist wesensgleich dem Vater der Gottheit nach und wesensgleich auch uns seiner Menschheit nach ...
> Wir bekennen einen und denselben Christus, den Sohn, den Herrn, den Einziggeborenen, der in zwei Naturen unvermischt, unverwandelt, ungetrennt und ungesondert besteht. Niemals wird der Unterschied der Naturen wegen der Einigung aufgehoben, es wird vielmehr die Eigentümlichkeit einer jeden Natur bewahrt, indem beide in einer Person zusammenkommen.

Die Lehre von der Gottheit des Geistes war nicht in der Weise umstritten wie die des Sohnes.

Wechselverhältnis von Theologie und Philosophie

In der Trinitätstheologie macht die christliche Religion ihre Aussagen über Gott, Aussagen, die begrifflich gefaßt sind und zugleich als Geheimnis verstanden werden. Hier zeigt sich ein ständiges Wechselverhältnis von Glauben und Philosophie. Dieses Verhältnis wurde bis in die Neuzeit immer neu gesucht und hat die abendländische Geistesgeschichte bestimmt.

Das christliche Gottesbild

Fragt man, welche "Bedeutung" die Aussagen über den dreifaltigen Gott haben, so wird hier ein einzigartiges Spannungsverhältnis festgehalten, das auch in anderen Religionen anklingt. Gott ist nicht nur der Jenseitige, Geheimnisvolle, der Ursprung der Welt, der doch durch einen unendlichen Abstand von der Welt getrennt, unterschieden ist. Vielmehr ist Gott im Sohn und im Geist der Welt dem Menschen näher als es Nähe zwischen Menschen, zwischen Mensch und Welt gibt. Gott ist real gegenwärtig im Menschen Jesus und im Geist.

Teilnahme am göttlichen Leben

Das Leben in Gott, so wenig der Mensch Vorstellungen darüber entwickeln kann, ist so, daß der Mensch in die göttlichen Lebensvollzüge hineingenommen ist. Mit dem Sohn ist er ein Kind Gottes und kann das "Vater Unser" beten und der Geist, der den Menschen innerlich bewegt, ist auch die Seele des Gebetes.

3.9.5. Elemente, Bilder

Die abstrakten Aussagen über die Dreifaltigkeit haben eine Entwicklung von bildhaften Elementen nicht gefördert.

Zahl "Drei"

Die Zahl "Drei", das Dreieck, dreimalige Wiederholung von Gebeten, von Flurumgängen, drei Fenster, drei Hasen, die so angeordnet sind, daß sie zusammen nur drei Ohren haben, sollen an die Dreifaltigkeit erinnern.

Künstlerische Darstellung

Vor allem seit dem Barock ist immer wieder versucht worden, die Dreifaltigkeit darzustellen. Diese Bilder haben sicher sehr stark die Vorstellung von Gott beeinflußt. Der Vater als alter Mann, der Sohn am Kreuz, der Geist als Taube.

Es gibt auch abstraktere, symbolische Darstellungen: das Dreieck, drei konzentrische Kreise, Sonne - Licht - Strahl.

3.9.6. Ideen für Beiträge

Das Gottesbild des Christentums

- In Abgrenzung zu den Gottesvorstellungen anderer Religionen
- Entwicklung des Gottesbildes im Alten und Neuen Testament
- Berichte über die großen Konzilien und Theologen der alten Kirche

Der Einfluß der Dreifaltigkeitstheologie auf die Geistesgeschichte

- Entwicklung des Personbegriffs
- Philosophische Entwürfe (Hegel)

Symbole und Bilder für die Dreifaltigkeit:

- Dreieck, drei Kreise, drei Hasen
- Drei Gestalten
- Gnadenstuhl: Der Vater hält das Kreuz mit dem Sohn, zwischen oder über beiden schwebt der Geist als Taube
- Grundriß von Kirchen als Delta, drei Fenster, drei Atriden (Literatur s. S. 459)

3.10. Fronleichnam (zweiter Donnerstag nach Pfingsten)

vron, fron: Herr, heilig, hehr; lichnam: lebender Leib

3.10.1. Anthropologische Grundlagen

Im Mittelpunkt des Festes steht das eucharistische Brot. Es ist für die Katholiken, aber auch für die Orthodoxen, Realsymbol der Gegenwart Christi, der zugleich Mensch und Sohn Gottes ist. Diese leibliche Gegenwart ist nur denkbar, weil Jesus nicht mehr in unserer Existenzweise lebt, sondern als Auferstandener eine neue Gegenwart für die Menschen hat.

Gegenwart des Göttlichen

Die Gegenwart des Göttlichen in der menschlichen Welt ist eine Idee, die nicht erst die Christen entwickelt haben. Die Religionen haben dieser Idee verschiedene Ausdrucksformen gegeben: Die Anwesenheit Gottes in einem Tempel, in einem Tier, im Blitz und Donner, im Orakelspruch, im heiligen Stein in Mekka.

3.10.2. Bezug zur Öffentlichkeit

Durch die Prozession hat das Fest eine große Öffentlichkeitswirkung, die jedoch, anders als bei den meisten christlichen Festen, konfessionell ausgeprägt ist. Obwohl das Fest bereits 1264 für die ganze Kirche eingeführt wurde, haben es die protestantischen Kirchen nicht weitergeführt, da sie ein anderes Eucharistieverständnis entwickelten.

Spezifisch "katholisches" Fest

Auch die mittelalterliche Eucharistiefrömmigkeit ist von diesen Kirchen nicht entwickelt worden. Während in katholischen Gegenden die Prozession als religiöse Handlung, als Segnung der Häuser und Felder verstanden wird, dient sie in gemischt-konfessionellen Gegenden der Selbstdarstellung und insofern die Straßenränder mit Blumen und Birkenzweigen geschmückt werden, prägt das Fest auch das Erscheinungsbild eines Dorfes, einer Stadt.

3.10.3. Entstehung des Festes

Mittelalterliche Frömmigkeit

Die mittelalterliche Frömmigkeit ist der Ursprung des Festes. Die Eucharistiefeier wurde nicht mehr nur als Mahl gesehen, sondern als eine anschauliche Darstellung des Leidens Christi. Einzelne Riten wurden ausgedeutet, z.B. wenn der Priester am Ende des Kanons Brot und Wein erhebt, deutet das nach mittelalterlichen Kommentatoren auf die Abnahme des Leichnams Jesu vom Kreuz hin. Wenn er vor dem Agnus Dei ein Stück Brot in den Kelch gibt, soll damit die Verbindung von Leib und Seele, die Auferstehung Jesu dargestellt werden. Die Betonung der realen Gegenwart Christi in den Gestalten von Brot und Wein wurde im Mittelalter ausgearbeitet und auch philosophisch vertieft (Transsubstantiations-Lehre, s. oben bei Gründonnerstag, S. 120 ff).

Andachtsformen außerhalb der Messe

Diese Entwicklungen führten zu einer Verehrung der Eucharistie, insbesondere des Brotes. Es entwickelten sich eigene, von der Messe unabhängige Andachtsformen. Ein eigenes Fest zur Verehrung der Eucharistie war die Folge dieser Frömmigkeitsgeschichte. Juliana von Lüttich hatte 1209 eine Vision von der Scheibe des Vollmondes, Symbol für die Kirche. Ein schwarzer

Fleck zeigte das Fehlen eines Festes zu Ehren der Eucharistie an. Der Bischof von Lüttich führte 1246 ein solches Fest ein, das 1264 für die ganze abendländische Kirche vorgeschrieben wurde.

Die Verbindung dieses Festes mit dem Gründonnerstag drückt sich darin aus, daß es an einem Donnerstag (zweiter Donnerstag nach Pfingsten) gefeiert wird.

Älteste Prozession in Köln

Die Prozession entstand in Deutschland. 1277 gilt als das Jahr der ersten Fronleichnams-Prozession, die in Köln stattfand. Vorbild waren verschiedene Flur- und Stadtumgänge.

In die Ausgestaltung des Festes sind vor allem Elemente deutscher Frömmigkeitsgeschichte eingegangen, das Fest selbst ist nur aus der mittelalterlichen Frömmigkeit zu verstehen.

3.10.4. Aussagen des Festes

Fronleichnam und Gründonnerstag

Das Fest greift das zentrale Thema des Gründonnerstag auf:

> Jesus gibt seinen Leib, sich selbst und stiftet damit ein fortlebendes Gedächtnismahl, in dem er selbst gegenwärtig ist. Dieses Mahl ist Zentrum des kirchlichen Lebens.

Grundstimmung anders als am Gründonnerstag

Diese Aussagen finden sich in den Messtexten des Festes, deren Autor wahrscheinlich der große Theologe des Mittelalters, Thomas von Aquin, ist. Durch die mittelalterliche Frömmigkeitsgeschichte hat das Fest jedoch eine ganz andere Ausprägung als der Gründonnerstag erhalten. Während der Gründonnerstag das Handeln Jesu, die drohende Verurteilung und Hinrichtung in den Mittelpunkt stellt, ist der Fronleichnamstag freudig geprägt. Blumen, Musik, die Prozession, die Frühsommerszeit lassen den Gedanken an Leid nicht aufkommen.

Das Fest, vor allem die Prozession, bringt zum Ausdruck, daß Jesus mit seinem Volk zieht, daß er in der Kirche anwesend ist. Die Freude über die Gegenwart Jesu, weniger die Teilnahme an seinem Leidensweg stehen im Mittelpunkt.

Jesus zieht mit dem Volk Gottes

Das Herumtragen des eucharistischen Brotes ist als Segenshandlung zu verstehen. Die Stadt, die Felder werden gesegnet. Die Prozession wurde und wird als öffentliche Veranstaltung gesehen, die das Gemeinwesen betrifft, als religiöse Handlung am Gemeinwesen, das daher auch für die Ausrichtung der Prozession mit Sorge trägt. Schließlich ist noch darauf hinzuweisen, daß das eucharistische Brot im Mittelpunkt des Festes steht, es aber in der Neuordnung der Liturgie auch als Fest des kostbaren Blutes Christi gilt. Das von Pius IX. 1849 eingeführte "Fest des kostbaren Blutes", das am 1. Juli gefeiert wurde, ist im Fronleichnamsfest aufgegangen.

Segnung der Häuser und Felder

3.10.5. Elemente, Bilder, Brauchtum

Die Feier des Fronleichnamsfestes besteht aus einer feierlichen Messe und anschließender Prozession. Zum Bestand der Fronleichnamsmesse gehört der Hymnus

> Lauda Sion, Salvatorem,
> Lobe Sion deinen Heiland

Die Prozession, in die Elemente der Flurprozession eingegangen sind, machte früher an vier Stationen Halt. Es ist jeweils ein Altar aufgebaut. Aus einem der vier Evangelien wird gelesen und mit dem eucharistischen Brot der Segen erteilt. Die Vierzahl der Stationen und Segnungen bezieht sich auf die vier Himmelsrichtungen. Das eucharistische Brot wird in einer Monstranz von dem Priester unter einem sogenannten "Himmel" getragen:
Vier Männer tragen ein über vier Stäbe gespanntes, reich besticktes Tuch.

Vier Altäre - vier Himmelsrichtungen

In der Prozession werden Fahnen, Bilder, Reliquien, Figuren mitgetragen, die früher auf Zünfte verteilt waren. Teilweise wird in den Bildern die ganze Heilsgeschichte dargestellt.

Formenreichtum des Mittelalters und Barock

In der Ausgestaltung der Prozessionen ist der ganze Formenreichtum des späten Mittelalters und des Barock eingegangen. Ähnlich wie in der Zeit der Aufklärung gab es auch in den letzten Jahren große Vorbehalte gegenüber der Prozession. Oft wurde nur noch eine Messe im Freien gehalten.

Neue Formen für die Prozession

Die Prozession wurde in der Weise fortgeführt, daß die einzelnen Gemeinden aus den Stadtteilen zum Gottesdienstort ziehen, die Prozession also der Messe vorgelagert ist. Es scheint sich jedoch eine Wiederbelebung der Fronleichnamsprozession abzuzeichnen.

Eucharistische Kongresse

Im Zusammenhang mit dem Fronleichnamsfest können auch die "Eucharistischen Kongresse" gesehen werden. Sie entwickelten sich in Frankreich aus eucharistischen Wallfahrten. 1881 fand der erste in Lille statt. Die Kongresse, es gibt nationale und internationale, werden jeweils unter ein Thema gestellt und finden alle zwei Jahre statt.

3.10.6. Themen für Beiträge

Im Zusammenhang mit dem Fronleichnamsfest und den eucharistischen Kongressen ist die Thematik des Festes schon vielfach entfaltet worden.

- Brot und Hunger
  Ernstnehmen des Hungers; die Verheißung, daß alle körperlich und seelisch gesättigt werden, als reale Utopie

- Kirche unterwegs; das wandernde Volk Gottes, das, ähnlich den Israeliten, eine Bundeslade mit sich trägt

- Die Eucharistie als einigendes Element der Kirche, das die Menschen zusammenführt und für die Bewältigung des Lebens ausrüstet

- Das Verständnis der Eucharistie in den verschiedenen Konfessionen, Schritte und Hindernisse zur Einheit.

3.11. Herz Jesu Fest am Freitag in der Woche nach Fronleichnam

In der Herz-Jesu-Frömmigkeit hat sich eine spezifische katholische Religiosität und Kirchlichkeit ausgeprägt, die bis in die sechziger Jahre für viele Katholiken bestimmend war. Eine eher gefühlsbetonte, auf Leid und Sühne hin orientierte Religiosität. Mit dem Wort "Herz" ist jedoch mehr angesprochen, als diese Frömmigkeitsrichtung zum Ausdruck gebracht hat.

3.11.1. Anthropologische Grundlagen

Symbolwort "Herz"

Mit Herz meint die Sprache meist nicht das Organ, sondern den Menschen in seiner Personmitte, den Menschen, der fühlt, leidet, der ein großes Herz, ein Herz für andere hat, dessen Herz schneller schlägt, wenn er sich freut, der verletzlich ist, der fähig ist zu lieben.

Der Gebrauch des Symbolwortes "Herz" ist anfällig für Sentimentalität, für den gewollten Ausdruck von Gefühlen, für leere Worte. "Sein Herz verschenken" kann alles und nichts bedeuten.

3.11.2. Bezug zur Öffentlichkeit

Herz-Jesu-Freitag

Innerhalb des Jahresablaufes hat das Herz-Jesu-Fest keinen sehr hohen Stellenwert. Seine Aussagen werden jedoch durch die Herz-Jesu-Freitage wieder aufgenommen. An jedem ersten Freitag im Monat können Messtexte des Herz-Jesu-Festes benutzt werden. An diesem Tag gingen und gehen mehr Leute zur Kirche. Der Sühnegedanke prägt diese Frömmigkeit.

Prägendes Element für den Katholizismus

Die Herz-Jesu-Frömmigkeit hatte und hat auch noch eine prägende Kraft für den Katholizismus und hat damit sein Erscheinungsbild mitbestimmt. Eine spezifische Mentalität, eine Grundstimmung ist mit dieser Frömmigkeit verbunden. Eine gefühlsbetonte Ausrichtung auf den leidenden Christus, die das Leiden in engem Zusammenhang mit der Sündhaftigkeit des Menschen sieht. Ein Gedanke, der für diese Frömmigkeit charakteristisch ist: Jesu Leiden und Hingabe für die Menschen werden so wenig erwidert. Das muß der Beter durch eigenes Sühneleiden wieder gutmachen.

Anders als die liturgische Bewegung ist die Herz-Jesu-Frömmigkeit auf die Gestaltung ihrer Ausdrucksformen nicht bedacht, daher sind viele Herz-Jesu-Bilder und Gebete kitschig. Sie bringt auch nicht die messianischen, sozialen und politischen Aspekte des Lebensweges Jesu zum Ausdruck.

Für diejenigen, die die Innenwelt des Katholizismus wenig kennen, wirkt die Erscheinungsform der Herz-Jesu-Frömmigkeit eher befremdend. Daß die Inhalte dieser Richtung Grundelemente des Christlichen zum Ausdruck bringen, wird dabei übersehen.

Wie die Marienfrömmigkeit ist auch die Herz-Jesu-Frömmigkeit in den letzten Jahren stark zurückgegangen. Das II. Vatikanische Konzil ist wohl das Datum, in der Frömmigkeitsgeschichte, das diesen Umbruch markiert. Jedoch finden sich neue Ansätze der Herz-Jesu-Frömmigkeit in der Liturgiereform. Diese kommen auch schrittweise zum Tragen.

3.11.3. Entstehung des Festes

Die Einführung des Herz-Jesu-Festes geht auf eine Ordensfrau zurück: Margarete Maria Alacoque, die in dem Kloster Paray-le-Monial in Burgund lebte. Sie hatte zwischen 1673 und 1675 mehrere Visionen, in denen sie von Christus den Auftrag erhielt, sich für die Einführung des Herz-Jesu-Festes am zweiten Freitag nach Fronleichnam und die Pflege der Herz-Jesu-Freitage einzusetzen. Die römische Zentrale hatte große Vorbehalte gegen die Einführung eines solchen Festes. 1765 erhielten die polnischen Bischöfe die Erlaubnis, das Fest zu feiern, 1856 wurde es erst verbindlich eingeführt und dann von mehreren Päpsten gefördert. Zur Jahrhunderwende ordnete Leo XIII. die Weihe der

Welt an das heiligste Herz Jesu an. Die Herz-Jesu-Frömmigkeit wurde durch verschiedene Orden, besonders durch die Jesuiten, gefördert.

3.11.4. Aussagen des Herz-Jesu-Festes

Herz als Symbol für die Liebe Gottes

Das Herz ist Ausdruck der Hingabe, des Leidens, des Mitfühlens. Jesus hat ein Herz für die Menschen, das heißt aber, daß Gott die Menschen liebt. Er leidet, weil die Menschen Böses tun. Die Herz-Jesu-Frömmigkeit blickt auf das durchbohrte Herz, das von Menschen zerbrochene Herz als Symbol der Liebe Gottes. Als Theologen in den fünfziger Jahres daran gingen, die Herz-Jesu-Verehrung, die als sentimental kritisiert worden war, mit den christlichen Grundaussagen in Verbindung zu bringen, entdeckte man wieder, daß bereits die Theologen der alten Kirche Gedanken einer Herz-Jesu-Verehrung entwickelt hatten. Ausgangspunkt waren vor allem zwei Stellen im Johannesevangelium. Die Worte "aus seinem Innern", "seine Seite" werden als Herz gedeutet.

Theologie des Johannesevangeliums

> Am letzten Tag des Festes, dem großen Tag, stellte sich Jesus hin und rief: Wer Durst hat, komme zu mir, und es trinke, wer an mich glaubt. Wie die Schrift sagt: Aus seinem Innern werden Ströme von lebendigem Wasser fließen. Damit meinte er den Geist, den alle empfangen sollten, die an ihn glaubten, denn der Geist war noch nicht gegeben, weil Jesus noch nicht verherrlicht war.
> (Joh 7,37-39)

> Als sie (die Soldaten) aber zu Jesus kamen und sahen, daß er schon tot war, zerschlugen sie ihm die Beine nicht, sondern einer der Soldaten stieß mit der Lanze in seine Seite, und zugleich floß Blut und Wasser heraus...
> Denn das ist geschehen, damit sich das Schriftwort erfüllte: Man soll an ihm kein Gebein zerbrechen (Ex 12,46, Ps 34,21). Und ein anderes Schriftwort sagt: Sie werden auf den blicken, den sie durchbohrt haben (Sach 12,10).
> (Joh 19,33-37)

Im Zusammenhang mit dieser Stelle ist im 1. Johannesbrief zu lesen:

> Dieser ist es, der durch Wasser und Blut gekommen ist: Jesus Christus. Er ist nicht im Wasser gekommen, sondern im Wasser und im Blut. Und der Geist ist es, der Zeugnis ablegt; denn der Geist ist die Wahrheit. Drei sind es, die Zeugnis ablegen: der Geist, das Wasser und das Blut, und diese drei sind eins.
> (1 Joh 5,6-8).

Ursprung der Sakramente

Wasser weist auf das Sakrament der Taufe, Blut auf das Sakramet der Eucharistie hin. Der Geist ist die in den Sakramenten wirkende Kraft, der durch den Tod, d.h. die Hingabe Jesu freigesetzt ist.

Herz: Quell der Gnade

Geburt der Kirche aus dem Herzen Christi

Auslegungen zu diesen Bibeltexten beinhalten im wesentlichen die Theologie der alten Kirche. Der Quell lebendigen Wassers, der aus dem Herzen Jesu fließt, ist die Gnade, die Jesus mitteilt. Damit verbinden die Theologen auch eine Sicht des Ursprungs der Kirche: Die Geburt der Kirche aus der Seitenwunde Jesu.

Verbindung zur Eucharistie-Frömmigkeit

Das Mittelalter übernimmt diese Theologie. Die Idee von der Gottesgeburt im Herzen der Menschen und die Verehrung des Apostels Johannes entwickelten sich zu einer Verehrung des Herzens des Erlösers. Vor allem die deutsche Mystik und die Verehrung der Eucharistie haben diese Entwicklung gefördert.

Erst ab dem 16. Jahrhundert wird die Herz-Jesu-Verehrung, vor allem von den Jesuiten, als Volksandacht gefördert. In der Herz-Jesu-Verehrung findet eine mittelalterlich und neuzeitlich geprägte Innerlichkeit ihren Ausdruck, die in Jesus weniger den Pantokrator, den Herrn der Welt, sieht, als den, der durch die Liebe zu den Menschen und die Fähigkeit zum Leiden die Erlösung bewirkt hat.

3.11.5. Elemente, Bilder, Brauchtum

Herz-Jesu-Fest am Freitag nach dem 2. Sonntag nach Pfingsten (in der Woche nach Fronleichnam).

Herz-Jesu-Freitag, jeweils am ersten Freitag im Monat.

Herz-Jesu-Fest und Herz-Jesu-Freitag stehen in enger Verbindung zur Eucharistie. Beichte und Empfang des eucharistischen Brotes am Herz-Jesu-Freitag sind Hauptelemente der Herz-Jesu-Frömmigkeit. Zu dieser eucharistisch geprägten Frömmigkeit gehört die "Heilige Stunde", die auf Margarete Alacoque (1674) zurückgeht: betrachtendes Gebet in der Kirche, das sich mit dem Leiden und Sterben Jesu, seiner Liebe und der Einsetzung des Abendmahls beschäftigt. Diese Gebetszeit liegt am Abend vor dem Herz-Jesu-Freitag.

Weihe an das Herz Jesu als Akt der Hingabe an den Erlöser. Diese Weihe wird von den Päpsten seit Leo XIII geübt (s. 3.16. Christkönigsfest). Einzelne Länder, Orden, Familien und auch einzelne Beter vollziehen diese Weihe in eigens formulierten Gebeten.

Gebetsapostolat ist eine Gebetsbewegung, die 1844 von Jesuitenstudenten ins Leben gerufen wurde. Ziel der Bewegung ist das Gebet für bestimmte Anliegen, die monatlich vom Papst formuliert werden, die Herz-Jesu-Verehrung und die Motivation für die Glaubensverkündigung in der eigenen Umwelt. Die Zeitschrift der Vereinigung trägt den Titel "Sendbote des Herzens Jesu".

Herz-Jesu-Bruderschaften, Ordensgemeinschaften und Genossenschaften haben die Herz-Jesu-Verehrung zum Zentrum ihrer Spiritualität gemacht und drücken diese auch in ihrem Namen aus, z.B. Missionare des Heiligsten Herzens Jesu.

Gebete und Lieder wurden aus dem Geist der Herz-Jesu-Verehrung geschaffen. Herz-Jesu-Statuen, die Jesus mit dem durchbohrten Herzen zeigen, finden sich in vielen Kirchen. Sie stammen aus diesem bzw. aus dem 19. Jahrhundert. Neu ist eine Geldsammlung in katholischen und evangelischen Kirchen. Die Gelder werden ökumenisch verwaltet.

3.11.6. Ideen für Beiträge und Sendungen

Die Herz-Jesu-Verehrung wird von breiten Schichten des katholischen Volksteils getragen, vor allem von der älteren Generation. Die Inhalte der Herz-Jesu-Verehrung dürften, mehr als andere Frömmigkeitsformen, in starkem Gegensatz zu den Inhalten einer Zeitung, eines Hörfunk- bzw. Fernsehprogramms stehen.

In Beiträgen kann einmal an Themen des Karfreitags angeknüpft werden. Weiter kann die Gestalt Jesu, ihre Darstellung in der Kunst und Literatur zum Thema eines Beitrages gemacht werden.

Eine weitere Möglichkeit stellen die Gebetsanliegen des Papstes dar, die jeweils auf politische und kirchliche Krisenpunkte aufmerksam machen. Ein Bericht, eine Reportage, z.B. über ein Missionsland, ein Krisengebiet, eine Gruppe von Menschen, denen das Gebetsanliegen des Papstes gilt, können am Beginn eines Monats veröffentlicht werden.

3.12. Verklärung Christi 6. August

3.12.1. Anthropologische Voraussetzungen

Die Faszination eines Menschen

In den Evangelien wird berichtet, daß Jesus mit drei Jüngern auf einen Berg ging "und er wurde vor ihren Augen verwandelt, sein Gesicht leuchtete wie die Sonne, und seine Kleider wurden blendend weiß wie das Licht". (Mt 17,2)

Diese Erfahrung der Jünger Jesu hat in der Bibel einen theologischen Sinn, liegt aber nicht außerhalb des Erfahrungsbereiches des Menschen. Ein anderer Mensch erscheint strahlend, von einem Licht durchdrungen, ohne Begrenztheiten und Entstellungen, es geht etwas Faszinierendes von ihm aus. Solche Erfahrungen beschreiben Liebende, es sind aber auch kollektive Phänomene.

Der Held, der Star

Das Bild des Helden, die Faszination, die von einem Sieger ausgeht, der Star, sind Phänomene, die zum Erfahrungsbereich jeder Generation gehören. Zweifellos hat die Gestalt Jesu für die Christen etwas Faszinierendes - und steht damit in Konkurrenz zu anderen Menschen, die "verklärt" erscheinen.

3.12.2. Bezug zur Öffentlichkeit

Ausdruck der Religiosität der Ostkirche

Im Abendland hat dieses Fest, anders als in den Ostkirchen, keine Breitenwirkung erlangt. Die Religiosität der Orientalen wird durch die Verklärung Jesu, das Durchscheinen des Göttlichen, inspiriert, ihre Liturgie und Ikonographie sucht dieses Geheimnis darzustellen. Der Heiligenschein ist in der Sprache der Ikonographie die Darstellung einer Verklärung.

3.12.3. Entstehung des Festes

Das Fest wird in der Ostkirche seit dem 5. Jahrhundert gefeiert. Im Westen feiert man das Fest seit dem 10. Jahrhundert. Eine mehr historische Ausrichtung der Frömmigkeit im Mittelalter, die an den einzelnen Stationen des Lebens Jesu interessiert ist, fördert die Verbreitung des Festes. 1457 wird das Fest als Dank für den Sieg über die Türken bei Belgrad für die ganze westliche Kirche vorgeschrieben. Das Evangelium von der Verklärung wird jeweils am 2. Sonntag der Fastenzeit gelesen.

3.12.4. Aussage des Festes

Der Bericht von der Verklärung in den Evangelien

Die Evangelien berichten von anderen Ereignissen, in denen die Stimme Gottes für Jesus und, nicht in allen Fällen, für die Jünger vernehmbar wird. Während bei der Ankündigung von Jesu Geburt Engel die Botschaft Maria, Joseph und den Hirten bringen und die Magier die Zeichen der Sterne zu deuten wissen, heißt es bei der Taufe Jesu durch Johannes:

Jesus wird durch den Vater als Messias ausgewiesen

> Und als er (Jesus) aus dem Wasser stieg, sah er, daß der Himmel sich öffnete und der Geist wie eine Taube auf ihn herabkam. Und eine Stimme aus dem Himmel sprach: Du bist mein geliebter Sohn, an dir habe ich Gefallen gefunden.
> (Mk 1,10-11)

Bei der Verklärung hören die Jünger eine Stimme:

> Da erschien eine Wolke und überschattete sie. Und aus der Wolke kam eine Stimme: Dies ist mein geliebter Sohn, auf ihn sollt ihr hören.
> (Mk 9,7)

Bei den Wunderheilungen wird aus den Reaktionen der Menschen deutlich, daß sie in Jesus den Gesandten Gottes sehen:

> "Da gerieten alle außer sich, sie priesen Gott und sagten: So etwas haben wir noch nie gesehen", heißt es im Anschluß an die Heilung des Gelähmten.
> (Mk 2,12)

> "Da ergriff sie große Furcht, und sie sagten zueinander: Was ist das für ein Mensch, daß ihm sogar der Wind und der See gehorchen".
> (Mk 4,41)

Die Evangelien schildern Jesus als Gesandten Gottes, als Sohn, der zu Gott Vater sagt. Aber die Menschen erkennen in Jesus den Gesandten Gottes nicht, selbst die eigenen Jünger zweifeln.

Momente der Sicherheit

Nur in einigen Momenten ist es für die Jünger und die Umstehenden unzweifelhaft, wer Jesus ist. Es "scheint durch", daß Jesus von Gott gesandt ist, daß er der erhoffte Messias ist, daß er Gottes Sohn ist.

Im Vergleich dazu wird das Sterben Jesu düster geschildert, Jesus wird wie ein Verbrecher hingerichtet, er fühlt sich verlassen, sogar von Gott verlassen. Allenfalls die Art, wie er seine Verurteilung, die Mißhandlungen und die Hinrichtung erträgt, weisen ihn als einen Gerechten aus. Als hingerichteter Verbrecher hat Jesus jedoch alles Strahlende verloren.

Das dunkle Sterben Jesu

Aber selbst in dieser Situation erkennt ein Mensch, wer Jesu tatsächlich ist. Es ist kein Jünger, kein Jude, sondern ein Heide.

Jesus wird auch in seiner Erniedrigung als Sohn Gottes erkannt

> Als der Hauptmann, der Jesus gegenüberstand, ihn auf diese Weise sterben sah, sagte er: Wahrhaft dieser Mensch war Gottes Sohn.
> (Mk 15,41)

Die Begegnungen mit dem Auferstandenen überzeugen die Jünger davon, daß Jesus der Messias ist, der Sohn Gottes. Von den Ostererfahrungen her wurden die Evangelien geschrieben und auch die Verklärung Jesu als Vorahnung der Ostererfahrungen gesehen.

3.12.5. Elemente, Bilder, Brauchtum

Mit dem Fest verbinden sich keine besonderen Elemente und Riten. Hinzuweisen ist nur auf Darstellungen der Kunst.

3.12.6. Ideen für Beiträge und Sendungen

In Jesus den Gesandten Gottes erkennen.

Im Mittelpunkt des Festes steht die Gestalt Jesu, der für andere Menschen als Messias, als der Gesandte Gottes erkennbar wird. Daraus ergeben sich folgende Themen:

- Die Gestalt Jesu in der Kunst
- Berichte von Menschen, die Jesus als den Gesandten Gottes erkannt haben

Der "Nächste" als Gegenwart Jesu

In der christlichen Tradition ist der andere Mensch, der "Nächste", Medium der Begegnung mit Jesus. Der Nächste, vor allem der in Not geratene Mitmensch, steht für Jesus. Dieser Gedanke ist prägend für die abendländische Moralität geworden. So könnte auch das Bild des Menschen in der Kunst im Zusammenhang mit der Verklärung Christi gesehen werden.

Die Aura der Herrscher und Helden

Die Gestalt Jesu stand schon in den ersten Jahrhunderten in Konkurrenz zu den römischen Herrschern. Der Glanz des Sohnes Gottes hat in den Augen der Christen den Glanz der Kaiser überstrahlt, in Christus sahen sie den Herrscher der Welt. In den Helden- und Herrscherbildern einer Epoche spiegeln sich die gesellschaftlichen Strömungen und Weltvorstellungen. Eine Analyse der "Helden-" und "Star"-Kulte der verschiedenen Epochen kann zur Auseinandersetzung mit faszinierenden Personen der Gegenwart beitragen.

3.13. Fest der Kreuzerhöhung 14. September

3.13.1. Anthropologische Grundlagen

Marterwerkzeuge

Die Menschen haben viele Werkzeuge erfunden, um andere zu quälen, zu foltern, hinzurichten. Eines dieser Marterwerkzeuge ist das Kreuz. Die Christen sehen in ihm nicht nur das Schreckliche, sondern auch das Zeichen der Erlösung. Der eine, der am Kreuz hingerichtet wurde, hat einen Teil des Schrecklichen, das wir mit dem Anblick von Marterwerkzeugen verbinden, aufgefangen.

Das Kreuz wird nicht nur von den Christen als religiöses Symbol gebraucht. In vielen Religionen ist es ein Glücks- und Heilszeichen, steht als Symbol des Lebens, kann aber auch Fluch bedeuten.

Das Kreuz als religiöses Symbol

3.13.2. Bezug zur Öffentlichkeit

Das Kreuz ist in der Öffentlichkeit an vielen Orten präsent, nicht nur in Kirchen, sondern auch an Wegen, auf Bergen. Auch in vielen Wohnungen hängt ein Kreuz, Kreuze werden als Schmuckstücke getragen.

Das Kreuz ist zu einem Symbol geworden, das für Religiosität steht, für die christliche Glaubenshaltung.

3.13.3. Entstehung des Festes

Das Fest ist sehr alt, es wurde bereits im 4. Jahrhundert gefeiert, auch schon am 14. September, an dem die Kaiserin Helena, Mutter Konstantins, das Kreuz Jesu in Jerusalem gefunden haben soll. Inwieweit es sich tatsächlich um das Kreuz handelte, an dem Jesus hingerichtet wurde und ob die Kaiserinmutter Helena ein Kreuz gefunden hat, ist historisch nicht zu verifizieren. Auf jeden Fall ist eine Kreuzverehrung in Jerusalem in der ersten Hälfte des 4. Jahrhunderts bezeugt. Von dem Jerusalemer Kreuz wurden Teile nach Konstantinopel gebracht. Kreuzreliquien gelangten auch in viele Städte des Abendlandes. In Deutschland bewahren Kreuzreliquien auf: Donauwörth, Wiblingen, Scheyern, Maria Laach, St. Matthias in Trier, Limburg, Köln.

Früher Ursprung des Festes

Das Kreuz wurde von den Persern 614 geraubt, von Kaiser Heraklius 628 zurückgewonnen und ging endgültig 1187 in einer Schlacht des II. Kreuzzuges in Palästina verloren, als es als Feldzeichen mitgeführt wurde.

Erhöhung - Verehrung

Das Kreuz wurde den Gläubigen zur Verehrung gezeigt, desgleichen in Kirchen, die eine Kreuzreliquie aufbewahren. Diese feierliche Zeremonie wird als "Erhöhung des Kreuzes" (exaltatio crucis) bezeichnet.

Ein weiteres Kreuzfest wurde am 3. Mai gefeiert, dem Datum, an dem Kaiser Heraklius im Jahr 628 das von den Persern geraubte Kreuz wieder zurückeroberte. Dieses Fest wurde bei der Neuordnung des Kirchenjahres abgeschafft.

Im Zusammenhang mit dem Fest der Kreuzerhöhung steht das Fest der "7 Schmerzen Marias" am 15. September (s.u. 4.5. S. 293).

3.13.4. Aussage des Festes

Das Kreuz als Zeichen des Heils

Das Fest stellt das Kreuz als Zeichen des Heils in den Mittelpunkt:

> Wir rühmen uns des Kreuzes unseres Herrn Jesus Christus. In ihm ist uns Heil geworden und Auferstehung und Leben. Durch ihn sind wir erlöst und befreit.

Dieses Gebet am Beginn des Gottesdienstes formuliert prägnant die christliche Auffassung der Erlösung.

Die eherne Schlange im Alten Testament

Die Christen sehen in dem alttestamentlichen Bericht über die eherne Schlange, die Moses auf einer Stange erhöhte, ein Bild der Erhöhung (Num 21,4-9). Wie die erhöhte Schlange der Israeliten, die gebissene Menschen heilte, so ist der am Kreuz erhöhte Jesus Ursache des Heils aller Menschen. Das Johannesevangelium zieht bereits diese Parallele.

> Die Israeliten brachen vom Berg Hor auf und schlugen die Richtung zum Schilfmeer ein, um Edom zu umgehen. Unterwegs aber verlor das Volk den Mut, es lehnte sich gegen Gott und Mose auf und sagte: Warum habt ihr uns aus Ägypten herausgeführt? Etwa damit wir in der Wüste sterben? Es gibt weder Brot noch Wasser. Dieser elenden Nahrung sind wir überdrüssig.

Da schickte der Herr Giftschlangen unter das Volk. Sie bissen die Menschen, und viele Israeliten starben. Die Leute kamen zu Mose und sagten: Wir haben gesündigt, denn wir haben uns gegen den Herrn und gegen dich aufgelehnt. Bete zum Herrn, daß er uns von den Schlangen befreit. Da betete Mose für das Volk. Der Herr antwortete Mose: Mach dir eine Schlange und hänge sie an einer Fahnenstange auf. Wenn nun jemand von einer Schlange gebissen wurde und zu der Kupferschlange aufblickt, blieb er am Leben.
(Num 21,4-9)

Und wie Moses die Schlange in der Wüste erhöht hat, so muß der Menschensohn erhöht werden, damit jeder, der an ihn glaubt, in ihm das ewige Leben hat.
(Joh 3,14-15)

Das Kreuz - Zeichen für ein historisches Ereignis

Im Fest der Kreuzauffindung erinnern sich die Christen des historischen Ereignisses, das an etwas Materiellem festgemacht werden kann. Die Kreuzreliquien, die von dem in Jerusalem verehrten Kreuz genommen wurden, stellen eine Verbindung zu dem historischen Ereignis her, das zugleich Ereignis der Erlösung ist.

3.13.5. Elemente, Bilder, Brauchtum

Eine Kreuzverehrung kennt die Liturgie am Karfreitag (s.o. 3.6.5., S. 149). Das Fest der Kreuzerhöhung kennt über die Meßfeier hinaus keinen eigenen Ritus. Das ist auch sicher zeitbedingt; im reliquienfreudigen Mittelalter hatten Kreuze, vor allem die Kreuzreliquien, eine größere Bedeutung.

Zum Bestandteil des Festes gehört die Legende von der Kreuzauffindung, es entstanden auch andere Legenden über Heilswirkungen der Kreuzreliquien.

Mit dem Kreuz verbinden sich auch Vorstellungen der Dämonenabwehr. Ein Kreuz im Haus oder auf dem Stall bringt Segen.

3.13.6. Ideen für Beiträge und Sendungen

Das Fest hat einen etwas anderen Akzent als das Haupt-Kreuz-Fest, der Karfreitag. Das Kreuz wird als Zeichen des Heils verehrt.

Das Kreuz als Heilszeichen der Christen

- Das Kreuz, Kreuzesdarstellungen der Jahrhunderte
- Kunstgeschichtlich bedeutsame Kreuze
- Das Kreuz in der Umwelt des Christen, Wegkreuze, Bergkreuze ...

Die Verbindung der Christenheit mit Jerusalem, die Kreuzzüge.

Das Fest Kreuzerhöhung hat seinen Ursprung in Jerusalem. Von dort geht die Kreuzverehrung aus, Kreuzreliquien in vielen Kirchen des Abendlandes weisen auf Jerusalem.

Ein zwiespältiges Kapitel der geschichtlichen Verbindung des Abendlandes mit Jerusalem sind die Kreuzzüge, die aus der Geistigkeit des Rittertums zu verstehen sind und durch kulturelle Einflüsse große Rückwirkungen auf das Abendland hatten.

Eine andere Verbindung zu Jerusalem sind Wallfahrten, die bereits Ende des 3. Jahrhunderts organisiert wurden (s.S. 389).

Das Kreuz als Skandal

Durch die Kreuzerhöhung und den symbolischen Gebrauch des Kreuzes ist die ursprüngliche Botschaft des Kreuzes entschärft, daß das Heil von einem Menschen kommen soll, der als gemeiner Verbrecher hingerichtet wurde. Paulus schreibt im 1. Korintherbrief:

> Denn da die Welt angesichts der Weisheit Gottes auf dem Weg ihrer Weisheit Gott nicht erkannte, beschloß Gott, alle, die glauben, durch die Torheit der Verkündigung zu retten. Die Juden fordern Zeichen, die Griechen suchen Weisheit. Wir dagegen verkünden Christus als den Gekreuzigten: für Juden ein empörendes Ärgernis, für Heiden eine Torheit, für die Berufenen aber, Juden wie Griechen, Christus, Gottes Kraft und Gottes Weisheit.
> (1 Kor 1,21-24)

Die Kreuzestheologie ist vor allem für das Luthertum Mitte der Theologie.

3.14. Erntedank

Am 1. Sonntag im Oktober wird in vielen Gemeinden das Erntedankfest gefeiert. Hier wird eine Idee aufgegriffen, die bereits in den vorchristlichen Religionen, sowohl im Judentum wie auch in der römischen Religion im Jahresablauf ihren Platz hatte.

3.14.1 Anthropologische Voraussetzungen

Abhängigkeit von der Natur

Solange Menschen unmittelbar von dem Kreislauf der Natur abhängig sind, erfahren sie die Nahrungsgewinnung als bedroht. Eine gute Ernte gibt ein Gefühl der Sicherheit, sie garantiert das Leben für einige Zeit und bietet Anlaß zum Feiern. Man kann noch aus dem Vollen schöpfen.

Die Ernte wird als Geschenk erfahren, das nicht selbstverständlich ist und für das man Dank abstatten muß.

Wachstum aus der Hand Gottes

Der Dank gilt der Erde, den Naturgöttern. Juden und Christen sehen Gott nicht nur als den Schöpfer der Welt, sondern auch als den, der diese Welt erhält, der ständig Leben schenkt, aus dessen Hand der Mensch seine Nahrung erhält. Wie der Mensch sein Leben von Gott empfangen hat, so kommt auch alles, was dieses Leben erhält und weiterführt, aus der Hand Gottes. Diese Grundbeziehung zum Ursprung der Welt ist nicht nur der christlichen Religion, sondern der Religion überhaupt eigen.

3.14.2. Bezug zur Öffentlichkeit

Leichter Zugang zur Aussage des Festes

Das Erntedankfest hat durch den äußeren Rahmen sowie auch durch seine augenfälligen Aussagen vielen Menschen einen leichteren Zugang ermöglicht als andere christliche Feste. Die farbenprächtigen Erntegaben, die zum Altar gebracht werden, geben dem Fest einen Charakter, der unmittelbar ins Auge springt und der auch nachzuvollziehen ist, ohne daß man die schwierigen christlichen Aussagen über die Menschwerdung Gottes, die Erlösung oder die Sakramente mitvollziehen muß.

Mangelnder Erfahrungsbezug

Statt Abhängigkeit von der Natur, Abhängigkeit von der Wirtschaft

Allerdings ist in einer Industriekultur der unmittelbare Erfahrungsbezug zum Erntedank nicht mehr gegeben. Das Leben des einzelnen ist weniger durch den Verlauf der Jahreszeiten, durch Sonne, Regen, Unwetter bestimmt als durch die Vorgänge auf dem Welt-, auf dem Arbeitsmarkt, durch Preisentwicklungen und Tarifabschlüsse. In den Wirtschaftsdaten spielen die Erträge der Landwirtschaft kaum eine Rolle. Angesichts umstrittener Subventionen und Überproduktion kommt sie sogar ins Gerede. Wohl nicht zuletzt als Folge dieser Lebensumstände wird das Erntedankfest in vielen städtischen Gemeinden nicht mehr gefeiert - oder es ist nur noch eine folkloristische Veranstaltung. Die durch die Industriekultur geprägten Lebenserfahrungen sind bisher nicht oder nur in Ansätzen in die Feier des Erntedanks integriert worden.

Als Erntedankfeste können auch die verschiedenen Weinfeste angesehen werden. Weiter gibt es regionale Bräuche, die im Zusammenhang mit der Ernte stehen - das Kohlessen, die Martinsgans. Auch eine Kirmes und Jahrmärkte können aus Erntefesten entstanden sein.

Andere Erntefeste

3.14.3. Entstehung des Festes

Der Termin für ein Erntedankfest hängt von der jeweiligen Klimazone ab. In der katholischen Kirche kann es daher keinen einheitlichen Termin für dieses Fest geben. Für Deutschland ist der erste Sonntag im Oktober von der Bischofskonferenz erst 1972 festgelegt worden. Allerdings sind die Gemeinden nicht verpflichtet, dieses Fest auch zu feiern.

Terminabhängig von der Klimazone

Der Erntedank im Herbst geht wahrscheinlich auf römisches Brauchtum zurück, das die römische Kirche sehr früh (evtl. schon im 3. Jahrhundert) übernommen hat.

Übernahme römischen Brauchtums

In evangelischen Gemeinden ist der Michaelstag (29. September) bzw. der Sonntag danach der Erntedanktag.

Michaelstag

3.14.4. Aussagen des Festes

Der Dank für die Ernte ist eine Konkretisierung des Schöpfungsglaubens. Der Mensch erfährt sich weder als Hervorbringer der Welt noch als der, der Wachstum und Ernte garantieren kann. Er ist sich selbst geschenkt, das Leben und alles, was dieses Leben erhält, ist ihm gegeben. Im Dank antwortet er auf diese Gabe.

Antwort auf die Ernte als Gabe

Der Erntedank war früher auf kleine Wirtschaftsgemeinschaften bezogen. Der Welthandel, auch mit Getreide, der Hunger in vielen Ländern geben dem Erntedankfest eine weltweite Dimension.

Weltweite Dimension heute

Gedanken des Teilens

In der christlichen Tradition wurde mit dem Erntedankfest der Gedanke des Teilens verbunden. Die Ernte ist ein Geschenk aus Gottes Hand, das zum Weiterschenken verpflichtet.

3.14.5. Elemente, Bilder, Brauchtum

Früchte werden zum Altar gebracht

Die kirchliche Erntedankfeier ist in die Gottesdienste integriert. Erntegaben werden nach dem Wortgottesdienst zum Altar gebracht oder sind schon zum Beginn der Messe am Altar niedergelegt worden.

Brot und Wein gehören zum christlichen Gottesdienst

Der eucharistische Gottesdienst nimmt ja immer auf Brot und Wein Bezug: "Früchte der Erde und der menschlichen Arbeit". Weitere Gebetstexte sind dem Erntedank gewidmet.

Neben dem Gottesdienst gibt es regional noch ein vielfältiges Brauchtum.

- Erntefeste mit Festessen und Tanz
- Weinfeste
- Jahrmärkte
- Erntepuppe. Aus der letzten Garbe wird eine Puppe ausstaffiert, die auf dem Feld als "Opfergabe" bleibt oder zum Erntefest mitgenommen wird. Mit der Garbenpuppe wird ein Ehrentanz aufgeführt.
- Der Almabtrieb steht auch im Zusammenhang mit dem Erntedank
- Heiligentage verbinden sich mit Erntebräuchen, so der Michaelstag am 29. September, der Martinstag am 11. November (Gans-Essen)

3.14.6. Ideen für Beiträge und Sendungen

- Ernte in unserem Land
- Ernte weltweit
- Erntedank bei den verschiedenen Religionen
- Wachstum im Zeitraffer beobachtet. Wie wachsen Roggen, Äpfel, Rüben ...?
- Umweltbedrohung als Erntebedrohung
- Entfremdung der jungen Generation von der Landwirtschaft und dem "täglichen Brot"
- Geschwundene Ehrfurcht vor dem Brot, das zu einem Industrieprodukt unter vielen wurde.

3.15. Allerheiligen und Allerseelen 1. und 2. November

Ein Fest am Beginn des Totenmonats

Im Monat November erinnern wir uns an die Toten. Am Beginn des Monats feiert die Kirche erst einmal mit Allerheiligen ein Fest, ehe sie sich den eher dunklen Seiten des Todes zuwendet. Der Allerseelentag am 2. November gilt dem Gedächtnis der Verstorbenen.

3.15.1. Anthropologische Voraussetzungen

Die Toten gehören zur Umwelt

Das Gedächtnis der Toten gehört zum Bestand aller Kulturen. Paläanthropologen schließen auf Menschenwesen, wenn sie Spuren von Bestattungsriten finden. Die Toten spielen im Denken der Lebenden vielfältige Rollen. In der familiengeprägten Religiosität, z.B. Chinas, aber auch vieler Völker Afrikas, gehören die Toten zum Alltag, sie werden als anwesend gedacht, sie gehören zur Erde, auf der man lebt.

Das Heldenbild

Andere Kulturen, so auch die germanische, haben den Helden im Blick. Die Taten des Helden sichern ihm das Gedächtnis der Lebenden. Die Heiligen sind die christlichen Helden - allerdings ist Allerheiligen gerade das Fest der unbekannten Heiligen.

Angst vor den Totengeistern

Schließlich gibt es den eher furchtsamen Umgang mit den Toten, den nicht zur Ruhe gekommenen Seelen, die den Alltag der Lebenden stören. Anklänge dieser Richtung finden sich im Allerseelentag.

3.15.2. Bezug zur Öffentlichkeit

Die Toten sind in der Öffentlichkeit nicht präsent

Das Gedächtnis der Toten hat in der Industriegesellschaft kaum Platz. Zumindest im öffentlichen Bewußtsein leben die Toten kaum mit - anders als zum Beispiel bei Naturvölkern oder noch in Landgebieten, wo Angehörige eines Toten "Schwarz" tragen. Dieses in der Öffentlichkeit verdrängte Gedächtnis der Toten korrespondiert wahrscheinlich mit dem Rückgang vieler privater Formen des Totengedächtnisses - Bilder der Toten, Sterbetage, Friedhofsbesuche und andere rituelle Handlungen. Der Monat November bietet einige Ansatzpunkte, den Toten im öffentlichen Bewußtsein einen Platz einzuräumen.

Friedhofsbesuch

Der Besuch der Friedhöfe am Allerheiligentag.

Volkstrauertag
Totensonntag

Der Volkstrauertag zum Gedächtnis der Toten der Weltkriege sowie der von den evangelischen Christen begangene Totensonntag machen diesen Monat zum Monat der Toten.

3.15.3. Entstehung des Allerheiligenfestes und des Allerseelentages

Ehe das Christentum Anerkennung im römischen Reich fand, setzten viele Christen ihr Leben für den Glauben ein. Das "Glaubenszeugnis", wie es die Christen nennen, führte zu dem Begriff Märtyrer, griechisch "Zeuge". Der Glaubenstod galt und gilt als unmittelbarer Weg zur endgültigen Erlösung.

Der Märtyrer ist bei Gott. Sein Sterbetag gilt als Geburtstag für das ewige Leben.

Todestag als Geburtstag

Neben den Gedenktagen einzelner Märtyrer gab es schon im 4. Jahrhundert im Orient ein Gedächtnis aller Märtyrer. Das Datum ist unterschiedlich in den verschiedenen Teilkirchen. Der 13. Mai, der Sonntag nach Pfingsten sowie der Freitag nach Ostern werden als Gedächtnistage überliefert.

Gedenktage für Märtyrer

In Rom wurde anfangs der 13. Mai übernommen als Gedächtnistag aller Märtyrer. An diesem Tag wurde im Jahr 609 oder 610 das heidnische Pantheon als Kirche zu Ehren der "Jungfrau Maria und aller Märtyrer" eingeweiht.

Der 1. November ist im 9. Jahrhundert durch Ludwig den Frommen in Frankreich eingeführt worden.

Der Allerseelentag am 2. November geht auf den Abt Odilo von Cluny zurück, der 998 das Gedächtnis aller verstorbenen Gläubigen für alle Cluny unterstellten Klöster anordnete. Ähnliche Gedächtnistage sind schon vorher bezeugt (Tag nach Pfingsten, 17. Dezember).

3.15.4. Aussagen des Allerheiligenfestes und des Allerseelentages

Allerheiligen ist in seiner Aussage auf Ostern bezogen. Es ist kein Tag des Totengedächtnisses, sondern feiert das neue Leben, in das die Heiligen gelangt sind und das allen Christen verheißen ist.

Kein Totengedächtnis an Allerheiligen

Einheit von Himmel und Erde

Die Heiligen werden als zur Kirche zugehörig betrachtet. Man spricht von der triumphierenden, der himmlischen Kirche und der pilgernden Kirche. Beide bilden im Glaubensverständnis die eine Kirche. Diese wird an Allerheiligen gefeiert. Die Liturgie ist durch zwei Texte geprägt, die dem Tag einen besonderen Charakter verleihen. Es werden aus der Geheimen Offenbarung das 7. Kapitel und aus dem Matthäusevangelium die Seligpreisungen gelesen (Mt 5,1-11). Auf der einen Seite ein sehr bildhafter Text von den Engeln, die die Erlösten in weißen Gewändern in den Himmel geleiten, auf der anderen Seite sehr karge Aussagen:

> Dann sah ich: eine große Schar aus allen Nationen und Stämmen, Völkern und Sprachen; niemand konnte sie zählen. Sie standen in weißen Gewändern vor dem Thron und vor dem Lamm und trugen Palmzweige in ihren Händen. Sie riefen mit lauter Stimme: Die Rettung kommt von unserem Gott, der auf dem Thron sitzt, und von dem Lamm! Und alle Engel standen rings um den Thron, um die Ältesten und die vier Wesen. Sie fielen vor dem Thron auf ihr Angesicht nieder, beteten Gott an und sprachen: Amen, Lobpreis und Herrlichkeit, Weisheit und Dank, Ehre und Macht und Stärke unserem Gott in Ewigkeit! Amen. Da sprach einer von den Ältesten zu mir und fragte mich: Wer sind diese, die weiße Gewänder tragen, und woher sind sie gekommen? Ich erwiderte ihm: Du, mein Herr, weißt es. Und er sprach zu mir: Das sind jene, die aus der großen Drangsal kommen; sie haben ihre Kleider gewaschen und im Blut des Lammes weiß gemacht.
> (Offb 7,9-14)

> Selig, die arm sind vor Gott, denn ihnen gehört das Himmelreich,
> Selig die Barmherzigen, denn sie werden Erbarmen finden.
> (Mt 5,3; 7)

Gedächtnis der Verstorbenen in der Praxis der Katholiken

In der religiösen Praxis der Katholiken ist das Gedächtnis der Verstorbenen, das erst am Allerseelentag begangen wird, dennoch Inhalt des Allerheiligentages: Der Besuch auf dem Friedhof. Das Gedächtnis der Verstorbenen, oft "Arme Seelen" genannt, hat die konkrete Gestalt der Volksfrömmigkeit in manchen Generationen geprägt. Hier sind sicher Elemente des Geisterglaubens, des Umgangs mit den Toten, die als Geister gegenwärtig gefühlt werden, wirksam. Zum Inhalt katholischer Volksfrömmigkeit gehört die Sorge um die Verstorbenen, die noch nicht im Himmel sind, sondern sich an einem Ort der Reinigung, dem Fegfeuer, befinden. Die Vorstellung eines Zwischenreiches zwischen dem Jenseits, dem endgültigen Aufenthaltsort der Toten, und dem Reich der Lebenden findet sich in vielen Religionen. Die Lebenden können den Toten auf ihrem Weg in den endgültigen Zustand helfen. Dieser Weg wird als Befreiung verstanden. In die christliche Vorstellung vom Fegfeuer sind Vorstellungen der Religionen des Mittelmeerraumes, vor allem die über den "Hades", eingegangen. Es entwickelten sich schon früh Totenmessen.

Der Messe wird für die Befreiung aus dem Fegfeuer eine große Wirkung zugeschrieben. Die Vorstellung ist, daß die "Armen Seelen" im Fegfeuer selbst ihre Situation nicht verändern können, sondern auf die Hilfe der Christen angewiesen sind, deren Leben noch nicht durch den Tod abgeschlossen ist, die noch handeln können. So werden für die Toten "Messen gelesen" am Begräbnistag, 6 Wochen danach und am Jahrestag des Todes. Am Allerseelentag kann der Priester drei Messen lesen, damit so den Verstorbenen mehr Hilfe zuteil wird.

Dieses Verständnis der Messe hat seit dem II. Vatikanischen Konzil in der konkreten religiösen Praxis sehr an Bedeutung verloren. Die Messe wird weniger als heilbringender Ritus für den einzelnen, für die Toten oder für Anliegen einzelner verstanden, sondern als Versammlung der Gemeinde, die von Jesus gestiftet und in der er gegenwärtig ist.

Ablässe

Die Ablässe beziehen sich ebenfalls auf die Vorstellung des Fegefeuers. Sie reinigen nicht von der Sünde, aber von den Folgen der Sünde.

3.15.5. Elemente, Bilder, Brauchtum

Besuch auf dem Friedhof, meist schon am Allerheiligentag. Die Gräber werden geschmückt, es werden brennende Lichter auf die Gräber gesetzt. Mit dem Allerheiligentag endet der Sommer und beginnt der Winter. In der Zeit um Allerheiligen und Allerseelen haben nach dem Volksglauben die Seelen freie Tage, sie können das Fegefeuer verlassen; sie machen sich als kleine Flämmchen bemerkbar, erhalten Speisen. Die Lichter auf den Gräbern sollen die Seelen anlocken, damit sie ihre Körper finden.

3.15.6. Ideen für Beiträge und Sendungen

Allerheiligen

- Das Bild des christlichen Heiligen
- Die namenlosen Heiligen
- Der christliche Held im Unterschied zu anderen Heldenbildern

Das Gedächtnis der Toten

- Das Vergessen der Toten
- Vorstellungen über die Gegenwart der Toten in anderen Religionen und Kulturen
- Ein Gang auf den Friedhof

Trauer

- Hilfen für Menschen, die um einen Verstorbenen trauern
- Totenklagen
- Vorbereitung auf den Tod

Friedhöfe

3.16. Christ-Königs-Sonntag

Am Ende des Kirchenjahres, d.h. am Sonntag vor dem 1. Advent, wird das Hochfest vom Königtum Christi gefeiert.

3.16.1. Anthropologische Voraussetzungen

Der König ist nicht nur eine politische, sondern auch eine numinose Figur, die auf die Transzendenz verweist. Königshäuser berufen sich für ihre Familie auf himmlische Abstammung, sie verkörpern den Herrn des Himmels. Im Mittelalter bezeichneten sich die Kaiser als Stellvertreter Christi, während dem Papst der Titel "Nachfolger Petri" zukam.

König, numinose Gestalt

In verschiedenen Religionen war der König zugleich Priester, durch den die Verbindung zur Transzendenz gewährleistet wurde. Bis in unser Jahrhundert gibt es die Vorstellung, daß der König seine Macht unmittelbar von Gott herleitet, nicht von Volkes, sondern von Gottes Gnaden sein Amt ausübt. Auf den König richten sich vielfältige Erwartungen, daß er Schutz gewähre, Gerechtigkeit übe und dem Schwachen Lebensraum gebe.

Könige als Priester

3.16.2. Bezug zur Öffentlichkeit

Wenn die Christen Jesus ihren Kyrios, ihren Herrn, nennen, wenn sie ihn als Weltenherrn, Pantokrator, darstellen, machen sie eine politische Aussage. Nicht zuletzt deswegen gerieten sie in Konflikt mit dem römischen Staat. Sie erkannten zwar die staatliche Macht an, verweigerten ihr aber kultische Verehrung.

Absage an kultische Verehrung des Staates

Das Christ-Königs-Fest war in der Zeit des Dritten Reiches und auch noch in der Nachkriegszeit eine Demonstration der Katholiken, vor allem der Jugend, wen sie als ihren König anerkennen. Unter den heutigen politischen Umständen besteht dieser Bezug nicht mehr. Daher hat das Fest auch im Bewußtsein der Katholiken stark an Bedeutung verloren.

Christ-Königs-Fest in der Hitlerzeit

3.16.3. Entstehung des Festes

Das Christ-Königs-Fest wurde durch Papst Pius XI. 1925 eingeführt. Die Anerkennung der Königswürde Christi war nach Ansicht dieses Papstes das wirksamste Gegenmittel gegen die zerstörenden Kräfte der Zeit. Ein Grund, das Fest einzuführen, war auch die 1600-Jahrfeier des Konzils von Nicäa 325. Der Termin für das Fest war der letzte Sonntag im Oktober, vor dem Fest Allerheiligen am 1. November. An dem Festtag sollte jeweils auch die öffentliche Weihe an das Herz des Erlösers vorgenommen werden.

Das Christ-Königs-Fest war früher der Bekenntnistag der Jugend. Zuerst lag der Tag auf dem Sonntag nach Pfingsten, dem Dreifaltigkeitssonntag. Als die Nationalsozialisten das Reichssportfest auf diesen Sonntag legten, wurde der Christkönigssonntag zum Bekenntnistag der Jugend.

Die Liturgiereform nach dem II. Vatikanischen Konzil hat das Fest auf den letzten Sonntag des Kirchenjahres, auf den Sonntag vor dem 1. Advent, gelegt. Damit ist das Fest in die Perspektive auf die endgültige Herrschaft Jesu, die die Christen für das Ende der Zeiten erwarten, hineingenommen. Texte vom Ende der Welt und der Wiederkunft Christi werden an den letzten Sonntagen des Kirchenjahres und am Anfang des Advents im Gottesdienst gelesen.

3.16.4. Aussagen des Festes

Am Ende des Kirchenjahres beinhaltet das Christkönigsfest einen Ausblick auf das Ende der Zeiten, wenn Jesus seine Königsherrschaft in vollem Umfang ausübt. Dann ist das Reich Gottes verwirklicht. Es erfüllen sich die alttestamentlichen Verheißungen, die mit der Erwartung eines Messias verbunden waren.

Die Aussage, daß Jesus der Christus, der Gesalbte, ist, bedeutet für das Judentum, daß Jesus der Messias ist, der verheißene neue David. Der Messiastitel ist für den Juden ein Königstitel, wenn der Messias auch prophetische Züge trägt.

Der Messiastitel ist ein Königstitel

Es ist aus dem Evangeliumsbericht nicht sicher abzulesen, ob Jesus sich selbst als Messias bezeichnet hat. Wahrscheinlich hat er das nicht getan. Das Selbstverständnis Jesu läßt sich auch nicht mit dem Messiastitel allein wiedergeben. Jesus ist aufgetreten mit dem Anspruch, eine neue Zeit anzukündigen. Er hat vom Reich Gottes gesprochen, das kommen soll und schon anfänglich da ist. Dieses Reich Gottes, das Matthäus Basileia, Königsherrschaft nennt, hat Jesus in engem Zusammenhang mit seiner Person gesehen. Mit ihm kommt das Reich Gottes, er ist nicht nur einer, der die Gottesherrschaft ankündigt.

Die Jünger Jesu hatten diese Herrschaft als ein politisches Erstarken Israels verstanden, das zur Vertreibung der Römer und zur Aufrichtung einer neuen Regierung führen würde. Die Hinrichtung Jesu als gemeiner Verbrecher hat diese Erwartungen radikal enttäuscht.

Die Ostererfahrungen bedeuten für die Jünger einen neuen Anfang. Gott hat Jesus nicht im Tod gelassen. Jesus hat durch sein Sterben und seine Auferstehung den Tod überwunden. Er ist zum Herrn, Kyrios, eingesetzt. Die Dimensionen seiner Herrschaft umfassen den ganzen Kosmos, auch die Welt der Engel sowie die ganze Geschichte. Ostern ist im Verständnis der Bibel auch die Einsetzung Jesu als Kyrios. Das Christ-Königs-Fest hat daher keinen anderen Inhalt als Ostern.

Mit der Auferstehung wird Jesus erhöht

Die Anerkennung des Kyrios Jesus beinhaltet für die Christen auch eine Relativierung aller Könige und Kaiser und der von ihnen repräsentierten staatlichen Macht. Die Christen haben den Staat entsakralisiert, der König, der Kaiser, hatte für sie keine religiöse Funktion, sie konnten in den Augen der Christen kein Heil vermitteln.

Der Kyrios Jesus - Relativierung der Kaiser und Könige

Konflikt mit dem römischen Staat

Das mußte zwangsläufig zu einem Konflikt mit dem römischen Staat führen, wie später auch mit den verschiedenen Staatsideologien, die dem Menschen mehr als eine geordnete Lenkung des Gemeinwesens und die Sorge für das bonum commune versprochen.

Maßstab für Ausübung von Herrschaft

Neben der Relativierung der staatlichen Macht haben die Christen im Verhalten Jesu auch einen Maßstab für jede Herrschaftsausübung gesehen. An diesem Maßstab haben sie nicht nur die weltlichen, sondern auch die kirchlichen Herren gemessen. Die Sorge Jesu für die Armen und Kranken, sein Eintreten für Gerechtigkeit, seine Bereitschaft zu vergeben, beschreiben zugleich das Idealbild eines Königs.

Die Versuchung Jesu

In den biblischen Texten finden sich auch Aussagen über die Ausübung von Herrschaft. Der Bericht über die Versuchung Jesu stellt szenisch dar, daß Jesus nicht mit den üblichen Mitteln die Menschen beeindrucken, sich den Rückhalt für die Ausführung seiner Sendung sichern wollte. Er weist den Versucher zurück und will keine spektakulären Dinge tun, vor allem will er die Reichen der Welt nicht durch Unterwerfung unter den Satan gewinnen.

Jesus verzichtet auf Machtmittel

Der Verzicht auf Machtmittel kennzeichnet sein Verhalten. Nach dem Brotwunder weist er das Angebot der Volksscharen zurück, eine politische Rolle zu übernehmen. Seinen Jüngern trägt er auf, ihr Amt als Dienst aufzufassen. Er wäscht ihnen selbst die Füße, um ein Vorbild zu geben. Die Überschrift über dem Kreuz nennt ihn als König der Juden. So zeichnet ihn vor allem das Johannesevangelium. Vor Pilatus stehend sagt Jesus:

> Ich bin ein König, ich bin dazu geboren und dazu in die Welt gekommen, daß ich für die Wahrheit Zeugnis ablege. Jeder, der aus der Wahrheit ist, hört auf meine Stimme.
> (Joh 18,37)

Jesus der Hirt

Die Züge des Königsbildes Jesu sind durch die biblischen Berichte deutlich akzentuiert. Sie werden auch durch das Bild des Hirten zum Ausdruck gebracht. Jesus ist der Hirt, der sich um seine Herde sorgt.

Christsein bedeutet in der Terminologie des Königtums, sich der Herrschaft Jesu zu unterwerfen. Das heißt aber, Jesus in seinem Handeln und seinen Intentionen nachzufolgen.

Sich der Herrschaft Jesu unterwerfen

3.16.5. Elemente, Bilder, Brauchtum

Der Christ-Königs-Sonntag, früher am letzten Sonntag im Oktober gefeiert, war der Bekenntnistag der Jugend. Meist am Nachmittag versammelten sich die Jugendlichen mehrerer Pfarreien in einer Kirche. Neben einer programmatischen Predigt war ein Treuebekenntnis zu Jesus Christus wichtiges Element dieser Feier. Hatte dieser Bekenntnistag in der Zeit des Nationalsozialismus und noch in den fünfziger Jahren eine große Bedeutung, so ist diese Tradition heute nicht mehr lebendig. Durch die Verlegung des Festes auf den letzten Sonntag im Kirchenjahr, der notwendigerweise im November liegt, hat sich der Charakter des Tages zudem verändert. Früher fand am Christ-Königs-Tag auch eine Weihe an das Herz Jesu statt. In der bildenden Kunst ist das Motiv der Königsherrschaft Christi in vielfältiger Weise, z.B. durch thronenden Christus in der Apsis einer Basilika oder den Weltenrichter im Tympanon gotischer Kathedralen dargestellt worden, ebenso das Bild des Hirten.

Bekenntnistag der Jugend

3.16.6. Ideen für Beiträge und Sendungen

Das Christentum und die staatliche Macht

- Jesus, der Kyrios, und der Kaiser
- Der politische Hintergrund der Märtyrer
- Konflikte zwischen Kirche und Staat in der Geschichte des 20. Jahrhunderts
- Die Anerkennung des Christentums als Religion durch die staatlichen Institutionen
- Kritik der Macht durch christliche Propheten

Christus, der König, als Idealbild christlicher Frömmigkeit

- Das ritterliche Ideal des Mittelalters
- Parzival
- Der Königsgedanke in den Exerzitien des Ignatius von Loyola
- Der Königsgedanke in der kirchlichen Jugendbewegung der Vorkriegszeit

Die Feier des Christ-Königs-Festes in Deutschland

- Die katholische Jugend im NS-Staat
- Das Christ-Königs-Fest als religiös-politische Demonstration

Die Königsherrschaft Jesu, angewandt auf heutige Probleme

- Die Frage der Revolution
- Politisches Engagement der Christen
- Das Engagement für die Armen

4. Heilige und ihre Feste

4.1. Die Verehrung der Heiligen

"Modelle" christlicher Existenz

In den Heiligen findet der Gläubige Möglichkeiten christlicher Lebensverwirklichung mit unterschiedlichen Akzentsetzungen ausgeprägt.

Heilige: Vorbilder und Fürsprecher

Es existiert eine lange Tradition der Heiligenverehrung, die nicht zuletzt auf der Basis einer emotionalen Beziehung zu den Heiligen zu sehen ist. Die Heiligen sind daher nicht nur Vorbilder, sondern auf Grund ihrer gelungenen christlichen Existenz und ihrer Nähe zu Gott Fürsprecher und Schutzpatrone für den Gläubigen. Dahinter stand im Mittelalter die Vorstellung eines göttlichen Hofstaates, in dem die Heiligen die Rolle von Vermittlern haben.

Kritik der Heiligenverehrung

Die emotional getragene Heiligenverehrung wurde lange Zeit kritisch gesehen. Die Verehrung der Heiligen, z.B. der Mutter Gottes oder des hl. Antonius schien mit der Verehrung Gottes und Jesu Christi zu konkurrieren. Die Kritik war besonders in der Reformation stark, aber auch wieder in den letzten Jahren. Die Heiligenverehrung mit ihrem Brauchtum ist daher stark zurückgegangen.

Heiligenverehrung: Element der Volksfrömmigkeit

Im Zusammenhang mit der Rehabilitation der Volksfrömmigkeit als Ausdruck der Religiosität gerade breiter Volksschichten, wird auch die Heiligenverehrung wieder anders gesehen. In der Heiligenverehrung drücken sich Sehnsüchte und Hoffnungen des Volkes aus.

Verehrung, nicht Anbetung der Heiligen

Die Heiligenverehrung hat sich nicht unmittelbar aus Impulsen der Bibel entwickelt, sie entstand in vielen Formen spontan und hat in jeder Epoche charakteristische Züge angenommen. Das kirchliche Amt hat eher ordnend eingegriffen, die Verehrung der Heiligen gehört nicht zu den religiösen Pflichten eines Christen. Theologisch wird zwischen Verehrung (dulia) und Anbetung (latreia) unterschieden. Anbetung darf nur Gott erwiesen werden, nicht den Heiligen. Die Verehrung der Heiligen gilt zugleich Gott, dessen Gnade sich in den Heiligen vollendet hat. So sind die Heiligen auch Zeichen für die Heiligkeit der Kirche. Jede Epoche hat daher ihre Heiligen.

Heilige als Vermittel

Die Heiligen können nach kirchlicher Lehre auch als Fürsprecher angerufen werden. In dieser Praxis der Volksfrömmigkeit kommt der Wunsch zum Ausdruck, zwischen dem Menschen und Gott Vermittler zu finden. Einzelnen Heiligen wird auch eine Schutzfunktion zugeschrieben gegenüber Unglück, Krankheit, Unfall. Die 14 Nothelfer-Heiligen wurden seit dem 14. Jahrhundert verehrt. Es sind Achatius, Ägidius, Barbara, Blasius, Christopherus, Cyriacus, Dionysos, Erasmus, Eustachius, Georg, Katharina, Margareta, Pantaleon und Vitus. Das kirchliche Amt hat nicht nur die Heiligenverehrung immer wieder geordnet, sondern auch bestimmt, wer öffentlich als Heiliger verehrt werden darf. Anfangs waren es die Märtyrer, die sich durch ihr Glaubenszeugnis als Heilige erwiesen hatten.

Heiligsprechung durch das kirchliche Amt

Die Kriterien für die Beurteilung eines heiligmäßigen Lebens sind schwer zu finden. Besondere Zeichen, z.B. Gebetserhörungen werden als stichhaltige Kriterien gewertet. Die Prüfung erfolgt in Form eines meist jahrzehntelang dauernden Prozesses, in dem drei gerichtsähnliche Instanzen über den Antrag entscheiden. Die Heiligsprechung, die "Kanonisierung" (Aufnahme in das Verzeichnis der Heiligen), die "Erhebung zur Ehre der Altäre" erfolgt nach Abschluß des Prozesses.

Nach dem Heiligen können dann Kirchen benannt werden, er kann Patron von Diözesen, Provinzen und Ländern werden. Die Heiligen gehören zum Leben der Kirche. Einige haben Bedeutung für die ganze Kirche, ihre Verehrung hat sich überall durchgesetzt. Neben Maria und den 12 Aposteln sind das u.a. der hl. Nikolaus, der hl. Franziskus.

Lokaler Bezug der Heiligenverehrung

Durch den Brauch, Reliquien der Heiligen in den Kirchen aufzubewahren, haben einzelne Kirchen und damit Städte und Dörfer eine besondere Beziehung zu einem Heiligen.

Identifikationsfunktion der Heiligen

Die Heiligen sind auch Identifikationsfiguren für einzelne Völker und Regionen, z.B. der heilige König Stephan für die Ungarn, der heilige Patrick für die Iren, die heilige Hedwig für die

Schlesier. Für die religiösen Orden sind die Heiligen des jeweiligen Ordens wichtige Identifikationsfiguren. So streben und strebten auch alle Orden danach, daß ihre Gründer heiliggesprochen werden.

Die Motive für die Heiligenverehrung sind auch heute noch wirksam. So wie sich die Bergleute dem Schutz der hl. Barbara unterstellten, ist heute der hl. Christopherus Patron der Autofahrer. Der hl. Martin war der Heilige der Franken und genießt daher vor allem im Rheinland auch heute noch große Verehrung. Es gibt auch Heilige dieses Jahrhunderts, die das Lebensgefühl der Menschen ausdrücken und denen eine spontane Sympathie entgegengebracht wird, so dem Priester Maximilian Kolbe, einem Opfer des Nationalsozialismus.

Brauchtum

Einzelne Heiligenfeste haben ein eigenes Brauchtum entwickelt, das oft mit Handlungen des Heiligen in Beziehung steht.

Drei Könige	-	Wanderung der Könige von Haus zu Haus als Gedächtnis der Suche der Könige nach dem Kind
Blasius-Segen	-	Ein Frühlingssegen wird mit einer Heilungstat des Heiligen in Verbindung gebracht, der einen Knaben von einer Gräte im Hals befreite und ihm so das Leben rettete.
Martin	-	Ritt als Gedächtnis an den römischen Offizier, der auf dem Pferd reitend einem Bettler begegnete und mit diesem seinen Mantel teilte.
Nikolaus	-	Verschenken als Erinnerung daran, daß der Bischof drei armen Mädchen unbemerkt Geld für ihre Aussteuer schenkte.

Ikonographische Identität der Heiligen

Durch charakteristische Darstellungen haben die Heiligen eine bestimmte Individualität gefunden. Diese Zeichensprache - Ikonografie - ermöglicht nicht nur das Wiedererkennen, sondern stellt auch Bezüge zu Taten des Heiligen sowie seinem Patronat her. So wird der hl. Sebastian in seinem Martyrium dargestellt - er starb durch Pfeile. Der hl. Georg tötet den Drachen, Symbol des Bösen. Der hl. Arianus wurde nach der Legende durch Delphine aus Seenot gerettet. Der hl. Nepomuk ist deshalb Brückenheiliger, weil er von einer Brücke in den Fluß gestürzt wurde. Diese Darstellungen werden heute sicher nur noch zum Teil verstanden. Die Statuen und Gemälde der Heiligen ergeben jedoch viele Bildmotive, die erschlossen werden können.

4.2. Der Heiligenkalender

Datierung der Heiligenfeste

In der katholischen Kirche und, abgeschwächt, in den evangelischen Kirchen, haben Heilige bestimmte Gedenktage, die in der Gestaltung der Gottesdienste berücksichtigt werden. In einzelnen Gebeten wird ausdrücklich auf den Heiligen Bezug genommen. Die biblischen Lesungen sind auf die Person des Heiligen hin ausgewählt. Das Datum des Gedenktages ist in der Regel der Todestag, bereits nach urchristlicher Vorstellung der "Geburtstag" des neuen Lebens. Bei einigen Heiligen ist der Weihetag einer nach dem Heiligen benannten Kirche der Gedenktag.

Der Heiligenkalender

Im Laufe der Jahrhunderte hat die Zahl der liturgisch begangenen Gedenktage immer mehr zugenommen. Mehrfach wurde ihre Zahl reduziert, zuletzt 1969. Es gibt jetzt einen Kalender, der diejenigen Heiligen berücksichtigt, die gesamtkirchliche Bedeutung haben (168 Gedenktage, einige Heilige, vor allem Maria, haben mehrere Gedenktage).

Die einzelnen Regionen haben weitere Gedenktage, darüber hinaus hat jede Diözese und jede Ordensgemeinschaft noch eigene Heiligenfeste.

Im folgenden sind die Gedenktage zusammengestellt. Es wird der für den deutschen Sprachraum gültige Kalender wiedergegeben, der sich aus dem gesamtkirchlichen und dem regionalen Kalender zusammensetzt. Die Zeichen haben folgende Bedeutung:

H: Hochfest
F: Fest
G: Gebotener Gedenktag (muß im Gottesdienst berücksichtig werden)
g: Nicht gebotener Gedenktag
+: Eigenfeier des Regionalkalenders

Lebensbeschreibungen der Heiligen s. Literaturhinweise S. 463 ff

JANUAR

1	H		Neujahr, Oktavtag von Weihnachten, Namengebung des Herrn, HOCHFEST DER GOTTESMUTTER MARIA
2	G		*Basilius der Große* (379) und *Gregor von Nazianz* (um 390), Bischöfe, Kirchenlehrer
3			
4			
5			
6	H		ERSCHEINUNG DES HERRN
7	g	*	Valentin, Bischof von Rätien (um 475)
	g		Raimund von Peñafort, Ordensgründer (1275)
8	g	*	Severin, Mönch in Norikum (482)
9			
10			
11			
12			
13	g		Hilarius, Bischof von Poitiers, Kirchenlehrer (um 367)
14			
15			
16			
17	G		*Antonius*, Mönchsvater in Ägypten (356)
18			
19			
20	g		Fabian, Papst, Märtyrer (250)
	g		Sebastian, Märtyrer (288)
21	g	*	Meinrad, Mönch auf der Reichenau, Einsiedler, Märtyrer (861)
	g		Agnes, Jungfrau, Märtyrin in Rom (304)
22	g		Vinzenz, Diakon, Märtyrer in Spanien (304)
23	g	*	Heinrich Seuse, Ordenspriester, Mystiker (1366)
24	G		*Franz von Sales*, Bischof von Genf, Ordensgründer, Kirchenlehrer (1622)
25	F		BEKEHRUNG DES APOSTELS PAULUS
26	G		*Timotheus* und *Titus*, Bischöfe, Apostelschüler
27	g		Angela Merici, Jungfrau, Ordensgründerin (1540)
28	G		*Thomas von Aquin*, Ordenspriester, Kirchenlehrer (1274)
29			
30			
31	G		*Johannes Bosco*, Priester, Ordensgründer (1888)

Sonntag nach dem 6. Januar: F TAUFE DES HERRN

FEBRUAR

1			
2	F		DARSTELLUNG DES HERRN
3	g	*	Ansgar, Bischof von Hamburg-Bremen, Glaubensbote in Skandinavien (865)
	g		Blasius, Bischof von Sebaste in Armenien, Märtyrer (um 316)
4	g	*	Rabanus Maurus, Bischof von Mainz (856)
5	G		*Agatha,* Jungfrau, Märtyrin in Catania (um 250)
6	G		*Paul Miki und Gefährten,* Märtyrer in Nagasaki (1597)
7			
8	g		Hieronymus Ämiliani, Ordensgründer (1537)
9			
10	G		*Scholastika,* Jungfrau (um 547)
11	g		Gedenktag Unserer Lieben Frau in Lourdes
12			
13			
14	G		*Cyrill,* Mönch (869), und *Methodius,* Bischof (885), Glaubensboten bei den Slawen
15			
16			
17	g		Sieben Gründer des Servitenordens (14. Jh.)
18			
19			
20			
21	g		Petrus Damiani, Bischof, Kirchenlehrer (1072)
22	F		KATHEDRA PETRI
23	G		*Polykarp,* Bischof von Smyrna, Märtyrer (155)
24	F	*	MATTIAS, Apostel
25	g	*	Walburga, Äbtissin von Heidenheim in Franken (779)
26			
27			
28			
29			

MÄRZ

1			
2			
3			
4	g		Kasimir, Königssohn (1484)
5			
6	g	*	Fridolin von Säckingen, Mönch, Glaubensbote (7. Jh.)
7	G		*Perpetua* und *Felizitas*, Märtyrinnen in Karthago (202/203)
8	g		Johannes von Gott, Ordensgründer (1550)
9	g	*	Bruno von Querfurt, Bischof von Magdeburg, Glaubensbote bei den Preußen, Märtyrer (1009)
	g		Franziska, Witwe, Ordensgründerin in Rom (1440)
10			
11			
12			
13			
14	g	*	Mathilde, Gemahlin König Heinrichs I. (968)
15	g	*	Klemens Maria Hofbauer, Ordenspriester (1820 in Wien)
16			
17	g	*	Gertrud, Äbtissin von Nivelles (um 655)
	g		Patrick, Bischof, Glaubensbote in Irland (461)
18	g		Cyrill, Bischof von Jerusalem, Kirchenlehrer (386)
19	H		**JOSEF, BRÄUTIGAM DER GOTTESMUTTER MARIA**
20			
21			
22			
23	g		Turibio von Mongrovejo, Bischof von Lima (1606)
24			
25	H		**VERKÜNDIGUNG DES HERRN**
26	g	*	Liudger, Bischof von Münster, Glaubensbote (809)
27			
28			
29			
30			
31			

APRIL

1		
2	g	Franz von Paola, Einsiedler, Ordensgründer (1507)
3		
4	g	Isidor, Bischof von Sevilla, Kirchenlehrer (636)
5	g	Vinzenz Ferrer, Ordenspriester, Bußprediger (1419)
6		
7	G	*Johannes Baptist de la Salle,* Priester, Ordensgründer (1719)
8		
9		
10		
11	g	Stanislaus, Bischof von Krakau, Märtyrer (1079)
12		
13	g	Martin I., Papst, Märtyrer (655)
14		
15		
16		
17		
18		
19	g	* Leo IX., Papst (1054)
20		
21	g	* Konrad von Parzham, Ordensbruder in Altötting (1894)
	g	Anselm, Bischof von Canterbury, Kirchenlehrer (1109)
22		
23	g	* Adalbert, Bischof von Prag, Glaubensbote bei den Preußen, Märtyrer (997)
	g	Georg, Märtyrer in Kappadozien (4. Jh.)
24	g	* Fidelis von Sigmaringen, Ordenspriester, Märtyrer (1622)
25	F	MARKUS, Evangelist
26		
27	g	* Petrus Kanisius, Ordenspriester, Kirchenlehrer (1597)
28	g	Peter Chanel, Priester, erster Märtyrer in Ozeanien (1841)
29	G	*Katharina von Siena,* Ordensfrau, Kirchenlehrerin (1380)
30	g	Pius V., Papst (1572)

MAI

1	g	Josef, der Arbeiter
2	G	*Athanasius*, Bischof von Alexandrien, Kirchenlehrer (373)
3	F	PHILIPPUS UND JAKOBUS, Apostel
4	g	* Florian (304) und die Märtyrer von Lorch
5	g	* Godehard, Bischof von Hildesheim (1038)
6		
7		
8		
9		
10		
11		
12	g	Nereus und Achilleus, Märtyrer (um 304)
	g	Pankratius, Märtyrer (um 304)
13		
14		
15		
16	g	* Johannes Nepomuk, Priester, Märtyrer (1393)
17		
18	g	Johannes I., Papst, Märtyrer (526)
19		
20	g	Bernhardin von Siena, Ordenspriester, Volksprediger (1444)
21	g	* Hermann Josef, Ordenspriester, Mystiker (1241)
22		
23		
24		
25	g	Beda der Ehrwürdige, Ordenspriester, Kirchenlehrer (735)
	g	Gregor VII., Papst (1085)
	g	Maria Magdalena von Pazzi, Ordensfrau (1607)
26	G	*Philipp Neri*, Priester, Gründer des Oratoriums (1595)
27	g	Augustinus, Bischof von Canterbury, Glaubensbote in England (um 605)
28		
29		
30		
31		

Erster Sonntag nach Pfingsten: **H DREIFALTIGKEITSSONNTAG**
Donnerstag nach Dreifaltigkeitssonntag: **H FRONLEICHNAM**
Freitag nach dem 2. Sonntag nach Pfingsten: **H HERZ JESU**
Samstag nach dem 2. Sonntag nach Pfingsten: **g** Herz Mariä

JUNI

1	G		*Justin*, Philosoph, Märtyrer (um 165)
2	g		Marcellinus und Petrus, Märtyrer in Rom (303)
3	G		*Karl Lwanga und Gefährten*, Märtyrer in Uganda (1886)
4			
5	G	*	*Bonifatius*, Bischof, Glaubensbote in Deutschland, Märtyrer (754)
6	g	*	Norbert von Xanten, Ordensgründer, Bischof von Magdeburg (1134)
7			
8			
9	g		Ephräm der Syrer, Diakon, Kirchenlehrer (373)
10			
11	G		*Barnabas*, Apostel
12			
13	G		*Antonius von Padua*, Ordenspriester, Kirchenlehrer (1231)
14			
15	g	*	Vitus (Veit), Märtyrer in Sizilien (um 304)
16	g	*	Benno, Bischof von Meißen (1106)
17			
18			
19	g		Romuald, Abt, Ordensgründer (1027)
20			
21	G		*Aloisius Gonzaga*, Ordensmann (1591)
22	g		Paulinus, Bischof von Nola (431)
	g		John Fisher, Bischof von Rochester (1535), und Thomas Morus, Lordkanzler, Märtyrer (1535)
23			
24	H		**GEBURT JOHANNES' DES TÄUFERS**
25			
26			
27	g	*	Hemma von Gurk, Stifterin von Gurk und Admont (1045)
	g		Cyrill, Bischof von Alexandrien, Kirchenlehrer (444)
28	G		*Irenäus*, Bischof von Lyon, Märtyrer (um 202)
29	H		**PETRUS UND PAULUS**, Apostel
30	g	*	Otto, Bischof von Bamberg, Glaubensbote in Pommern (1139)
	g		Die ersten Märtyrer der Stadt Rom

JULI

1		
2	F	* MARIÄ HEIMSUCHUNG
3	F	TOMAS, Apostel
4	g	* Ulrich, Bischof von Augsburg (973)
	g	Elisabeth, Königin von Portugal (1336)
5	g	Antonius Maria Zaccaria, Priester, Ordensgründer (1539)
6	g	Maria Goretti, Jungfrau, Märtyrin (1902)
7	g	* Willibald, Bischof von Eichstätt, Glaubensbote (787)
8	g	* Kilian, Bischof von Würzburg, und Gefährten, Glaubensboten, Märtyrer (um 689)
9		
10	g	* Knud, König von Dänemark, Märtyrer (1086); Erich, König von Schweden, Märtyrer (1160); Olaf, König von Norwegen (1030)
11	G	*Benedikt von Nursia,* Vater des abendländischen Mönchtums (547)
12		
13	g	* Heinrich II. (1024) und Kunigunde (1033), Kaiserpaar
14	g	Kamillus von Lellis, Priester, Ordensgründer (1614)
15	G	*Bonaventura,* Ordensmann, Bischof, Kirchenlehrer (1274)
16	g	Gedenktag Unserer Lieben Frau auf dem Berge Karmel
17		
18		
19		
20	g	* Margareta, Jungfrau, Märtyrin in Antiochien (um 307)
21	g	* Laurentius von Brindisi, Ordenspriester, Kirchenlehrer (1619)
22	G	*Maria Magdalena*
23	g	Birgitta von Schweden, Ordensgründerin (1373)
24	g	* Christophorus, Märtyrer in Kleinasien (um 250)
25	F	JAKOBUS, Apostel
26	G	*Joachim und Anna,* Eltern der Gottesmutter Maria
27		
28		
29	G	*Marta von Betanien*
30	g	Petrus Chrysologus, Bischof von Ravenna, Kirchenlehrer (450)
31	G	*Ignatius von Loyola,* Priester, Ordensgründer (1556)

AUGUST

1	G		*Alfons Maria von Liguori*, Ordensgründer, Bischof, Kirchenlehrer (1787)
2	g		Eusebius, Bischof von Vercelli, Märtyrer (371)
3			
4	G		*Johannes Maria Vianney*, Pfarrer von Ars (1859)
5	g		Weihetag der Basilika Santa Maria Maggiore in Rom
6	F		VERKLÄRUNG DES HERRN
7	g		Xystus II., Papst, und Gefährten, Märtyrer (258)
	g		Kajetan, Priester, Ordensgründer (1547)
8	G		*Dominikus*, Priester, Ordensgründer (1221)
9			
10	F		LAURENTIUS, Diakon, Märtyrer in Rom (258)
11	G		*Klara von Assisi*, Jungfrau, Ordensgründerin (1253)
12			
13	g		Pontianus, Papst, und Hippolyt, Priester, Märtyrer (235)
14	g	*	Maximilian Kolbe, Ordenspriester, Märtyrer (1941)
15	H		**MARIÄ AUFNAHME IN DEN HIMMEL**
16	g		Stephan, König von Ungarn (1038)
17			
18			
19	g		Johannes Eudes, Priester, Ordensgründer (1680)
20	G	*	*Bernhard von Clairvaux*, Abt, Kirchenlehrer (1153)
21	G		*Pius X.*, Papst (1914)
22	G		*Maria Königin*
23	g		Rosa von Lima, Jungfrau (1617)
24	F		BARTOLOMÄUS, Apostel
25	g		Ludwig, König von Frankreich (1270)
	g		Josef von Calasanza, Priester, Ordensgründer (1648)
26			
27	G		*Monika*, Mutter des Augustinus (387)
28	G		*Augustinus*, Bischof von Hippo, Kirchenlehrer (430)
29	G		*Enthauptung Johannes' des Täufers*
30			
31	g	*	Paulinus, Bischof von Trier, Märtyrer (358)

SEPTEMBER

1			
2			
3	G		*Gregor der Große*, Papst, Kirchenlehrer (604)
4			
5			
6			
7			
8	F		MARIÄ GEBURT
9			
10			
11			
12	g	*	Mariä Namen
13	G		*Johannes Chrysostomus*, Bischof von Konstantinopel, Kirchenlehrer (407)
14	F		KREUZERHÖHUNG
15	G		*Gedächtnis der Schmerzen Mariens*
16	G		*Kornelius*, Papst (253), und *Cyprian*, Bischof von Karthago, Märtyrer (258)
17	g	*	Hildegard von Bingen, Äbtissin, Mystikerin, Gründerin von Rupertsberg und Eibingen (1179)
	g		Robert Bellarmin, Ordenspriester, Bischof von Capua, Kirchenlehrer (1621)
18	g	*	Lambert, Bischof von Maastricht (Tongern), Glaubensbote in Brabant, Märtyrer (um 705)
19	g		Januarius, Bischof von Neapel, Märtyrer (um 304)
20			
21	F		MATTÄUS, Apostel und Evangelist
22	g	*	Mauritius und Gefährten, Märtyrer der Thebäischen Legion (280–305)
23			
24	g	*	Rupert (718) und Virgil (784), Bischöfe von Salzburg, Glaubensboten
25	g	*	Niklaus von Flüe, Einsiedler, Friedensstifter (1487)
26	g		Kosmas und Damian, Ärzte, Märtyrer in Kleinasien (303)
27	G		*Vinzenz von Paul*, Priester, Ordensgründer (1660)
28	g	*	Lioba, Äbtissin von Tauberbischofsheim (um 782)
	g		Wenzel, Herzog von Böhmen, Märtyrer (929)
29	F		MICHAEL, GABRIEL UND RAFAEL, Erzengel
30	G		*Hieronymus*, Priester, Kirchenlehrer (420)

OKTOBER

1	G		*Theresia vom Kinde Jesus,* Ordensfrau (1897)
2	G		*Schutzengel*
3			
4	G		*Franz von Assisi,* Ordensgründer (1226)
5			
6	g	*	Bruno, Mönch, Einsiedler, Ordensgründer (1101)
7	G		*Gedenktag Unserer Lieben Frau vom Rosenkranz*
8			
9	g		Dionysius, Bischof von Paris, und Gefährten, Märtyrer (nach 250)
	g		Johannes Leonardi, Priester, Ordensgründer (1609)
10			
11			
12			
13			
14	g		Kallistus I., Papst, Märtyrer (222)
15	G		*Theresia von Ávila,* Ordensfrau, Kirchenlehrerin (1582)
16	g	*	Hedwig von Andechs, Herzogin von Schlesien (1243)
	g	*	Gallus, Mönch, Einsiedler, Glaubensbote am Bodensee (um 640)
	g		Margareta Maria Alacoque, Ordensfrau (1690)
17	G		*Ignatius,* Bischof von Antiochien, Märtyrer (um 115)
18	F		LUKAS, Evangelist
19	g		Johannes de Brébeuf, Isaak Jogues, Priester, und Gefährten, Märtyrer in Nordamerika (1642–1649)
	g		Paul vom Kreuz, Priester, Ordensgründer (1775)
20	g	*	Wendelin, Einsiedler im Saarland (6. Jh.)
21	g	*	Ursula und Gefährtinnen, Märtyrinnen in Köln (um 304)
22			
23	g	*	Johannes von Capestrano, Ordenspriester, Wanderprediger in Süddeutschland und Österreich (1456)
24	g		Antonius Maria Claret, Bischof von Santiago in Kuba, Ordensgründer (1870)
25			
26			
27			
28	F		SIMON UND JUDAS, Apostel
29			
30			
31	g	*	Wolfgang, Bischof von Regensburg (994)

NOVEMBER

1	H		**ALLERHEILIGEN**
2			**ALLERSEELEN**
3	g	*	Hubert, Bischof von Lüttich (727)
	g	*	Pirmin, Abtbischof, Glaubensbote am Oberrhein (753)
	g		Martin von Porres, Ordensmann (1639)
4	G		*Karl Borromäus,* Bischof von Mailand (1584)
5			
6	g	*	Leonhard, Einsiedler von Limoges (6. Jh.)
7	g	*	Willibrord, Bischof von Utrecht, Glaubensbote bei den Friesen (739)
8			
9	F		WEIHETAG DER LATERANBASILIKA
10	G		*Leo der Große,* Papst, Kirchenlehrer (461)
11	G		*Martin,* Bischof von Tours (397)
12	G		*Josaphat,* Bischof von Polozk in Weißrußland, Märtyrer (1623)
13			
14			
15	g	*	Albert der Große, Ordensmann, Kirchenlehrer, Bischof von Regensburg (1280)
	g	*	Leopold, Markgraf von Österreich (1136)
16	g		Margareta, Königin von Schottland (1039)
17	g	*	Gertrud von Helfta, Ordensfrau, Mystikerin (1302)
18	g		Weihetag der Basiliken St. Peter und St. Paul zu Rom
19	G	*	*Elisabeth,* Landgräfin von Thüringen (1231)
20			
21	G		*Gedenktag Unserer Lieben Frau in Jerusalem*
22	G		*Cäcilia,* Jungfrau, Märtyrin in Rom (um 250)
23	g	*	Kolumban, Abt von Luxeuil und von Bobbio, Glaubensbote im Frankenreich (615)
	g		Klemens I., Papst, Märtyrer (101)
24			
25	g	*	Katharina von Alexandrien, Märtyrin (4. Jh.)
26	g	*	Konrad (975) und Gebhard (995), Bischöfe von Konstanz
27			
28			
29			
30	F		ANDREAS, Apostel

Letzter Sonntag im Jahreskreis: **H CHRISTKÖNIGSSONNTAG**

DEZEMBER

1			
2	g	*	Luzius, Bischof von Chur, Märtyrer (5./6. Jh.)
3	G		*Franz Xaver*, Ordenspriester, Glaubensbote in Indien und Ostasien (1552)
4	g	*	Barbara, Märtyrin in Nikomedien (306)
	g		Johannes von Damaskus, Priester, Kirchenlehrer (um 750)
5	g	*	Anno, Bischof von Köln, Reichskanzler (1075)
6	g		Nikolaus, Bischof von Myra (um 350)
7	G		*Ambrosius*, Bischof von Mailand, Kirchenlehrer (397)
8	H		**HOCHFEST DER OHNE ERBSÜNDE EMPFANGENEN JUNGFRAU UND GOTTESMUTTER MARIA**
9			
10			
11	g		Damasus I., Papst (384)
12	g		Johanna Franziska von Chantal, Ordensgründerin (1641)
13	g	*	Odilia, Äbtissin, Gründerin von Odilienberg und Niedermünster im Elsaß (um 720)
	g		Luzia, Jungfrau, Märtyrin in Syrakus (um 304)
14	G		*Johannes vom Kreuz*, Ordenspriester, Kirchenlehrer (1591)
15			
16			
17			
18			
19			
20			
21			
22			
23	g		Johannes von Krakau, Priester (1473)
24			
25	H		**WEIHNACHTEN, HOCHFEST DER GEBURT DES HERRN**
26	F		STEPHANUS, erster Märtyrer
27	F		JOHANNES, Apostel und Evangelist
28	F		UNSCHULDIGE KINDER
29	g		Thomas Becket, Bischof von Canterbury, Märtyrer (1170)
30			
31	g		Silvester I., Papst (335)

Für den deutschen Sprachraum ergibt sich eine räumliche Zuordnung der Heiligen, die die häufig regionale Verwurzelung der Heiligen in einem Überblick deutlich macht. (Quelle: Harnoncourt, Philipp: Gesamtkirchliche und teilkirchliche Liturgie; Freiburg, Basel, Wien 1973, S. 233-235)

Geographische Übersicht

Gesamtes Sprachgebiet

Bonifatius, Heinrich und Kunigunde, Bernhard von Clairvaux, Albert der Große, Petrus Canisius;
Christopherus, Barbara, Margareta, Katharina, Vitus, Leonhard.

Mitte:

Kilian, Walburga, Lioba, Willibald, Rabanus Maurus, Mathilde, Otto von Bamberg, Elisabeth.

Südost:

Florian, Valentin, Severin, Rupert und Virgil, Ulrich, Wolfgang, Hemma von Gurk, Leopold, Johannes von Capestrano, Laurentius von Brindisi, Klemens Maria Hofbauer, Konrad von Parzham; Willibald, Godehard, Hedwig.

Südwest:

Mauritius, Lucius, Fridolin, Kolumban, Gallus, Odila, Pirmin, Meinrad, Konrad und Gebhard, Leo IX., Heinrich Seuse, Niklaus von Flüe, Fidelis von Sigmaringen; Laurentius von Brindisi.

West:

Ursula, Paulinus von Trier, Wendelin, Gertrud von Nivelles, Lambert, Hubert, Willibrord, Liudger, Anno, Bruno, Hildegard von Bingen, Hermann Josef; Ruprecht, Mathilde, Norbert.

Nord:

Ansgar, Olaf, Godehard, Knud, Erich.

Ost:

Adalbert von Prag, Bruno von Querfurt, Benno von Meißen, Norbert, Hedwig, Gertrud von Helfta, Johannes Nepomuk, Maximilian Kolbe; Otto von Bamberg, Klemens Maria Hofbauer.

Für die einzelnen Bistümer des deutschen Sprachraumes werden im folgenden Eigenkalender aufgeführt, die den Regionalkalender jeweils ergänzen.

Die Aufstellungen sind entnommen: Nachkonziliare Dokumentation Bd. 29," Die Neuordnung der Eigenkalender für das deutsche Sprachgebiet"; Trier 1975.

Einen Überblick über die verschiedenen Regional- und Eigenkalender parallel zum Jahreskalender gibt:
Torsy, Jakob: "Die Eigenkalender des deutschen und niederländischen Sprachraumes". Das Buch enthält auch kurze Hinweise zu einzelnen Heiligen.

DIÖZESE AACHEN

Dat.	Rang	Bezeichnung	Todestag
12. 2.	g	Benedikt von Aniane, Abt von Kornelimünster	11. 2. 821
27. 4.	G	*Petrus Kanisius*, Ordenspriester, Kirchenlehrer	21. 12. 1597
13. 5.	g	Servatius, Bischof von Tongern, Glaubensbote	13. 5. 384
21. 5.	G	*Hermann Josef*, Ordenspriester, Mystiker	(7. 4.?) 1241
17. 7.	H/F	**JAHRESTAG DER WEIHE DES DOMES ZU AACHEN**	
15. 8.	H	**MARIÄ AUFNAHME IN DEN HIMMEL, PATRONATSFEST DES BISTUMS UND DES DOMES IN AACHEN**	
5. 9.	g	Maria Theresia Wüllenweber (Maria von den Aposteln), Jungfrau, Ordensgründerin in Mönchengladbach-Neuwerk	25. 12. 1907
11. 9.	g	Maternus, erster bekannter Bischof von Köln	14. 9. (nach 313)
18. 9.	g	Lambert, Bischof von Maastricht, Glaubensbote, Märtyrer	um 705
3. 11.	g	Hubert, Bischof von Maastricht — Tongern — Lüttich (dies elevationis)	30. 5. 727
7. 11.	g	Willibrord, Bischof von Utrecht, Glaubensbote	7. 11. 739

DIÖZESE AUGSBURG

5. 4.	G	*Kreszentia Höß*, Ordensfrau in Kaufbeuren	5. 4. 1744
27. 4.	G	*Petrus Kanisius*, Ordenspriester, Kirchenlehrer	21. 12. 1597
1. 5.	H	**MARIA, SCHUTZFRAU VON BAYERN**	
31. 5.	F	MARIÄ HEIMSUCHUNG, Fest des Domes zu Augsburg	
4. 7.	H	**ULRICH**, Bischof von Augsburg, Patron der Diözese Augsburg	4. 7. 973
7. 8.	H	**AFRA**, Jungfrau, Märtyrin in Augsburg, Patronin der Diözese Augsburg	um 304
6. 9.	G	*Magnus*, Mönch, Glaubensbote im Allgäu	6. 9., wahrsch. 772
28. 9.	H/F	**JAHRESTAG DER WEIHE DES DOMES ZU AUGSBURG**	
13. 10.	G	Simpert, Bischof von Augsburg	13. 10. um 807
27. 10.	g	Wolfhard von Augsburg, Einsiedler bei Verona	30. 4. 1127
13. 11.	g	Stanislaus Kostka, Ordensmann	15. 8. 1568
16. 12.	g	Adelheid, Kaiserin, Gemahlin Ottos I.	16. 12. 999

ERZDIÖZESE BAMBERG

Dat.	Rang	Bezeichnung	Todestag
3. 3.	H	**KUNIGUNDE**, Gemahlin Kaiser Heinrichs II., Diözesanpatronin	3. 3. 1033
23. 4.	F/G	GEORG, Märtyrer, 2. Patron der Domkirche	um 400
Freitag n. d. 2. Ostersonntag	g G	Hl. Lanze und Nägel (Dom u. ULF in Nürnberg)	
1. 5.	H	**MARIA, SCHUTZFRAU VON BAYERN**	
6. 5.	H/F	**JAHRESTAG DER DOMKIRCHWEIHE**	
Samstag n. d. 4. Ostersonntag	H G	**VIERZEHN NOTHELFER** (Basilika Vierzehnheiligen) Vierzehn Nothelfer (Erzdiözese)	
11. 5.	g	Gangolf, Märtyrer	um 760
13. 7.	H	**HEINRICH II.**, Kaiser, Bistumspatron	13. 7. 1024
15. 7.	g	Gumbert, Abt, Bischof, Glaubensbote in Franken	um 790
	g	Bonaventura	
19. 8.	 F G	SEBALD, Einsiedler bei Nürnberg (Nürnberg) (Erzdiözese)	um 1100
30. 9.	F	OTTO, Bischof von Bamberg, Glaubensbote in Pommern	30. 6. 1139
3. 10.	G	*Hieronymus*, Priester und Kirchenlehrer	30. 9. 420
14. 10.	g	Burkhard, Bischof von Würzburg	2. 2. 754

DIÖZESE BERLIN

23. 4.	G	*Adalbert*, Bischof von Prag, Märtyrer, Glaubensbote bei den Preußen	23. 4. 997
27. 4.	F	PETRUS KANISIUS, Ordenspriester und Kirchenlehrer	21. 12. 1597
5. 6.	F	BONIFATIUS, Bischof, Glaubensbote in Deutschland, Märtyrer	5. 6. 754
16. 6.	G	*Benno*, Bischof von Meißen	16. 6. 1106
29. 6.	H	**PETRUS**, Apostel, Bistumspatron, und **PAULUS**, Apostel	
30. 6.	F	OTTO, Bischof von Bamberg, Glaubensbote bei den Pommern, Mitpatron des Bistums	30. 6. 1139
17. 8.	g	Hyazinth, Ordenspriester, Glaubensbote in Preußen und Schlesien	15. 8. 1257
17. 9.	G	*Hildegard von Bingen*, Äbtissin, Gründerin von Rupertsberg und Eibingen, Mystikerin	17. 9. 1179
9. 10.	g	Gunther, Einsiedler, Glaubensbote bei den Liutizen	9. 10. 1045
16. 10.	F	HEDWIG, Herzogin von Schlesien, Patronin	15. 10. 1243
22. 10.	g	Contardo Ferrini, Laienhelfer im Jugend- und Caritasapostolat	17. 10. 1902
5. 11.	G	*Alle Märtyrer des Bistums*	
6. 11.	H/F	**JAHRESTAG DER WEIHE DER KATHEDRALE ZUR HL. HEDWIG**	1. 11. 1773
19. 11.	F	ELISABETH, Landgräfin von Thüringen	17. 11. 1231

DIÖZESE EICHSTÄTT

Dat.	Rang	Bezeichnung	Todestag
7. 2.	G	*Richard von England*, Vater von Willibald, Wunibald und Walburga	7. 2. 720
25. 2.	H	**WALBURGA**, Äbtissin von Heidenheim in Franken Patronin der Diözese	25. 2. 779
27. 4.	G	*Petrus Kanisius*, Ordenspriester, Kirchenlehrer	21. 12. 1597
1. 5.	H	**MARIA, SCHUTZFRAU BAYERNS**	
5. 6.	F	BONIFATIUS, Bischof, Glaubensbote in Deutschland, Märtyrer	5. 6. 754
30. 6.	g	Otto, Bischof von Bamberg, Glaubensbote in Pommern	30. 6. 1130
4. 7.	g	Ulrich, Bischof von Augsburg	4. 7. 973
7. 7.	H	**WILLIBALD**, Bischof von Eichstätt, Glaubensbote Patron der Diözese	7. 7. 787
21. 7.	g	Stilla, Ordensfrau in Abenberg in Franken	12. Jh.
19. 8.	g	Sebald, Einsiedler bei Nürnberg	v. d. 12. Jh.
22. 9.	g	Emmeram, Bischof von Regensburg, Glaubensbote in Bayern, Märtyrer	7./8. Jh.
21. 10.	F/H	**JAHRESTAG DER WEIHE DER DOMKIRCHE**	
5. 12.	g	Sola, Priester, Glaubensbote in Franken	5. 12. 794
15. 12.	F	WUNIBALD, Gründerabt von Heidenheim, Glaubensbote in Thüringen und Franken	18. 12. 761

DIÖZESE ESSEN

26. 3.	F	LIUDGER-LUDGERUS, Bischof von Münster, Glaubensbote, 2. Patron der Diözese Essen	26. 3. 809
8. 7.	H/F	**JAHRESTAG DER WEIHE DER KATHEDRALKIRCHE**	8. 7. um 860
23. 7.	g	Liborius, Bischof von Le Mans	um 397
16. 8.	F/G	ALTFRID, Bischof von Hildesheim, Gründer des Stiftes Essen	15. 8. 874
4. 9.	g	Swidbert, Bischof, Glaubensbote am Niederrhein	März 713
11. 9.	g	Maternus, erster bekannter Bischof von Köln	nach 314
26. 9.	H	**KOSMAS UND DAMIAN**, Ärzte, Märtyrer in Kleinasien, Stadtpatrone von Essen (nur Stadt Essen)	303
3. 10.	g	Die beiden Ewalde, Glaubensboten am Niederrhein und in Westfalen, Märtyrer	3. 10. um 695
10. 10.	g	Viktor und Gefährten, Märtyrer in Xanten	4. Jh.
11. 10.	H	**MARIA, MUTTER VOM GUTEN RAT, PATRONIN DER DIÖZESE ESSEN**	
7. 11.	g	Engelbert, Bischof von Köln, Märtyrer	7. 11. 1225

Dat.	Rang	Bezeichnung	Todestag
21. 1.	g	Meinrad, Mönch auf Reichenau, Einsiedler, Märtyrer	861
23. 1.	g	Heinrich Seuse, Ordenspriester, Mystiker	25. 1. 1366
6. 3.	g	Fridolin von Säckingen, Abt, Glaubensbote	7. Jh.
15. 3.	g	Klemens Maria Hofbauer, Ordenspriester	15. 3. 1820
19. 4.	g	Leo IX., Papst	19. 4. 1054
24. 4.		FIDELIS VON SIGMARINGEN	24. 4. 1622
	F	in Hohenzollern: Landespatron, Ordenspriester, Märtyrer	
	g	in Baden: Ordenspriester, Märtyrer	
26. 4.	g	Trudpert, Einsiedler im Breisgau, Märtyrer	7. Jh.
27. 4.	g	Petrus Kanisius, Ordenspriester, Kirchenlehrer	21. 12. 1597
Samstag v. d. 6. Ostersonntag	H/F	**JAHRESTAG DER KIRCHWEIHE DER KATHEDRALKIRCHE**	
27. 6.	g	Heimerad aus Meßkirch, Priester, Einsiedler in Hasungen	28. 6. 1019
4. 7.	g	Ulrich, Bischof von Augsburg	4. 7. 973
8. 7.	g	Kilian, Bischof von Würzburg und Gefährten, Glaubensboten, Märtyrer	um 689
14. 7.	g	Ulrich von Zell (St. Ulrich im Breisgau), Mönch	14. 7. 1093
15. 7.		BERNHARD, Markgraf von Baden	15. 7. 1458
	F	in Baden: Landespatron	
	g	in Hohenzollern: Bernhard, Markgraf von Baden	
	g	Bonaventura	
21. 7.	g	Arbogast, Bischof von Straßburg	6. Jh.
15. 8.	H	**MARIÄ AUFNAHME IN DEN HIMMEL**, Hauptpatronin des Erzbistums	
20. 8.	G	*Bernhard v. Clairvaux*, Abt, Kirchenlehrer	20. 8. 1153
27. 8.	g	Gebhard, Bischof von Konstanz	27. 8. 995
1. 9.	g	Pelagius, Märtyrer	3. Jh.
	g	Verena, Jungfrau in Zurzach	4. Jh.
18. 9.	g	Lambert, Bischof von Maastricht, Märtyrer	17. 9. 705/706
22. 9.	g	Landelin, Einsiedler in der Ortenau, Märtyrer	Anf. 7. Jh.
25. 9.	g	Niklaus v. Flüe, Einsiedler, Friedensstifter	21. 3. 1487
28. 9.	g	Lioba, Äbtissin von Tauberbischofsheim	um 782
16. 10.	g	Gallus, Mönch, Einsiedler, Glaubensbote am Bodensee	16. 10. 645
31. 10.	g	Wolfgang, Bischof von Regensburg	31. 10. 994
3. 11.	g	Pirmin, Abtbischof, Glaubensbote am Oberrhein	3. 11. 753
15. 11.	g	Albert der Große, Ordensmann, Kirchenlehrer, Bischof von Regensburg	15. 11. 1280
16. 11.	g	Otmar, Abt von St. Gallen	16. 11. 759
23. 11.	g	Kolumban, Abt von Luxeuil und von Bobbio, Glaubensbote im Frankenreich	23. 11. 615
26. 11.	G	*Konrad*, Bischof von Konstanz, Nebenpatron der Erzdiözese	26. 11. 975
13. 12.	g	Odilia, Äbtissin, Gründerin von Odilienberg und Niedermünster	um 720

DIÖZESE FULDA

Dat.	Rang	Bezeichnung	Todestag
4. 2.	F	RABANUS MAURUS, Abt von Fulda, Bischof von Mainz	4. 2. 856
12. 2.	g	Gregor II., Papst	11. 2. 731
14. 2.	g	Valentin, Bischof von Terni, Märtyrer	14. 2. 273
13. 3.	g	Paulina, Gründerin des Klosters Paulinzelle	14. 3. 1107
14. 3.	g	Mathilde, Gemahlin König Heinrichs I.	14. 3. 968
27. 4.	G	*Petrus Kanisius*, Ordenspriester, Kirchenlehrer	21. 12. 1597
5. 5.	g	Godehard, Abt von Hersfeld, Bischof von Hildesheim	5. 5. 1038
5. 6.	H	**BONIFATIUS**, Bischof, Glaubensbote in Deutschland, Märtyrer, Patron der Diözese	5. 6. 754
7. 6.	g	Eoban, Bischof von Utrecht, Adelar und die übrigen Gefährten des Bonifatius, Märtyrer	5. 6. 754
10. 6.	g	Bardo, Abt von Hersfeld, Bischof von Mainz	10. 6. 1051
27. 6.	g	Heimerad von Meßkirch, Priester, Einsiedler in Hasungen	28. 6. 1019
7. 7.	g	Willibald, Bischof von Eichstätt, und sein Bruder Wunibald, Glaubensbote in Thüringen	7. 7. 787 18. 12. 761
8. 7.	g	Kilian, Bischof von Würzburg, und Gefährten, Glaubensboten, Märtyrer	um 689
13. 7.	g	Heinrich II. und Kunigunde, Kaiserpaar	13. 7. 1024 3. 3. 1033
29. 7.	g	Simplicius, Faustinus und Beatrix, Geschwister, Märtyrer in Rom	um 303
12. 8.	g	Radegunde von Thüringen, Königin in Westfranken	13. 8. 587
13. 8.	g	Wigbert, Abt von Fritzlar und Ohrdruf	13. 8. 737?
14. 8.	H/F	**JAHRESTAG DER WEIHE DES DOMES ZU FULDA**	
16. 8.	g	Rochus von Montpellier, Pilger	16. 8. 1327
17. 8.	g	Maximilian Kolbe, Ordenspriester, Märtyrer	14. 8. 1941
28. 9.	F	LIOBA, Äbtissin von Tauberbischofsheim	28. 9. um 782
9. 10.	g	Gunther von Thüringen, Einsiedler, Glaubensbote in Böhmen und bei den Liutizen	9. 10. 1045
16. 10.	g	Lullus, Bischof von Mainz	16. 10. 786
26. 10.	g	Witta (Albuin), Bischof von Buraburg, Mitarbeiter des Bonifatius	nach 760
19. 11.	F	ELISABETH, Landgräfin von Thüringen	17. 11. 1231
1. 12.	g	Bischofsweihe des Bonifatius in Rom am 30. 11. 722	
16. 12.	F	STURMIUS, Gründerabt von Fulda	17. 12. 779

APOSTOLISCHE ADMINISTRATUR GÖRLITZ

Dat.	Rang	Bezeichnung	Todestag
22. 1.	G	*Vinzenz*, Diakon, Märtyrer in Spanien	um 304
6. 2.	g	Dorothea, Jungfrau, Märtyrin in Kappadozien	Ende 3. Jh.
	g	Paulus Miki und Gefährten, Märtyrer	15. 2. 1597
17. 3.	g	Johannes Sarkander, Priester, Märtyrer	17. 3. 1620
23. 4.	G	*Adalbert*, Bischof von Prag, Glaubensbote bei den Preußen, Märtyrer	23. 4. 997
27. 4.	F	PETRUS KANISIUS, Ordenspriester, Kirchenlehrer	21. 12. 1597
16. 5.	G	*Johannes Nepomuk*, Priester, Märtyrer in Prag	20. 3. 1393
5. 6.	F	BONIFATIUS, Bischof, Glaubensbote in Deutschland, Märtyrer	5. 6. 754
16. 6.	G	*Benno*, Bischof von Meißen	16. 6. 1106
24. 6.	H	**JOHANNES DER TÄUFER,** Patron der Kathedrale	
30. 6.	G	*Otto*, Bischof von Bamberg, Glaubensbote in Pommern	30. 6. 1139
15. 7.	G	*Ceslaus*, Priester in Breslau	15. 7. 1242
16. 8.	g	Rochus von Montpellier, Pilger	16. 8. 1327
17. 8.	G	*Hyacinth*, Ordenspriester, Glaubensbote in Preußen	15. 8. 1257
25. 8.	g	Übertragung der Gebeine der hl. Hedwig	(25. 8. 1267)
29. 8.	G	*Tod Johannes' des Täufers*	
1. 9.	g	Bronislawa, Jungfrau	29. 8. 1259
16. 10.	H	**HEDWIG,** Herzogin von Schlesien, Landespatronin	15. 10. 1243
19. 11.	F	ELISABETH, Landgräfin von Thüringen	17. 11. 1231

DIÖZESE HILDESHEIM

Dat.	Rang	Bezeichnung	Todestag
3. 2.	g	Ansgar, Bischof von Hamburg-Bremen, Glaubensbote in Skandinavien	3. 2. 865
26. 3.	g	Liudger, Bischof von Münster, Glaubensbote	26. 3. 809
5. 5.	F	GODEHARD, Bischof von Hildesheim	5. 5. 1038
14. 5.	H/F	**JAHRESTAG DER WEIHE DES DOMES ZU HILDESHEIM**	
15. 8.	H	**MARIÄ AUFNAHME IN DEN HIMMEL,** Hauptpatronin des Bistums	
16. 8.	g	Altfrid, Bischof von Hildesheim, Gründer des Stiftes Essen	15. 8. 874
8. 11.	g	Willehad, Bischof von Bremen, Glaubensbote der Sachsen und Friesen	8. 11. 789
11. 11.	H/G	*Martin*, Bischof von Tours, Hauptpatron des Eichsfeldes	8. 11. 397
20. 11.	F	BERNWARD, Bischof von Hildesheim	20. 11. 1022

ERZDIÖZESE KÖLN

Dat.	Rang	Bezeichnung	Todestag
5. 2.	g	Adelheid, Äbtissin von Vilich	5. 2. 1008/1021
	g	Agatha	um 250
19. 3.	H	**JOSEF**, Bräutigam der Gottesmutter Maria, 2. Patron des Erzbistums	
23. 4.	g	Gerhard, Bischof von Toul	23. 4. 994
27. 4.	F	PETRUS KANISIUS, Ordenspriester, Kirchenlehrer	21. 12. 1597
30. 4.	g	Quirinus, Märtyrer in Rom	um 130
21. 5.	G	*Hermann Joseph*, Ordenspriester, Mystiker	1241 oder 1252
9. 7.	g	Agilolf, Bischof von Köln	um 751
23. 7.	g	Apollinaris, Bischof und Märtyrer	um 200
30. 8.	G	*Heribert*, Erzbischof von Köln	16. 3. 1021
4. 9.	g	Swidbert, Glaubensbote am Niederrhein	713
11. 9.	F	MATERNUS, erster bekannter Bischof von Köln	nach 314
27. 9.	H/F	**KIRCHWEIHFEST DER KATHEDRALE**	
3. 10.	g	Die beiden Ewalde, Glaubensboten am Niederrhein und in Westfalen, Märtyrer	3. 10. um 695
10. 10.	G	*Gereon und Gefährten* in Köln, *Kassius* und *Florentius* in Bonn, Märtyrer	3.—4. Jh.
11. 10.	G	*Bruno I.*, Erzbischof von Köln	11. 10. 965
21. 10.	G	*Ursula und Gefährtinnen*, Jungfrauen und Märtyrinnen	3. Jh.
23. 10.	G	*Severin*, Bischof von Köln	um 400
24. 10.	g	Evergislus, Bischof von Köln	um 590
7. 11.	g	Engelbert, Erzbischof von Köln, Märtyrer	7. 11. 1225
12. 11.	G	*Kunibert*, Bischof von Köln	um 663
15. 11.	F	ALBERT DER GROSSE, Ordenspriester, Bischof von Regensburg, Kirchenlehrer in Köln	15. 11. 1280
5. 12.	G	*Anno*, Erzbischof von Köln, Reichskanzler	4. 12. 1075
8. 12.	H	**HOCHFEST DER UNBEFLECKT EMPFANGENEN GOTTESMUTTER MARIA** Patronatsfest des Erzbistums	

DIÖZESE LIMBURG

14. 2.	g	Valentin, Bischof von Terni, Märtyrer	273
23. 4.	H	**GEORG**, Märtyrer in Kappadozien, Patron der Diözese und der Kathedrale	4. Jh.
15. 5.	g	Rupert von Bingen, Einsiedler	8. Jh.
19. 6.	g	Elisabeth von Schönau, Ordensfrau, Mystikerin	1165
6. 7.	g	Goar, Priester, Einsiedler	6. Jh.
11. 8.	H/F	**DOMKIRCHWEIHFEST**	
13. 8.	g	Gertrud, Meisterin in Altenberg/Lahn	1297
18. 8.	g	Helena, römische Kaiserin	um 330
11. 9.	g	Eucharius, Valerius, Maternus, Bischöfe in Trier	3./4. Jh.
17. 9.	G	*Hildegard von Bingen*, Äbtissin, Mystikerin, Gründerin des Klosters Eibingen	1179
13. 10.	g	Lubentius, Priester in Kobern/Mosel, Translatio nach Dietkirchen/Lahn	4. Jh.
29. 10.	g	Ferrutius, Märtyrer	3./4. Jh.

DIÖZESE MAINZ

Dat.	Rang	Bezeichnung	Todestag
13. 1.	g	Gottfried von Kappenberg, Ordensmann	13. 1. 1127
4. 2.	g	Rabanus Maurus, Bischof von Mainz	856
14. 2.	g	Valentin, Bischof von Terni, Märtyrer	14. 2. 273
23. 2.	g	Willigis, Bischof von Mainz	23. 2. 1011
27. 4.	F	PETRUS KANISIUS, Ordenspriester, Kirchenlehrer	21. 12. 1597
15. 5.	g	Rupert von Bingen, Einsiedler	8. Jh.
2. 6.	g	Marcellinus und Petrus, Märtyrer in Rom	303
5. 6.	F	BONIFATIUS, Bischof, Glaubensbote in Deutschland, Märtyrer	754
10. 6.	g	Bardo, Abt von Hersfeld, Bischof von Mainz	10. 6. 1051
21. 6.	g	Alban, Priester, Märtyrer in Mainz	um 406
27. 6.	g	Kreszens, Märtyrer, Aureus, Märtyrer, Theonest, Märtyrer, Maximus, Bischöfe von Mainz	5. Jh.
4. 7.	H/F	**JAHRESTAG DER WEIHE DES DOMES ZU MAINZ**	4. 7. 1239
1. 8.	g	Petrus Faber, Ordenspriester	1. 8. 1546
16. 8.	g	Rochus von Montpellier, Pilger	16. 8. 1327
17. 9.	g	Hildegard von Bingen, Äbtissin, Mystikerin, Gründerin von Rupertsberg und Eibingen	1179
28. 9.	g	Lioba, Äbtissin von Tauberbischofsheim	um 782
16. 10.	g	Lullus, Bischof von Mainz	16. 10. 786
26. 10.	g	Amandus, Bischof von Worms	7. Jh.
29. 10.	g	Ferrutius, Märtyrer	3./4. Jh.
11. 11.	H	**MARTIN**, Bischof von Tours, Patron der Diözese Mainz	8. 11. 397
27. 11.	g	Bilhildis, Gründerin des Klosters Altenmünster in Mainz	um 700

DIÖZESE MEISSEN

Dat.	Rang	Bezeichnung	Todestag
27. 4.	F	PETRUS KANISIUS, Ordenspriester, Kirchenlehrer	21. 12. 1597
16. 5.	G	*Johannes Nepomuk*, Priester, Märtyrer in Prag	20. 3. 1393
5. 6.	F	BONIFATIUS, Bischof, Glaubensbote in Deutschland, Märtyrer	5. 6. 754
16. 6.	H	**BENNO**, Bischof von Meißen, Bistumspatron	16. 6. 1106
16. 10.	F	HEDWIG, Herzogin von Schlesien	15. 10. 1243
5. 11.	H/F	**JAHRESTAG DER WEIHE DER KATHEDRALE**	(1221)
19. 11.	F	ELISABETH, Landgräfin von Thüringen	17. 11. 1231

Dat.	Rang	Bezeichnung	Todestag
9. 2.	g	Alto, Glaubensbote, Gründerabt von Altomünster	um 760
26. 3.	g	Kastulus, Märtyrer	um 286
12. 4.	g	Zeno, Bischof von Verona	371/72
14. 4.	H/F	**JAHRESTAG DER WEIHE DER METROPOLITANKIRCHE**	
1. 5.	H	**MARIA, SCHUTZFRAU VON BAYERN**	
2. 5.	g	Sigismund, König der Burgunder, Märtyrer	1. 5. 524
5. 6.	F	BONIFATIUS, Bischof, Glaubensbote in Deutschland, Märtyrer	5. 6. 754
16. 6.	G	*Benno*, Bischof von Meißen	16. 6. 1106
	H	in der Stadt München: **BENNO**, Bischof von Meißen Stadtpatron von München	
	g	Im Bereich des alten Klosters Tegernsee: Quirinus von Tegernsee, Märtyrer	3./4. Jh.
16. 7.	G	*Irmengard*, Äbtissin von Buchau und Frauenchiemsee	16. 7. 866
30. 7.	g	Batho, Priester in Freising, Glaubensbote	11. Jh.
7. 8.	g	Afra, Märtyrin in Augsburg	um 304
2. 9.	g	Nonnosus, Abt von Soracte	um 560
6. 9.	g	Magnus, Mönch, Glaubensbote im Allgäu	6. 9. 772
7. 9.	g	Otto, Bischof von Freising	22. 9. 1158
13. 9.	g	Notburga, Dienstmagd in Eben/Tirol	9./10. Jh.
18. 9.	G	*Lantbert*, Bischof von Freising	19. 9. 957
22. 9.	g	Emmeram, Bischof von Regensburg, Glaubensbote in Bayern, Märtyrer	7. Jh.
12. 10.	g	Maximilian vom Pongau	vor 700
16. 10.	G	*Hedwig von Andechs*, Herzogin von Schlesien	15. 10. 1243
12. 11.	g	im Einflußbereich von Ilmmünster: Arsacius	3./4. Jh.
15. 11.	G	*Marinus*, Bischof, und *Anianus*, Glaubensboten in Bayern, Märtyrer	15. 11. 7./8. Jh.
20. 11.	H	**KORBINIAN**, Bischof in Freising, Glaubensbote, Hauptpatron der Erzdiözese München und Freising	720/30
16. 12.	g	Sturmius, Gründerabt von Fulda	17. 12. 779

DIÖZESE MÜNSTER

Dat.	Rang	Bezeichnung	Todestag
13. 1.	g	Gottfried von Kappenberg, Ordensmann	13. 1. 1127
26. 3.	H	**LIUDGER**, Bischof von Münster, Glaubensbote, Patron des Bistums	26. 3. 809
4. 9.	g	Ida von Herzfeld	4. 9. 825?
30. 9.	H/F	**JAHRESTAG DER WEIHE DES DOMES ZU MÜNSTER**	
3. 10.	g	Die beiden Ewalde, Glaubensboten am Niederrhein und in Westfalen	3. 10. um 695
10. 10.	g	Viktor und Gefährten, Märtyrer in Xanten	3. Jh.
7. 11.	g	Willibrord, Bischof von Utrecht, Glaubensbote bei den Friesen	737
8. 11.	g	Willehad, Bischof von Bremen, Glaubensbote bei den Sachsen und Friesen	8. 11. 789

DIÖZESE OSNABRÜCK

3. 2.	F	ANSGAR, Bischof von Hamburg-Bremen, Glaubensbote in Skandinavien	3. 2. 865
13. 2.	g	Bischöfe von Osnabrück: Wiho, Gosbert, Adolf	804, um 859, 30. 6. 1224
19. 3.	H	**JOSEF**, Bräutigam der Gottesmutter, Hauptpatron des Bistums Osnabrück	
26. 3.	g	Liudger, Bischof von Münster, Glaubensbote im Emsland und Ostfriesland	26. 3. 809
27. 4.	g	Petrus Kanisius, Ordenspriester, Kirchenlehrer	21. 12. 1597
5. 6.	F	WINFRIED-BONIFATIUS, Bischof, Glaubensbote, Märtyrer	5. 6. 754
10. 7.	g	Knud, König von Dänemark, Märtyrer,	10. 7. 1086
		Erich, König von Schweden, Märtyrer,	18. 5. um 1160
		Olaf, König von Norwegen, Märtyrer,	29. 7. 1030
18. 7.	g	Answer, Mönch in Ratzeburg, Märtyrer, Glaubensbote	15. 7. 1066
5. 10.	H/F	**JAHRESTAG DER DOMKIRCHWEIHE**	
25. 10.	G	*Krispin und Krispinian*, Märtyrer, Zweite Patrone des Bistums Osnabrück	um 287
8. 11.	g	Willehad, Bischof von Bremen, Glaubensbote	8. 11. 789
12. 12.	g	Vizelin, Bischof von Oldenburg in Holstein, Glaubensbote	12. 12. 1154

ERZDIÖZESE PADERBORN

Dat.	Rang	Bezeichnung	Todestag
27. 1.	g	Julian, Bischof von Le Mans •	4. Jh.
9. 3.	g	Bruno von Querfurt, Bischof für das preußische Missionsgebiet	9. 3. 1009
14. 3.	g	Mathilde, Gemahlin Kaiser Heinrichs I.	14. 3. 968
6. 6.	g	Norbert von Xanten, Bischof von Magdeburg, Ordensgründer	6. 6. 1134
12. 6.	g	Leo III., Papst	12. 6. 816
8. 7.	g	Kilian, Bischof von Würzburg, Glaubensbote und Märtyrer	689
22. 7.	H/F	**JAHRESTAG DER WEIHE DER DOMKIRCHE**	
23. 7.	H	**LIBORIUS**, Bischof von Le Mans, Patron des Erzbistums	um 397
4. 9.	g	Ida von Herzfeld	4. 9. 825
3. 10.	g	Die beiden Ewalde, Glaubensboten am Rhein und in Westfalen, Märtyrer	um 695
5. 10.	g	Meinolf von Böddeken/ Paderborn, Archidiakon	um 850
25. 10.	F/g	RÜCKFÜHRUNG DER RELIQUIEN DES HEILIGEN BISCHOFS LIBORIUS	(1627)

DIÖZESE PASSAU

7. 1.	H	**VALENTIN**, Bischof in Rätien, Patron der Diözese	7. 1. um 475
8. 1.	G	*Severin*, Mönch in Norikum	8. 1. 482
21. 4.	F	KONRAD VON PARZHAM, Ordensbruder in Altötting	21. 4. 1894
1. 5.	H	**MARIA, SCHUTZFRAU VON BAYERN**	
5. 5.	G	*Godehard*, Abt von Niederalteich, Bischof von Hildesheim	5. 5. 1038
3. 8.	H/F	**WEIHETAG DER DOMKIRCHE**	
9. 8.	G	*Altmann*, Bischof von Passau	8. 8. 1091
13. 9.	g	Notburga, Dienstmagd in Tirol	14. 9. 1313
	g	Johannes Chrysostomus	
9. 10.	G	*Gunther von Thüringen*, Einsiedler, Glaubensbote in Böhmen und bei den Liutizen	9. 10. 1045
12. 10.	F	MAXIMILIAN, Glaubensbote in Norikum, 2. Patron der Diözese	vor 700
12. 12.	g	Hartmann, Bischof von Brixen	23. 12. 1164

DIÖZESE REGENSBURG

Dat.	Rang	Bezeichnung	Todestag
8. 1.	F	**ERHARD**, Bischof in Regensburg, Nebenpatron der Diözese	8. 1. 707
21. 4.	G	*Konrad von Parzham*, Ordensbruder	21. 4. 1894
27. 4.	G	*Petrus Kanisius*, Priester, Kirchenlehrer	21. 12. 1597
1. 5.	H	**MARIA, SCHUTZFRAU VON BAYERN**	
16. 5.	G	*Johannes Nepomuk*, Priester, Märtyrer	20. 3. 1393
30. 6.	H/F	**JAHRESFEST DER WEIHE DES DOMES**	
4. 7.	G	*Ulrich*, Bischof von Augsburg	4. 7. 973
13. 7.	G	*Heinrich II.* und *Kunigunde*, Kaiserpaar	13. 7. 1024 3. 3. 1033
22. 9.	F	EMMERAM, Bischof in Regensburg, Glaubensbote in Bayern, Märtyrer, Nebenpatron der Diözese	2. 9. 672
24. 9.	g	Rupert und Virgil, Bischöfe von Salzburg, Glaubensboten	27. 3. 718 27. 11. 784
31. 10.	H	**WOLFGANG**, Bischof von Regensburg, Hauptpatron der Diözese	31. 10. 994
15. 11.	G	*Albert der Große*, Bischof von Regensburg, Kirchenlehrer	15. 11. 1280
29. 11.	g	Friedrich von Regensburg, Ordensbruder	29. 11. 1329

DIÖZESE ROTTENBURG

21. 1.	g	Meinrad, Mönch auf der Reichenau, Einsiedler, Märtyrer	21. 1. 861
23. 1.	g	Heinrich Seuse, Ordenspriester, Mystiker	25. 1. 1366
4. 7.	g	Ulrich, Bischof von Augsburg	4. 7. 973
8. 7.	g	Kilian, Bischof von Würzburg, und Gefährten, Glaubensboten und Märtyrer	um 689
16. 7.	g	Irmengard, Äbtissin von Buchau und Frauenchiemsee	16. 7. 866
6. 9.	g	Magnus, Mönch, Glaubensbote im Allgäu	6. 9. 772
11. 10.	g	Jakob Griesinger von Ulm, Ordensbruder in Bologna	11. 10. 1491
16. 10.	g	Gallus, Mönch, Glaubensbote am Bodensee	um 640
19. 10.	H/F	**JAHRESTAG DER WEIHE DER DOMKIRCHE IN ROTTENBURG**	
31. 10.	g	Wolfgang, Bischof von Regensburg,	31. 10. 994
11. 11.	H	**MARTIN**, Bischof von Tours, Patron der Diözese Rottenburg	8. 11. 397
25. 11.	g	Elisabeth von Reute („Gute Beth"), Ordensfrau, Mystikerin	25. 11. 1420
26. 11.	g	Konrad und Gebhard, Bischöfe von Konstanz	26. 11. 975 27. 8. 995

DIÖZESE SPEYER

Dat.	Rang	Bezeichnung	Todestag
4. 5.	g	Guido, Abt von Pomposa	31. 3. 1046
30. 6.	g	Otto, Bischof von Bamberg	30. 6. 1139
8. 7.	g	Disibod, Einsiedler an der Nahe	7. Jh.
15. 7.	g	Bernhard, Markgraf v. Baden	15. 7. 1458
1. 8.	g	Petrus Faber, Ordenspriester	1. 8. 1546
15. 8.	H	**MARIÄ AUFNAHME IN DEN HIMMEL**, Patronin der Diözese	
10. 9.	g	Theodard, Bischof von Maastricht (Tongern), Märtyrer bei Speyer	nach dem 6. 9. 669/70
17. 9.	g	Hildegard von Bingen, Äbtissin, Mystikerin	17. 9. 1179
5. 10.	H/F	**JAHRESTAG DER WEIHE DES DOMES ZU SPEYER**	(4. 10. 1061)
3. 11.	g	Pirmin, Abtbischof, Glaubensbote am Oberrhein, Gründer von Hornbach	3. 11. 753

DIÖZESE TRIER

3. 1.	g	Irmina von Trier	um 710
19. 1.	g	Agritius, Bischof von Trier	um 329
29. 1.	g	Valerius, Bischof von Trier	2. Hälfte 3. Jh.
30. 1.	g	Adelgundis, Stifterin von Maubeuge im Hennegau	31. 1. Ende 7. Jh.
13. 2.	g	Kastor, Priester in Karden	2. Hälfte 4. Jh.
17. 2.	g	Bonosus, Bischof von Trier	vor 374
23. 2.	g	Willigis, Bischof von Mainz	23. 2. 1011
24. 2.	H	**MATTHIAS**, Apostel, Patron des Bistums Trier	
6. 3.	g	Quiriacus, Priestermönch in Trier	vor dem 7. Jh.
17. 3.	g	Gertrud, Äbtissin von Nivelles	17. 3. 659
19. 4.	g	Leo IX., Papst	19. 4. 1054
Freitag nach dem 2. Ostersonntag	g	Gedenktag des Hl. Rockes	
1. 5.	H/F	**JAHRESTAG DER DOMKIRCHWEIHE**	
2. 5.	G	*Athanasius*, Bischof von Alexandrien und Kirchenlehrer	373
6. 5.	g	Britto, Bischof von Trier	um 385/86
12. 5.	g	Modoald, Bischof von Trier	um 648/49
15. 5.	g	Rupert von Bingen, Einsiedler	8. Jh.
29. 5.	g	Maximin, Bischof von Trier	um 347
1. 6.	g	Simeon, Einsiedler in der Porta Nigra zu Trier	1. 6. 1035
8. 6.	g	Medard, Bischof von Noyon	vor 561
6. 7.	g	Goar, Priester und Einsiedler am Mittelrhein	6. Jh.
8. 7.	g	Disibod, Einsiedler an der Nahe	Ende 6. Jh.
27. 7.	g	Magnerich, Bischof von Trier	nach 587
28. 7.	g	Beatus und Bantus, Priester in Trier,	Ende 6. Jh.
13. 8.	g	Gertrud, Äbtissin von Altenberg	13. 8. 1297
18. 8.	g	Helena, römische Kaiserin	um 330
26. 8.	g	Gregor von Pfalzel, Mitarbeiter des Bonifatius	um 776
31. 8.	g	Paulinus, Bischof von Trier und Märtyrer	358
11. 9.	g	Maternus, Bischof von Trier	nach 314
17. 9.	g	Hildegard von Bingen, Äbtissin, Mystikerin, Gründerin von Ruppertsberg und Eibingen	1179

23. 9.	g	Basin und Liutwin, Bischöfe von Trier	um 705 717/23
30. 9.	G	*Hieronymus*, Priester und Kirchenlehrer	420
1. 10.	g	Remigius, Bischof von Reims	um 533
3. 10.	g	Niketius, Bischof von Trier	nach 561
5. 10.	g	Gedenktag der Trierer Märtyrer	
13. 10.	g	Lubentius, Priester in Kobern	2. Hälfte 4. Jh.
20. 10.	g	Wendelin, Einsiedler im Saarland	Ende 6. Jh.
31. 10.	g	Wolfgang, Bischof von Regensburg	31. 10. 994
6. 11.	g	Modesta, Äbtissin von Oeren-St. Irminen in Trier	nach 659
7. 11.	g	Willibrord, Bischof von Utrecht und Glaubensbote bei den Friesen	7. 11. 739
12. 11.	g	Kunibert, Bischof von Köln	um 663
7. 12.	G	*Ambrosius*, Bischof von Mailand und Kirchenlehrer	4. 4. 397
8. 12.	H	**HOCHFEST DER OHNE ERBSÜNDE EMPFANGENEN JUNGFRAU UND GOTTESMUTTER MARIA,** Patronatsfest der Diözese	
9. 12.	F	EUCHARIUS, erster Bischof von Trier	2. Hälfte 3. Jh.
10. 12.	g	Petrus Fourrier, Priester und Sozialreformer in Lothringen	9. 12. 1640

DIÖZESE WÜRZBURG

29. 1.	g	Aquilinus, Priester und Märtyrer	um 1015
1. 5.	H	**MARIA, SCHUTZFRAU VON BAYERN**	
27. 5.	G	*Bruno*, Bischof von Würzburg	27. 5. 1045
8. 7.	H	**KILIAN**, Bischof, Diözesanpatron und Gefährten, Märtyrer	689
28. 9.	G	*Thekla und Lioba*, Äbtissinnen zu Kitzingen und Tauberbischofsheim	8. Jh.
6. 10.	G	*Adalbero*, Bischof von Würzburg	6. 10. 1090
14. 10.	F	BURKHARD, erster Bischof von Würzburg	2. 2. 754
24. 10.	H/F	**JAHRESTAG DER WEIHE DES DOMES ZU WÜRZBURG**	

DIÖZESE EISENSTADT

Dat.	Rang	Bezeichnung	Todestag
23. 4.	g	Adalbert von Prag, Bischof, Glaubensbote bei den Preußen, Märtyrer	23. 4. 997
16. 8.	g	Stephan, König von Ungarn	15. 8. 1038
12. 9.	F	MARIÄ NAMEN	
13. 10.	g	Koloman, Pilger, Märtyrer in Stockerau	17. 7. 1012
31. 10.	g	Wolfgang, Bischof von Regensburg	31. 10. 994
5. 11.	g	Emmerich, Herzog, Sohn König Stephans von Ungarn	2. 9. 1031
11. 11.	H	**MARTIN**, Bischof von Tours, Patron der Diözese Eisenstadt	8. 11. 397
12. 11.	H/F	**JAHRESTAG DER WEIHE DES DOMES**	
16. 11.	g	Albert der Große	1280

DIÖZESE FELDKIRCH

31. 1.	g	Eusebius, Einsiedler auf dem Viktorsberg/Vorarlberg	31. 1. 884
	g	Johannes Bosco	1888
5. 2.	g	Ingenuin und Albuin, Bischöfe von Säben-Brixen	um 605 5. 2. 1004
	g	Agatha	um 250
19. 4.	g	Gerold, Einsiedler im Groß-Walsertal/Vorarlberg	10. 4. 978
24. 4.	F	FIDELIS VON SIGMARINGEN, Ordenspriester, Nebenpatron der Diözese	24. 4. 1622
26. 4.	H/F	**JAHRESTAG DER DOMKIRCHWEIHE**	26. 4. 1478
27. 4.	G	*Petrus Kanisius*, Ordenspriester, Kirchenlehrer	21. 12. 1597
27. 8.	H	**GEBHARD**, Bischof von Konstanz, Hauptpatron der Diözese	27. 8. 995
6. 9.	g	Magnus, Mönch, Glaubensbote im Allgäu	6. 9. 772
12. 9.	F	MARIÄ NAMEN	
13. 9.	g	Notburga, Dienstmagd in Eben/Tirol	14. 9. 1313
16. 10.	G	*Gallus*, Mönch, Glaubensbote	16. 10. 645
16. 11.	g	Albert der Große	1280
23. 11.	G	*Kolumban*, Abt, Glaubensbote	23. 11. 615
26. 11.	g	Konrad, Bischof von Konstanz	26. 11. 975
2. 12.	g	Lucius, Bischof von Chur, Märtyrer	5./6. Jh.

Dat.	Rang	Bezeichnung	Todestag
8. 1.	g	Severin, Mönch in Norikum	8. 1. 482
19. 3.	H	**JOSEF, BRÄUTIGAM DER GOTTESMUTTER MARIA,** Landespatron der Steiermark	
27. 6.	g	Hemma von Gurk, Stifterin von Gurk und Admont	29. 6. 1045
30. 6.	g	Erentrudis, erste Äbtissin von Nonnberg in Salzburg	30. 6. um 718
10. 7.	g	Engelbert Kolland aus Ramsau im Zillertal, Ordenspriester, Märtyrer in Damaskus	10. 7. 1860
21. 7.	g	Laurentius von Brindisi, Ordenspriester, Kirchenlehrer	22. 7. 1619
5. 8.	g	Oswald, König von Northumbrien, Märtyrer	5. 8. 642
1. 9.	g	Ägidius, Einsiedler in der Provence, ehem. Landespatron der Steiermark, Stadtpatron von Graz	1. 9. 721
7. 9.	g	Die Märtyrer des Grazer Jesuitenkollegs:	
		Johannes Ogilvie in Glasgow	10. 3. 1615
		Markus Crisin,	
		Stephan Pongracz,	
		Melchior Grodecz in Kaschau	7. 9. 1619
		Johannes Sarkander in Holleschau	17. 3. 1620
12. 9.	F	MARIÄ NAMEN	
13. 9.	g	Notburga, Dienstmagd in Eben/Tirol	14. 9. 1313
24. 9.	H	**RUPERT UND VIRGIL,** Bischöfe von Salzburg, Glaubensboten, Patrone der Diözese Graz-Seckau	27. 3. um 718 27. 11. 784
12. 10.	g	Maximilian vom Pongau	vor 700
23. 10.	g	Johannes von Capestrano, Ordenspriester, Wanderprediger in Österreich	23. 10. 1456
3. 11.	g	Viktorin, Bischof von Pettau, Märtyrer	2. 11. 302
16. 11.	g	Albert der Große	1280
26. 11.	H/F	**JAHRESTAG DER WEIHE DES DOMES ZU GRAZ**	
12. 12.	g	Hartmann, Bischof von Brixen	23. 12. 1164

DIÖZESE GURK-KLAGENFURT

Dat.	Rang	Bezeichnung	Todestag
5. 2.	g	Albuin, Bischof von Säben-Brixen	5. 2. um 1004
	g	Agatha	um 250
19. 3.	H	**JOSEF, BRÄUTIGAM DER GOTTESMUTTER MARIA,** Landespatron von Kärnten	
Montag n. d. 5. Fasten-Sonntag	F	FEST DES DORNGEKRÖNTEN HAUPTES JESU CHRISTI	
24. 6.	H	**GEBURT JOHANNES' DES TÄUFERS,** Diözesanpatron	
27. 6.	H	**HEMMA VON GURK,** Stifterin von Gurk	29. 6. 1045
12. 7.	G	*Hermagoras und Fortunat,* Märtyrer, Patrone v. Aquileia	um 302
15. 11.	G	*Leopold,* Markgraf von Österreich	1136
16. 11.	g	Albert der Große	1280
24. 11.	G	*Virgil,* Bischof von Salzburg und *Modestus,* Chorbischof, Glaubensboten in Karantanien	27. 11. 784 3. 12. 772 (?)
17. 8.	g	Hyazinth, Ordenspriester, Gründer des Dominikanerklosters Friesach	15. 8. 1257
12. 9.	F	MARIÄ NAMEN	
19. 9.	H/F	**JAHRESTAG DER WEIHE DES DOMES ZU KLAGENFURT**	
24. 9.	G	*Rupert,* Bischof von Salzburg 2. Diözesanpatron, Glaubensbote	27. 3. 718

DIÖZESE INNSBRUCK

15. 1.	g	Romedius von Thaur, Einsiedler am Nonsberg (Trentino)	5. Jh.
5. 2.	g	Ingenuin und Albuin, Bischöfe von Säben-Brixen	um 605 5. 2. 1004
	g	Agatha	um 250
27. 4.	H	**PETRUS KANISIUS,** Ordenspriester, Kirchenlehrer, Diözesanpatron	21. 12. 1597
10. 7.	g	Engelbert Kolland aus Ramsau im Zillertal, Ordenspriester, Märtyrer in Damaskus	10. 7. 1860
6. 9.	g	Magnus, Mönch, Glaubensbote im Allgäu	6. 9. 772
9. 9.	H/F	**JAHRESTAG DER WEIHE DES DOMES**	
11. 9.	G	*Johannes Chrysostomus,* Bischof von Konstantinopel, Kirchenlehrer	14. 9. 407
12. 9.	F	MARIÄ NAMEN	
13. 9.	G	*Notburga,* Dienstmagd in Eben/Tirol	14. 9. 1313
16. 11.	g	Albert der Große	1280

DIÖZESE LINZ

Dat.	Rang	Bezeichnung	Todestag
7. 1.	g	Valentin, Bischof in Rätien	5. Jh.
8. 1.	F	SEVERIN, Mönch in Noricum 2. Diözesanpatron	8. 1. 482
15. 3.	G	*Klemens Maria Hofbauer*, Ordenspriester	15. 3. 1820
29. 4.	H/F	**JAHRESTAG DER WEIHE DES DOMES**	
4. 5.	H	**FLORIAN UND DIE MÄRTYRER VON LORCH**, Diözesanpatron, 2. Landespatron von Oberösterreich	4. 5. 304
27. 7.	G	*Berthold*, Abt von Garsten	27. 7. 1142
9. 8.	G	*Altmann*, Bischof von Passau	8. 8. 1091
12. 9.	F	MARIÄ NAMEN	
13. 9.	g	Notburga, Dienstmagd in Eben/Tirol	14. 9. 1313
24. 9.	g	Rupert und Virgil, Bischöfe von Salzburg, Glaubensboten	27. 3. um 718 27. 11. 784
6. 10.	G	*Adalbero*, Bischof von Würzburg	6. 10. 1090
12. 10.	G	*Maximilian vom Pongau*	vor 700
31. 10.	G	*Wolfgang*, Bischof von Regensburg	31. 10. 994
15. 11.	H	**LEOPOLD**, Markgraf von Österreich, 1. Landespatron von Oberösterreich	15. 11. 1136
16. 11.	g	Albert der Große	1280

ERZDIÖZESE SALZBURG

8. 1.	g	Severin, Mönch in Norikum	8. 1. 482
21. 4.	g	Konrad von Parzham, Ordensbruder in Altötting	21. 4. 1894
16. 5.	G	*Johannes Nepomuk*, Priester und Märtyrer, 2. Diözesanpatron	20. 3. 1393
5. 6.	G	*Bonifatius*, Bischof, Glaubensbote in Deutschland, Märtyrer	5. 6. 754
27. 6.	g	Hemma von Gurk, Gründerin von Gurk und Admont	29. 6. 1045
30. 6.	G	*Erentrud*, Äbtissin vom Nonnberg	30. 6. um 718
10. 7.	G	*Engelbert Kolland*, Ordenspriester aus Ramsau im Zillertal, Märtyrer in Damaskus	10. 7. 1860
13. 7.	g	Heinrich und Kunigunde, Kaiserpaar	13. 7. 1024 3. 3. 1033
16. 7.	g	Irmengard, Äbtissin von Buchau und Frauenwörth	16. 7. 866
27. 7.	g	Berthold, Abt von Garsten	27. 7. 1142
12. 9.	F	MARIÄ NAMEN	
13. 9.	G	*Notburga*, Dienstmagd in Eben/Tirol	14. 9. 1313
24. 9.	H	**RUPERT** und **VIRGIL**, Bischöfe von Salzburg, Glaubensboten, Diözesanpatrone	27. 3. um 718 27. 11. 784
25. 9.	H/F	**JAHRESTAG DER WEIHE DES DOMES**	(774) (1628)
28. 9.	g	Chuniald und Gislar, Priester, Mitarbeiter Ruperts	7. Jh.
12. 10.	g	Maximilian vom Pongau	vor 700
20. 10.	g	Vitalis, Bischof von Salzburg	20. 10. um 725
11. 11.	G	*Martin*, Bischof von Tours, 2. Patron der Stadt Salzburg	8. 11. 397
16. 11.	g	Albert der Große	1280

DIÖZESE ST. PÖLTEN

Dat.	Rang	Bezeichnung	Todestag
7. 1.	G	*Valentin*, Bischof in Rätien	um 475
8. 1.	G	*Severin*, Mönch in Norikum	8. 1. 482
15. 3.	g	Klemens Maria Hofbauer, Ordenspriester	15. 3. 1820
4. 5.	G	*Florian und die Märtyrer von Lorch*	um 304
15. 6.	H/F	**JAHRESTAG DER DOMKIRCHWEIHE**	(1150)
27. 7.	g	Berthold, Abt von Garsten	27. 7. 1142
9. 8.	G	*Altmann*, Bischof von Passau, Gründer von Göttweig	8. 8. 1091
13. 8.	H	**HIPPOLYT**, Priester, Märtyrer, Patron der Diözese und der Stadt St. Pölten	235
12. 9.	F	MARIÄ NAMEN	
13. 10.	G	Koloman, Pilger, Märtyrer in Stockerau	17. 7. 1012
23. 10.	g	Johannes von Capestrano, Ordenspriester, Wanderprediger in Süddeutschland und Österreich	23. 10. 1456
15. 11.	F	LEOPOLD, Markgraf von Österreich, Landespatron	15. 11. 1156
16. 11.	g	Albert der Große	1280

ERZDIÖZESE WIEN

8. 1.	G	*Severin*, Mönch in Noricum	8. 1. 482
15. 3.	F	KLEMENS MARIA HOFBAUER, Ordenspriester, Patron der Stadt Wien	15. 3. 1820
23. 4.	H/F	**JAHRESTAG DER WEIHE DES STEPHANS-DOMES**	
27. 4.	G	*Petrus Kanisius*, Ordenspriester und Kirchenlehrer	21. 12. 1597
16. 5.	g	Johannes Nepomuk, Priester und Märtyrer in Prag	20. 3. 1393
9. 8.	g	Altmann, Bischof von Passau	8. 8. 1091
7. 9.	g	Otto, Bischof von Freising	22. 9. 1158
12. 9.	F	MARIÄ NAMEN	
13. 10.	G	*Koloman*, Pilger, Märtyrer in Stockerau	17. 7.(?) 1012
23. 10.	g	Johannes von Capestrano, Ordenspriester, Wanderprediger in Österreich	23. 10. 1456
31. 10.	g	Wolfgang, Bischof von Regensburg	31. 10. 994
13. 11.	G	*Stanislaus Kostka*, Novize der Gesellschaft Jesu	15. 8. 1568
15. 11.	H	**LEOPOLD**, Markgraf von Österreich, Landespatron	15. 11. 1136
16. 11.	g	Albert der Große	1280
12. 12.	g	Hartmann, Bischof von Brixen	23. 12. 1164
26. 12.	H	**STEPHANUS**, erster Märtyrer, Patron der Erzdiözese Wien	

DIÖZESE BASEL

Dat.	Rang	Bezeichnung	Todestag
24. 1.	g	Eberhard von Nellenburg, Stifter der Abtei Allerheiligen	25. 1. 1078/79
21. 2.	g	German und Randoald, Mönche und Märtyrer in Moutier-Grandval	um 675
19. 4.	G	*Leo IX.*, Papst	19. 4. 1054
9. 5.	g	Beatus, Glaubensbote im Berner Oberland	7. Jh.
18. 5.	g	Burkard, Pfarrer in Beinwil (Freiamt)	18. 5. 1192 (?)
13. 7.	G	*Heinrich II.*, Kaiser, 2. Patron des Bistums Basel	1024
24. 7.	g	Ursizin, Einsiedler im Gebiet von Saint-Ursanne	vor 650
5. 8.	g	Oswald, König von Northumbrien, Patron des Kantons Zug	5. 8. 642
16. 8.	g	Theodor, Bischof, Patron des Bistums Sitten	4. Jh.
1. 9.	g	Verena, Jungfrau in Zurzach	4. Jh.
2. 9.	g	Apollinaris Morel, Ordenspriester, Märtyrer	2. 9. 1792
25. 9.	H	**NIKLAUS VON FLÜE**, Einsiedler, Friedensstifter, Landespatron	21. 3. 1487
26. 9.	H/F	**JAHRESTAG DER WEIHE DER KATHEDRALE IN SOLOTHURN**	
30. 9.	H	**URS UND VIKTOR**, Märtyrer, Patrone des Bistums Basel	um 300
1. 10.	G	*Hieronymus*, Kirchenlehrer	420
2. 10.	g	Leodegar, Bischof von Autun, Patron des Kantons Luzern	
16. 10.	g	Gallus, Mönch, Einsiedler, Glaubensbote am Bodensee, Patron des Bistums St. Gallen	16. 10. um 645
3. 11.	g	Idda von Toggenburg, Reklusin	13. Jh.
4. 11.	G	*Karl Borromäus*, Bischof von Mailand, Patron der Diözese Lugano	4. 11. 1584
13. 11.	g	Himerius, Einsiedler bei Saint-Imier	7. Jh.
16. 11.	g	Otmar, Gründerabt von St. Gallen	16. 11. 759
2. 12.	g	Luzius, Bischof von Chur, Patron des Bistums Chur	5. Jh.
6. 12.	g	Nikolaus, Bischof von Myra, Patron der Diözese Lausanne-Genève und Fribourg	

Dat.	Rang	Bezeichnung	Todestag
21. 1.	g	Meinrad, Mönch auf der Reichenau, Einsiedler, Märtyrer	861
6. 3.	g	Fridolin von Säckingen, Mönch, Glaubensbote	7. Jh.
2. 6.	H/F	**KIRCHWEIHE DER KATHEDRALE**	
4. 7.	g	Ulrich, Bischof von Augsburg	973
11. 7.	G	*Plazidus*, Märtyrer, und *Sigisbert*, Abt	
16. 7.	G	*Muttergottes von Einsiedeln*	
16. 8.	g	Theodor, Bischof, Patron des Bistums Sitten	4. Jh.
2. 9.	g	Apollinaris Morel, Ordenspriester, Märtyrer	2. 9. 1792
11. 9.	g	Felix und Regula, Märtyrer	
22. 9.	G	*Mauritius und Gefährten*, Märtyrer der thebäischen Legion	280—305
25. 9.	H	**NIKLAUS VON FLÜE**, Einsiedler, Friedensstifter, Landespatron	21. 3. 1487
30. 9.	g	Urs und Viktor, Märtyrer, Patrone des Bistums Basel	um 300
	g	Hieronymus, Priester und Kirchenlehrer	420
16. 10.	G	*Gallus*, Mönch, Einsiedler, Glaubensbote am Bodensee, Patron des Bistums St. Gallen	16. 10. 650
3. 11.	g	Pirmin, Abt, Bischof, Glaubensbote am Oberrhein	753
4. 11.	G	*Karl Borromäus*, Bischof von Mailand, Patron des Bistums Lugano	3. 11. 1584
16. 11.	G	*Otmar*, Gründerabt von St. Gallen	16. 11. 759
17. 11.	G	*Florin* aus dem Vintschgau, Pfarrer in Remüs	um 856
27. 11.	g	Kolumban, Abt von Luxeuil und von Bobbio, Glaubensbote am Bodensee	615
2. 12.	H	**LUZIUS**, Bischof von Chur, Märtyrer, Hauptpatron des Bistums	Ende 15. Jh.
3. 12.	G	*Franz Xaver*, Ordenspriester, Glaubensbote in Indien und Ostasien	1552
6. 12.	g	Nikolaus, Bischof von Myra, Patron des Bistums Lausanne - Genf - Freiburg	um 350

Dat.	Rang	Bezeichnung	Todestag
21. 1.	H	**MEINRAD**, Mönch, Einsiedler, Märtyrer, Hauptpatron des Bezirkes	
16. 4.	g	Benedikt Josef Labre, Büßer	
19. 4.	G	*Gerold*, Einsiedler	
1. 5.	G	*Sigismund*, König, Märtyrer	
3. 5.	H	**WEIHE DER KLOSTERKIRCHE**	
4. 5.	F	PHILIPP UND JAKOB	
4. 7.	G	*Ulrich*, Bischof von Augsburg	
16. 7.	H	**UNSERE LIEBE FRAU VON EINSIEDELN** Hauptpatronin des Ortes	
3. 8.	G	*Mönche von Einsiedeln*	
15. 8.	H	**MARIÄ HIMMELFAHRT** Titel der Kirche	
11. 9.	g	Felix und Regula, Märtyrer	
14. 9.	H	**WEIHE DER GNADENKAPELLE**	
16. 9.	F	KREUZERHÖHUNG	
22. 9.	H	**MAURITIUS UND GEFÄHRTEN**, Märtyrer der thebäischen Legion, Titel der Kirche	
28. 9.	G	*Adelrich*, Priester	
6. 10.	g	Übertragung des hl. Meinrad	
	g	Bruno, Mönch, Ordensgründer	
23. 10.		FEIERLICHE JAHRZEIT FÜR ÄBTE, MÖNCHE UND WOHLTÄTER	
31. 10.	F	WOLFGANG, Mönch in Einsiedeln, Bischof von Regensburg	
11. 11.	H	**MARTIN**, Bischof von Tours, Hauptpatron des Kantons	
16. 11.	G	*Otmar*, Abt von St. Gallen	
26. 11.	G	*Konrad und Gebhard*, Bischöfe von Konstanz	
16. 12.	G	*Adelheid*, Kaiserin	

DIOCÈSE DE LAUSANNE, GENÈVE ET FRIBOURG

Janvier

3	*S. Odilon*, abbé	(01 01 1049)	Mémoire
4	*S. Maire*, évêque de Lausanne	(31 12 594)	Mémoire
10	Bx Grégoire X, pape	(10 01 1276)	Mém. facult.
14	(Petite commémoraison des défunts)		
24	Geneve: **SAINT FRANÇOIS DE SALES**	(28 12 1622)	**SOLENNITE**
	évêque de Genève, docteur de l'Eglise, patron principal de la ville et du canton de Genève, patron secondaire du diocèse; Ailleurs: S. FRANÇOIS DE SALES, évêque et docteur, patron secondaire du diocèse		FÊTE

Février

19	S. Boniface, évêque de Lausanne	(19 02 1261)	Mém. facult.
28	*SS. Romain*, abbé (env. 460) et *Lupicin*, religieux (vers 480)		Mémoire

Mars

6	*Ste Colette*, vierge	(06 03 1447)	Mémoire

Avril

27	S. PIERRE CANISIUS, prêtre	(21 12 1597)	FÊTE

Mai

8	B. V. Marie, médiatrice de toutes grâces		Mém. facult.
9	Cathedrale de Fribourg: Translation des Reliques de S. Nicolas, évêque		Mém. facult.
24	Ste Madeleine-Sophie Barat, vierge	(25 05 1865)	Mém. facult.

Juin

4	Genève:		
	Ste Clotilde, reine	(03 06 545)	Mémoire
	Ailleurs:		
	Ste Clotilde, reine		Mém. facult.
26	Genève:		
	S. Anthelme, évêque	(26 06 1178)	Mém. facult.
29	**SAINT PIERRE,** apôtre titulaire de la cathédrale de Genève patron secondaire de la ville et du canton de Genève, et **SAINT PAUL,** apôtre		**SOLENNITE**

Juillet

14	SS. Ulrich, religieux	(14 07 1093)	
	et Wandrille, religieux	(22 07 668)	Mém. facult.
24	Canton de Vaud:		
	Bse Loyse de Savoie, religieuse	(24 07 1503)	Mémoire
	Ailleurs:		
	Bse Loyse de Savoie, religieuse		Mém. facult.

Août

15	**ASSOMPTION DE LA B. V. MARIE** patronne de la ville et du canton de Neuchâtel		**SOLENNITE**
16	S. Théodule, évêque, patron du diocèse de Sion	(vers 380)	Mém. facult.
26	**DEDICACE DE LA CATHEDRALE DE ST-NICOLAS,** à Fribourg		**SOLENNITE**
	Ailleurs:		FÊTE
30	*S. Amédée*, évêque de Lausanne	(24 08 1159)	Mémoire

Septembre

2	Canton de Fribourg:		
	Bx Apollinaire Morel, martyr	(02 09 1792)	Mémoire
	Ailleurs:		
	Bx Apollinaire Morel, martyr		Mém. facult.

4	Canton de Neuchatel: *Ste Jeanne-Antide Thouret,* vierge (24 08 1826) Ailleurs: Ste Jeanne-Antide Thouret, vierge	Mémoire Mém. facult.
8	**NATIVITE DE LA B. VIERGE MARIE,** patronne principale du diocèse, patronne de la ville de Lausanne et du canton de Vaud, titulaire de la cathédrale de Lausanne	à Lausanne: **SOLENNITE** ailleurs: **FÊTE**
22	*S. Maurice et ses compagnons,* martyrs (vers 300)	Mémoire
25	**S. NICOLAS DE FLUE,** ermite, patron principal de la Suisse (21 03 1487)	**SOLENNITE**
28	Genève: *S. Salonius,* évêque de Genève (après 450) Ailleurs: S. Salonius, évêque	Mémoire Mém. facult.
30	SS. Ours et Victor, maryrs, patrons du diocèse de Bâle (vers 300) S. Jérôme, prêtre et docteur de l'Eglise (30 09 420) (IIIe dimanche de septembre: Fête fédérale d'action de grâces)	Mém. facult. Mém. facult.

Octobre

16	S. Gall, abbé, patron du diocèse de St-Gall (16 10 650)	Mém. facult.

Novembre

4	*S. Charles Borromée,* évêque de Milan, patron du diocèse de Lugano (03 11 1584)	Mémoire Calend. romain
5	*Tous les Saints du diocèse de Lausanne, Genève et Fribourg*	Mémoire
6	S. Protais, évêque de Lausanne (VIIe siècle)	Mém. facult.
25	Canton de Fribourg: *Ste Catherine d'Alexandrie,* vierge et martyre, patronne secondaire du canton de Fribourg (IVe siècle) Ailleurs: Ste Catherine, vierge et martyre	Mémoire Mém. facult.

Décembre

2	S. Lucius, évêque de Coire, martyr, patron du diocèse de Coire (Ve. siècle)	Mém. facult.
6	Canton de Fribourg: **S. NICOLAS,** évêque (vers 350) patron principal de la ville et du canton de Fribourg, titulaire de la cathédrale de Fribourg, patron secondaire du diocèse Ailleurs: S. NICOLAS, évêque, patron secondaire du diocèse	**SOLENNITE** **FÊTE**
16	Ste Adélaïde, impératrice (16 12 999)	Mém. facult.

Dat.	Rang	Bezeichnung	Todestag
21. 1.	g	Meinrad, Mönch auf der Reichenau, Einsiedler, Märtyrer	861
30. 1.	G	*Eusebius*, irischer Pilger, Mönch in St. Gallen und Einsiedler auf dem Viktorsberg	31. 1. 884
2. 5.	G	*Wiborada*, Jungfrau, Reklusin in St. Gallen	2. 5. 926
7. 5.	G	*Notker*, Mönch in St. Gallen, Lehrer und Sequenzendichter	6. 4. 912
4. 7.	G	*Ulrich*, Bischof von Augsburg	4. 7. 973
16. 8.	g	Theodor, Bischof, Patron des Bistums Sitten	um 380
17. 8.	H/F	**KIRCHWEIHE DER KATHEDRALE**	
2. 9.	g	Apollinaris Morel, Ordenspriester, Märtyrer	2. 9. 1792
6. 9.	g	Magnus, Abt, Glaubensbote im Allgäu	um 770
25. 9.	H	**NIKLAUS VON FLÜE**, Einsiedler, Friedensstifter, Landespatron	21. 3. 1487
30. 9.	g	Urs und Viktor, Märtyrer, Patrone des Bistums Basel	um 300
	g	Hieronymus, Priester, Kirchenlehrer	420
16. 10.	H	**GALLUS**, Mönch, Einsiedler, Glaubensbote am Bodensee, Hauptpatron des Bistums	16. 10. 645
3. 11.	g	Idda von Toggenburg, Reklusin	13./14. Jh.
4. 11.	G	*Karl Borromäus*, Bischof von Mailand, Patron des Bistums Lugano	3. 11. 1584
16. 11.	F	OTMAR, Gründerabt von St. Gallen	16. 11. 759
23. 11.	G	*Kolumban*, Abt von Luxeuil und von Bobbio, Glaubensbote im Frankenreich	23. 11. 615
26. 11.	g	Konrad und Gebhard, Bischöfe von Konstanz	975 und 995
2. 12.	g	Luzius, Bischof von Chur, Märtyrer, Patron des Bistums Chur	5. Jh.
6. 12.	g	Nikolaus, Bischof von Myra, Patron des Bistums Lausanne-Genf-Freiburg	um 350

DIÖZESE SITTEN

Dat.	Rang	Bezeichnung	Todestag
27. 4.	G	*Petrus Kanisius*, Ordenspriester, Kirchenlehrer	21. 12. 1597
2. 5.	g	Sigismund, König der Burgunder, Märtyrer	524
	g	Athanasius, Bischof von Alexandrien	373
8. 5.	G	*Jungfrau Maria, Mittlerin aller Gnaden*	
15. 6.	G	*Bernhard*, Erzbischof von Aosta	15. 6. 1081
16. 8.	H	**THEODOR**, Bischof von Octodurus-Martinach, Patron des Bistums	um 380
30. 8.	G	*Guarinus*, Bischof von Sitten	30. 8. 1150
22. 9.	H	**MAURITIUS UND GEFÄHRTEN**, Märtyrer der thebäischen Legion, Patrone des Wallis	um 300
25. 9.	H	**NIKLAUS VON FLÜE**, Landespatron Einsiedler, Friedensstifter,	21. 3. 1487
30. 9.	g	Urs und Viktor, Märtyrer, Patrone der Diözese Basel	280—305
	g	Hieronymus, Priester, Kirchenlehrer	420
13. 10.	H/F	**JAHRESTAG DER WEIHE DER KATHEDRALE**	
16. 10.	G	*Gallus*, Mönch, Einsiedler, Glaubensbote am Bodensee, Patron der Diözese St. Gallen	645
4. 11.	G	*Karl Borromäus*, Bischof von Mailand, Patron der Diözese Lugano	3. 11. 1584
5. 11.	G	*Alle Heiligen der Diözese Sitten*	
25. 11.	G	*Katharina von Alexandrien*, Märtyrin, 2. Patronin des Wallis	4. Jh.
2. 12.	g	Luzius, Bischof von Chur, Märtyrer, Patron des Bistums Chur	5. Jh.
6. 12.	g	Nikolaus, Bischof von Myra, Patron der Diözese Lausanne-Genf-Freiburg	um 350

DIÖZESE LUXEMBURG

Dat.	Rang	Bezeichnung	Todestag
3. 1.	g	Irmina, Äbtissin in Trier	24. 12. 724
Samst. n. d. 4. Ostersonntag	H	**MARIA, TRÖSTERIN DER BETRÜBTEN**, Hauptpatronin der Stadt und des Landes Luxemburg	
13. 7.	G	*Heinrich II.* *und Kunigunde von Luxemburg*, Kaiserpaar	1024 3. 3. 1033
11. 8.	g	Schetzel, Einsiedler in der Nähe von Luxemburg	11. 8. 1138/39
29. 8.	H/F	**JAHRESTAG DER WEIHE DER KATHEDRALE**	
18. 9.	g	Lambert, Bischof von Maastricht (Tongern), Märtyrer	17. 9. 705/6
3. 11.	g	Hubert, Bischof von Lüttich	30. 5. 727
7. 11.	F	WILLIBRORD, Glaubensbote bei den Friesen, Landesapostel	7. 11. 739

DIÖZESE BOZEN-BRIXEN

Dat.	Rang	Bezeichnung	Todestag
7. 1.	g	Valentin, Bischof von Rätien	7. 1. um 475
15. 1.	g	Romedius von Thaur, Einsiedler in Tirol	im 5. Jh.
5. 2.	g	Ingenuin und Albuin, Bischöfe von Säben/Brixen	um 605 5. 2. 1004
	g	Agatha	um 250
Samstag n. d. 2. Ostersonntag	H	**KASSIAN**, Märtyrer in Imola, und **VIGILIUS**, Bischof von Trient, Glaubensbote im Etschland, Märtyrer	um 304 um 400
10. 6.	g	Heinrich von Bozen, Taglöhner	10. 6. 1315
9. 9.	g	Korbinian, Bischof von Freising	8. 9. um 725
10. 9.	H/F	**JAHRESTAG DER WEIHE DES DOMES ZU BRIXEN**	10. 9. 1758
13. 9.	g	Notburga, Dienstmagd in Eben/Tirol	im 10. Jh.
17. 11.	g	Florin, Pfarrer von Remüs, Patron des Unterengadin und Vintschgaues	um 856
12. 12.	g	Hartmann, Bischof von Brixen	23. 12. 1164

In den offiziellen liturgischen Heiligenkalendern ist nur ein Bruchteil der Heiligen erwähnt. Das Verzeichnis der Heiligen umfaßt weitaus mehr Namen. Auch diese Heiligen haben jeweils einen Gedenktag und sind daher dem Jahreskalender zuzuordnen. Vgl. Jakob Torsy: "Der große Namenstagkalender", 3500 Namen, 1495 Lebensbeschreibungen. Einsiedeln, Freiburg 1975.

Heiligen- und Namenstagskalender

4.3. Heiligenbiografien

Über Heilige und ihr Leben ist eine Fülle von Material zugänglich.

- Schriftliche Dokumente

  liegen meist nur für Heilige vor, die nach der Jahrtausendwende gelebt haben. Allerdings gibt es eine Vielzahl von Viten (Lebensberichten) über Heilige der älteren Zeit und z.B. über den Wüstenvater Antonius oder den hl. Martin und sogar Briefe und andere Dokumente.

- Darstellungen der Kunst

  Für die Darstellungen der Heiligen in der Kunst sind Lexika und Handbücher erarbeitet, die einen schnellen Zugriff ermöglichen (vgl. Materialteil 4.3-3).

Sammelbände

Sammelbände werden im Materialteil, teilweise auch mit einer Textprobe (jeweils zur hl. Barbara), vorgestellt. Diese Sammelbände orientieren sich in der Regel am Jahreskalender der Heiligenfeste. Sie dienen einer ersten Information. Leider finden sich nur in sehr wenigen Hinweise auf Biografien und weitere Literatur.

Namenskunde, Brauchtum

In verschiedenen Handbüchern sind zu Spezialfragen eine Fülle von Informationen schnell greifbar.

4.4. Heilige als Thema von Sendungen

In den Heiligen spiegelt sich die Vielfalt christlicher Existenz, aber auch die Epochen der Geschichte sowie die Eigenart einzelner Regionen. Praktisch kann jede Epoche der Kirchengeschichte, jeder Landstrich, jeder Aspekt christlicher Lebensgestaltung am Beispiel eines Heiligen dargestellt werden.

Es lassen sich u.a. folgende Sendeformen denken:

Bezug zur Geschichte

> Der Heilige "berichtet" in einem fingierten Bericht über seine Zeit oder
> Im Rahmen eines Lebensberichtes wird ein Zeitbericht gegeben.

Möglichkeiten christlicher Lebensgestaltung

> Der Heilige "berichtet" aus seinem Leben, oder es wird ein fingiertes Interview gemacht.
>
> Menschen, die den Namen des Heiligen tragen, berichten über ihren Namenspatron und über ihre Beziehung zu ihm.

Risiken, Konflikte von Christen

> Am Beispiel von einzelnen Schicksalen können Risiken und Konflikte dargestellt werden, z.B. Übergriffe der Staatsgewalt, Reform der Kirche, Frauenschicksale, Außenseiterrollen, Opfer der verschiedenen Religionskriege ...

Reihe über deutsche Heilige

um
- die deutsche Kirchengeschichte darzustellen
- Ausprägungen des Christentums aufzuzeigen
- eine größere Identität im deutschen Sprachraum zu ermöglichen

Anlaß für Berichte und Sendungen über Heilige sind Jubiläen wie das des heiligen Franziskus, dessen achthunderster Geburtstag auf das Jahr 1982 fiel.

4.5. Marienfeste

Die Marienfeste sind Ausdruck einer Frömmigkeit, die bis in die Frühzeit der Kirche zurückgeht, vielfältige Formen ausgebildet hat und die Entwicklungen und Krisen der theologischen Vorstellungen widerspiegelt.

4.5.1. Die Gestalt Marias

Feste - nur eine Form der Marienverehrung

Die Marienfrömmigkeit drückt sich nicht nur in den Marienfesten aus, sondern auch in verschiedenen Andachts- und Gebetsformen. Der Rosenkranz, die lauretanische Litanei, die Marienandacht, Wallfahrten zeigen, welche Rolle Maria in der Volksfrömmigkeit spielt.

Ursprung im Osten

Maria wird durch Lieder und Hymnen, am längsten in der Ostkirche verehrt. Sie wird gepriesen als der Mensch, der für Gott ganz offen, der vollkommen ist und die Fülle des Christlichen in sich vereinigt.

Maria - Adressat von Bitten

An Maria richten sich viele Bitten. Die Menschen tragen ihre Sorgen und Nöte vor Maria in dem Vertrauen, daß sie am ehesten Gott bewegen kann, die Bitten zu erfüllen.

Maria als Mutter

Maria wird als Mutter gesehen. Sie ist nicht nur Mutter Jesu, sondern Mutter aller Christen. Ihrer Zuneigung, ihrem Schutz kann sich der einzelne anvertrauen. Sie ist zugleich Schwester der Menschen.

Urbild der Kirche

Maria ist Urbild der Kirche, die erste, die durch ihren Glauben das Angebot Gottes angenommen hat, die personhaft darstellt, was Kirche ist.

Urbild der Frau

Maria ist Urbild der Frau im religiösen Verständnis. In ihr sind Schönheit, Hingabefähigkeit und Offenheit für Gott verwirklicht.

Die vielen Züge der Gestalt Marias sind durch die Kunst, in Gebeten, Predigten und Büchern herausgearbeitet worden.

Maria ist aber auch ein theologisches Thema. Anders als Vorbild und Verehrung der Heiligen ist die Marienfrömmigkeit unmittelbar auf das Wirken Gottes in Jesus bezogen.

Maria: Thema der Theologie

Wer Maria Gottesmutter nennt, sagt zugleich, daß Jesus der Sohn Gottes ist.

Aussagen über Maria sind Aussagen über Jesus

Wer Maria Jungfrau nennt, sagt, daß Jesus nicht durch die Vereinigung von Mann und Frau, nicht aus dem Wollen des Mannes (Joh 1,13), sondern unmittelbar aus Gott geboren ist.

Wer sagt, daß Maria leiblich in den Himmel aufgenommen ist, sagt, daß Jesus der Erstgeborene der Toten ist und daß alle Menschen ein endgültiges leibliches Leben bei Gott haben werden.

Aussagen über Maria sind sozusagen Widerlager für die zentralen Aussagen des christlichen Glaubens. Sie ergänzen diese Aussagen nicht, spiegeln sie vielmehr wieder und sichern sie dadurch ab.

Die Aussagen über Maria, wie sie in der Marienfrömmigkeit und auch in den Aussagen des Lehramtes der katholischen Kirche gemacht werden, sind faktisch ein Hindernis für die Ökumene. Die evangelischen Christen finden nur schwer oder gar nicht Zugang zur Marienfrömmigkeit. Die geschichtliche Wurzel dafür liegt in der Reformationszeit. Die Reformatoren, vor allem Calvin, lehnten die übersteigerten Formen der Marienverehrung ihrer Zeit ab. Zugleich führten die veränderten theologischen Akzentsetzungen der Reformatoren zu einer anderen Deutung der Gestalt Marias. Wenn Luther sagt, daß der Christ zugleich gerecht und sündig ist (simul iustus et peccator), dann gilt das auch für Maria. Dann ist sie nicht mehr die herausragend Erlöste, an der kein Makel ist, sondern sie ist sündig wie alle anderen. Aber auch im katholischen Raum sind Marienfrömmigkeit und Mariologie (theologische Aussagen über Maria) nicht unumstritten. Einzelne Aussagen sogenannter Mariologen über Maria werden von anderen Theologen als übersteigert abgelehnt.

Vorbehalte der evangelischen Christen

Die marianische und die liturgische Bewegung

Die marianische und die liturgische Bewegung sind zwei verschiedene Strömungen in der Frömmigkeitsgeschichte dieses Jahrhunderts, die beide, mit unterschiedlicher Akzentsetzung, die Frömmigkeit geprägt haben. Nach dem Konzil ist die Marienverehrung stark zurückgegangen, so daß heute führende Theologen sich anschicken, das Erbe der Marienverehrung neu zu formulieren. Durch den polnischen Papst hat die Marienfrömmigkeit wieder neue Anstöße bekommen.

Rückgang der Marienverehrung nach dem Konzil

Im folgenden werden zuerst die Geschichte der Marienverehrung sowie die theologischen Aussagen über Maria dargestellt. Erst in diesem Rahmen können die Aussagen der Marienfeste erschlossen werden.

4.5.2. Die Geschichte der Marienverehrung

Die Marienverehrung ist ein Erbe der östlichen Kirche. Ihre Ansätze reichen jedoch bis ins Neue Testament zurück. Während in den älteren Schriften, den Paulusbriefen und dem Markusevangelium, kaum Bezug auf Maria genommen wird, finden sich in den anderen Evangelien bereits die Grundlinien einer marianischen Theologie angelegt.

Interesse für die Gestalt Marias bereits in der Bibel

Mariengebete gehen auf Verse des Lukasevangeliums zurück. Matthäus und Lukas berichten, daß Jesus nicht der Sohn Josefs ist, sondern daß Maria das Kind vom Heiligen Geist empfangen hat.

> Mit der Geburt Jesu Christi war es so:
> Maria, seine Mutter, war mit Josef verlobt; noch bevor sie zusammengekommen waren, zeigte sich, daß sie ein Kind erwartete - durch das Wirken des Heiligen Geistes. Josef, ihr Mann, der gerecht war und sie nicht bloßstellen wollte, beschloß, sich in aller Stille von ihr zu trennen. Während er noch darüber nachdachte, erschien ihm ein Engel des Herrn im Traum und sagte: Josef, Sohn Davids, fürchte dich nicht, Maria als deine Frau zu dir zu nehmen: denn das Kind, das sie erwartet, ist vom Heiligen Geist. Sie wird einen Sohn gebären; ihm sollst du den Namen Jesus geben; denn er wird sein Volk von seinen Sünden erlösen.

Dies alles ist geschehen, damit sich erfüllte, was der Herr durch den Propheten gesagt hat:

Seht die Jungfrau wird ein Kind empfangen, einen Sohn wird sie gebären, und man wird ihm den Namen Immanuel geben, das heißt übersetzt: Gott ist mit uns.

Als Josef erwachte, tat er, was der Engel des Herrn ihm befohlen hatte, und nahm seine Frau zu sich. Er erkannte sie aber nicht, bis sie ihren Sohn gebar. Und er gab ihm den Namen Jesus.
(Mt 1,18-25)

Maria - Mutter der Christen

Bei Lukas findet sich ein ähnlicher Bericht.

Die Verheißung der Geburt Jesu:

Im sechsten Monat wurde der Engel Gabriel von Gott in eine Stadt in Galiläa namens Nazaret zu einer Jungfrau gesandt. Sie war mit einem Mann namens Josef verlobt, der aus dem Haus David stammte. Der Name der Jungfrau war Maria. Der Engel trat bei ihr ein und sagte: Sei gegrüßt, du Begnadete, der Herr ist mit dir. Sie erschrak über die Anrede und überlegte, was dieser Gruß zu bedeuten habe. Da sagte der Engel zu ihr: Fürchte dich nicht, Maria; denn du hast bei Gott Gnade gefunden. Du wirst ein Kind empfangen, einen Sohn wirst du gebären: dem sollst du den Namen Jesus geben. Er wird groß sein und Sohn des Höchsten genannt werden. Gott, der Herr, wird ihm den Thron seines Vaters David geben. Er wird über das Haus Jakob in Ewigkeit herrschen, und seine Herrschaft wird kein Ende haben.

Legenden über die Kindheit Marias Anschauungsmaterial für Kunst und Frömmigkeit

Maria sagte zu dem Engel: Wie soll das geschehen, da ich keinen Mann erkenne? Der Engel antwortete ihr: Der Heilige Geist wird über dich kommen, und die Kraft des Höchsten wird dich überschatten. Deshalb wird auch das Kind heilig und Sohn Gottes genannt werden. Auch Elisabeth, deine Verwandte, hat noch in ihrem Alter einen Sohn empfangen; obwohl sie als unfruchtbar galt, ist sie jetzt schon im sechsten Monat. Denn für Gott ist nichts unmöglich. Da sagte Maria: Ich bin die Magd des Herrn; mir geschehe, wie du es gesagt hast. Danach verließ sie der Engel.
(Lk 1,26-28)

Aus dem Gruß des Engels und der Begrüßung Marias durch Elisabeth hat sich das am meisten verbreitete Mariengebet entwickelt.

Jungfrauengeburt als Argument der Theologie

> Gegrüßet seist du Maria, voll der
> Gnade, der Herr ist mit dir. Du
> bist gebenedeit unter den Frauen
> und gebenedeit ist die Frucht
> deines Leibes, Jesus.
>
> Heilige Maria, Mutter Gottes,
> bitte für uns Sünder jetzt und
> in der Stunde unseres Todes.
> Amen.

Der zweite Teil des Gebetes kam erst im 16. Jahrhundert hinzu.

Erzählungen machen Aussagen über das Kind

Die Berichte der beiden Evangelisten wurden bereits im Zusammenhang mit dem Weihnachtsfest erläutert (3.2.4., S. 67 ff). Die Texte machen in der Form der Erzählung Aussagen über das Kind: Es stammt von Gott, es ist mehr als ein zum Propheten berufener Mensch.

Maria als Tochter Sion

Im Gruß des Engels wird Maria als Tochter Sion angesprochen.

> Juble Tochter Zion! Jauchze Israel!
> Freu dich und frohlocke von ganzem
> Herzen Jerusalem ...
> Der König Israels, der Herr, ist in
> deiner Mitte; du hast kein Unheil
> mehr zu fürchten ...
> Der Herr, dein Gott, ist in deiner Mitte,
> ein Held, der Rettung bringt ...
> (Zef 3,14 f; 17)

Tochter Sion steht für Jerusalem. Maria ist die Verkörperung Israels und zugleich die Bundeslade. "Heiliger Geist wird über dich kommen" (Lk 1,35) spielt auf den Schöpfungsbericht an, "die Erde aber war wüst und wirr, Finsternis lag über der Urflut und Gottes Geist schwebte über den Wassern" (Gen 1,2).

Maria als Bundeslade

Die Empfängnis Jesu ist eine neue Schöpfung. "Die Kraft des Höchsten wird dich überschatten" (Lk 1,35) bezeichnet Maria als Bundeslade. Die Lade und später der Tempel wurden von einer Wolke überschattet, die die Gegenwart Gottes bedeutet (Ex 40,34-38; 1 Kön 8,10; Jes 6,4).

Maria - Vermittlerin von Bittgebeten

Das Johannesevangelium berichtet von einer Bitte Marias an Jesus bei der Hochzeit von Kana.

> Als der Wein ausging, sagte die Mutter Jesu zu ihm: Sie haben keinen Wein mehr. Jesus erwiderte ihr: Was willst du von mir, Frau? Meine Stunde ist noch nicht gekommen. Seine Mutter sagte zu den Dienern: Was er euch sagt, das tut. (Joh 2,3-5)

Diese Szene ist Modell für die Rolle Marias, die für die Menschen bei ihrem Sohn bittet.

Vor seinem Tod überantwortet Jesus seine Mutter dem Lieblingsjünger:

> Bei dem Kreuz standen seine Mutter und die Schwester seiner Mutter, Maria, die Frau des Klopas, und Maria von Magdala. Als Jesus seine Mutter sah und bei ihr den Jünger, den er liebte, sagte er zu seiner Mutter: Frau, sieh deinen Sohn. Dann sagte er zu dem Jünger: Siehe, deine Mutter! Und von jener Stunde an nahm sie der Jünger zu sich. (Joh 19,25-27)

In dieser Szene wird die Einsetzung Marias als Mutter der Christen gesehen.

Noch vor Ende des zweiten Jahrhunderts entsteht das sogenannte "Protoevangelium des Jakobus", das ausführlicher die Kindheit Marias schildert. Obwohl es von der Kirche nicht als kanonische Schrift anerkannt wurde, hat es für die Marienfrömmigkeit und die christliche Kunst Anschauungsmaterial bereitgestellt. Es kennt die Eltern Marias, Anna und Joachim, die bis ins hohe Alter kinderlos geblieben waren. Die Parallelisierung zu den Eltern des Täufers, Elisabeth und Zacharias, geht so weit, daß auch Joachim levitischer Priester ist. Maria wird im Alter von drei Jahren in den Tempel gebracht, wo sie bis zum 12. Lebensjahr bleibt. Des weiteren malt das Protoevangelium die Erzählungen des Lukasevangeliums aus. Weitere sogenannte apokryphe Schriften (Berichte über das Leben Jesu, die von der Kirche nicht in die Sammlung des Neuen Testaments aufgenommen wurden. s.u. S. 292) zeigen ein großes Interesse an der Person Marias.

Auch in der theologischen Reflexion werden die Aussagen der Evangelisten über Maria aufgegriffen und weiterentwickelt. Um die Geburt des Sohnes aus dem Vater abzusichern, wird die Jungfrauengeburt betont. Jesus hat keinen irdischen Vater.

Mutterschaft Marias und menschliche Natur des Sohnes

Gegen die gnostische Vorstellung, der Mensch Jesus sei nur Schein, wird die Mutterschaft Mariens betont. Im 3.Jahrhundert bildet sich der Titel Gottesmutter heraus.

Gegenbild zu Eva

Maria wird bereits von Justin (Mitte des 2. Jahrhunderts) und Irenäus (um 200) als die neue Eva bezeichnet, in Anlehnung an Paulus, der Adam und Christus als Antitypen einander gegenüberstellt.

Langsames Entstehen der Marien-Verehrung

Aus dem Interesse an der Person Mariens entwickelt sich die Verehrung ihrer Person, so daß es seit dem frühen 5. Jahrhundert Gebete und Hymnen gibt, die sich an Maria richten, seit dem 5. Jahrhundert Kirchen werden ihr geweiht, und sie wird in der religiösen Kunst dargestellt.

Ursachen für das Entstehen der Marien-Verehrung

Diese Entwicklung, für deren Anfänge es nur wenige greifbare Dokumente gibt, hat wohl mehrere Motive.

Heilige als Mittlergestalten

- Durch den Arianismus war die Gottheit Jesu in Frage gestellt. In der Gegenbewegung gegen den Arianismus tritt der Mensch Jesus hinter dem Sohn Gottes, dem göttlichen Erlöser und Weltenherrn, zurück. Die Märtyrer, vor allem Maria, werden zunehmend als Mittlergestalten gesehen.

Konzil von Ephesus (431)

- Das Konzil von Ephesus benennt Maria mit dem Titel "Gottesmutter", um auszusagen, daß sie nicht nur den Menschen Jesus geboren hat, sondern daß dieser Mensch von Anfang an Gottes Sohn war. Es gibt in Jesus keine zwei Personen, eine menschliche und eine göttliche Person, sondern Jesus ist einer. Im Anschluß an das Konzil ist eine rasche Entwicklung der Marienverehrung zu beobachten.

Maria als Vorbild

- Die Entwicklung eines neuen christlichen Ideals nach der Märtyrerzeit, das Mönchtum und die in den christlichen Gemeinden lebenden Jungfrauen fördern eine ethische Sicht der Gestalt Marias. Sie wird als Idealfigur für Jungfräulichkeit gesehen, die ein unmittelbares Gottesverhältnis ohne Bruch verwirklicht hat.

Ein Zeichen, daß Maria eine eigenständige Rolle erhält, sind Darstellungen der Kunst. Wohl zum ersten Mal wird Maria in der Kirche Santa Maria Maggiore in Rom in der Apsis dargestellt. Anstelle des Christusbildes kann das Bild der Mutter mit dem Kind auf dem Schoß treten. Das ist eine Folge des Konzils von Ephesus. Maria Maggiore wurde von Papst Sixtus II. (432-40) gestiftet.

Reflex der Theologie in der Kunst

Im 5. Jahrhundert gibt es im Bereich der Ostkirche einen Gedächtnistag Marias, im 6. Jahrhundert bilden sich einzelne Feste heraus, die sich auf Ereignisse des Marienlebens beziehen: Verkündigung, Heimgang, Geburt, Begegnung des Herrn (mit Simeon und Hanna, Lichtmeß). Im 7. Jahrhundert werden die Feste in Rom übernommen.

Erste Marienfeste im Osten

Während sich also im Osten die Marienverehrung, die sich in der Kunst, in Gebeten und der Ausbildung von Festen niederschlägt, schnell entwickelt, wird sie im Westen nur schrittweise übernommen. Orientalische Mönche, der aus Syrien stammende Papst Sergius, Verbindungen der Karolinger und Ottonen zum byzantinischen Kaiserhaus sind die Wege, auf denen die Marienverehrung des Ostens im Abendland Eingang findet.

Einfluß des Ostens auf den Westen

Neben die Verehrung der jungfräulichen Gottesmutter und der vorbildlichen Heiligen treten schon früh zwei weitere Züge, die die Marienverehrung stark geprägt haben.

Weitere Züge der Marienverehrung

Maria als Fürsprecherin, die bei ihrem Sohn Fürbitte einlegt, die Schutz gewährt, an die sich jeder Mensch, sei er auch der größte Sünder, wenden kann.

Maria als Fürsprecherin

Vom Ende des 3. bzw. Anfang des 4. Jahrhunderts stammt aus dem Osten ein Gebet, das heute noch in erweiterter Form gebetet wird:

> Unter deinen Schutz und Schirm fliehen wir, heilige Gottesmutter. Verschmähe nicht unser Gebet in unseren Nöten, sondern errette uns jederzeit aus allen Gefahren, o du glorreiche Fürsprecherin, führe uns zu deinem Sohne, empfiehl uns deinem Sohne, stelle uns vor deinen Sohn.

Aus verschiedenen Predigten aus dem 4. Jahrhundert geht hervor, daß Maria um Schutz und Hilfe angerufen wurde, daß sie sogar Heilungen bewirken könne.

Marias Rolle in der Erlösung

Maria wird über die Mittlerrolle hinaus eine aktive Rolle im Erlösungsgeschehen zugesprochen. Eine Predigt zum Abschluß des Konzils von Ephesus 431 zeigt, wie Maria damals gesehen wird. (Der Verfasser der Predigt ist unbekannt, zitiert nach Laurentin: "Kurzer Traktat der marianischen Theologie"; Regensburg 1959, S. 77)

> Wir grüßen dich, Maria, Mutter Gottes,
> Ehrwürdiger Schatz, der der ganzen Welt gehört,
> Nie erlöschendes Licht ...,
> Nie zerstörter Tempel, der den umschließt, welcher nicht umschlossen werden kann,
> Mutter und Jungfrau ...
> Durch dich wird die Dreieinigkeit verherrlicht,
> Durch dich ist das Kreuz Gegenstand der Verehrung in der ganzen Welt,
> Durch dich herrscht im Himmel Jubel,
> Deinetwegen freuen sich die Engel und Erzengel,
> Durch dich werden die Dämonen verjagt,
> Durch dich wird der Versucher, der Teufel, aus dem Himmel vertrieben,
> Durch dich wird die gefallene Kreatur zum Himmel erhoben,
> Durch dich ist die ganze Schöpfung, die das Opfer des Wahnsinns der Götzenanbetung geworden war, zu der Erkenntnis der Wahrheit gelangt,
> Durch dich erlangen die Gläubigen die Taufe und das Öl der Freude,
> Durch dich wurden die Kirchen in der ganzen Welt gegründet,
> Durch dich werden die Völker zur Bekehrung angeleitet.

Im 5. Jahrhundert bereits wird Maria "Mittlerin" genannt. Germanus, Patriarch von Konstantinopel (gest. 733) sagt:

> ...kein Mensch wird von der Erkenntnis Gottes erfüllt außer durch dich, Allheilige; Kein Mensch wird gerettet außer durch dich, Gottesgebärerin; Kein Mensch wird aus Gefahren befreit außer durch dich, Jungfrau und Mutter; Kein Mensch wird erlöst außer durch dich, Mutter Gottes (zitiert nach Hilde Graef, Maria, Freiburg 1964, S. 134)

Christus der Richter - Maria die Fürsprecherin

Im 17. Jahrhundert wird man sogar sagen, Jesus habe Maria die Aufgabe der Erlösung übertragen. Seit dem Mittelalter ist die Vorstellung verbreitet, Maria stehe in Gegensatz zu ihrem Sohne.

Jesus als der Weltenrichter verurteile die Menschen nach den Grundsätzen der Gerechtigkeit, Barmherzigkeit erhalte der Mensch nur durch die Fürsprache Marias, die allein ihren Sohn umzustimmen vermöge.

Kosmische Züge der Marienverehrung

Die Gestalt Marias wird, wie die Gestalt Jesu, ins Kosmische ausgeweitet. Das drückt sich in der Vorstellung aus, daß sie als ganzer Mensch mit Leib und Seele bei Gott ist. Diese Vorstellung läßt sich bis ins 5. Jahrhundert zurückverfolgen.

Die Verbindung der Heilsereignisse sowie der christlichen Feste mit den astronomischen Vorstellungen der damaligen Zeit bedeutete eine religiöse Inkulturation. Der Gang der Gestirne hatte religiöse Bedeutung, besonders der Planet Venus als Morgen- und Abendstern.

Der Name Maria wird als Meeres-Stern gedeutet (Mare = Meer).

> Da erschien ein großes Zeichen am Himmel: eine Frau, mit der Sonne bekleidet, der Mond war unter ihren Füßen und ein Kranz von 12 Sternen auf ihrem Haupt. Sie war schwanger und schrie vor Schmerz in ihren Geburtswehen.
> (Offb 12,1-2)

Dieser Text meint die Kirche und wird seit dem 5. Jahrhundert auch auf Maria gedeutet.

Maria tritt in gewisser Weise in Vorstellungsformen ein, die in Religionen gebildet wurden, auf die die christlichen Missionare stießen.

In der Kunst wird Maria als im Himmel thronend dargestellt, sie ist Königin des Himmels und mit Macht ausgestattet, so daß sie den Menschen auf der Erde Schutz gewähren kann.

Geschichtliche Ausprägungen der Marienverehrung

So sind bereits früh die Züge ausgebildet, die die Marienverehrung prägen, selbst der Überschwang der Sprache, der Maria mit vielerlei Titeln belegt. Bleiben die Grundzüge auch erhalten, so wechselt doch die emotionale Farbe. Stärker als das Bild Christi ist das seiner Mutter duch die jeweilige Epoche bestimmt.

Das 4. und 5. Jahrhundert ist noch durch die Abgrenzung vom Heidentum bestimmt. Maria wird den heidnischen Gottheiten entgegengesetzt.

Im Mittelalter prägen die vom Rittertum entwickelten Vorstellungen der Minne das emotionale Klima.

Im 17. Jahrhundert prägt der Barock auch der Marienfrömmigkeit seine Züge auf.

Im 19. Jahrhundert ist eine große Diskrepanz zwischen einer rationalen, begrifflich orientierten Theologie und einer gefühlsbetonten Frömmigkeit zu beobachten.

Marienverehrung im Westen

Im 12. Jahrhundert gibt es im Westen einen ersten Höhepunkt der Marienverehrung. In diesem Jahrhundert kommen Reformbewegungen zum Tragen (Cluny, die Zisterzienser). Das auflebende religiöse Leben führt auch zu einer Intensivierung der Marienverehrung, die die Themen der altkirchlichen Marienverehrung aufgreift, jedoch neue Ausdrucksweisen in der Kunst findet und den Gedanken der Minne auch auf Maria überträgt, die sich in den Worten "Unsere Liebe Frau", "Notre Dame" niederschlagen.

Wahrscheinlich schon aus dem 11. Jahrhundert stammt das "Salve Regina".

> Sei gegrüßt, o Königin, Mutter der Barmherzigkeit, unser Leben, unsere Wonne und unsere Hoffnung sei gegrüßt. Zu dir rufen wir verbannte Kinder Evas, zu dir seufzen wir trauernd und weinend in diesem Tal der Tränen.
> Wohlan denn, unsere Fürsprecherin, wende deine barmherzigen Augen uns zu und nach diesem Elend zeige uns Jesus, die gebenedeite Frucht deines Leibes, o gütige, o milde, o süße Jungfrau Maria.

Die Anfänge des am meisten verbreiteten Mariengebetes, das "Gegrüßet seist du Maria", auch "Ave" genannt, das den Gruß des Engels sowie Worte aufnimmt, mit denen Elisabeth Maria gegrüßt hat (Lk 1,28. 42), fallen in diese Zeit.

Im 10. Jahrhundert wird ein eigenes Marienofficium entwickelt, das dem Officium, dem Chorgebet der Ordensleute, nachgebildet ist. Es besteht aus Psalmen und Hymnen sowie dem "Gegrüßet seist du ...", wurde den Laien als Gebet empfohlen und wird auch den Klerikern für den Samstag vorgeschrieben.

Marienleben, Marienlegenden

Einen großen Einfluß auf die Vorstellungen über Maria haben Erzählungen über das Marienleben, die an das Protoevangelium des Jakobus anknüpfen, sowie Marienlegenden. Diese führen Heilungen und Rettungen auf das Gebet zu Maria zurück.

Im späten Mittelalter haben die Heiligen- und damit auch die Marienverehrung eine Vielfalt von Formen ausgebildet, die die zentralen Glaubenswahrheiten und Frömmigkeitsformen überwuchern.

Die Reformation

Die Reformation sucht das Christentum in seiner ursprünglichen Gestalt zurückzugewinnen und verwirft die Heiligen- und damit auch die Marienverehrung. Im Barock kommt es zu einem neuen Aufblühen der Marienfrömmigkeit. Vorausgegangen war eine Pflege der Marienverehrung zur Zeit der Gegenreformation, besonders des Rosenkranzgebetes in eigenen Rosenkranzbruderschaften.

Züge der Überschwenglichkeit im Barock

Im Barock, vor allem in Frankreich, erhält die Marienverehrung Züge der Überschwenglichkeit. Maria wird als Partnerin Gottes im Erlösungswerk gesehen, eine totale Hingabe an Maria, die sogar als Sklavenschaft formuliert wird, gilt als Ausdruck tiefer Frömmigkeit. Mit dieser Frömmigkeitsrichtung ist eine Betonung der Innerlichkeit, der gefühlsbetonten Meditation des Lebens Jesu, seiner Passion, der Gefühle Jesu und seiner Mutter verbunden, die eine Verehrung des Herzens Jesu und des Herzens Mariä ausbilden. Diese Frömmigkeitsformen werden durch die Aufklärung unterbrochen, in der an die Stelle des Gefühls Rationalität tritt.

Marianische Bewegung seit dem 19. Jahrhundert

Mit dem Beginn des 19. Jahrhunderts erhält das religiöse Leben neue Impulse. Der Missionsgedanke wird zuerst von Laien wieder belebt und es kommt zu Ordensgründungen sowohl für Mission als auch für Krankenpflege und Unterricht. Auch die Marienverehrung belebt sich neu, man spricht sogar von einer "Marianischen Bewegung". Diese Epoche knüpft mentalitätsmäßig an das 17. Jahrhundert an und endet mit dem II. Vatikanischen Konzil.

Charakteristisch für die Marienfrömmigkeit dieser Jahrzehnte ist die Orientierung an Erscheinungen Marias (La Salette 1846, Lourdes 1858, Fatima 1917), das Rosenkranzgebet, die Maiandacht, die Förderung der Marienverehrung durch die Päpste. Ähnlich wie im 17. Jahrhundert zeigt die Marienverehrung Züge der Überschwenglichkeit. Man kann sich nicht genug tun, die Einzigartigkeit Marias herauszustellen, ihr eine aktive Rolle im Erlösungsgeschehen einzuräumen, sie sogar als Mit-Erlöserin zu bezeichnen. Zwei kirchliche Lehrentscheidungen fallen in diese Zeit. 1854 wird die unbefleckte Empfängnis Marias von Pius IX. und 1950 die leibliche Aufnahme Marias in den Himmel von Pius XII. definiert. (Zur Bedeutung dieser Aussagen s. S. 282 ff)

Mentalitätswandel durch das Konzil

Daß das II. Vatikanische Konzil zu einem Mentalitätswandel in der katholischen Kirche geführt hat, zeigt sich auch an der Marienfrömmigkeit. Auf dem Konzil hat sich die liturgische Bewegung durchgesetzt. Während es früher üblich war, daß die Katholiken während der Messe den Rosenkranz beteten, sich am Vollzug der Messe also nur am Rande beteiligten, steht nach dem Konzil die Messe selbst im Mittelpunkt des Gemeinde- wie auch des Gebetslebens. Die Beschäftigung mit der Bibel nimmt mehr Raum ein, die Formen der Marienverehrung, Maiandacht und Rosenkranzgebet werden kaum noch gepflegt. Auch die Person Marias wird anders gesehen. Sie wird als Urtypus der Kirche, weniger als der Kirche gegenüberstehend gesehen. Man denkt nicht mehr darüber nach, inwieweit Maria am Erlösungsgeschehen beteiligt ist, die Menschen die Gnaden der Erlösung aus der Hand Marias erhalten, ihre Barmherzigkeit mit der Gerechtigkeit Christi kontrastiert.

In Maria wird vielmehr der Anfang der Kirche gesehen. Sie hat die Initiative Gottes beantwortet, sie hat als erste getan, was die Gläubigen tun: Gottes Angebot annehmen, sich der Zuwendung Gottes öffnen.

Neue Impulse der Marienverehrung

In den letzten Jahren sind neue Impulse der Marienverehrung zu beobachten. Das ist insofern von Bedeutung, als Katholiken, die die Marienverehrung gepflegt haben, wieder stärker in das kirchliche Leben integriert werden. Denn weithin galt Marienverehrung in den letzten Jahren als Merkmal konservativer Haltung, die den Wandel des Konzils nicht mitvollzogen hat, obwohl das Konzil wichtige theologische Aussagen über Maria aufgegriffen und für das kirchliche Leben festgehalten hat.

Auch in den evangelischen Kirchen beschäftigen sich Theologen mit der Gestalt Marias.

4.5.3. Theologische Aussagen über Maria

Maria im Glaubensbekenntnis der Christen

Anders als die Heiligen wird Maria in den Glaubensdokumenten erwähnt. Im Glaubensbekenntnis heißt es

> Für uns Menschen und zu unserem Heil
> ist er vom Himmel gekommen.
> Er hat Fleisch angenommen durch den
> heiligen Geist von der Jungfrau Maria
> und ist Mensch geworden.

So hat Maria im Rahmen der systematischen Darstellung des Glaubens, die sich an der Gliederung des Glaubensbekenntnisses orientiert, ihren Platz. Dieses Kapitel der Theologie wird auch Mariologie genannt. Die systematische Darstellung orientiert sich meist an den vier Hauptaussagen über Maria

- Sie hat Jesus als Jungfrau empfangen und geboren
- Sie ist Mutter Gottes
- Sie ist unbefleckt von der Erbsünde empfangen und
- Mit Leib und Seele in den Himmel aufgenommen.

Aussagen über Maria korrespondieren mit theologischen Fragen

Diese Aussagen sind nicht aus sich verständlich, sondern korrespondieren mit den jeweiligen theologischen Fragestellungen und ihrer Beantwortung. Bis ins 5. Jahrhundert stand die Frage nach der Person Jesu im Mittelpunkt des theologischen Interesses. Dementsprechend die Aussagen über die jungfräuliche Ge-

Die Person Jesu

burt und Gottesmutterschaft. Schon bei Matthäus und Lukas weist die Geburt Jesu aus der Jungfrau darauf hin, daß dieses Kind keinen Menschen, sondern Gott zum Vater hat.

Geburt aus der Jungfrau - Sohn Gottes

Diese Aussagerichtung wird immer dann betont, wenn die Gottessohnschaft Jesu verteidigt wird. Die Prediger und Theologen sprachen bald von einer dauernden Jungfrauschaft Marias, daran, daß sie jungfräulich gelebt hat und daß diese Jungfräulichkeit auch durch die Geburt eines Kindes nicht in Frage gestellt ist.

Gottesmutter - in Jesus sind nicht zwei Personen

Der Titel "Gottesmutter" (Theotokos) entstand im 4. Jahrhundert in der alexandrinischen Theologie. Das Konzil von Ephesus 431 bestätigt diesen Titel und sagt damit, daß Jesus von Anfang an Gottes Sohn war und daß in Jesus nicht zwei Personen waren, eine menschliche und eine göttliche, sondern daß der eine zugleich Gott und Mensch ist. (Theologen heute meinen, daß der Konflikt, der zum Konzil von Ephesus geführt hat, unnötig war. Zwischen Nestorius, der den Titel nicht akzeptierte, sondern lieber Christotokos sagte, und Cyrill von Alexandrien, der ihn verteidigte, beständen nur terminologische Differenzen).

Seit Augustinus theologische Anthropologie

Mit Augustinus (gestorben 430) kommt eine neue Fragerichtung in die Theologie, die noch in der Reformation im Mittelpunkt stand und wohl erst durch das Aufkommen des Atheismus und die sich daraus ergebenden Fragestellungen abgelöst wurde. Es geht um die Erlösung des Menschen, oder in der Terminologie Luthers, um die Rechtfertigung. Die Existenz Gottes, die Person Jesu, daß er wahrer Gott und wahrer Mensch ist, werden vorausgesetzt. Die Frage ist, wie der Mensch an sein Ziel kommt.

Maria und die Erlösung: Sündelosigkeit und endgültige Vollendung

Maria ist im Glauben der Kirche der Mensch, der an sein Ziel gekommen ist. Ihr Leben war nicht durch die Sünde bedroht.
Schon früh, seit dem 5. Jahrhundert, ist die Vorstellung greifbar, Maria sei auch mit ihrem Leib bereits zu Gott heimgegangen. Im Osten spricht man vom Entschlafen Marias, im Westen von der leiblichen Aufnahme Marias in den Himmel. Das Fest "Mariä Himmelfahrt" wird im Osten seit dem 5., im Westen seit dem 6. Jahrhundert gefeiert. Pius XII. hat 1950, nachdem er alle Bischöfe befragt hatte, die leibliche Aufnahme Marias in den Himmel zur ausdrücklichen Lehre der Kirche erklärt.

Maria im Kontext der Erbsündenlehre

Auch über den Ursprung des Lebens Marias macht die Kirche eine Aussage, die Maria aus den anderen Menschen heraushebt. Der Satz "Maria ist unbefleckt empfangen" ist nur im Kontext der von Augustinus formulierten Erbsündenlehre zu verstehen. Sie besagt, daß Jesus nicht nur den Menschen von individueller Schuld und persönlichem Versagen erlöst hat, sondern ihn aus dem Schuldzusammenhang befreit hat, in den die Menschen seit der Sünde der Stammeltern verstrickt sind. Die Erbsünde beeinflußt den einzelnen von innen her, verführt ihn zu persönlichem Schuldigwerden. Entsprechend der manichäischen Grundströmung im Christentum wird die Erbsündlichkeit als "Begierlichkeit" erlebt, die sich besonders in der Sexualität zeigt. Nach der Vorstellung des Augustinus wird sie durch den Geschlechtsakt übertragen. Daß Maria von der Erbsünde befreit war, war unter den Theologen nie kontrovers. Der Gruß des Engels "Sei gegrüßt, du Begnadete, der Herr ist mit dir" (Lk 1,28) besagte Befreiung von aller Schuld. Umstritten war nur, wann Maria die Befreiung von der Erbsünde erhielt. Die augustinische Vorstellung von der Übertragung der Erbsünde hat zur Konsequenz, daß Maria auch mit diesem Makel behaftet war, da sie nicht jungfräulich geboren wurde.

Im Mittelalter war es unter Theologen strittig, ob Maria von dem Augenblick der Empfängnis an von der Erbsünde befreit war oder erst durch den Gruß des Engels. In den späteren Jahrhunderten setzt sich diese Auffassung durch, wird aber erst 1854 von Pius IX. nach einer Befragung aller Bischöfe definiert:

> Von Gott ist es offenbart und von allen Gläubigen fest und standhaft zu glauben, daß die seligste Jungfrau Maria im ersten Augenblick ihrer Empfängnis durch ein einzigartiges Gnadenprivileg des allmächtigen Gottes im Hinblick auf die Verdienste Christi, des Erlösers des menschlichen Geschlechts, von jedem Makel der Erbschuld im voraus bewahrt worden und davon frei gewesen ist.
> (Neuner, Roos, Der Glaube der Kirche, Regensburg 1971, S. 329)

Neue Sicht des Schuldzusammenhangs

Die Vorstellung von der Erbsünde als einem Schuldzusammenhang, in den alle Menschen hineingeboren werden, wird heute nicht mehr als "Begierlichkeit" gesehen, sondern gesellschaftlich interpretiert. Die Umwelt induziert Bosheit, Haß, Egoismus, ihren negativen Einflüssen kann sich kein Mensch entziehen.

Aussagen über Maria verselbständigen sich

Die Aussagen über Maria als "Gottesgebärerin", "unbefleckt Empfangene", als "mit Leib und Seele in den Himmel Aufgenommene" beziehen sich auf die Person. Waren die Aussagen über Maria anfänglich theologische Maßnahmen zur Absicherung von Glaubenssätzen, verselbständigten sie sich schon früh und damit tritt Maria in den Vordergrund, bis im 17. und 19. Jahrhundert der Eindruck entstehen kann, Maria konkurriere mit Jesus, übernehme Funktionen im Werk der Erlösung, die eigentlich Jesus Christus zustehen.

Vatikanisches Konzil: Maria im Kontext der Kirche

Eine Rückbindung der Aussagen über Maria in die Gesamtheit der Glaubensaussagen nimmt das II. Vatikanische Konzil vor. Aussagen über Maria werden nicht in einer eigenen "Konstitution" gemacht, sondern im letzten Kapitel der Konstitution über die Kirche. Hier wird eine Linie aufgegriffen, die schon bei den Theologen der alten Kirche gezogen wird. In Maria kommen die besten Züge des Volkes Israel zur Vollendung. Dieses Volk hat auf Gottes Wirken in seiner Geschichte vertraut und hat in steigendem Maß den Messias erwartet. Maria ist offen für das Wirken Gottes, ihr Ja gegenüber der Botschaft des Engels vollendet die Erwartungshaltung Israels.

Maria: Vollendung Israels

Das Ja-Wort Marias gegenüber dem Engel kann als Mitwirkung an der Erlösung verstanden werden, aber nicht als Gabe, sondern als Antwort auf die Gabe Gottes. Alttestamentliche Stellen werden auf Maria bezogen. Gottes Wort wird in Maria wirksam:

> So hoch der Himmel über der Erde ist, so hoch erhaben sind meine Wege über eure Wege und meine Gedanken über eure Gedanken. Denn wie der Regen und der Schnee vom Himmel fällt und nicht dorthin zurückkehrt, sondern die Erde tränkt und sie zum Keimen und Sprossen bringt ...
> so ist es auch mit dem Wort, das meinen Mund verläßt: Es kehrt nicht leer zu mir zurück, sondern bewirkt, was es will, und erreicht all das, wozu ich es ausgesandt habe.
> (Jes 55,9-11)

> Tauet ihr Himmel von oben, ihr Wolken regnet herab den Gerechten. Tue dich auf, o Erde, und sprosse den Heiland hervor.
> (nach Jes 45,8)

Indem Maria Gottes Angebot bejaht, bringt sie nicht nur die israelitische Messiaserwartung zu ihrem Abschluß, sie wird zugleich Urzelle der Kirche. Sie geht auf die Initiative Gottes ein und beginnt, von seiten der Menschen, die mit Jesus neu beginnende Geschichte zwischen Gott und den Menschen. Sie ist Hörerin des Wortes, geht den Weg Jesu mit bis zum Kreuz und erfährt die Sendung des Geistes inmitten der Apostel am Pfingsttag. Sie ist Typus der Kirche in ihrem Glauben und der vollendeten Einheit mit Christus, in ihr verwirklicht sich Christsein auf überragende Weise, zugleich ist sie die auf einzigartige Weise Vollendete, Beginn der Kirche in der kommenden Weltzeit (Konstitution über die Kirche des II. Vatikanischen Konzils Nr. 63, 65, 68).

Maria: Urzelle der Kirche

Zugleich wird ihr gegenüber der Kirche eine Mutterrolle zugebilligt. Paul VI. führt, nicht zuletzt um die Impulse der marianischen Frömmigkeit aufzugreifen, die das Konzil in die Lehre von der Kirche eingebunden hatte, den Titel ein "Maria, Mutter der Kirche, das heißt des ganzen Volkes Gottes, sowohl der Gläubigen als der Hirten" (Ansprache vom 7. Oktober 1964).

Neuer Titel: Mutter der Kirche

Das letzte Konzil bestätigt die Marienverehrung, gibt dazu Richtlinien und mahnt, "daß die Marienverehrung nicht in unfruchtbarem und vorübergehendem Gefühl noch in irgendwelcher Leichtgläubigkeit besteht, sondern aus dem wahren Glauben hervorgeht, durch den wir zur Anerkennung der Erhabenheit der Gottesmutter geführt und zur kindlichen Liebe zu unserer Mutter und zur Nachahmung ihrer Tugenden angetrieben werden". (Nr. 67 der Konstitution über die Kirche)

Richtlinien für die Marienverehrung

Nachahmung der Heiligen, die Anrufung ihres Schutzes (Nr. 66) sowie die Verehrung ihrer Person wird, entsprechend der allgemeinen Zielrichtung des Konzils, in die Feier des Kirchenjahres eingebunden. Dadurch wird die Heiligenverehrung in den Gottesdienst hineingenommen. Im Zentrum eines Heiligenfestes steht jedoch nicht die Verehrung des Heiligen, sondern die Eucharistiefeier, in der die Christen durch den Sohn im Heiligen Geist zum Vater beten.

4.5.4. Entstehung und Thematik der Marienfeste

In den östlichen Kirchen gab es zuerst ein allgemeines Marienfest, das dem Gedächtnistag der Märtyrer entsprach. Aus dem 5. Jahrhundert sind verschiedene Tage als Gedenktage Marias bekannt, so in Konstantinopel der 26. Dezember, in Jerusalem der 15. August, anderswo der Sonntag vor Weihnachten, in Antiochien und in Gallien der 18. Januar. Im 6. Jahrhundert kommt es zur Ausbildung von vier Marienfesten, die sich auf einzelne Ereignisse des Lebens Marias beziehen.

Verkündigung der Geburt Christi	25. März
Heimgang Marias	15. August
Geburt Marias	8. September
Begegnung des Tempels mit seinem Herrn oder Maria Lichtmeß, heute "Darstellung des Herrn"	2. Februar

Vom Osten her finden diese Feste Eingang in die westliche Kirche (s.o. S. 275)

Im 8. Jahrhundert entstehen im Osten zwei weitere Marienfeste.

1. Maria Darstellung, Opferung — 21. November

Dieses Fest bezieht sich auf das sogenannte Protoevangelium des Jakobus, nach dem die dreijährige Maria von ihren Eltern dem Tempeldienst geweiht wurde.

2. Empfängnis Marias — 8. Dezember

Das Fest der Empfängnis Marias wurde ursprünglich im Osten "Empfängnis der hl. Anna" genannt. Es wurde seit dem 8. Jahrhundert gefeiert, jedoch kein Hauptfest, sondern erst in der lateinischen Kirche seit dem 15. Jahrhundert.

Neben diesen alten Marienfesten entstanden eine Vielzahl von weiteren Festen und Gedenktagen, deren Feier oft auf einzelne Orden und Diözesen beschränkt blieb. Im folgenden werden die Marienfeste des jetzt gültigen Heiligenkalenders mit jeweils kurzen Hinweisen zum Ursprung und zur Aussage des Festes aufgelistet. Allein dieser Überblick zeigt schon, wieviele Impulse und Strömungen die Marienverehrung geprägt haben.

Hochfest der Gottesmutter Maria 1. Januar

Entstehung

Das Fest entstand im 7. Jahrhundert in Rom als Oktavtag (8. Tag) von Weihnachten und war marianisch geprägt. Es wurde später als "Fest der Beschneidung des Herren" gefeiert. Bei dem jüdischen Ritus der Beschneidung erhielt das Kind seinen Namen und wurde in die Glaubensgemeinschaft aufgenommen. Mit der Neuordnung des Kirchenjahres wurde die ursprüngliche marianische "Widmung" dieses Festes wiederhergestellt.

Aussage

Das Fest stellt die Gottesmutterschaft in den Mittelpunkt, dies ist eine Ausfaltung des Geheimnisses der Menschwerdung Gottes. (Zum Fest s.o. 3.2., zur theologischen Aussage s.o. S. 66)
Der 1. Januar ist zugleich der Weltfriedenstag (s.u. S. 483)

Darstellung des Herrn (Mariä Lichtmeß) 2. Februar

Entstehung

Das Fest wurde in Jerusalem schon Anfang des 4. Jahrhunderts gefeiert, es gehört zu den alten Marienfesten.

Aussage

Der Inhalt des Festes ist durch den Bericht des Lukasevangeliums vorgegeben (Lk 2,22-40). Die Eltern bringen das Kind in den Tempel, für die Mutter wird das vorgeschriebene Reinigungsopfer dargebracht, Simeon und Hanna weissagen über das Kind und die Mutter.

Der Osten akzentuierte es als "Fest der Begegnung des Herrn", Jesus begegnet den Vertretern des Gottesvolkes, die die Messiaserwartung weitergetragen haben. Der Westen akzentuiert das Fest als Marienfest "Reinigung Marias". Seit der Liturgiereform wird der 2. Februar als Christusfest gefeiert "Fest der Darstellung des Herrn" (s.o. 3.2.3.7, S. 67), mit dem die Weihnachtszeit abschließt.

11. Februar Gedenktag Unserer Lieben Frau von Lourdes

Entstehung

In der Zeit vom 11. Februar 1858 an hatte Bernadette Soubirous in einer Felsengrotte bei Lourdes Marien-Erscheinungen. Der Gedenktag wurde 1907 von Pius X. für die ganze Kirche eingeführt.

Aussagen

Die Visionen der Bernadette Soubirous haben für die Frömmigkeitsgeschichte eine große Bedeutung. Lourdes ist einer der größten Wallfahrtsorte. Maria wurde von Bernadette Soubirous als die "Unbefleckt Empfangene" gesehen. 1854 war die Aussage über die unbefleckte Empfängnis als Lehrsatz der Kirche feierlich definiert worden. Der religiöse Impuls, den Bernadette vermittelte, bezog sich auf Gebet und Buße.

25. März Verkündigung des Herrn

Entstehung

Im Osten wird das Fest bereits seit der Mitte des 5. Jahrhunderts gefeiert. Sein Datum bestimmt sich in Bezug auf das Weihnachtsfest am 25. Dezember.

Aussage

Im Osten wurde das Fest "Verkündigung der Gottesgebärerin" genannt. In der westlichen Kirche hieß das Fest "Mariä Verkündigung". Die Liturgiereform hat den alten römischen Titel

"Verkündigung des Herrn" wieder aufgegriffen. Der Inhalt des Festes ist durch das Evangelium vom Besuch des Engels Gabriel bei der Jungfrau Maria in Nazareth vorgegeben (Lk 1,26-38). Das Fest steht in Bezug zu Weihnachten, seine Aussage ist, daß Jesus durch die Einwirkung des Geistes empfangen wurde, daß Gott der Vater dieses Kindes ist und daß das Kind im Heilsplan Gottes eine große Rolle spielen wird.
(s. 3.2.4, S. 70 und oben 3.3., S. 86 ff)

Der ganze Monat Mai ist der Verehrung Marias geweiht. Maiandachten finden während des ganzen Monats statt. (s.u. Maiandacht, S. 299)

Mai-Monat

Unbeflecktes Herz Mariä

3. Samstag nach Pfingsten

Entstehung

Das Fest wurde 1944 eingeführt und am 22. August gefeiert. Die Liturgiereform legte es auf den Samstag nach dem Herz-Jesu-Fest.

Aussage

Die Verehrung des Herzens Marias ist im Zusammenhang mit der Herz-Jesu-Verehrung entstanden (vgl. 3.11.). In dem Fest werden auch die Impulse der Marienverehrung aufgegriffen, die sich von dem portugiesischen Ort Fatima herleiten. Pius XII. hatte 1942, nicht zuletzt aus der Weltkriegssituation heraus, die ganze Menschheit dem "Unbefleckten Herzen Marias" geweiht.

Mariä Heimsuchung

2. Juli

Entstehung

Das Fest ist im Westen aus der mittelalterlichen Marienfrömmigkeit heraus entstanden. 1263 hat es der Franziskanerorden eingeführt. 1389 wurde es auf die ganze abendländische Kirche ausgedehnt.

Aussage

Der Inhalt des Festes ist der Bericht über den Besuch Marias bei Elisabeth (Lk 1,39-56). Das Datum liegt daher in der Nähe des Festes von Johannes dem Täufer am 24. Juni. Der Besuch Marias, wenige Tage nach der Ankündigung der Geburt Jesu durch den Engel, wird im Evangelienbericht als Begegnung zwischen dem Messias und dem letzten Propheten des Alten Bundes dargestellt.
Elisabeth sagt zu Maria: "In dem Augenblick, als ich deinen Gruß hörte, hüpfte das Kind vor Freude in meinem Leib."
(Lk 1,44)

16. Juli

Unsere Liebe Frau auf dem Berge Karmel

Entstehung

Dieser Gedenktag geht auf den Karmeliterorden zurück, der die Marienverehrung besonders gepflegt hat. Der Orden leitet sich von Eremiten auf dem Berg Karmel in Palästina her. Diese Eremiten flüchteten im 13. Jahrhundert vor den Sarazenen nach Europa. Ein besonderes Merkmal des Ordens ist das Skapulier, dessen Träger damit eine besondere Marienverehrung ausdrücken (s.u. S. 300). Der 16. Juli heißt deshalb auch "Skapulierfest". Das Skapulier, ein Teil des Ordenskleides, gilt als Ausdruck der Marienverehrung . Der Gedenktag selbst geht auf das 14. Jahrhundert zurück und wurde 1726 auf die ganze Kirche ausgedehnt.

Aussage

Der Gedenktag bringt die Gestalt Marias mit der kontemplativen Ausrichtung des Karmeliterordens in Zusammenhang. Maria selbst wird in der Bibel als ein kontemplativer Mensch dargestellt.

> Maria aber bewahrte alles, was geschehen war, in ihrem Herzen und dachte darüber nach.
> (Lk 2,19. 51)

Weihe der Basilika Santa Maria Maggiore

5. August

Entstehung

Die Kirche gilt als die bedeutendste Marienkirche des Abendlandes, sie liegt in Rom auf dem Esquilin, wurde von Papst Liberius (352-366) erbaut und 435 nach dem Konzil von Ephesus (431) Maria geweiht. Der Gedenktag wird auch "Maria Schnee" genannt, weil nach der Legende Maria durch einen Schneefall im August den Platz für die Kirche angezeigt habe.

Aussage

Der Gedenktag steht im Zusammenhang mit dem Konzil von Ephesus, das den Titel "Gottesmutter" für Maria bestätigte. Im Anschluß an das Konzil entfaltete sich die Marienverehrung, die sich auch in der Kunst und im Bau von Maria geweihten Kirchen niederschlug (s.o., S. 275).

Mariä Aufnahme in den Himmel

15. August

Entstehung

Der Todestag eines Heiligen war von jeher auch der Gedenktag für den Heiligen. Im Osten wurde das Fest schon im 5. Jahrhundert gefeiert und war bald staatlicher Feiertag im byzantinischen Reich. Der 15. August war der Marienfeiertag der Jerusalemer Kirche.

Aussage

Der Glaube, daß Maria als ganzer Mensch die Endgültigkeit der Erlösung erlangt hat, daß ein Glied der Kirche bereits das Leben lebt, zu dem alle berufen sind, ist bereits im 5. Jahrhundert bezeugt. Maria ist wie Jesus gestorben, aber sie konnte nicht im Grab bleiben. Alttestamentliche Berichte, nach denen Henoch (Gen 5,24) und Elias (2 Kön 2,11-14) in den Himmel aufgenommen wurden, stützen diesen Glauben (s.o., S. 160).

22. August | Maria Königin

Entstehung

Das Fest ist jungen Datums, es wurde 1954 von Pius XII. zum Abschluß der Hundertjahrfeier der Verkündigung des Dogmas von der unbefleckten Empfängnis eingeführt. Der Gedenktag lag bis zur Liturgiereform auf dem 31. Mai als Abschluß des Marienmonats. Jetzt ist er auf den Abschluß der Festzeit (Oktav) der Aufnahme Mariens in den Himmel gelegt.

Aussage

Neben vielen Titeln, die in der Marienverehrung Maria zugesprochen wurden, ist der der Königin mit ihrer Aufnahme in den Himmel verbunden. Sie ist damit als Königin eingesetzt.

8. September | Mariä Geburt

Das Datum leitet sich vom Kirchweihtag einer Jerusalemer Kirche her, die der heiligen Anna, der Mutter Marias, geweiht war. Der Platz, auf dem die Kirche steht, gilt in einigen Traditionen als Ort der Geburt Marias.

12. September | Mariä Namen

Entstehung

Das Fest wurde 1683 als Dank für den Sieg über die Türken eingeführt, der auch auf das Gebet zu Maria zurückgeführt wurde. Der Gedenktag wurde bei der Liturgiereform gestrichen, für den deutschen Sprachraum jedoch beibehalten.

Aussage

In dem Gedenktag drückt sich das Vertrauen in die "Schutzmacht" Maria aus, die auch als "immerwährende Hilfe" angerufen und als "Schutzmantel-Madonna" dargestellt wird.

Gedächtnis der Schmerzen Marias 15. September

Entstehung

Das Fest hat seine Wurzeln im Mittelalter, in der Verehrung der "Sieben Schmerzen Marias", eines dem Kreuzweg (s. S. 102) verwandten Gebetes. Der Gedenktag wurde erst in Deutschland eingeführt und vom Servitenorden gepflegt und von Pius VII. 1814 als Dank für die Rückkehr aus der Gefangenschaft unter Napoleon für die ganze Kirche eingeführt. Seit 1913 ist der Gedenktag auf den Tag nach dem Fest "Kreuzerhöhung" gelegt. (s. 3.13., S. 196)

Aussage

Nach dem Bericht des Evangelisten Lukas sagt Simeon, als die Eltern Jesus in den Tempel bringen, zu Maria: "Dir selbst aber wird ein Schwert durch die Seele dringen" (Lk 2,35). Diese Weissagung sehen die Christen durch den Schmerz Marias, die unter dem Kreuz ausharrt, als bestätigt an (Joh 19,25). In der Meditation der Schmerzen Marias sah der mittelalterliche Mensch seine eigenen Leiden gespiegelt. Aus dem Leben Marias wurden folgende Begebenheiten als schmerzhaft empfunden:

1. Weissagung des Simeon (Lk 2,34-35)
2. Flucht aus Ägypten (Mt 2,13-15)
3. Suche nach dem zwölfjährigen Jesus, den die Eltern im Tempel finden (Lk 2,45-52)
4. Der Weg nach Golgotha
5. Die Kreuzigung Jesu
6. Die Abnahme Jesu vom Kreuz
7. Die Grablegung Jesu

Das Bild der Mutter, die ihren toten Sohn auf den Knien hält (Pieta) ist das Gegenbild zur Mutter mit dem kleinen Kind auf den Armen.

Monat Oktober

Der Oktober ist der Rosenkranz-Monat, während dem täglich in den Kirchen der Rosenkranz gebetet wurde und gebetet wird (s. u. Rosenkranz, S. 296).

7. Oktober | Unsere liebe Frau vom Rosenkranz

Entstehung

Das Fest wurde 1572 von Pius V. zur Erinnerung an den Sieg über die Türken am 7. Oktober 1571 eingeführt und nach dem Sieg über die Türken bei Peterwardein (Ungarn) 1716 auf die ganze Kirche ausgedehnt.

Aussage

Das Fest bezieht sich auf den Rosenkranz, Maria wird als Königin des Rosenkranzes angesprochen. Das Fest hat daher seinen Platz im Rosenkranzmonat. (Zum Rosenkranzgebet s. u. S. 296)

21. November | Gedenktag unserer lieben Frau in Jerusalem

Entstehung

Das Fest ist ursprünglich das Kirchweihfest einer alten Jerusalemer Marienkirche.

Aussage

Das Fest bezieht seinen Inhalt aus dem Protoevangelium des Jakobus, nach dem die Eltern ihre dreijährige Tochter dem Dienst im Tempel geweiht haben. Das Fest heißt daher auch "Mariä Opferung". Heute steht man den Legenden des Protoevangeliums kritisch gegenüber. Das Fest kann Jerusalem und den Tempel auch in unmittelbarer Beziehung zu Maria sehen: Maria als Tochter Sion (Sion = Jerusalem), als Tempel Gottes.

8. Dezember | Hochfest der ohne Erbsünde empfangenen Jungfrau und Gottesmutter Maria

Entstehung

Das ältere Fest der Geburt Marias am 8. September führte zu zum Datum des 8. Dezember.

Das Fest wurde seit dem 8. Jahrhundert im Osten gefeiert, setzte sich aber nicht als Hauptfest durch. In der lateinischen Kirche breitete es sich seit dem 11. Jahrhundert von England her aus, setzte sich aber erst dann durch, als im 14. Jahrhundert die Lehre von der unbefleckten Empfängnis geklärt war.

Aussage

Das Fest stellt die Gestalt Marias in den Mittelpunkt als den Typ des erlösten Menschen. Alles, was über die Außerordentlichkeit Marias, ihre Begnadung und ihre Rolle in der Heilsgeschichte gesagt werden kann, ist in diesem Fest konzentriert. In der lateinischen Kirche ist es das herausragende Marienfest. (Im einzelnen s.o. S. 282 f)

4.5.5. Formen, Elemente, Bilder, Brauchtum der Marienverehrung

Engel des Herrn

Das Gebet wird morgens, mittags und abends zum Glockenläuten gesprochen, daher auch die Bezeichnung Angelus-Läuten. Das Gebet hat folgenden Aufbau:

> Der Engel des Herrn brachte Maria die Botschaft, und sie empfing vom Heiligen Geist.
>
> Gegrüßet seist du, Maria ...
>
> Maria sprach: Siehe ich bin die Magd des Herrn, mir geschehe nach deinem Wort.
>
> Gegrüßet...
>
> Und das Wort ist Fleisch geworden und hat unter uns gewohnt.
>
> Gegrüßet ...
>
> Bitte für uns, heilige Gottesmutter, daß wir würdig werden der Verheißung Christi.

Allmächtiger Gott, gieße deine Gnade in unsere Herzen ein. Durch die Botschaft des Engels haben wir die Menschwerdung Christi, deines Sohnes, erkannt. Laß uns durch sein Leiden und Kreuz zur Herrlichkeit der Auferstehung gelangen. Darum bitten wir durch Christus, unseren Herrn. Amen.

Das Gebet geht auf Papst Johannes XXII. (1316-34 Papst in Avignon) zurück, der anordnete, daß zum Abendläuten drei "Gegrüßet seist du Maria" gebetet werden sollten. Zu dem Abendläuten kam das "Betläuten" am Morgen und das Mittagsläuten. Die heutige Form des Gebetes stammt aus dem 16. Jahrhundert. In der Osterzeit wird der Gebetstext abgewandelt:

Freu dich, du Himmelskönigin,
Halleluja! Den du zu tragen würdig
warst. Halleluja, er ist auferstanden, wie er gesagt ...

Das am weitesten verbreitete Volksgebet in der katholischen Kirche ist der Rosenkranz. Es verbindet mit dem Mariengebet die Meditation der wichtigsten Ereignisse des Lebens Jesu.

Eine Einheit des Rosenkranzes sind jeweils 10 "Gegrüßet seist du Maria...", die in folgender Weise mit einem Heilsereignis verbunden werden:

Gegrüßet seist du Maria, voll der Gnaden, der Herr ist mit dir. Du bist gebenedeit unter den Frauen und gebenedeit ist die Frucht deines Leibes Jesus.
- der (für uns Blut geschwitzt hat)
Heilige Maria, Mutter Gottes, bitte für uns Sünder, jetzt und in der Stunde unseres Todes. Amen.

Durch die Zweiteilung des "Gegrüßet seist du Maria" kann der Rosenkranz im Wechsel gebetet werden. Der Einschub erinnert an ein Ereignis, und zwar jeweils zehnmal hintereinander. Diese Ereignisse werden "Geheimnisse" oder auch "Gesätze" genannt und zu Fünfergruppen zusammengestellt.

Die freudenreichen Geheimnisse

Jesus, den du, o Jungfrau, vom Heiligen Geist empfangen hast.
Jesus, den du, o Jungfrau, zu Elisabeth getragen hast
Jesus, den du, o Jungfrau, (in Betlehem) geboren hast
Jesus, den du, o Jungfrau, im Tempel aufgeopfert hast
Jesus, den du, o Jungfrau, im Tempel wiedergefunden hast.

Die schmerzhaften Geheimnisse

Jesus, der für uns Blut geschwitzt hat
Jesus, der für uns gegeißelt worden ist
Jesus, der für uns mit Dornen gekrönt worden ist
Jesus, der für uns das schwere Kreuz getragen hat
Jesus, der für uns gekreuzigt worden ist.

Die glorreichen Geheimnisse

Jesus, der von den Toten auferstanden ist
Jesus, der in den Himmel aufgefahren ist
Jesus, der uns den Heiligen Geist gesandt hat
Jesus, der dich, o Jungfrau, in den Himmel aufgenommen hat
Jesus, der dich, o Jungfrau, im Himmel gekrönt hat

Ein "Rosenkranz" besteht aus jeweils fünf" Geheimnissen". Jedes Geheimnis wird mit einem "Vater Unser" eingeleitet, der Rosenkranz insgesamt durch das "Glaubensbekenntnis", ein "Vater Unser" und drei "Gegrüßet seist du Maria" mit den Bitten um Glaube, Hoffnung und Liebe.

Der Rosenkranz kann sowohl in Gruppen als auch allein, in der Kirche, in der Wohnung und auf Wallfahrten gebetet werden. Der Rosenkranz ist ein meditatives Gebet, das die wichtigen Aussagen des Christentums umfaßt und diese entlang des Lebensweges Jesu betrachtet. Von vielen Betern wird der Rosenkranz in der Intention des Bittgebetes gebetet. Man verbindet mit dem Gebet ein bestimmtes Anliegen und hofft auf die "Fürsprache Marias". Historisch wird der Sieg über die Türken bei Lepanto am 7. Oktober 1571 (s.o. S. 294) dem Gebet der Rosenkranzbruderschaften zugeschrieben. Das Rosenkranzgebet als Reaktion auf Bedrohungen und Katastrophen ist auch heute immer wieder zu beobachten.

Seine heutige Form erhielt das Rosenkranzgebet im 15. Jahrhundert. Mehrere Gebetstraditionen haben diese Form ausgebildet. Das wiederholende Beten mit Steinen oder einer Zählschnur war bereits bei den Eremiten der alten Kirche in Brauch. Im Mittelalter noch betete man das "Vater Unser", daher auch der Name "Paternoster Schnur". Seit dem 12. Jahrhundert verbreitete sich das "Gegrüßet seist du Maria". Es war zuerst als Gruß an Maria gedacht. Der zweite Teil, das Bittgebet, kam erst später hinzu und veränderte das Gebet, so daß es heute eher als Bittgebet verstanden wird. Der Name Rosenkranz deutet noch auf den ursprünglichen Charakter des Gebetes hin. Der Dame Maria (Notre Dame), Unserer lieben Frau, wird eine Gabe dargeboten. Blumenkränze, aber auch Minnegedichte nannte man "Rosarium". Das Gebet wurde also zuerst als Minnedienst für Maria verstanden. Das wiederholende Gebet wurde als Volksgebet im Mittelalter propagiert. Die Zahl von 150 "Gegrüßet ..." leitet sich von den 150 Psalmen her, die die Kleriker beteten. Das Beten von 150 "Vater unser" oder "Gegrüßet ..." wurde der Laienpsalter genannt. Im 14. Jahrhundert entwickelte der Karthäuser Heinrich von Kalkar das Gebet weiter. Jeweils 10 "Gegrüßet ..." wurde ein "Vater unser" vorangestellt. Der Karthäuser Adolf von Essen hat dann um die Jahrhundertwende die Meditation des Lebens Jesu mit dem Gebet verbunden. Verbreitet wurde das Rosenkranzgebet durch verschiedene Orden, vor allem durch die Dominikaner, die seit dem 15. Jahrhundert Rosenkranzbruderschaften gründeten, deren Mitglieder sich zu diesem Gebet, aber auch zu gegenseitiger Hilfe verpflichteten.

Lauretanische Litanei

Die Litanei ist eine Gebetsform, in der ein Vorbeter Anrufungen und Bitten vorbetet, an die sich ein Ruf der Gemeinde anschließt, z.B. "Erbarme dich unser", "Bitte für uns" oder andere. Diese Gebetsform kommt aus dem Osten. Neben der Allerheiligenlitanei ist die Lauretanische Litanei die bekannteste. Der Name kommt von Loretto, einem Marienwallfahrtsort, wo sie seit 1531 nachzuweisen ist. Sie geht auf die östliche Marienfrömmigkeit zurück, in der Maria Ehrentitel beigelegt werden, z.B.

Mutter des guten Rates
Sitz der Weisheit
Bundeslade Gottes
Zuflucht der Sünder
Königin der Patriarchen

Die Litanei wird meist in sogenannten Andachten, vor allem in den Maiandachten, gebetet.

Maiandacht

Gebetsstunden am Abend des Monats Mai verbreiteten sich im 18. Jahrhundert von Italien aus. Die Form dieser Andachten unterliegt nicht besonderen Regelungen.

Zeiten, die mit Maria in Verbindung gebracht werden

Monat Mai

Der Mai wird als Marienmonat bezeichnet. Diese Zuordnung einer schönen Jahreszeit zur Mutter Jesu wird heute als Ausdruck für die Schönheit, die Begnadung Marias empfunden. Marienaltäre und Marienstatuen werden mit Blumen geschmückt, man betet an Marienkapellen und Marienbildern (Marienstöcke), die an den Feldern stehen. Die Marienverehrung im Mai ist im Mittelalter aus der Ummünzung von Maifeiern auf die Mutter Jesu entstanden.

Monat Oktober

Das tägliche Gebet des Rosenkranzes in den Kirchen während des Monats Oktober wurde durch Papst Leo XIII. 1883 vorgeschrieben. In den letzten Jahren ist diese Andacht zurückgegangen. Der Monat Oktober wurde im Zusammenhang mit dem Rosenkranzfest am 7. Oktober (s.o. S. 294) gewählt.

Samstag

Im Westen wurde der Samstag Maria geweiht. Die Texte der veränderlichen Teile der Messe beziehen sich auf Maria (seit dem 8. Jahrhundert finden sich solche Votivmessen).

Am Samstag Abend wird eine eigene Andacht, die "Salve-Andacht" gebetet, deren Name sich von dem "Salve Regina-Gebet" (Gegrüßet seist du Königin - s.o. S. 278) herleitet.

Frauendreißiger

Eine Art Erntedankzeit zwischen dem 15. August (Maria Himmelfahrt) und dem 15. September, in der Früchte und Kräuter gesammelt und geweiht wurden.

Riten und Zeichen

Skapulier (Scapulare = Schulterkleid)

Tuchstreifen, der über Brust und Rücken bis zu den Füßen herabfällt. Das Skapulier hat sich ursprünglich aus einer Arbeitsschürze entwickelt und wurde zum Ausdruck einer bestimmten religiösen Grundhaltung. Skapuliere tragen verschiedene Orden. Ein kleineres Skapulier für Laien wurde durch den Brauch, Medaillen zu tragen, weitgehend abgelöst.

Durch den Karmeliterorden wurde das Skapulier zu einem Zeichen für die Weihe an Maria. Ausgangspunkt ist eine Vision des Simon Stock am 16.7.1251 in Cambridge, in der das Tragen des Skapuliers in der Todesstunde empfohlen wurde.

Medaillen

Ausdruck der Marienfrömmigkeit ist das Tragen von Medaillen und kleinen Bildern, die oft von Wallfahrtsorten mitgenommen werden. Besondere Verbreitung erhielt die "Wundertätige Medaille", die offiziell "Medaille von der unbefleckten Empfängnis" genannt wird. Auf sie ist das Bild Marias, die auf der Erdkugel die Schlange zertritt (Motiv nach Gen 3,15), eingeprägt. Folgendes Gebet ist meist zu finden: "O Maria, ohne Sünde empfangen, bitte für uns, die wir zu dir unsere Zuflucht nehmen." Diese Medaille geht auf eine Vision der Catherine Labouré im Jahr 1830 zurück und war neben Lourdes wichtiges Element der im 19. Jahrhundert wiederbelebten Marienverehrung.

Blaue Farbe

In neuerer Zeit wird ein helles Blau Maria zugeordnet, es findet sich auf vielen Marienbildern und -statuen der letzten 150 Jahre und soll das "Unbefleckte Herz" Marias symbolisieren.

Wallfahrten

Das Christentum kennt eine Vielzahl von Wallfahrten zu verschiedenen Orten mit verschiedenen Inhalten. In den letzten Jahrhunderten sind Wallfahrten fast ausschließlich zu solchen Orten üblich, von denen Marienerscheinungen berichtet werden oder wo "wundertätige" Bilder, Gnadenbilder verehrt werden (s.u. Kapitel 8 "Wallfahrten", S. 389 ff)

Kräuterweihe (15. August)

Seit dem 10. Jahrhundert ist die Weihe von Kräutern im Anschluß an den Gottesdienst des Festes "Mariä Himmelfahrt" ein Brauch.

Die Kräuter werden zu Bünden zusammengebunden. Nach Gegenden verschieden muß der Bund bestimmte Kräuter enthalten. Die geweihten Kräuter sollen Krankheiten heilen, werden bei Gewitter im Ofen verbrannt, in Viehfutter und Saatgut gemengt und auf Scheunen gesteckt. Durch die Kräuterweihe, einen Erntebrauch, wurden vorchristliche Riten verdrängt.

Maria in der künstlerischen Darstellung

Marienleben

Neben Gebeten und Gedichten ist das "Marienleben" eine besondere literarische Form. Es entwickelte sich aus den apokryphen Evangelien, die im Mittelalter eine Nachdichtung erfuhren. Das früheste deutsche Marienleben wurde von Roswitha von Gandersheim geschrieben (10. Jahrhundert).

Marienklagen

Marienklagen, die das Leiden Marias über den Tod ihres Sohnes ausgestalten, entstanden im Mittelalter und finden sich in den Passionsspielen.

Marienlegenden

Marienlegenden erzählen von Menschen, denen Maria aus einer Not geholfen hat, die eine besondere Hilfe erfuhren. Viele der Legenden sind mit Wallfahrtsorten verbunden.

Marienbilder

In der bildenden Kunst ist wohl kaum eine religiöse Gestalt häufiger dargestellt worden als Maria. Schon in den Katakomben wurde Maria dargestellt. Mit dem Konzil von Ephesus (431) breitet sich das Bild Marias aus, es kann sogar anstelle des Bildes Christi in der Apsis des Chores treten. Neben der Darstellung der Mutter mit dem Kind werden auch die in der Bibel erzählten Ereignisse gemalt. Verkündigung, Besuch bei Elisabeth, Geburt, Huldigung der Magier ... Während das Marienbild der Ostkirche von bestimmten Vorstellungen geprägt ist, die sich oft an bestimmten Bildern, z.B. des Blachernaeklosters in Byzanz, orientieren, spiegelt die abendländische Kunst stärker das Frauenbild der jeweiligen Epoche und der jeweiligen Volksschicht.

Es wurden auch bestimmte Bildtypen entwickelt, die jeweils eine Aussage über Maria machen, z.B. Maria als die neue Eva, Maria als Kirche, Maria als Strahlenkranz auf der Mondsichel (das apokalyptische Weib, Offb 2,1 f), Schutzmantelmadonna, die eine symbolische Aussage über Maria wiedergeben (die Bundeslade, rosa mystica - Maria im Rosenhag, der elfenbeinerne Turm u.a.) die einer Andachtsform entsprechen, Vesperbild/Pieta (Betrachtung der Schmerzen Marias), Rosenkranzbilder.

Maria als Schutzpatronin

Maria wird als Schutzpatronin von Ländern (Polen, Ungarn, Bayern), von Städten, Kirchen, Hospitälern verehrt. Quellen, die nach Maria benannt sind, wird oft heilkräftige Wirkung zugeschrieben.

4.5.6. Ideen für Beiträge und Sendungen

Maria in der Geschichte des Christentums

Über Maria ist uns durch die Bibel nur wenig berichtet. Trotzdem ist ihre Gestalt Thema einer Fülle von Kunstwerken, von Legenden und Erscheinungen. Die Gestalt Marias ist aus der Gebetstradition der östlichen und westlichen Kirchen nicht wegzudenken.

Aus der Geschichte ergibt sich eine Fülle von Material:

- Darstellung des Marienlebens in der Kunst zu den Festen am 1. Januar, 2. Februar, 25. März, 2. Juli, 15. August, 8. Dezember
- Regionale Traditionen und Formen der Marienfrömmigkeit
- Die Geschichte einzelner Marienkirchen und Wallfahrtsorte: 11. Februar (Lourdes), 5. August, 8. September, 21. November
- Die geschichtlichen Wurzeln einzelner Feste 16. Juli, 12. September, 15. September, 7. Oktober

Maria - Antwort auf Ängste und Sehnsüchte

In verschiedenen Darstellungen der Kunst und in Frömmigkeitsformen spiegeln sich die Ängste und Sehnsüchte einer Epoche.

- Maria, die Mutter Gottes (Konzil von Ephesus)
- Die schmerzhafte Mutter Gottes (Mittelalter)
- Maria, Schutzherrin und Mutter der Bittenden (Rosenkranzgebet)

Maria und die Kirche

Maria wird von den Theologen als Typus der Kirche gesehen, Aussagen über die Kirche werden in gleicher Weise von Maria gebraucht.

Maria als Idealbild christlicher Existenz

Ein mehr psychologischer Zugang zur Geschichte christlicher Religiosität ist in der Weise gegeben, daß Maria in verschiedenen Epochen jeweils als Ideal christlicher Existenz gesehen wurde.

Zugang zur Ostkirche

Die Marienverehrung prägt das Leben der östlichen Kirchen. Für viele Katholiken kann durch die Gestalt Marias Verständnis für die Geistigkeit der östlichen Kirchen erschlossen werden.

Das Rosenkranzgebet

- Das Rosenkranzgebet zur Zeit der Türkenkriege
- Rosenkranzbeten während der letzten Kriege
- Erfahrungen einzelner Menschen mit diesem Gebet

4.6. Einzelne Heilige

Im folgenden werden einige Heiligenfeste kurz dargestellt. Auswahlkriterium war nicht die Bedeutung des Heiligen als Persönlichkeit, sondern eine gewisse Breitenwirkung des Festes, die nicht zuletzt durch ein spezifisches Brauchtum bedingt ist.

1.	Josef	19. März
2.	Johannes der Täufer	24. Juni
3.	Peter und Paul	29. Juni
4.	Michael	29. September
5.	Martin	11. November
6.	Nikolaus	6. Dezember

4.6.1. Josef 19. März

Gestalt des Heiligen

Josef - der sorgende Mann im Hintergrund

Josef ist nach dem Bericht des Neuen Testamentes der Bräutigam Marias. Er erfährt durch einen Engel, daß die Schwangerschaft Marias von Gott gewollt ist (Mt 1,18-25).

Die Bibel berichtet weiter, daß Josef bei der Geburt zugegen war und mit dem Kind und seiner Mutter vor dem Zugriff des Herodes nach Ägypten geflohen ist (Mt 2,13-15, s.o. 3.2.4., S. 71 f) und daß er die Vaterrolle für Jesus eingenommen hat. Weil nach der Tradition Maria jungfräulich gelebt hat, wird Josef der "Bräutigam der Gottesmutter" genannt. Über seine Person wissen wir wenig, die Bibel zeichnet ihn als einen, der sich um die Familie sorgt, sie vor äußeren Widrigkeiten abschirmt und dem Zugriff des Herodes entzieht. Die christliche Tradition sieht Josef als treuen, selbstlosen Mann, der sich nicht in den Vordergrund drängt.

Entstehung des Festes

Wurzeln im Franziskanerorden

Die Verehrung des heiligen Josef entwickelt sich im Mittelalter. Der 19. März als Datum findet sich zuerst im 12. Jahrhundert. Der Franziskanerorden fördert die Verehrung des Heiligen, weil er in ihm franziskanische Tugenden verwirklicht sieht. 1870 erklärt Pius IX. Josef zum Schutzpatron der ganzen Kirche.

Elemente, Bilder, Brauchtum

Häufig gebrauchter Vorname

Josef ist ein häufiger Vorname unter Katholiken. In Gegenden, wo der Namenstag gefeiert wird, hat der Tag seine Bedeutung in Familien und Bekanntenkreisen.

Josef ist, entsprechend seinem von der Bibel überlieferten Beruf als Zimmermann der Patron der Zimmerleute und Holzfäller. Er gilt als Beschützer der Keuschheit. Der Festtag fällt in unseren Gegenden in das Frühjahr, die Zeit der Aussaat, das Vieh wird auf die Weide getrieben. Dadurch ist der Tag mit dem Arbeitsrhythmus der Bauern verbunden.

Ideen für Beiträge und Sendungen

In der Gestalt des Josef spiegeln sich Züge des Katholizismus wieder, die auch heute das Denken und Fühlen prägen. Die Darstellung des sozialpsychologischen Charakters der Katholiken könnte von der Gestalt des Josef ausgehen. Eine bestimmte Epoche hat in Josef ihr Idealbild gesehen, der einfache, fromme Mann, der ohne Aufhebens seine Aufgabe erfüllt.

4.6.2. Johannes der Täufer 24. Juni

Die Gestalt des Heiligen

Johannes und Jesus

Die Bibel bringt Johannes den Täufer in verwandtschaftliche Beziehung zu Jesus. Die Mutter des Johannes ist die Kusine der Mutter Jesu (Lk 1,36).

Johannes wird als Vorläufer Jesu dargestellt, der selbst Jünger hat (Mt 11,2-6), auf die die christlichen Missionen sogar treffen (Apg 19,1-7). Jesus empfängt von Johannes die Bußtaufe (Mt 3,13-17).

Nach Meinung der Bibelwissenschaftler findet sich in den neutestamentlichen Schriften eine harmonisierende Tendenz, die den Täufer näher an Jesus heranrückt, als es historisch der Fall war.

Die Essener am Toten Meer

Neues Licht auf die Gestalt des Johannes werfen die Funde von Qumran am Toten Meer. Hier wurden 1947 von einem Beduinenhirten in Tongefäßen aufbewahrte Schriften einer jüdischen Sekte, der Essener, gefunden, die sich vom offiziellen Judentum im 2. vorchristlichen Jahrhundert getrennt hatten. Die Schriften geben einen Einblick in das sehr strenge Leben der Gemeinschaft. Johannes war möglicherweise Mitglied dieser Gemeinschaft, sein asketischer Lebensstil sowie seine Bußpredigt entsprechen den Vorstellungen der Qumran-Gemeinde.

In der Urkirche, deren religiöse Praxis die neutestamentlichen Schriften wiederspiegeln, genießt der Täufer eine große Hochachtung. Jesus sagt von ihm:

> Ich sage euch, ihr habt sogar mehr gesehen als einen Propheten. Er ist der, von dem es in der Schrift heißt: Ich sende meinen Boten vor dir her, er soll den Weg für dich bahnen. Ich sage euch: Unter allen Menschen gibt es keinen größeren als Johannes.
> (Lk 7,26-28)

Johannes gilt in der christlichen Tradition als letzter Vertreter des Alten Bundes, der auf den Messias und damit auf den Neuen Bund hinweist.

Der Tod des Johannes

Johannes starb als Märtyrer. Herodes ließ ihn hinrichten, weil Johannes ihm das Recht bestritten hatte, Herodias, die Frau seines Bruders, zu heiraten. Salome, die Tochter der Herodias überredete diesen, Johannes enthaupten zu lassen (Mk 6,17-29).

Entstehung des Festes

Der Festtermin ist durch die Bibel vorgegeben

Der 24. Juni steht in Zusammenhang mit dem Weihnachtstermin, da nach Lukas (1,36) Johannes sechs Monate vor Jesus geboren wurde. (Der 24. Juni sowie der 25. Dezember sind jeweils der 8. Tag vor dem folgenden Monatsersten.) (s.o. 3.2.3.1., S. 62 f)

Sommersonnenwende

Die Termine für das Weihnachtsfest wie auch für das des Täufers werden in Zusammenhang mit der Winter- bzw. Sommersonnenwende gesehen, die in der alten Kirche heilsgeschichtlich interpretiert wurden.

Neben Maria ist Johannes der einzige Heilige, dessen Geburt gefeiert wird. Die anderen Heiligenfeste beziehen sich jeweils auf den Todestag. Der Todestag des Heiligen, der 29. August, das Gedächtnis seiner Enthauptung, ist von geringerer Bedeutung.

Elemente, Bilder, Brauchtum

Mit dem Fest des Täufers verbindet sich ein Brauchtum, das sich von der Sommersonnenwende und der Sommerzeit herleitet.

Feuer

Die Mitsommerfeuer, meist am Abend vor dem Johannistag, sollen die Luft reinigen und böse Geister verscheuchen, sie sollen der auf dem Höhepunkt stehenden Sonne Beistand leisten. Von den Höhen läßt man brennende Räder ins Tal rollen. Kommen sie unten an, verheißt das eine gute Ernte. Um das Feuer wird getanzt, man springt auch über das Feuer. Davon soll eine heilkräftige Wirkung ausgehen.

Das Johannisfeuer ist mit Liebe und Heirat verbunden, wer nicht zum Feuer kommt, wird niemals heiraten, Paare halten sich an den Händen und springen durchs Feuer. In das Feuer werden

Kräuter geworfen, um so die Abwehrkraft des Feuers zu erhöhen. Im Feuer wird das Alte verbrannt. Die Asche bzw. Kohle aus dem Johannisfeuer bewahren noch lange ihre heilbringende Kraft, sie werden in die Felder gelegt.

Am Johannistag werden die Brunnen gereinigt und das Herdfeuer neu angelegt. Reinigung

Am Johannistag kann man voraussehen, wen man heiratet oder ob jemand stirbt, man geht davon aus, daß sich das Wetter am Johannistag ändert. Wenn es an diesem Tag regnet, regnet es noch 40 Tage. Orakeltag

Der Johannistag bringt Segen über Äcker und Vieh, das Feuer und die Kräuter unterstützen die Segenswirkung. An die Häuser werden Kräuter und Blumenkränze gehängt. Segen

Ideen für Beiträge und Sendungen

- Die Gestalt des Johannes, der Aszet, der, der den Mächtigen ins Gewissen redet
- Das Bild des Johannes in der christlichen Kunst
- Brauchtum der Sonnenwende, Johannisfeuer

4.6.3. Peter und Paul 29. Juni

Gestalt der Heiligen

Petrus - Sprecher des Jüngerkreises

Öffnet die christliche Gemeinde für die Heiden

Petrus ist einer der ersten Jünger Jesu und stammt wie Jesus nicht aus Jerusalem oder Judäa, sondern aus Galiläa. Die Bibel schildert seine Berufung (Joh 5,1-11, Mk 1,16-20, Mt 4,18-22, Lk 5,1-11). Jesus beauftragt ihn mit der Leitung der Kirche und gibt ihm dafür einen neuen Namen. Statt Simon wird er Petrus, der Fels, genannt (Mt 16,13-19, Joh 21,15-23). Petrus ist einer derjenigen, dem Jesus an den Ostertagen erscheint, er tritt als Vertreter der Jünger Jesu am Pfingsttag auf (Apg 2,14-36), wird mehrfach inhaftiert und verteidigt die christliche Lehre vor den jüdischen Behörden (Apg 4,1-22; 5,17-42; 12,1-19). Petrus ist auch der erste, der Nichtjuden in die Kirche aufnimmt, ohne die Auflage, daß die Getauften ins Judentum übertreten (Apg 10,1 - 11,18). Über den weiteren Lebensweg des Petrus berichtet das Neue Testament nicht mehr.

Paulus: Vom gesetzestreuen Juden zum Anhänger Jesu

Paulus erhielt wie Petrus diesen Namen erst als Zeichen seiner Erwählung. Er hieß Saulus, war ein gesetzestreuer Jude aus Kleinasien, der auch das römische Bürgerrecht hatte. Er lebte in Jerusalem, wohl als Student der Gesetzeslehrer, beobachtete die Anfänge der jungen Kirche und war ihr entschiedendster Gegner, der die Christen mit den Mitteln des jüdischen Rechtes verfolgt. Auf dem Weg nach Damaskus, wo er im Auftrag der jüdischen Obrigkeit gegen die Christen vorgehen wollte, erfährt er eine Vision, die ihn zum Jünger Jesu bekehrt. Paulus lebt einige Jahre in seiner Heimatstadt Tarsus, wird dort von Barnabas geholt und beginnt mit diesem das große Missionswerk, das ihn durch Kleinasien und Griechenland führt. Sein Wirken wird bekannt, er zieht die Gegnerschaft der Juden auf sich und wird bei einem Besuch in Jerusalem inhaftiert. Als römischer Bürger kann er einen Prozeß in Rom verlangen. Die römischen Behörden schieben ihn nach dort ab. Hier endet der Bericht der Apostelgeschichte. Möglicherweise ist Paulus wieder freigekommen und sogar in Spanien gewesen.

Paulus - der Motor der Mission

Der Tod der beiden Apostel wird im Neuen Testament nicht mehr berichtet. Eine sehr alte Tradition, die auch durch Inschriften in Katakomben bezeugt wird, sagt, daß beide in Rom unter Nero (54-68) eines gewaltsamen Todes gestorben sind. Obwohl es vor der Ankunft des Paulus schon Christen in Rom gab (Apg 28,13), gelten die beiden Apostel als die Fundamente der römischen Kirche. Die Päpste bezeichnen sich als Nachfolger des Petrus. Kein anderer Bischofssitz beansprucht diese Stellung. Während Petrus, ein ehemaliger Fischer, das Amt in der Kirche verkörpert, ist Paulus der große Theologe der frühen Kirche, der jedoch, wie die meisten Theologen der ersten Jahrhunderte, auch Bischof war. Die Synthese seiner Theologie findet sich im Römerbrief, einem theologischen Lehrschreiben, das als erster theologischer Traktat der Kirche gelten kann.

Alte Tradition, daß Petrus und Paulus in Rom hingerichtet wurden

Entstehung des Festes

Der Todestag der Apostel ist nicht überliefert, es ist auch historisch nicht zu verifizieren, ob sie am gleichen Tag oder im gleichen Jahr getötet wurden. Petrus soll auf dem Vatikanhügel gekreuzigt, Paulus vor den Toren der Stadt enthauptet worden sein. Seit der Mitte des 3. Jahrhunderts wird der 29. Juni als ihr Todestag begangen. Die Peterskirche und St. Paul vor den Mauern sind ihre Begräbnisstätten. In der valerianischen Verfolgung wurden ihre Leichname wahrscheinlich in einer Katakombe an der Via Appia versteckt.

Elemente, Bilder, Brauchtum

Außer dem Gottesdienst kennt dieses Fest kein besonderes Brauchtum, in manchen Gegenden sind Elemente des Mittsommerbrauchtums des Johannisfestes zum Fest der Apostel gewandert.

Ideen für Beiträge und Sendungen

- Die Gestalt der Apostel
- Die Missionsreisen des Paulus
- Gemeinden, die Paulus gegründet, in denen er gelehrt hat, Ephesus, Philippi, Korinth
- Petrus, Paulus und die Stadt Rom
- Petrus - der erste Papst und seine Nachfolger
- Judentum und Christentum in der Gestalt des Paulus
- Die Loslösung der Christen vom Judentum und die Rolle des Petrus und des Paulus
- Petrus und Paulus und die theologischen Traditionen der Kirchen

Beide Apostel haben für die Gegensätze zwischen den Konfessionen große Bedeutung. Petrus als erster Papst ist die theologische Figur, an der sich die Frage nach dem Papsttum festmachen läßt. Paulus ist maßgebend für die lutherische Theologie. Luther hat mit den Argumenten, mit denen Paulus das Judentum verurteilt, die spätmittelalterliche Kirche in Frage gestellt. Die Auslegung der paulinischen Schriften, vor allem des Römerbriefes, sind ein Prüfstein dafür, ob die konfessionellen Gegensätze gerechtfertigt sind.

4.6.4. Michael, Gabriel, Rafael 29. September

Michael

Michael - Widersacher Satans

Im Alten Testament bereits wird der Name des Erzengels Michael erwähnt (Dan 10,13. 21; 12,1). Er wird dort als Beschützer Israels bezeichnet. Im jüdischen Schrifttum gilt Michael als Anführer der guten Engel und als Widersacher des Satans, als den ihn auch das neutestamentliche Buch "Offenbarung des Johannes" (12,7) sieht. In der deutschen Missionsgeschichte wurde

Michael als Widersacher der heidnischen Götter, besonders des Wotan begriffen. Die Verehrung des heiligen Michael ist jedoch älter, auch in den östlichen Kirchen. Bedeutsam ist eine Erscheinung auf dem Berge Gargano in Süditalien im Jahr 492. Michael wird als Beschützer der Kirche und später des Heiligen Römischen Reiches Deutscher Nation verehrt, er gilt als Patron der Sterbenden, die er in den Himmel geleitet. Viele Friedhofskapellen sind ihm daher geweiht.

Rafael

Der Erzengel Rafael wird im Buch Tobit erwähnt. Er ist Begleiter des Tobias und heilt diesen von seiner Erblindung. Rafael wird daher als Patron der Reisenden verehrt. Das kirchliche St. Rafaelswerk kümmert sich vor allem um die Auswanderer.

Rafael - Begleiter des Tobias

Gabriel

Der Name des Erzengels Gabriel wird wie der des heiligen Michael auch im Buch Daniel erwähnt (8,16; 9,21), wo er dem Propheten die Bedeutung von Visionen erschließt und ihm Botschaften von Gott bringt.

Im Neuen Testament kündet Gabriel die Geburt Johannes des Täufers (Lk 1,11-20) und die Geburt Jesu an (Lk 1, 26-38). Im Islam ist Gabriel Vermittler göttlicher Offenbarungen an Mohamed.

Entstehung des Festes

Der 29. September geht auf die Weihe der Michaelskirche in Rom 493 zurück.

Die Verehrung des heiligen Rafael und des heiligen Gabriel ist jüngeren Datums, ihre Feste wurden erst 1921 eingeführt (Rafael 24. Oktober, Gabriel 24. März). Die Liturgiereform legte die Feste mit dem des heiligen Michael zusammen.

Elemente, Bilder, Brauchtum

Erntebrauchtum

Der 29. September fällt mit dem Ende der Erntezeit zusammen. Der Michaelstag wurde, nachdem er 813 in Deutschland allgemein eingeführt wurde, zum Zinstag. Erntebräuche und Jahrmärkte verbinden sich mit dem Datum, die letzte Garbe trägt seinen Namen.

Mit dem Michaelstag ist die Sommerzeit zuende.

Da Michael verschiedene Vorstellungen aus heidnischer Zeit auf sich gezogen hat, wird mit seiner Gestalt einmal der Kampf gegen das Böse verbunden, aber auch vorchristlicher Totenkult. Michael hält im Westturm der romanischen Kirchen die bösen Geister ab.

Der deutsche Michel

Die Vorstellung vom deutschen Michel entsteht im 17. Jahrhundert. Zuerst ist es der "schreckliche deutsche Michel", bezogen auf den Reiteroberst Michael von Ortraut. Im 18. Jahrhundert steht der deutsche Michel für "Bauer" oder "Schlafmütze", ein gutmütiger, verträumter, unpolitischer Geselle.

Ideen für Beiträge und Sendungen

Religiöse Vorstellungen

Im Bild des Engels kommen verschiedene Vorstellungsstränge zusammen, daß ein Volk seinen himmlischen Schutzgott hat, daß Engel den Hofstaat Gottes bilden, daß Völker und einzelne Menschen unter dem besonderen Schutz eines Engels stehen. In einer eher rationalistisch orientierten Zeit sind die Engel kaum Thema von religiösen Vorstellungen oder der Verehrung.

Spiegelbild des Deutschen

In der Gestalt des Michael kommen Idealvorstellungen der Deutschen zum Ausdruck. Zwischen dem Vorbild der Ritter und dem "deutschen Michel" bewegt sich das Bild des Deutschen. Anhand der Gestalt des heiligen Michael läßt sich eine Geschichte deutscher Ideale rekonstruieren.

Erntefest

s. 3.14.6. Erntedank

4.6.5. Martin von Tours 11. November

Die Gestalt des Heiligen

Volkstümlicher Heiliger

Der Heilige ist vor allem durch eine Geste der Nächstenliebe bekannt. Er schneidet seinen Mantel mit dem Schwert in zwei Teile und gibt einen davon einem Bettler, auf den er am Stadttor von Amiens trifft. Martin war zuerst Soldat, geboren wurde er 316 oder 317 in Sabaria an der Donau. Mit 18 Jahren wurde er getauft, wurde Schüler des heiligen Hilarius von Poitiers. Er lebte in dem Jahrhundert, in dem die Kirche durch den Arianismus gespalten wird (s.o. 3.2.4., S. 63) und in einem Land, wo das römische Reich mit seiner Wirtschafts- und Staatsstruktur in die Hand der Germanen übergeht.

Organisator kirchlichen Lebens

Für die Entwicklung des Christentums hat Martin eine große Bedeutung. Er gründet 361 das erste Kloster Galliens in Ligugé und 375 das Kloster Marmoutier, das zu einem religiösen Zentrum wird und aus dem viele Bischöfe hervorgehen. 371 wird er Bischof von Tours, von wo er eine große Missionstätigkeit in den ländlichen Gebieten entfaltet, die noch weitgehend heidnisch waren.

Martin als Wundertäter

Die Verehrung Martins geht jedoch weniger von seinen religiös-kulturellen Leistungen aus, sondern von den Heilungen und Wundertaten, die ihm zugeschrieben werden. Er wurde schon zu seinen Lebzeiten verehrt, seinem Begräbnis wohnten Tausende von Mönchen und eine große Volksmenge bei. Martin war einer der ersten Nichtmärtyrer, der als Heiliger verehrt wurde.

Der Heilige der Franken

Eine zweite Wurzel seiner Verehrung ist in seiner Bedeutung für die Franken zu sehen. Sein Grab in Tours wurde zum fränkischen Nationalheiligtum, Chlodwig machte ihn zum Schutzherrn der fränkischen Könige, sein Mantel wurde als Reliquie in Schlachten mitgeführt. Die Verehrung des Heiligen, besonders im Rheinland, geht auf diese fränkischen Wurzeln zurück.

Entstehung des Festes

Der 11. November ist der Sterbetag des Heiligen. 397 starb er auf einer Reise in Candes. In evangelischen Gebieten wird der Martinstag nicht auf Martin von Tours, sondern auf Martin Luther bezogen.

Elemente, Bilder, Brauchtum

Am Martinstag wird am frühen Abend, jedoch schon bei Dunkelheit, ein Umzug mit Fackeln und Lampions und mit einem Darsteller des Heiligen auf einem Pferd veranstaltet. Dieses Brauchtum breitete sich in neuerer Zeit aus. Wurzeln dieses Brauches sind Heischegänge der Kinder sowie Umzüge.

Ideen für Beiträge und Sendungen

- Die Gestalt des Heiligen
- Die Geschichte des Römischen Reiches und des Frankenreiches
- Die religiös-kulturelle Verbundenheit des Rheinlandes mit Belgien und Frankreich
- Brauchtum des Martinstages
- Mantel-Teilung, ein Beispiel für Nächstenliebe und aktuelle Parallelen dazu

4.6.6. Nikolaus von Myra 6. Dezember

Gestalt des Heiligen

Über den Bischof von Myra in Kleinasien, der wahrscheinlich in der ersten Hälfte des 4. Jahrhunderts lebte, ist historisch wenig auszumachen. Durch legendenhafte Berichte wurde Nikolaus sowohl für die östliche wie auch die westliche Kirche zu einem der beliebtesten Heiligen: Er befreit drei zu Unrecht verurteilte Offiziere, drei armen Mädchen verhilft er durch eine Geldspende zur Heirat, er rettet ein Schiff aus Seenot. Nikolaus werden viele Kirchen geweiht, er wird zum Patron der Kinder, der Schüler, der Schiffer, der Gefangenen, der Bäcker, zum Patron von Städten und Ländern (Rußland). Nach der Übertragung seiner Gebeine nach Bari 1087 breitet sich seine Verehrung im Westen aus.

Entstehung des Festes

Die Verehrung des Heiligen ist seit dem 6. Jahrhundert im Osten bekannt, über Süditalien breitet sich seine Verehrung auch im Westen aus.

Elemente, Bilder, Brauchtum

Der Nikolaustag ist schon länger als der Martinstag Tag der Kinder, der sich von dem Brauchtum in den mittelalterlichen Schulen herleitet. An bestimmten Tagen, so an Nikolaus (auch am Fest der Unschuldigen Kinder) spielte ein Schüler die Rolle des Abtes oder Bischofs und nahm auch dessen Platz ein. Die Kinder erhalten vom Nikolaus Geschenke. Der Brauch wird hergeleitet von dem Geld, das Nikolaus den drei Töchtern eines armen Mannes schenkte. Erst Luther verlegte die Bescherung mit Geschenken vom Nikolaustag auf das Weihnachtsfest.

Mit der Gestalt des Nikolaus verbinden sich Bräuche der Ernte und der Winterzeit. In der Gestalt des Knechtes Rupprecht, des Hans Muff, Krampus oder vieler anderer Namen erhält der heilige Nikolaus eine Begleitung, die auf Geistervorstellungen oder Geisterabwehr zurückzuführen sind.

Mit dem Nikolaustag sind auch Erntebräuche bzw. Fruchtbarkeitsvorstellungen verbunden. Der Korngeist muß nach Abschluß der Ernte besänftigt werden, das Stroh spielt im Nikolausbrauchtum eine Rolle. Weiter gibt es charakteristisches Gebäck und Äpfel, die auf Fruchtbarkeitskulte hindeuten.

Ideen für Beiträge und Sendungen

- Die Gestalt des Heiligen, die Legenden
- Nikolaus in der bildenden Kunst, vor allem der östlichen Kirchen
- Formen des Nikolausbrauchtums
- Sinn und Dramaturgie des Schenkens
- Der Nikolaustag in Holland, wo er als Tag des Schenkens erhalten blieb

5. Ideentage und Zwecksonntage

1. Weltfriedenstag
2. Gebetswoche für die Einheit der Christen
3. Welttag der geistlichen Berufe
4. Welttag der sozialen Kommunikationsmittel
5. Sonntag der Weltmission

An einigen Tagen, vor allem an Sonntagen, wird für die Gottesdienste ein bestimmtes Anliegen vorgegeben. Da die Kirche durch die Gottesdienste immer noch mehr ihrer Mitglieder erreicht als durch andere Veranstaltungen, werden über die Predigt und Gebete bestimmte Gedanken, Anliegen, Ideen vermittelt. Auf diese Weise wird der Gottesdienst pädagogisiert. Ein Nebeneffekt ist, daß die Kollekte, die Geldsammlung im Gottesdienst, für den Zweck des Sonntages verwandt wird.

Problematik der Ideentage

Gegen die Ideentage oder Zwecksonntage bestehen große Vorbehalte, weil eine Überlagerung des Gottesdienstes mit pädagogischen Zielen den Charakter des Ritus zerstört. Wenigstens der Gottesdienst sollte vom Zweckdenken freigehalten werden.

Neben den oben aufgelisteten Ideentagen werden meist regional noch andere Themen und Anliegen, z.B. Ausländer, Diaspora, Umwelt, Afrika ... vorgegeben. Die einzelnen Ideentage werden im folgenden in jeweils vier Punkten dargestellt:

Entstehung
Thematik
Bezug zur Öffentlichkeit
Ideen für Beiträge und Sendungen

5.1. Weltfriedenstag 1. Januar

5.1.1. Entstehung

Der 1. Januar als Beginn des bürgerlichen Jahres fällt mit dem 8. Tag nach Weihnachten, dem Oktavtag zusammen. Der Oktavtag großer Feste wurde schon sehr früh gefeiert. Der 1. Januar war früher des "Fest der Beschneidung des Herrn" und seit der Liturgiereform das "Hochfest der Gottesmutter" (s.o. 4.5., S. 287). Seit dem Konzil wird der 1. Januar unter den Gedanken des Weltfriedens gestellt.

5.1.2. Thematik

Themenvielfalt am 1. Januar

Das Thema "Weltfrieden" überlagert den Inhalt des kirchlichen Festes, das als Marienfest gefeiert wird und in dem das Evangelium von der Namensgebung Jesu im Mittelpunkt steht. Der Gedanke des Weltfriedens steht sicher in engerem Zusammenhang zum Jahresbeginn. Der Appell zum Frieden ist in diesem Jahrhundert von den Päpsten oft ausgesprochen worden. Das Konzil hat zu Fragen der Friedenssicherung und der Abrüstung eindeutige Aussgen gemacht. Zum 1. Januar gibt es jedes Jahr eine besondere Botschaft des Papstes, die jedoch in Deutschland bisher wenig Resonanz findet.

5.1.3. Bezug zur Öffentlichkeit

Im 1. Januar laufen mehrere Linien zusammen. Das kirchliche Fest wurde in den ersten Jahrhunderten mit der Absicht eingeführt, das heidnische Brauchtum am Jahresbeginn zurückzudrängen. Als Marienfest, wie es in Rom anfänglich gefeiert wurde und heute wieder gefeiert wird, hat der Tag wenig mit dem Beginn des bürgerlichen Jahres zu tun.

Das Thema "Frieden" paßt zum Jahresbeginn

Das Thema Frieden aber bewegt sicher zu Beginn des Jahres viele Menschen. Allerdings hat die Kirche auch diesmal größere Schwierigkeiten, eine Idee gegen das Brauchtum ausgelassener Festlichkeiten durchzusetzen. Auch kirchliche Gruppen, die sich mit Friedenspolitik und Abrüstung beschäftigen, dürften kaum den 1. Januar zum Anlaß nehmen, um an die Öffentlichkeit zu treten.

5.1.4. Ideen für Beiträge und Sendungen

Im Zusammenhang mit dem Jahreswechsel wird in Berichten und Sendungen ein Rückblick auf das vergangene Jahr gemacht, in dem die Kriege und Katastrophen nicht unterschlagen werden. Wenn ein Rückblick auch die Versuche zur Konfliktlösung, zur Abrüstung und Friedenssicherung umfaßt, wäre der Gedanke des Weltfriedenstages sehr gut umgesetzt. Weiter könnte die Botschaft des Papstes zu diesem Tag aufgegriffen werden.

5.2. Gebetswoche für die Einheit der Christen 18. - 25. Januar

5.2.1. Entstehung

Die Gebetswoche geht auf den anglikanischen Geistlichen Paul J. Francis Wattson (1863 - 1940) zurück. Seit 1908 wurde die Gebetswoche in einigen anglikanischen und katholischen Gemeinden der USA gehalten, von fast allen christlichen Kirchen der Welt übernommen und von den Päpsten, von Pius X. bereits 1910, gefördert. In den letzten Jahren wurde das Pfingstfest, die Woche vor Pfingsten, eine Zeit des Gebetes für die Einheit der Christen.

5.2.2. Thematik

In der Woche wird für die Einheit der Christen gebetet, in den Gottesdiensten oder auch privat. In den letzten Jahren gibt es ökumenische Gottesdienste sowie gemeinsame Veranstaltungen christlicher Gemeinden.

Auftrag zur Einheit in der Bibel

Die Kirchentrennungen sind sicher gegen das Vermächtnis Jesu und den Geist der neutestamentlichen Schriften. In den Abschiedsreden des Johannesevangeliums betet Jesu:

> Alle sollen eins sein: Wie du, Vater, in mir bist und ich in dir bin, sollen auch sie in uns sein, damit die Welt glaubt, daß du mich gesandt hast.
> (Joh 17,21)

Die Glaubwürdigkeit des Christentums wird in diesem Gebet bereits mit dem Gedanken der Einheit verknüpft. Sicher hat die Einheit unter den christlichen Kirchen auch eine gesellschaftliche und politische Dimension. Verfeindete christliche Kirchen waren und sind auch politischer Sprengstoff.

Glaubwürdigkeit des Christentums

Politische Folgen der Kirchentrennung

Die ökumenische Bewegung, die zuerst von wenigen gegen den Widerstand der kirchlichen Obrigkeit und der Mentalität der Kirchenmitglieder durchgesetzt werden mußte, hat inzwischen eine wechselvolle, doch im ganzen erfolgreiche Geschichte hinter sich.

5.2.3. Bezug zur Öffentlichkeit

Protagonisten der Ökumene

Die Gebetswoche wurde und wird vor allem von den Menschen getragen, die weniger auf die Eigenständigkeit ihrer Kirche sehen als den Anspruch Jesu und des Neuen Testamentes als maßgebend betrachten.

Seitdem sich die ökumenische Bewegung in den großen Kirchen durchgesetzt hat, ist das Thema "Einheit der christlichen Kirchen" nicht mehr auf die Gebetswoche beschränkt.

Das Thema "Ökumene" wird nicht mehr an der Gebetswoche festgemacht

Ökumenische Gottesdienste finden während des ganzen Jahres statt, es gibt Konferenzen, Gespräche, Veröffentlichungen von theologischen Kommissionen. Während des Thema "Ökumene" seinen Platz im öffentlichen Bewußtsein hat, hat die Gebetswoche eher an Gewicht verloren, zumal um das Pfingstfest herum ökumenische Treffen veranstaltet werden. Der Papstbesuch hat der Ökumene in Deutschland neue Anstöße vermittelt.

5.2.4. Ideen für Beiträge und Sendungen

Das Thema ist weitverzweigt und kann bereits bis in die alte Kirche zurückverfolgt werden. Es werden hier einige Aspekte aufgelistet, die jedoch nicht nur während der Gebetswoche für die Einheit der Christen aufgegriffen werden sollten.

Kirchenspaltungen - ihre Geschichte und Ursachen

- Die Gnostiker und andere frühchristliche Bewegungen
- Der Arianismus
- Die Nestorianer
- Die Kirchenspaltung zwischen Ost und West
- Die Kirchenspaltungen im 15. Jahrhundert
- Die Altkatholiken
- Gefahren für Kirchenspaltungen heute

Die Suche nach einer neuen Einheit der Kirchen

- Der Ursprung der Gebetswoche für die Einheit der Christen
- Die Una sancta-Bewegung
- Der ökumenische Rat der Kirchen
- Die ökumenische Bewegung in Deutschland
- Das II. Vatikanische Konzil
- Konzepte für eine Einheit unter den Kirchen

Persönlichkeiten der ökumenischen Bewegung

- Paul J. Francis Wattson
- Kardinal Bea
- Visserthoft
- Couturier

Themen der Ökumene

- Gnade und Rechtfertigung
- Der Gottesdienst
- Das Petrusamt
- Das Amt in der Kirche

5.3. Welttag der geistlichen Berufe, 3. Sonntag nach Ostern

5.3.1. Entstehung

Der Tag wurde 1964 von Papst Paul VI. für die Kirche eingeführt mit dem Ziel, für Priester- und Ordensberufe zu beten. Ein zentrales Motiv ist sicher, etwas gegen den starken Rückgang der Priester- und Ordensberufe zu unternehmen.

5.3.2. Thematik

Einstellung der Kirchenmitglieder zu kirchlichen Berufen

Sorgfältiger Umgang mit den "Berufen" in der kirchlichen Tradition

Nach kirchlicher Auffassung und Erfahrung hängt es stark von der Einstellung der Umwelt ab, ob junge Menschen in einen Orden eintreten oder das Priesteramt als Beruf wählen. Zugleich wird der Priester- und Ordensberuf als Berufung gesehen, eine Berufung, die von Gott ausgeht. Die Vorbereitungszeiten in den Orden sowie auf das Priesteramt dienen dazu, die Berufung zu prüfen, zu erkennen, ob es der richtige Weg für den einzelnen ist. Anders als in anderen Berufsgängen ist es nicht etwas Außergewöhnliches, wenn einer in der Vorbereitungszeit das Berufsziel aufgibt, das Priesterseminar oder den Orden verläßt. Eine endgültige Bindung erfolgt erst mit den letzten Gelübden bzw. mit der Diakonatsweihe. Die Thematik wird an dem Sonntag mit dem Evangelium vom "Guten Hirten" in Verbindung gesetzt (Joh 10,1-10), der gute Hirt als Vorbild besonders für die Priester.

Information über kirchliche Berufsfelder

Der Tag wird auch dazu genutzt, über die kirchlichen Berufe - Priester, Diakon, Gemeindereferenten, Pastoralassistenten u.a. - sowie über die Orden zu informieren, Gespräche mit Priestern, Diakonen, Theologiestudenten und Ordensleuten zu führen, Besuche von Ordenshäusern und Priesterseminaren zu ermöglichen.

5.3.3. Bezug zur Öffentlichkeit

Das Thema Beruf spielt in der Zeit nach Ostern für viele junge Menschen eine Rolle. Schulabgänger müssen eine Lehrstelle finden, andere müssen sich für eine weiterführende Schule oder eine Studienrichtung entscheiden. Der Tag, wie er von der Kirche angelegt ist, zielt in einer gewissen Engführung auf die kirchlichen Bedürfnisse.

Die Zeit nach Ostern - Zeit der Berufswahl

Die kirchlichen Berufe erfreuen sich im Augenblick keiner besonderen Hochschätzung. Das hindert oft, die jahrhundertelangen Erfahrungen der Kirche mit der Berufsfindung und der persönlichen Ausgestaltung des Berufes zu nutzen. Kaum eine Berufsgruppe verfügt über eine institutionalisierte Beratung der Novizen und Studenten wie die Kirche. Die Erfahrungen der Männer und Frauen, die jungen Menschen auf dem Weg zum Orden- bzw. Priesterberuf begleiten, sind sicher für viele von Interesse.

Erfahrungspotential der Kirche mit der Berufsfindung

Da der Tag der geistlichen Berufe unmittelbar die kirchlichen Interessen betrifft, nicht zuletzt die der Pfarrer, gibt es Ausstellungen und Veranstaltungen, die im lokalen Bereich eine gewisse Öffentlichkeitswirkung haben.

Aktivitäten der Gemeinde

5.3.4. Ideen für Beiträge und Sendungen

Porträts
Der Beruf des Priesters, Diakons, Pastoralassistenten, der Gemeindereferentin, des Religionslehrers, der Ordensfrau, des Ordensmannes.

Berater der kirchlichen Berufe (Spirituäle, Novizenmeister und Novizenmeisterinnen, Regenten von Priesterseminaren), ihre Erfahrungen, Prinzipien der Beratung.

Berufswege in der Kirche

- Theologiestudium
- Fachhochschulstudium
- Arbeitsgebiete der Orden

Personalplanung der Kirche, Folgen des starken Rückganges der Priesterberufe, Alternativen und Perspektiven.

5.4. Der Welttag der sozialen Kommunikationsmittel Sonntag nach Christi Himmelfahrt

5.4.1. Entstehung

Der Welttag der sozialen Kommunikationsmittel, der Mediensonntag, geht auf das II. Vatikanische Konzil zurück. In dem Konzilsdekret "Intermirifica" über die sozialen Kommunikationsmittel vom 8.12.1963 wird ein solcher Tag angeordnet, 1967 wurde er zum ersten Mal durchgeführt. In manchen Ländern gab es eine gewisse, wenn auch schwache Tradition von Presse- oder auch Mediensonntagen. Ziel des Tages ist einmal Bewußtseinsbildung, daß die Katholiken die Bedeutung der Medien erkennen und kritische Nutzer werden, aber auch der Wunsch, die kirchliche Distanz zu den Medien abzubauen.

5.4.2. Thematik

Der Welttag steht jeweils unter einem Thema, z.B. Familie und Medien, Freiheit, Wahrhaftigkeit, Menschenrechte, Schutz und Entfaltung der Kinder und Jugendlichen.

Jeder Welttag hat ein Thema

Hauptziel des Tages ist Bewußtseinsbildung durch Predigt, Seminare, Plakate, Handzettel ... Es gibt auch Werbeaktionen für kirchliche Zeitungen und Zeitschriften.

Ziel: Bewußtseinsbildung

Einige Bischöfe nehmen den Tag auch als Anlaß zu einem Gespräch mit Journalisten.

Gespräche mit Journalisten

5.4.3. Bezug zur Öffentlichkeit

Der Welttag der sozialen Kommunikationsmittel hat in den Gemeinden kaum Wurzeln geschlagen. Die Thematik liegt nicht im Interessenhorizont der Pfarrer. Allerdings gibt es in der Mehr-

Geringe Verwurzelung im kirchlichen Raum

Pressearbeit der Gemeinden

zahl der Gemeinden Mitglieder, die eine Gemeindezeitung herausgeben und Kontakt zur Presse halten. Im Zusammenhang mit diesem Tag werden diese Mitarbeiter mit Materialien versorgt.

Kaum Echo in den Medien

In den Medien selbst findet der Tag kaum ein Echo. Das von seiten der Kirche gut gemeinte Gesprächsangebot paßt nicht in den Rhythmus der Medien, die Thematik des Welttages hat im Frühsommer kaum Aktualität. Für Kirchenmitglieder wie auch für die Medienberufe ist zudem die Reflexion über Kommunikation und ihre Medien schwierig, wenn nicht gerade Konflikte zur Auseinandersetzung zwingen.

5.4.4. Ideen für Beiträge und Sendungen

Zum Welttag der sozialen Kommunikationsmittel werden Materialien herausgegeben, die sich jeweils auf das Thema des Welttages beziehen. Materialien können bei der

Zentralstelle Medien der
Deutschen Bischofskonferenz
Kaiserstr. 163
5300 Bonn
Tel.: 02 28 / 10 32 40

abgerufen werden.

5.5. Sonntag der Weltmission (Zweitletzter Sonntag im Oktober)

5.5.1. Entstehung

Missionsbewegung

Der Missionssonntag ist im Zusammenhang mit der Missionsbewegung zu sehen, die in der ersten Hälfte des 19. Jahrhunderts als Laienbewegung begann und dann wesentlich durch Orden, oft Neugründungen, getragen wurde.

Verein zur Verbreitung des Glaubens

Auf Anregung ihres Bruders, damals Theologiestudent, gründet Pauline Jaricot am 3. Mai 1822 in Lyon den "Allgemeinen Verein der Glaubensverbreitung" (Association de la Propagation de la Foi) mit dem Ziel, möglichst jeden Katholiken für eine Unterstützung der Mission zu bewegen, durch Gebet und Geldspenden.

Der Verein gab Jahrbücher mit Berichten aus den Missionsländern und Briefen von Missionaren heraus. Er wurde auch in den Nachbarländern bekannt. 1841 gründete der Aachener Arzt Dr. Hahn den deutschen Zweig, den Xaverius-Verein zur Unterstützung der katholischen Missionen, der heute als Missio - Internationales Katholisches Missionswerk e.V. weitergeführt wird. Die Gründung war durch Schwierigkeiten mit dem preußischen Staat hinausgezögert worden. Mitglied dieses Vereins konnte jeder Katholik werden, der bereit war, täglich ein "Vater Unser" für die Mission zu beten und wöchentlich einen Beitrag von fünf Pfennigen zu leisten. Mit seiner Öffentlichkeitsarbeit zielte der Verein auf die Pfarreien.

Für die bayerischen Diözesen wurde 1838 vom damaligen König Ludwig I. die Gründung eines Ludwigs-Missionsvereins erlaubt und gefördert.

Verschiedene Länder, als erstes die USA, hatten Schwierigkeiten, eine Zentrale in Lyon anzuerkennen. Daher wurden die Missionsvereine der "Propaganda Fidei", dem Missionssekretariat des Papstes, unterstellt und in "Päpstliches Werk der Glaubensverbreitung" umbenannt. 1926 bestimmte Pius XI. den vorletzten Sonntag im Oktober zum "Sonntag der Weltmission."

Heute "Missio-Aachen" und "Mission-München"

Die Vorbereitung und Durchführung dieses Sonntages wird in Deutschland von den beiden Missionsvereinen in Aachen und München getragen, die sich seit 1971 Missio-Aachen und Missio-München nennen. Die von den Bischöfen 1958 gegründete Fastenaktion Misereor ist aus der Missionsbewegung hervorgegangen und hat auch in Aachen ihren Sitz (s. 3.5.5. Fastenzeit, S. 104).

5.5.2. Thematik

Universalistische Tendenz des Christentums

Im Unterschied zum Judentum ist die christliche Religion nicht mit einem bestimmten Volk verbunden. Die christlichen Prediger haben schon bald den Raum des Judentums überschritten und sich an die ganze damalige Welt gewandt. Der Gedanke der Universalität bezog sich auf die damals bekannte Welt, und jedesmal. wenn die Grenzen der bekannten Welt hinausgeschoben wurden, haben christliche Missionare sich zu den neuen Völkern auf den Weg gemacht. Die Vorstellung, daß alle Menschen Adressaten der Botschaft sind, wurzelt in der theologischen Vorstellung, daß alle Menschen Kinder Gottes sind. Diese Idee der Universalität wurde von Anfang an in Frage gestellt, indem kulturelle und religiöse Vorstellungen der jeweiligen Zeit, des jeweiligen Volkes als notwendige Vorbedingungen für das Christsein mißverstanden wurden.

Mission überwindet vorläufige Grenzen und Bindungen

In der Urkirche waren es die jüdische Beschneidung und die jüdischen Reinigungsgesetze, die den Taufbewerbern aus dem Heidentum auferlegt werden sollten. Dann waren es die lateinische Sprache und die abendländische Philosophie, die dafür sorgten, daß das Priester- und Bischofsamt nur Vertretern der weißen Rasse vorbehalten wurde. Diese Eingrenzungen der Universalität durch diejenigen, die Missionare aussandten, wurde jeweils gesprengt. Der Missionsgedanke kann so als Einübung in den Gedanken der Universalität gesehen werden.

Umkehr der Bewegung: Von den Missionsländern zu den abendländischen Kirchen

Vielleicht ist der Missionsgedanke heute das Vehikel, den Westen mit der Vorstellung vertraut zu machen, daß die abendländische Kultur nicht mehr mit einer Vorrangstellung rechnen kann.

Der Missionssonntag hat Bewußtseinsbildung zum Ziel. Jeder Christ ist unmittelbar zur Mission beauftragt und daher mitverantwortlich für die Mission seiner Kirche. Während früher der Missionsberuf die Realisierung dieser Maxime war, hat sich heute das Verhältnis zu den früheren Missionsländern verändert. Diese werden als "Junge Kirchen" gesehen, die durch einheimische Priester und Bischöfe geleitet werden. Sie benötigen von den Ländern, die früher Missionare und Geldmittel bereitgestellt haben, nur noch subsidiäre personelle und materielle Hilfe. So dient heute der Missionssonntag dem Gedanken der Partnerschaft. Faktisch erhalten die Kirchen in der Dritten Welt den Hauptteil ihrer finanziellen Hilfen aus Deutschland.

Mitverantwortung für die Mission

Große materielle Leistungen der deutschen Kirche

Damit hat der Gedanke der Universalität, der Mitverantwortung jedes Christen für die Ausbreitung des Evangeliums, eine andere Ausprägung erhalten. Der Missionssonntag vermittelt das Gefühl einer weltweiten Zusammengehörigkeit, daß die Kirchen in den Missionsländern eigenständig geworden sind und - an diesen Gedanken müssen sich die Katholiken noch gewöhnen - eine führende Rolle in der Weltkirche übernehmen werden.

Weltweite Zusammengehörigkeit

Dieser Wandel des Missionsverständnisses, nicht zuletzt ausgelöst durch das Konzil, hat zeitweise zu einer Krise des missionarischen Engagements geführt. Heute dürfte die Herausforderung, die die Kirchen der Dritten Welt für die deutsche Kirche darstellen, Anstöße für eine christliche Lebenspraxis beinhalten, so daß der Missionsgedanke wie im 19. Jahrhundert einen wichtigen Aspekt für das Leben der Gemeinden beinhaltet.

Anstöße aus der Dritten Welt

Der Missionsgedanke lebt von jeher vom Bild. Plakate, Zeitschriften, Dias, Filme sind daher wichtige Elemente zur Gestaltung des Missionssonntages.

Viele Aktionen zum Sonntag der Weltmission

Für den jeweiligen Sonntag der Weltmission wird ein Motto formuliert, z.B. "Fremde werden Freunde". Feste, Tombolas, Basare sind ein Medium, den Gedanken der Mission unter die Leute zu bringen und Geld zu sammeln. Zu den Festen sollen auch die Ausländer eingeladen werden.

Die Kollekte am Missionssonntag ist ein wichtiger Bestandteil des Aktionsprogrammes, sie ist bei den Katholiken seit Jahrzehnten eingeführt.

Teestube, Verkauf von Dritte-Welt-Produkten, sind Aktionen, die hauptsächlich von Jugendlichen durchgeführt werden.

5.5.3. Bezug zur Öffentlichkeit

Missionsaktivitäten über das ganze Jahr

Der Sonntag der Weltmission dürfte im Bewußtsein der Öffentlichkeit nicht besonders verankert sein. Er ist auch nicht so angelegt, denn die Missionsaktivitäten werden nicht auf einen Tag konzentriert. Missionszeitschriften, die unter Katholiken eine weite Verbreitung haben, stellen kontinuierlich eine Verbindung zu den Missionsländern her.

Bischöfe, Priester, Ordensleute im Erscheinungsbild der Kirche

Lokaler Bezug durch Missionare

In den letzten Jahrzehnten ist das Erscheinungsbild der katholischen Kirche universal geprägt. Bischöfe, Priester, Ordensfrauen aus der Dritten Welt sind für den deutschen Katholiken keine Fremden mehr - auch im lokalen Erfahrungsbereich. Denn Mission hat durchaus einen lokalen Bezug. Deutsche Missionare halten Kontakt zu ihrer Heimatgemeinde, halten sich bei Heimatbesuchen in der Gemeinde auf. Gemeinden oder einzelne Personen übernehmen Ausbildungspatenschaften für Priesterstudenten in den Missionsländern. Schließlich gibt es in zunehmendem Maß Beziehungen zwischen einer Gemeinde in Deutschland und einer Gemeinde in der Dritten Welt.

5.5.4. Ideen für Beiträge und Sendungen

Der Missionsgedanke benutzte seit jeher Medien als Transportmittel. Im 16. Jahrhundert verbreiteten Jesuiten bereits die Briefe von Missionaren, um für die Mission zu werben. Broschüren, Reportagen, Bildberichte, Filme, Hörfunk- und Fernsehsendungen werden heute als selbstverständlich angesehen.

Allerdings ist zu fragen, ob die Berichterstattung in den Massenmedien tatsächlich den radikalen Umschichtungsprozeß wahrgenommen hat, dem das Christentum, vor allem die katholische Kirche ausgesetzt ist. Denn im Jahr 2000 wird die katholische Kirche eine Kirche der Dritten Welt sein. Während 1960 noch 51 % aller Katholiken in Europa und Nordamerika lebten, werden es im Jahr 2000 nur noch 30 % sein.

Berichterstattung hat den einen Umschichtungsprozeß in der Weltkirche noch nicht wahrgenommen

Vorbereitung auf das Jahr 2000

Auf die Gewichtsverlagerung in die Dritte Welt ist die deutsche Kirche wohl kaum vorbereitet. Beiträge in den Medien leisten bisher auch wenig Hilfe dazu, denn die Sendungen und Berichte sind immer noch aus der Perspektive konzipiert, daß die Entwicklung auf den technischen und kulturellen Status der westlichen Welt hinläuft, daß der Westen jeweils an der Spitze der Entwicklung liegt. Die finanzielle Abhängigkeit der jungen Kirchen von den Kirchen der Industrieländer täuscht darüber hinweg, daß aus der Dritten Welt Impulse für neue Entwicklungen kommen. Die Europäer können sich noch nicht vorstellen, daß die Theologie einmal in Indien "gemacht" werden könnte und nicht mehr an deutschen Universitäten, daß neue Gemeindemodelle aus Afrika kommen und der ganze Bereich der Caritas einmal durch Organisationsformen in Frage gestellt werden könnte, die in der Dritten Welt entwickelt wurden.

Es bietet sich ein großes Themenspektrum für die Berichterstattung an, das nicht nur zum Termin des Missionssonntages abgedeckt werden sollte:

- Afrikanische, indische, japanische Theologie
- Neue Gemeindemodelle, Basisgemeinden
- Liturgische Formen in den Kirchen Afrikas und Asiens
- Formen der Diakonie
- Die Rolle des weißen Missionars in der Dritten Welt
- Kirche und Politik in den verschiedenen Ländern

Impulse für die Integration von Ausländern

Der Elan, der im Missionsgedanken liegt, könnte auch für ein wachsendes Problem der deutschen Gesellschaft wirksam werden: Die Mission hat Verständnis für fremde Kulturen geweckt und eine Idee des gegenseitigen Austausches entwickelt. Missionare bzw. Seelsorger aus den jeweiligen "Gastarbeiterländern" könnten Verständnis für die Kultur ihrer Völker wecken.

5.6. Katholikentage

Großtreffen der Katholiken haben auch Festcharakter. Seit 1848 werden Katholikentage in Deutschland durchgeführt. Erster Tagungsort war Mainz, wo auch 1948, nach dem Verbot während des Dritten Reiches, der erste Katholikentag wieder stattfand. Anlaß im 19. Jahrhundert war die Versammlungsfreiheit, eine Errungenschaft der damaligen Revolution. Entsprechend der politischen Verhältnisse hatte die "Generalversammlung der deutschen Katholiken", wie sie in den ersten Jahren genannt wurde, eine wechselvolle Geschichte. Sie hängt eng mit den katholischen Verbänden zusammen. Aus der Katholikentagsbewegung ist das Zentralkomitee der Deutschen Katholiken entstanden, das auch heute noch Veranstalter der Katholikentage ist.

Katholikentage finden, wie die evangelischen Kirchentage, eine große Resonanz in den Medien. Die Veranstaltungsformen erlauben eine mediengerechte Vermittlung.

Adresse des Veranstalters:

Zentralkomitee der Deutschen Katholiken
Hochkreuzallee 246
5300 Bonn - Bad Godesberg

6. Feste der Gemeinde

In einer kirchlichen Gemeinde wird der allgemeine Festkalender der Kirche gefeiert, er realisiert sich geradezu vor Ort. Die großen Feste Weihnachten, Ostern, Pfingsten und Fronleichnam sind auch die herausragenden Feste einer Gemeinde.

Neben dem allgemeinen Festkalender gibt es noch eigene Feiertage einer Gemeinde, die auch terminlich festliegen, aber jeweils nur für eine Gemeinde bzw. für einige Gemeinden. Es sind:

6.1. Kirchweihtag

Tag der Kirchweihe bzw. des Festes des Kirchenpatrons Patronatsfest - Tag des Heiligen, dem die Kirche geweiht ist.

6.2. Erstkommunion

An diesem Tag empfangen die Kinder einer Jahrgangsstufe zum ersten Mal das eucharistische Brot.

6.3. Firmung

Die Jugendlichen mehrerer Jahrgangsstufen empfangen das Sakrament der Firmung, zugleich Besuch des Bischofs in der Gemeinde.

6.4. Pfarrfest

Meist im Sommer mit Spielen und Veranstaltungen.

6.5. Gemeindetag

Religiös akzentuierter Tag für die ganze Gemeinde.

6.6. Ewiges Gebet

6.7. Gemeindewallfahrt

Besuch eines Wallfahrtsortes

6.8. Primiz

Erste Messe eines Neupriesters in seiner Heimatgemeinde

6.1. Kirchweihtag und Patronatsfest

Der Weihetag einer Kirche wurde schon früh begangen, so bereits im 4. Jahrhundert der Weihetag der Auferstehungskirche in Jerusalem. Oft leiten sich Heiligenfeste vom Weihetag einer dem Heiligen geweihten Kirche her. Weihetage der römischen Kirchen wurden zu allgemeinen Festtagen (Lateranbasilika 9. November, St. Peter 18. November, St. Paul vor den Mauern ebenfalls 18. November, S. Maria Maggiore 5. August, Michael 29. September).

Gottesdienste an den Gräbern der Märtyrer

Neben dem Tag der Kirchweih spielt der Gedenktag des Kirchenpatrons eine große Rolle. Der Zusammenhang ist sehr alt, Gottesdienste wurden an Gräbern der Märtyrer gefeiert, später wurden Reliquien von Heiligen in den Altar eingelassen.

Ist die Kirche nicht einem Heiligen, sondern dem "Kreuz Christi", dem "Herzen Jesu", der "Heiligen Dreifaltigkeit" geweiht, wird das Patronatsfest an dem jeweiligen Festtag begangen.

Eine andere Wurzel von Festen ist die Verbindung von Märkten und kirchlichen Feiern. Zu Beginn von Märkten wurden Messen gefeiert. Darauf deutet noch heute die Verwendung des Wortes Messe für Ausstellungen hin. Kirmes leitet sich ab von Kirchmesse. Die Märkte waren oft terminlich mit einem Heiligenfest verbunden.

Jahrmärkte und Volksfeste

Unterschiedliche Namen, Kirmes, Kirchweih, Kirchtag, Kirbe werden in den verschiedenen Gegenden für die Festtage bzw. für die Festwoche gebraucht. Zur Kirmes gehören Tanz, Spiele, Musik- und Theaterdarbietungen. Waren diese Volksfeste anfänglich mit dem Kirchweihtag verbunden, so verlor sich dieser Zusammenhang. Da die Feste nicht selten durch gelockerte Sitten, durch große Mahlzeiten, Alkoholgenuß und anschließende Raufereien gekennzeichnet waren, gab es von seiten der Kirche die Tendenz, das Patronatsfest von dem Volksfest zu trennen. Die Volksfeste wurden dann mit Ernte- und Schützenfesten verbunden und liegen meist im Spätsommer bzw. Herbst.

Kirche sucht Distanz zu den Volksfesten

Der Kirchweih- bzw. Patronatstag hat, wo er im Jahresrhythmus einer Gemeinde eine Rolle spielt, jeweils ein eigenes Brauchtum, das regional verschieden ist. Die Funktion der Kirmes, des Volksfestes ist vor allem in städtischen Regionen auf das Pfarrfest übergegangen (s.u. 6.4.). Die Volksfeste und Jahrmärkte finden in den lokalen Medien ihren Niederschlag. Der Kirchweih- und der Patronatstag können zum Anlaß genommen werden, über die Geschichte der Gemeinde zu berichten.

Kirchweihe, Glockenweihe, Altarweihe ...

Die Weihe einer Kirche, eines Altars oder von Glocken ist selbstverständlich auch ein Fest. Der Weiheritus ist formenreich und benutzt aussagekräftige Symbole. Die Kirchweihe wird von einem Bischof vorgenommen und hat folgenden Aufbau:

- Prozession zur neuen Kirche mit den Reliquien (Gebeine eines Heiligen)
- Bauleute, Vertreter der Gemeinde und eventuell Stifter übergeben die Kirche dem Bischof (Übergabe der Schlüssel, eines Modells der Kirche, einer Festschrift)
- Einzug des Bischofs
  Altar und Kirchenwände werden mit Weihwasser besprengt
- Wortgottesdienst der Messe
- Nach der Predigt werden die Reliquien unter den Altar eingelassen
- Weihegebet und Salbung des Altars sowie Salbung der Kirchenwände
- Auf dem Altar wird Weihrauch verbrannt
- Altar, Kirchenwände und Gläubige werden mit Weihrauch gesegnet
- Der Altar wird mit einem Tuch bedeckt, Altarkreuz und Kerzen werden auf den Altar gestellt, der Altar wird mit Blumen geschmückt, und die Kerzen werden angezündet
- Fortsetzung der Messe

Eine Altarweihe erfolgt in gleicher Weise wie die Teile der Kirchweihe, die sich auf den Altar beziehen.

Glocken werden durch Besprengung mit Weihwasser, durch Weihrauch gesegnet sowie durch Salbung mit Chrisam.

6.2. Erstkommunion

Ein Ereignis von lokaler Bedeutung ist der Tag, an dem die Kinder einer Jahrgangsstufe, meist im Alter von neun Jahren, das erste Mal gemeinsam das eucharistische Brot empfangen. Der Tag ist ein Fest der Gemeinde mit einem feierlichen Gottesdienst und ein Fest in der Familie. Verwandte kommen zu Besuch, die Kinder erhalten Geschenke. Früher wurde die Erstkommunion in der Regel am Weißen Sonntag, dem Sonntag nach Ostern, gefeiert. Der Termin liegt heute nicht mehr fest, die Feier kann auch auf einem anderen Sonntag oder Feiertag der Osterzeit liegen.

Fest der Gemeinde, Fest der Familien

Die Erstkommunion hat nicht als Gemeinde- und Familienfest eine Bedeutung, sondern hat durch die Vorbereitungszeit eine gemeindebildende Funktion. Früher wurde die Vorbereitung in Form eines zusätzlichen Religionsunterrichts, Kommunionunterricht genannt, von den Priestern durchgeführt. In den letzten Jahren ist eine neue Form der Vorbereitung eingeführt worden, die von den Gemeinden aus übernommen wurde. Erwachsene, meist Mütter, bereiten kleinere Gruppen von 6 bis 10 Kindern auf die Erstkommunion vor. Für diese Gruppen geben die Bistümer Arbeitsmappen heraus. Neben der Beschäftigung mit Bibeltexten werden Meditationsübungen, Spiele gemacht. Die Gruppen bereiten den Gottesdienst vor.

Vorbereitung - Funktion für die Gemeinde

Neue Form der Vorbereitung

Durch die Einbeziehung der Erwachsenen wird die Mitverantwortung der Gemeinde für die Weitergabe des Glaubens und die Einführung der Kinder und Jugendlichen in das Leben der Gemeinde aktualisiert. Es ist nicht mehr nur Sache der Priester, das Gemeindeleben zu gestalten und zu organisieren.

Mitbeteiligung der Erwachsenen

Für die Gemeinde selbst ist die Feier der Erstkommunion ein Aufnahmeritus. Kinder werden in die Gottesdienstgemeinschaft aufgenommen. Sie nehmen nicht nur am Gottesdienst teil, sondern empfangen auch das eucharistische Brot. Diese volle Teilnahme setzt voraus, daß die Kinder das eucharistische Brot, den Leib Christi, von anderem Brot unterscheiden können.

Aufnahme in die Gottesdienstgemeinde

Der Erstkommuniontag ist auch in der Öffentlichkeit "sichtbar", die Kirchengebäude sind mit Fahnen geschmückt, die Kommunionkinder tragen ein weißes Kleid bzw. einen blauen Anzug, jeder hat eine Kerze. Meist ziehen die Kinder in einer Prozession in die Kirche ein.

Berichte über die Erfahrungen in den Vorbereitungsgruppen

In den lokalen Medien findet die Erstkommunion Erwähnung. Ein häufiges Bildmotiv ist die Prozession der Kinder. Diese Berichte können dadurch aktualisiert werden, daß die Vorbereitungsgruppen Erwachsene und Kinder über ihre Gruppenstunden und Erfahrungen berichten.

Zur Erstkommunion als Fest des einzelnen und der Familie s.u. 7.2., S. 358

6.3. Firmung

Ergänzung zur Taufe

Das Sakrament der Firmung vollendet die Taufe, der Gefirmte ist für die Gemeinde "volljährig" geworden. Handelten bei der Taufe die Eltern stellvertretend für das Kind, so handelt der Jugendliche jetzt in eigener Verantwortung. Theologisch gesehen ist die Firmung die Begabung mit dem Heiligen Geist, die erstmalig am Pfingstfest stattfand (s.o. 3.8.4., S. 165 ff) und damit die Teilnahme am Missionsauftrag der Kirche beinhaltet. Wie das erste Pfingstfest in Jerusalem hat auch die Firmung kirchenbildende Wirkung und beinhaltet den Auftrag, das Evangelium auch außerhalb der christlichen Gemeinde zu bezeugen. Für die Gemeinde wie auch für den Firmling ist die Firmung ein Aufnahmeritus. Der Firmling wird Gemeindemitglied mit allen Verantwortlichkeiten, die Gemeinde nimmt die Firmlinge als vollwertige Mitglieder auf. Faktisch bedeutet das in unserer Kultur jedoch nicht, daß die Gefirmten in den Gemeinden den Erwachsenenstatus erhalten.

Die Synode der deutschen Bistümer hat zwar das Firmalter vom Grundschulalter (früher nach der Erstkommunion) auf 12 Jahre hinaufgesetzt, das damit den Übergang vom Kindes- ins Jugendalter markiert. Der Gefirmte erhält aber erst mit 16 Jahren das aktive und mit 18 Jahren das passive Wahlrecht für den Pfarrgemeinderat.

Heute späteres Firmalter

Vor allem durch die neue Firmvorbereitung hat die Firmung eine integrierende Funktion. Ein guter Teil der Gefirmten schließt sich einer Gruppe in der Gemeinde an, manche der Vorbereitungsgruppen bleiben auch über die Firmung hinaus zusammen.

Neue Form der Vorbereitung

Da die Firmung in der Regel durch einen Bischof gespendet wird, ist der Firmtag zugleich auch der Besuch des Bischofs bzw. eines Weihbischofs in der Gemeinde. Dieser Besuch wird meist mit der vom Kirchenrecht vorgeschriebenen Visitation verbunden, der Bischof spricht nicht nur mit den Seelsorgern, sondern auch mit dem Pfarrgemeinderat und den Gruppen der Gemeinde.

Spendung meist durch einen Bischof

Da die Firmung meist mit dem Besuch des Bischofs verbunden ist, gibt es keine festen Termine. Auch wird die Firmung nur in Gemeinden mit vielen Jugendlichen jährlich gespendet. Ähnlich wie die Erstkommunion wird auch die Firmung in kleineren Gruppen vorbereitet, die von Erwachsenen geleitet werden. Früher wurde die Firmvorbereitung von den Religionslehrern im Religionsunterricht geleistet.

Kein fester Termin für die Firmung

Ein wichtiges Element der Vorbereitung ist die Gruppe selbst, das Kennenlernen in der Gruppe, die Bearbeitung von Konflikten, Rollenspiel. Die Gruppen beschäftigen sich mit der Bibel, spielen Begebenheiten aus dem Leben Jesu oder den Prozeß Jesu nach, beschäftigen sich mit der Struktur der Gemeinde und der Diözese. Das Sakrament und seine Symbolik wird erklärt. Ein wichtiges Moment ist das soziale Engagement - in der Nachbarschaftshilfe, für die Dritte Welt. Anders als die Konfirmation hat die Firmung keine größere Bedeutung als Familienfest. Da die Firmtage auch in der Woche liegen können, sind Festlichkeiten und Verwandtenbesuche meist schwerer zu organisieren.

Gruppenpädagogische Elemente in der Firmvorbereitung

Bericht über die Vorbereitungsgruppen

In den lokalen Medien findet die Firmung Erwähnung, oft bedingt durch den Besuch des Bischofs. Auch hier kann eine Aktualisierung durch Berichte aus den Vorbereitungsgruppen erreicht werden.

Die Firmung als Fest des einzelnen und der Familie s. u. 7.3., S. 361

6.4 Pfarrfest - Gemeindefest

Pfarrfeste werden von den Gemeinden zunehmend gefeiert, meist an Wochenenden im Sommer. Motiv für diese Feste ist, außerhalb des Gottesdienstraumes gemeinsam zu feiern, die Gemeinschaft zu erleben und auch die Gemeindemitglieder einzubeziehen, die nicht am Gottesdienst teilnehmen. Vor allem in städtischen Gebieten hat das Pfarrfest die Funktion der Kirmes übernommen. Es steht in Konkurrenz zu Stadtteil- und Straßenfesten sowie Festen von Bürgerinitiativen und Parteien. Die Elemente eines Pfarrfestes finden sich auch bei anderen Sommerfesten:

Offene Gestaltung des Pfarrfestes

- Tanzveranstaltungen mit Wort- und Musikeinlagen am Samstagabend
- Spiele und selbstgebaute Buden für Kinder am Sonntag
- Gemeinsames Essen aus der "Gulasch-Kanone"
- Kuchen und Kaffee am Nachmittag

Meist beginnt das Pfarrfest nach dem Hauptgottesdienst am Sonntagvormittag. Veranstaltungen am Nachmittag führen das Programm fort.

Das Pfarrfest kann auch ein Faktor der Integration ausländischer Mitbürger sein, die in einigen Gemeinden das Fest mitgestalten, indem sie musizieren, einen Tanz vorführen, Essen kochen u.a.

Möglichkeit ausländische Mitbürger zu integrieren

6.5. Gemeindetag - Einkehrtag der Gemeinde

In vielen Gemeinden fanden und finden sogenannte Einkehrtage statt. Diese Tage werden auch für einzelne Gruppen z.B. Jugend oder Männer ausgerichtet. Ziel des Tages ist eine religiöse Vertiefung. Meist wird ein Priester von auswärts eingeladen, der die Predigt sowie Vorträge hält.

Die Einkehrtage werden in vielen Gemeinden als Gemeindetag in neuer Form durchgeführt. Es steht nicht mehr der Vortrag im Mittelpunkt, sondern Gruppenarbeit, Meditationsübungen, gemeinsame Gottesdienstvorbereitung.

6.6. Ewiges Gebet, Vierzigstündiges Gebet

In den Pfarreien und Klöstern werden längere Gebetszeiten einmal im Jahr durchgeführt. Die Idee ist, daß in einer Diözese ein ständiges Gebet stattfindet, indem jeden Tag eine andere Pfarrei den Gebetsdienst übernimmt. 1592 wurde dieser Brauch für die Kirchen Roms von Papst Clemens VIII. eingeführt.

Diese Gebetsform hat zumindest zwei Wurzeln. Einmal in der Eucharistiefrömmigkeit des späten Mittelalters, die die konsekrierte Hostie als Objekt der Anbetung in den Mittelpunkt rückte. Das Ewige Gebet wird vor einer Monstranz mit einer Hostie oder einem Kelch mit Hostien durchgeführt.

Das Vierzigstündige Gebet geht auf die Gebetswache in den Kartagen zurück. Die Grabesruhe Jesu wurde auf 40 Stunden berechnet. Später, seit dem 16. Jahrhundert, wurde ein Vierzigstündiges Gebet in Notzeiten angesetzt, und zwar vor einer Monstranz und einer konsekrierten Hostie. Im Barock wurde es auch während der Karnevalstage als "Gegengewicht" gegen das Faschingstreiben abgehalten. Nachdem die Praxis des Ewigen Gebetes in den Pfarreien in den letzten Jahren zurückgegangen ist, belebt sie sich an einigen Orten wieder.

6.7. Gemeindewallfahrt

Der Besuch eines Wallfahrtsortes gehört für viele Gemeinden in den Jahresablauf. Meist liegt ein bestimmter Termin für die Wallfahrt fest. Auch geht die Wallfahrt jeweils zu demselben Ort. Die Gemeindewallfahrt besagt nicht, daß die ganze Gemeinde sich auf den Weg macht, sondern daß eine gemeinsame Wallfahrt von der Gemeindeleitung organisiert wird. Meist fährt man mit dem Bus, seltener ist ein Fußmarsch einbezogen. Auf dem Hinweg wird gebetet und gesungen, am Wallfahrtsort nimmt die Gruppe an der Messe teil. Da der Katholizismus nicht allzu aszetisch eingestellt ist, folgen ein Essen und meist eine fröhliche Rückfahrt.

Zu Wallfahrten allgemein s. u. Nr. 8., S. 369 ff

6.8. Primiz

Die erste Messe, die ein Priester in seiner Heimatgemeinde liest, ist seine Primiz (von "primitiae"). Für die Gemeinde ist dies ein besonderer Festtag, Mittelpunkt ist die Messe, die der Primiziant zelebriert. Dabei assistiert ihm ein älterer Priester. Der Primiziant trägt in manchen Gegenden einen Myrtenkranz und wird in einer Prozession von seinem Elternhaus abgeholt, nach der Messe folgt ein Empfang und ein Essen. Besondere Bedeutung wird dem Primizsegen zugemessen. Der Primiziant segnet mit ausgestreckten Händen und einem Gebet sowohl einzelne als auch die Gemeinde.

7. Feste des einzelnen und der Familie

Die Religionen begleiten den einzelnen und die Familie auf ihrem Lebensweg. Grundsituationen des Menschen - Geburt, Eintritt in das Erwachsenenalter, Eheschließung, Tod - erhalten durch Symbolhandlungen eine religiöse Bedeutung. Sie werden aber auch durch die Riten sozial bedeutsam.

Grundsituationen werden religiös interpretiert

Durch die Taufe wird ein Neugeborener in die menschliche Gemeinschaft aufgenommen. Das Eheversprechen, das sich zwei Menschen öffentlich geben, macht diese Ehe zu einer auch von der Umwelt anerkannten Institution. Das Begräbnis ist sowohl eine Abschiedszeremonie als auch die religiöse Zusage einer neuen Existenzweise und damit einer neuen Gegenwart des Verstorbenen.

Soziale Dimension der Riten

Das Christentum verbindet den Eintritt in einen neuen Lebensabschnitt mit dem Heilswerk Jesu. Die Grundsituationen werden so zu Heilssituationen. Diese religiösen Interpretationen menschlicher Grundsituationen heißen Sakramente (s.o. 1.2.2, S. 13ff). Die Sakramente haben neben ihrer Zielrichtung auf das Individuum zugleich eine kirchenstiftende Wirkung. Indem sie die Grundsituation mit Christus in Verbindung setzen, machen sie den einzelnen zugleich zu einem Mitglied der Gemeinschaft der Christusgläubigen, weisen ihm eine Rolle in der Gemeinde zu.

Sakramente - Grundsituationen

Kirchenbildende Funktion der Sakramente

Die Sakramente als Symbolhandlungen können im Verständnis der Beteiligten leicht ihre religiöse Bedeutsamkeit verlieren und zu bloß gesellschaftlich verstandenen Ritualen werden. Dieser Verfall der sakramentalen Praxis ist in der Geschichte der Kirche immer wieder zu beobachten gewesen. Heute stehen wir in zwei gegenläufigen Bewegungen. Auf der einen Seite vollziehen viele die Sakramente als bloß gesellschaftlich übliche Rituale nicht mehr mit, Eltern lassen ihre Kinder nicht mehr taufen, Ehepaare heiraten nur noch standesamtlich. Auf der anderen Seite wird in den Gemeinden die sakramentale Praxis vertieft, indem der Empfang des Sakramentes intensiver vorbereitet, seine religiöse Bedeutsamkeit und die Beziehung zum Leben der christlichen Gemeinden herausgearbeitet und auch in der Feier dargestellt werden.

Sakramente können zu bloß gesellschaftlich bedeutsamen Ritualen werden

Neue Formen der Vorbereitung

Die Impulse kamen aus der liturgischen Bewegung, wurden durch die Liturgiereform des letzten Konzils für die ganze Kirche fruchtbar und durch neue Methoden der Seelsorgepraxis realisiert. Im 6. Abschnitt wurden einige Sakramente in ihrem Gemeindebezug dargestellt. Im folgenden werden Struktur und Feier der Sakramente, wie sie sich für den einzelnen darstellen, skizziert.

7.1. Taufe
7.2. Erstkommunion
7.3. Firmung
7.4. Versöhnung
7.5. Eheschließung; Silberne-, Goldene Hochzeit
7.6. Profeß, Gelübde, Jungfrauenweihe
7.7. Diakonats-, Priester-, Bischofsweihe
7.8. Schwere Krankheit, Tod
7.9. Begräbnis

7.1. Taufe

7.1.1. Die religiöse und soziale Dimension der Taufe

Die Taufe ist ein Aufnahmeritus. Dabei ist die Erwachsenentaufe die Norm, die Kindertaufe läßt sich nur im Blick auf die Erwachsenentaufe verstehen. Bei der Taufe eines Kindes steht der Glaube der Eltern stellvertretend für den des Kindes. Eine Waschung, das Untertauchen im Wasser ist auch in anderen Religionen eine heilige Handlung. Die Christen haben die Taufe von den Juden übernommen. Dort war sie als Bußritus bekannt (Johannes der Täufer) und bei der Aufnahme der Heiden in das Judentum (Proselytentaufen), d.h. der Aufnahme von Nicht-Juden, z.B. Griechen, in die jüdische Religion. Während jedoch der Aufnahmeritus des Judentums die Beschneidung ist, hat das Christentum die Taufe gewählt, und zwar schon sehr früh. Paulus, von dem die ältesten Schriften des Neuen Testamentes stammen, spricht an mehreren Stellen von der Taufe als selbstverständlichem Ritus.

Taufe: Aufnahmeritus

Die Taufe korrespondiert mit dem Glauben. Der Glaube ist Voraussetzung für die Taufe. "Wer glaubt und sich taufen läßt, wird gerettet werden." (Mk 18,16). Es wird das Bild des Siegels gebraucht:

Glaube: Voraussetzung für die Taufe

> Durch ihn (Jesus) habt auch ihr das Wort der Wahrheit gehört, das Evangelium von eurer Rettung; durch ihn habt ihr das Siegel (d.h. die Taufe) des verheissenen Heiligen Geistes empfangen, als ihr den Glauben annahmt. (Eph 1,13)

Die Taufe begabt den einzelnen mit der Fülle des Heils. Mit der Taufe tritt er in die durch Jesus herbeigeführte Heilszeit ein.

Taufe - Mitteilung des Heils

> Mit Christus wurdet ihr in der Taufe begraben, mit ihm auch auferweckt, durch den Glauben an die Kraft Gottes, der ihn von den Toten erweckt hat. Ihr wart tot infolge eurer Sünden ... Gott aber hat euch mit Christus zusammen lebendig gemacht und uns alle Sünden vergeben. (Kol 2,13)

Mitvollzug des Schicksals Jesu in der Taufe

In der Taufe erleidet der Täufling das Schicksal Jesu und erhält ein neues Leben.

> Wißt ihr denn nicht, daß wir alle, die wir auf Christus Jesus getauft wurden, auf seinen Tod getauft worden sind? Wir wurden mit ihm begraben durch die Taufe auf den Tod; und wie Christus durch die Herrlichkeit des Vaters von den Toten auferweckt wurde, so sollen auch wir als neue Menschen leben. (Röm 6,3-4)

Taufe - Eingliederung in den Leib der Kirche

Durch die Taufe wird der einzelne Mitglied des Volkes Gottes:

> Durch den einen Geist werden wir in der Taufe alle in einen einzigen Leib aufgenommen, Juden und Griechen, Sklaven und Freie (1 Kor 12,13)

Die Eingliederung in die Kirche ist nicht ein zusätzlicher Teil der Taufe, vielmehr gehören die Zugehörigkeit zur Kirche und das Geschenk des Heils innerlich zusammen. Die Hinwendung zu Gott ist nach christlichem Verständnis Antwort auf den Ruf Gottes, der zugleich eine Berufung zur Mitgliedschaft im Volk Gottes ist.

Diese theologische Dimension der Taufe wird von vielen Eltern und auch von den meisten Gemeindemitgliedern nicht in ihrer vollen Bedeutung gesehen. Das Taufverständnis zeigt allerdings auch die Problempunkte im religiös-kirchlichen Raum. Auf zwei Probleme sei hier kurz hingewiesen:

1. Der Heilsweg der Nichtgetauften
2. Die Ablehnung der Kindertaufe

Das Heil der Nichtgetauften

Zu 1: Nach dem Verständnis der Bibel ist die Taufe notwendig, um gerettet zu werden. Zwar setzt die Taufe den Glauben voraus, denn der Glaube ist die Antwort des Menschen auf das Angebot Gottes. Aber die Taufe ist die endgültige Zusage des Heils, das Hineingenommenwerden in das Heilswerk Christi.

Taufe kein Problem in einer christlichen Gesellschaft

Solange die Zugehörigkeit zur Kirche selbstverständlich war, die Gesellschaft sich als christliche verstand, war die Taufe kein Problem. Auch die Kirchenspaltungen haben die Bedeutung dieses Sakraments nie in Frage gestellt.

Als das Christentum auf andere Religionen stieß, entdeckte man, daß es neben der christlichen Welt noch andere Welten gibt. Es stellte sich die Frage, wie diese Menschen ihr Heil finden. In der frühen Missionspraxis des 16. Jahrhunderts versuchten die Missionare so viele Menschen wie möglich zu taufen. Man dachte, alle anderen seien verloren, konkret der Hölle überantwortet. Diese Auffassung wurde aufgegeben. Die Christen gehen heute davon aus, daß alle Menschen das Heilsangebot Gottes erfahren und darauf eingehen können.

Taufe durch Kirchenspaltungen nicht betroffen

Damit ist die Taufe nicht allein entscheidend für das Heil. Das hat Rückwirkungen auf die kirchliche Praxis, es ist ein Faktor, der auch zum Rückgang der Kindertaufe führte.

Zugehörigkeit zur Kirche nicht Voraussetzung für das Heil

Zu 2: Wenn die Taufe nicht mehr absolut notwendig für das Heil des Menschen ist und sich die Identität von Gesellschaft und Kirche auflöst, wird die Kindertaufe zum Problem. Hinzu kommt, daß viele Eltern ihre Bindung an die Kirche gelöst haben. Sie wollen für ihre Kinder nicht bestimmen, sondern es den Kindern überlassen, ob sie Mitglied der Kirche werden wollen. Auch Theologen sehen darin ein Problem. "Wenn die Taufe den Glauben voraussetzt, dann kann sie nur gespendet werden, wenn der Mensch in einem entscheidungsfähigen Alter ist", wird argumentiert.

Zugehörigkeit zur Gesellschaft nicht mehr identisch mit Zugehörigkeit zur Kirche

Der kirchliche Standpunkt, der u.a. durch die Synode der Bistümer in der Bundesrepublik formuliert wurde (1974), nennt folgende Gründe für die sehr alte Praxis der Kindertaufe.

Gründe für die Kindertaufe

- Ein Kind kann nicht neutral erzogen werden.
- Durch die Eltern lernt es die Welt kennen, es sieht die Welt in der Sicht der Eltern. Wie die Eltern in vielen Bereichen Vorentscheidungen für das Kind treffen, tun sie es auch im Religiösen.
- Der Glaube der Eltern steht bei der Taufe stellvertretend für den des Kindes.
- Die Taufe ist ein Geschenk, das dem Kind nicht vorenthalten werden sollte.

Intensivierung der Taufvorbereitung

Die Entwicklungen haben dazu geführt, daß die Kirche sich stärker um die Taufe bemüht. Die Seelsorger führen mit den Eltern intensive Vorgespräche. Die Taufe wird aufgeschoben, wenn die Eltern eine christliche Erziehung nicht für möglich halten. Schließlich gibt es in zunehmendem Maß Taufen von Jugendlichen und Erwachsenen.

Taufritus - Aufnahme des Kindes in die menschliche Gemeinschaft der Kirche

Der Taufritus ist, im Blick auf das Kind, eine Handlung, die das Kind ausdrücklich als Mitglied der menschlichen Gemeinschaft aufnimmt. Es gibt keinen vergleichbaren Ritus der Gesellschaft. In der kirchlichen Praxis wird diese Komponente der Taufe wieder stärker betont. Die Taufe findet nicht mehr im Krankenhaus statt, sondern in einer Feier in der Kirche oder, wenn möglich, im Gottesdienst der Osternacht. Die Gemeinde wird aufgefordert, eine Mitverantwortung für die getauften Kinder zu übernehmen.

7.1.2. Tauffeier

Die Spendung eines Sakramentes hat immer auch das Element des Wortes, das die Bedeutung des Sakramentes aufzeigt und die Bereitschaft zum Empfang des Sakramentes vertieft. Wie die Messe hat auch die Tauffeier zwei Hauptteile: Es gibt einen Wortteil, der dem Wortgottesdienst der Messe entspricht, sowie die Spendung des Sakramentes selbst, die der Eucharistiefeier der Messe entspricht. Die Tauffeier ist folgendermaßen aufgebaut:

Begrüßung
Die Eltern nennen den Namen des Kindes
Lesung eines Bibeltextes
Ansprache
Fürbitten

Spendung der Taufe

- Absage an das Böse und Bekenntnis des Glaubens
- Taufe
  Der Zelebrant gießt Wasser über den Kopf des Täuflings mit den Worten:
  Ich taufe dich im Namen des Vaters und des Sohnes und des Heiligen Geistes
- Salbung mit Chrisam, ein geweihtes Öl als Zeichen der Geistbegabung
- Überreichung des weißen Kleides
- Übergabe der brennenden Kerze

Ursprung des Glaubensbekenntnisses in der Taufliturgie

Die Absage an das Böse kommt aus der urchristlichen Erwachsenentaufe, sie soll den neuen Anfang, den die Taufe bedeutet, deutlich machen. Hinzu kommt das Bekenntnis des Glaubens. Die christlichen Glaubensbekenntnisse haben in der Taufliturgie ihren Ursprung.

Die Taufe wird in den östlichen Kirchen durch Untertauchen gespendet. Im Westen ist das Übergießen mit Wasser üblich.

Salbung - Begabung mit dem Geist

Die Salbung mit Chrisam drückt die Begabung mit dem Geist aus, und daß der Getaufte zu dem priesterlichen Gottesvolk gehört.

Weißes Kleid

Das weiße Kleid ist Symbol der Reinheit, der Befreiung von der Sünde. In der frühen Kirche trugen die in der Osternacht Getauften ein weißes Kleid, das sie am "Weißen Sonntag" wieder ablegten.

Lichtsymbol für Christus

Die Kerze symbolisiert das neue Licht, das Christus gebracht hat und das in dem Täufling jetzt leuchtet.

Die Eltern stehen im Zentrum des neuen Taufritus

Der oder die Taufpaten spielen im Bewußtsein der Familien eine große Rolle. Meist hat ein Kind zwei Paten, die für das Kind eine Verantwortung übernehmen. Früher waren die Paten sogar zu Geschenken verpflichtet (s.o. 3.2., S. 76).

Im frühen Taufritus hatten die Paten eine zentrale Rolle, sie hielten das Kind auf dem Arm und sprachen stellvertretend das Glaubensbekenntnis. Im neuen Taufritus stehen die Eltern im Mittelpunkt. Der Pate hatte in der Urkirche eine Art Bürgenfunktion, der den Taufbewerber einführte. Daneben gab es den Taufgehilfen, meist einen Diakon oder eine Diakonisse. Im Mittelalter bildete sich die heutige Form des Paten heraus. Im Wort "Paten" drückt sich eine geistige Vaterschaft aus.

Wenn die Eltern des Kindes sterben, gehen ihre Pflichten auf den Paten über.

In der Erwachsenentaufe hat der Pate eher wieder eine Bürgenfunktion, er bezeugt vor der Gemeinde, daß der Täufling an Christus glaubt und seine Bitte um die Taufe ernst gemeint ist.

Die Erwachsenentaufe soll möglichst in der Osternacht stattfinden, der Getaufte empfängt das eucharistische Brot und wird auch gefirmt.

7.1.3. Ideen für Beiträge und Sendungen

Bedeutung der Taufe, Sinn der Riten

Die Taufe ist ein "unbekanntes" Sakrament, ihre Bedeutung und der Sinn der Riten ist zu wenig bekannt. Ein erklärender Beitrag kann dieses Informationsdefizit abbauen.

Das Kind wird aufgenommen

Die Taufe stellt das Kind in den Mittelpunkt. Es wird von der kirchlichen Gemeinde aufgenommen. Dieser Aspekt muß entfaltet werden. Konkrete Mitverantwortung der Gemeinden durch Hilfen für die Eltern, Nachbarschaftshilfe, Krabbelstuben.

Die Problematik der Kindertaufe

Die Diskussion um die Kindertaufe fordert zu einer Auseinandersetzung mit der Kirche und der religiösen Erziehung heraus, gleich, ob die Eltern sich für oder gegen die Taufe entscheiden, es ist eine Entscheidung.

Die Taufe in der Geschichte

In der Urkirche stand die Taufe mehr im Bewußtsein der Christen. Es gibt eine reiche theologische Literatur und eine interessante liturgische Entwicklung. Im 20. Jahrhundert gibt es eine intensive Beschäftigung mit dem Sakrament. Der Getaufte wird nicht nur als Empfänger eines Sakramentes gesehen, er wird zum Jünger Jesu und Mitglied der Kirche.

Religiöse Erziehung

Mit der Kindertaufe ist die Aufgabe der religiösen Erziehung verbunden. Wie kann man das heute machen?

Erwachsenentaufe

Wege von Menschen, die zum Glauben gefunden haben.

Die Paten

Erfahrungen von Paten, von Kindern mit ihren Paten. Modelle für Patenschaften.

7.2. Erstkommunion (s. auch 6.2.)

Einführung in die Gottesdienstgemeinschaft

Für das Kind ist die Erstkommunion der nächste wichtige Schritt des Hineinwachsens in die Kirche. Ein Kind kann zur Kommunion geführt werden, wenn es das eucharistische Brot unterscheiden kann. Das ist bereits im Kindergartenalter möglich. Die Eltern können das Kind auf die Kommunion vorbereiten. Das tun jedoch nur wenige Eltern.

Verschiedene Praxen der Erstkommunion

Die Vorbereitung auf die Kommunion wird meist in Gruppen von der Gemeinde geleistet (s.o. 6.2., S. 341). Die Kinder sind in der Regel im Grundschulalter. Die erste heilige Kommunion empfing ein Kind früher in einem feierlichen Gottesdienst am Weißen Sonntag. Heute sind Kinder schon vorher mit ihren Eltern oder in einer Messe in der Vorbereitungsgruppe zur Kommunion gegangen.

Feierlicher Gottesdienst wird beibehalten

Auf die Feier der Erstkommunion am Weißen Sonntag oder einem anderen Sonntag oder Feiertag der Osterzeit wird jedoch nicht verzichtet.

Kinder verselbständigen sich im Gottesdienst

Mit der ersten heiligen Kommunion sind die Kinder Vollmitglieder der Gottesdienstversammlung, sie lösen sich meist von den Eltern und sitzen bei ihren Altersgenossen. Die Kinder entscheiden auch selbst, ob sie in einem Gottesdienst das eucharistische Brot empfangen oder nicht.

Eintritt in die Meßdienergruppe

Nach der Erstkommunion werden Kinder in Deutschland, in den letzten Jahren erstmals auch Mädchen, als Meßdiener, Ministranten zum Altardienst herangezogen.

Weitere Informationen zur Erstkommunion
s.o. Feste der Gemeinde 6.2., S. 341 und
Gründonnerstag 3.6.4.3., S. 120 ff

7.3. Firmung

7.3.1. Die religiöse und soziale Dimension der Firmung

Die Firmung ist praktisch das Sakrament des Erwachsenwerdens in der Kirche. Sie entspricht in etwa der Konfirmation der evangelischen Kirche. Diese soziale Dimension des Sakraments wird durch theologische Aspekte ergänzt. Das ist auch ein Grund dafür, daß die Firmpraxis im Unterschied zur Taufpraxis größeren Veränderungen unterworfen gewesen ist.

Erwachsenwerden in der Kirche

Die Firmung vollendet die Taufe. Das ist bereits Praxis der Gemeinden, wie sie sich im Neuen Testament niederschlägt.

Taufe und Firmung gehören zusammen

Wird ein Erwachsener getauft, empfängt er auch im gleichen Gottesdienst die Firmung. In den Ostkirchen werden die Kinder unmittelbar nach der Taufe gefirmt. In der katholischen Kirche wird die Firmung den Jugendlichen gespendet. Für Deutschland ist ein Alter ab 12 Jahren vorgesehen. In vielen Gemeinden sind die Firmlinge auch älter.

Die Firmung hat eine besondere Beziehung zum Heiligen Geist, auch wenn nach dem Glauben der Kirche der Geist in allen Sakramenten wirksam ist, durch die Sakramente geschenkt wird.

Wie die Jünger Jesu am Pfingsttag den Geist empfangen haben (s.o. 3.8.4., S. 168), so empfangen ihn alle Christen. Im Geist zu leben, ist die neue Lebensweise des Christen, deshalb spricht man von einem religiösen Leben als einem geistlichen Leben.

Firmung und Pfingsten

Dem Wirken des Geistes werden sieben Gaben zugesprochen, die sich im Wesen des einzelnen zeigen und ausprägen sollen:

Ein vom Geist geprägtes Leben

Weisheit,
Einsicht,
Rat,
Stärke,
Wissenschaft,
Frömmigkeit,
Gottesfurcht.

7 Gaben des Geistes

Diese Vorstellung geht auf das Alte Testament zurück. Beim Propheten Jesaia heißt es vom kommenden Messias:

> Ein Reis wird aus dem Stumpf Isais sprossen, ein Schößling aus seinen Wurzeln Frucht bringen. Auf ihm ruht der Geist des Herrn: der Geist der Weisheit und der Einsicht, der Geist des Rates und der Stärke, der Geist der Erkenntnis und der Gottesfurcht.
> (Jes 11,1-2)

Der Geist, Quelle und Beweger des religiösen Lebens

Das Neue Testament führt die Hinwendung zum Glauben, die Ausbreitung des Evangeliums, den Aufbau der Kirche auf das Wirken des Geistes zurück. Der Geist ist auch Quelle des religiösen Lebens im einzelnen.

> Denn alle, die sich vom Geist Gottes leiten lassen, sind Söhne Gottes. Denn ihr habt nicht einen Geist empfangen, der euch zu Sklaven macht, sondern ihr habt den Geist empfangen, der euch zu Söhnen macht, den Geist, in dem wir rufen: Abba, Vater. So bezeugt der Geist selber unseren Geist, daß wir Kinder Gottes sind. (Röm 8,14-16)

Der Geist weckt Begabungen für den Aufbau der Kirche

Der Geist als Lebensprinzip der Kirche erweckt in den Gemeinden verschiedene Begabungen.

> Dem einen wird vom Geist die Gabe geschenkt, Weisheit mitzuteilen, dem anderen durch den gleichen Geist die Gabe, Erkenntnis zu vermitteln, dem dritten im gleichen Geist Glaubenskraft, einem anderen - immer in dem gleichen Geist - die Gabe Krankheiten zu heilen, einem anderen Wunderkräfte, einem anderen prophetisches Reden, einem anderen verschiedene Arten von Zungenreden, einem anderen schließlich die Gabe, sie zu deuten. (1 Kor 12,8-10)

Heute andere Namen für die Begabung

In ähnlicher Weise wie Paulus sieht man auch heute die Mitarbeit von Christen als Gruppenleiter, in der Nachbarschaftshilfe, als Leiter von Erstkommunion- oder Firmgruppen, in der Gestaltung von Gottesdiensten als geistgewirkte Begabungen, als Charismen.

Verantwortung für die Gemeinde und die Verbreitung des Evangeliums

In der Firmung wird also einmal der Glaube gestärkt, zum anderen wird eine Berufung zur Mitarbeit in der Gemeinde und bei der Ausbreitung des Evangeliums ausgesprochen, ähnlich wie die Jünger Jesu im Anschluß an das Pfingstfest die Verantwortung für die Kirche übernommen haben.

Die Firmvorbereitung zielt daher nicht nur auf den Empfang des Sakramentes, sondern auch auf die Übernahme einer Verantwortung.

Durch die Reformen nach dem letzten Konzil hat die Firmung in der Praxis der Gemeinden an Bedeutung gewonnen. Sie wird jetzt in dem Alter gespendet, in dem das Kindesalter abgeschlossen ist und das Jugendalter beginnt, der einzelne sich vom Elternhaus löst, Selbständigkeit gewinnt und daher auch Verantwortung übernehmen kann und seinen Glauben jetzt selbständig lebt.

Neubelebung der Firmpraxis

Firmalter - Loslösung vom Elternhaus

Wie bei der Taufe kennt auch dieses Sakrament einen Paten. Der Pate soll eigentlich in der Firmvorbereitung mitwirken. Er stellt dem Bischof oder Priester den Firmling vor. Wie bei der Erstkommunion ist die Firmung auch eine Einführung in die Gemeinde. Ein übergemeindlicher Aspekt kommt hinzu, da in den meisten Fällen, entsprechend der Tradition der Westkirche, ein Bischof die Firmung spendet. Auch wenn ein Priester die Firmung spendet, ist es in der Regel nicht der Seelsorger der Gemeinde, sondern ein enger Mitarbeiter des Bischofs. So wird auf jeden Fall ein Bezug zur Diözese, ja sogar zur Weltkirche erfahrbar.

Der Firmpate

Bezug zur Diözese

7.3.2. Die Feier der Firmung

Das Sakrament der Firmung wird in der Eucharistiefeier gespendet. Nach dem Glaubensbekenntnis, wie bei der Taufe, werden die Firmlinge von den Paten einzeln zum Bischof geführt. Der Bischof zeichnet mit Chrisam ein Kreuz auf die Stirn des Firmlings und spricht:

> Sei besiegelt durch die Gabe Gottes, den Heiligen Geist.

Ein besonderer Ritus bei der Firmung ist der sogenannte Bakkenstreich, der sich wahrscheinlich aus der mittelalterlichen Ritterweihe herleitet. Der Knappe wurde an der Backe mit dem Schwert berührt als Zeichen der Mannbarkeit und Entlassung in die Selbständigkeit. Heute verzichtet man meist auf diese Geste des Erwachsenwerdens und sieht in einer Berührung des Firmlings einen Ausdruck der Zuwendung und der Freundschaft.

7.3.3. Ideen für Beiträge und Sendungen

- Junge Menschen und die Kirche
- Das Hineinwachsen in eine Gemeinde, Verantwortung übernehmen
- Die Übernahme des Glaubens in eigener Verantwortung

s. auch Pfingsten 3.8.6., S. 172 ff

7.4. Versöhnung

7.4.1. Die religiöse und soziale Dimension des Bußsakraments

Erfahrung des Versagens

Mit der Taufe werden dem Getauften alle Sünden vergeben. Er erhält die Gnade, ein neues Leben zu beginnen und auch durchzuhalten. Die Erfahrung zeigt jedoch, daß auch Getaufte sich wieder schuldig machen und der Versöhnung mit Gott und den Menschen bedürfen. Das Christentum stellt die Versöhnung in den Mittelpunkt seiner Aussage über das Heil des Menschen.

Versöhnung - zentraler Begriff für Heil

Gott hat die Menschen durch seinen Sohn mit sich versöhnt und damit auch Versöhnung zwischen den Menschen gestiftet. Der Friedensgruß in jedem Gottesdienst erinnert daran.

Jesus vergab Sünden und provozierte dadurch die jüdischen Religionsvertreter

Die Vollmacht, im Namen Gottes Sünden vergeben zu können, leitet die Kirche von Jesus her. Jesus hatte bei den jüdischen Religionsvertretern Anstoß erregt, als er einem kranken Menschen sagte: "Mein Sohn, deine Sünden sind dir vergeben." Erst dann heilte er ihn (Mk 2,1-12).

Andere Bußpraxis in der alten Kirche

Die Praxis der Sündenvergebung wurde in der Kirche unterschiedliche ausgestaltet (s.o. 3.5.4. Fastenzeit, S. 96). In der alten Kirche empfing man das Bußsakrament nur einmal im Leben. Die Vorbereitung auf den Empfang am Gründonnerstag war während der ganzen Fastenzeit. Die Büßer trugen ein Bußkleid und waren vom eucharistischen Gottesdienst ausgeschlossen. Diese strenge Bußpraxis, die als Vorbereitung auf das Bußsakrament durchlaufen werden mußte, kam vor Ende des ersten Jahrtausends zum Erliegen. Sie lebt allerdings noch in der Form weiter, insofern der Empfang des Bußsakraments mit der Fastenzeit verbunden ist.

Einführung der Beichte als Form des Bußsakraments

Eine neue Form des Bußsakraments, die Beichte, wurde durch irische und schottische Mönche seit dem 8. Jahrhundert eingeführt (s.o. Fastenzeit 3.5.2., S. 96). Der Priester nimmt das Sündenbekenntnis entgegen und spricht den Bekennenden von der Sünde los. Diese Form ist als Beichte bekannt, weil von seiten des Empfangenden das Bekenntnis seiner Schuld, nicht die

Zugehörigkeit zum Büßerstand im Vordergrund steht. Das Bußsakrament in Form der Beichte kann öfter empfangen werden. In der Seelsorgepraxis drängte man auf den monatlichen Empfang.

Beichte als Leistung und Belastung

Viele Katholiken erlebten die Beichte als schwer zu erfüllende Auflage, als eine Leistung, die ihnen abverlangt wird. Die häufige Beichte selbst wurde und wird von vielen nicht als Befreiung von der Schuld, sondern als Aufrechterhaltung eines Sündenbewußtseins erfahren. Negative Erfahrungen mit Beichtvätern verstärkten die Aversion gegen die Beichte. Verbunden war die Beichtpraxis mit der eher gedrückten, die Sündhaftigkeit des Menschen betonende Emotionalität der letzten hundert Jahre. Der Katholik sah das Bußsakrament im Zusammenhang mit dem Karfreitag, nicht aber als Frucht der Auferstehung, wie es das Johannesevangelium darstellt:

Das Bußsakrament leitet sich von Ostern her

> Am Abend dieses ersten Tages der Woche (des Ostertages) ... kam Jesus in ihre Mitte und sagte zu ihnen: Friede sei mit euch! ... Wie mich der Vater gesandt hat, so sende ich euch. Nachdem er das gesagt hatte, hauchte er sie an und sprach: Empfanget den Heiligen Geist! Wem ihr die Sünden vergebt, dem sind sie vergeben; wem ihr Vergebung verweigert, dem ist sie verweigert.
> (Joh 20,19-23)

Krise der Beichtpraxis

Nachdem die Beichtpraxis in den sechziger und siebziger Jahren fast zum Erliegen gekommen war, gibt es neue Ansätze und auch neue Formen für die Spendung des Bußsakraments.

Auseinandersetzung mit der Schuld als religiöse Erfahrung

Auf jeden Fall gehört die Auseinandersetzung mit der eigenen Schuld zu den entscheidenden religiösen Erfahrungen.

Begegnung mit dem verzeihenden Gott

Die Konfrontation mit der eigenen Schuld wird im Bußsakrament zur Begegnung mit dem verzeihenden Gott. Der Priester spricht, nachdem der Beichtende seine Sünden bekannt hat, folgende Worte:

> Gott, der barmherzige Vater, hat durch den Tod und die Auferstehung seines Sohnes die Welt mit sich versöhnt und den Heiligen Geist gesandt zur Vergebung der Sünden. Durch den Dienst der Kirche schenke er dir Verzeihung und Frieden. So spreche ich dich los von deinen Sünden im Namen des Vaters und des Sohnes und des Heiligen Geistes.

So ist die Beichte für viele Katholiken nicht nur mit einem Gefühl der Beklemmung, sondern auch mit dem Gefühl der Befreiung verbunden, tatsächlich Vergebung erhalten zu haben.

Individuelle Vorbereitung

Dem Empfang des Sakramentes geht eine Vorbereitung voraus. Die traditionelle Form ist, daß der einzelne, anhand eines Beichtspiegels, sein Leben reflektiert und Verfehlungen und Sünden zu erkennen sucht, betet und dann im Beichtstuhl oder einem Beichtzimmer dem Priester seine Schuld bekennt und die Lossprechung erhält.

Vorbereitung in Gruppen

Die Vorbereitung kann bei kleineren Gruppen auch gemeinsam erfolgen, es werden Schrifttexte gelesen und das eigene Leben damit konfrontiert. Im Anschluß daran legt jeder einzelne sein Bekenntnis ab - im Beichtstuhl oder Beichtzimmer - und erhält die Lossprechung.

Bußgottesdienste - Konfrontation mit dem Versagen einer Gruppe, Gemeinde

Ein gemeinsames Sündenbekenntnis, das den sozialen Bezug der Schuld in der Gemeinde artikuliert, wird in Bußandachten oder Bußgottesdiensten abgelegt. Nach einer Schriftlesung und Predigt erfolgt das gemeinsame Schuldbekenntnis und die Bitte des Vater Unser.

> Vergib uns unsere Schuld
> wie auch wir vergeben
> unseren Schuldigern.

Bußgottesdienste werden vor allem im Advent und in der Fastenzeit gefeiert. Neben dem Advent und der Fastenzeit sind für die Katholiken die Tage vor Allerheiligen eine traditionelle Beichtzeit. Die monatliche Beichte steht im Zusammenhang mit dem Herz- Jesu-Freitag (s.o. 3.11.5., S. 191).

7.4.2. Ideen für Beiträge und Sendungen

Versöhnung statt Vernichtung

Schuld ist das Thema vieler Berichte wie auch von Fiction-Sendungen. In der Berichterstattung über Konflikte wird auf schuldhaftes Verhalten erkannt, im Kriminalfilm geht es um das Aufspüren und Unschädlichmachen des Schuldigen.

Das Thema "Versöhnung" findet dagegen weniger Raum. Der Verbrecher kann meist nicht mit Versöhnung rechnen. Er bedroht das friedliche Leben einer Stadt, einer Familie, er ist Ausdruck lebensbedrohender Mächte, die Gesellschaft muß sich seiner entledigen. Unschädlich-Machen, Vernichtung sind die Reaktionen auf das Böse. Der christliche Umgang mit der Schuld zielt auf Versöhnung. Entscheidend sind zwei Elemente:

- Die Anerkennung des eigenen Versagens
- Die Bitte um Vergebung und die Zusage, daß Gott sich tatsächlich mit den Menschen versöhnt.

Die Idee der Bußgottesdienste

Diese Elemente finden sich sowohl in der persönlichen Beichte wie auch im Bußgottesdienst. Wegen der Betonung der sozialen Dimension der Schuld, weil er auf das Schuldigwerden von Gruppen und Gemeinden abzielt, eignet sich der Bußgottesdienst eher als die Beichte für einen Bericht, eine filmische Darstellung.

Das Thema Buße im Leben großer Persönlichkeiten

Das Thema Umkehr, Buße gehört zur Biografie vieler christlicher Heiliger und Persönlichkeiten.

Bußpraxis der Kirche

Die Darstellung der kirchlichen Bußpraxis ist sicher eine schwierige journalistische Aufgabe, denn Inhalte und Perspektiven sind schwer zu vermitteln. Die neuen Initiativen der Seelsorgepraxis sind noch zu wenig bekannt. Eine sympathische, verständnisvolle Darstellung dieser Initiativen in den Medien wäre, schon allein als Gegengewicht gegen die klischeehafte Darstellung der Verbrechensbekämpfung in den Kriminalfilmen und den Polizeiberichten, heute gerechtfertigt.

7.5. Eheschließung

7.5.1. Die religiöse und soziale Dimension der Ehe

Die Heirat wird in den Religionen allgemein durch Symbolhandlungen begleitet. Da viele Relgionen Fruchtbarkeitskulte haben, ist die Verbindung zwischen Mann und Frau selbst religiös, ein Abbild der Verbindung zwischen Himmel und Erde, der Gottheit und der Erde. Das Geheimnisvolle des Lebens fasziniert. An Kultstätten, z.B. im Mittelmeerraum, war religiöse Prostitution ein Ausdruck dieser Religiosität. Die jüdische Religion ist in den Baals-Kulten auf eine solche Religiosität gestoßen und dadurch auch in Frage gestellt worden.

Nicht Fruchtbarkeit, sondern Bundestreue als grundlegende religiöse Kategorie des Judentums

Die Juden haben jedoch das Verhältnis Gottes zu den Menschen nicht unter dem Bild der Sexualität gesehen, sondern unter dem Bild des Bundes. Der Prophet Hosea nimmt die Ehe zwar als Vergleich, zielt aber auf das Element der Treue. Daß die Israeliten sich anderen Kulten zugewandt und von ihrem Gott abgewandt haben, wird als Ehebruch dargestellt (Hos 2,4-17; 4,11-19). Der Vorwurf der Propheten an ihr Volk ist, daß es den Bund gebrochen hat und daher die Verschleppung nach Babylon auf sich nehmen muß.

Jesus vertieft den Gedanken der Treue

Der Bundesgedanke, dem der Begriff der Treue korrespondiert, wurde im Alten Testament noch nicht auf die Unauflöslichkeit der Ehe angewandt. Der Mann konnte seine Frau aus der Ehe entlassen und eine andere Frau heiraten. Jesus hat sich gegen die jüdische Scheidungspraxis gestellt.

> Da kamen Pharisäer zu ihm und fragten:
> Darf ein Mann seine Frau aus der Ehe entlassen? Damit wollten sie ihm eine Falle stellen. Er antwortete ihnen: Was hat euch Mose vorgeschrieben? Sie sagten: Mose hat erlaubt, eine Scheidungsurkunde auszustellen und (die Frau) aus der Ehe zu entlassen. Jesus entgegnete ihnen: Nur weil ihr so hartherzig seid, hat er euch dieses Gebot gegeben. Am Anfang der Schöpfung aber hat Gott sie als Mann und Frau geschaffen. Darum wird der Mann Vater und Mutter verlassen, und die zwei werden ein Fleisch sein. Sie sind also nicht mehr zwei, sondern eins. Was aber Gott verbunden hat, das darf der Mensch nicht trennen.

Zu Hause befragten ihn die Jünger noch einmal darüber. Er antwortete ihnen: Wer seine Frau aus der Ehe entläßt und eine andere heiratet, begeht ihr gegenüber Ehebruch. Auch eine Frau begeht Ehebruch, wenn sie ihren Mann aus der Ehe enläßt und einen anderen heiratet.
(Mk 10,2-12)

Die Christen haben dieses Wort als Maßstab für die Ehemoral und die kirchliche Ehegesetzgebung übernommen.

Gott will die Dauerhaftigkeit der ehelichen Bindung

Jesus führt die Bindung zwischen den Ehepartnern auf den Willen Gottes zurück, der diese Bindung als dauerhafte will und selbst auch durch seine Treue garantiert.

Ehe als Abbild des Verhältnisses Christus - Kirche

Im Epheserbrief findet sich eine weitere theologische Perspektive, die die Ehe mit dem Verhältnis Christi zur Kirche vergleicht.

Über die christliche Familienordnung

Einer ordne sich dem andern unter in der gemeinsamen Ehrfurcht vor Christus. Ihr Frauen, ordnet euch euren Männern unter wie dem Herrn (Christus); denn der Mann ist das Haupt der Frau, wie auch Christus das Haupt der Kirche ist; er hat sie gerettet, denn sie ist sein Leib. Wie aber die Kirche sich Christus unterordnet, sollen sich die Frauen in allem den Männern unterordnen. Ihr Männer, liebt eure Frauen, wie Christus die Kirche geliebt und sich für sie hingegeben hat, um sie im Wasser und durch das Wort rein und heilig zu machen. So will er die Kirche herrlich vor sich erscheinen lassen, ohne Flecken, Falten oder andere Fehler; heilig soll sie sein und makellos. Darum sind die Männer verpflichtet, ihre Frauen so zu lieben wie ihren eigenen Leib. Wer seine Frau liebt, liebt sich selbst. Keiner hat je seinen eigenen Leib gehaßt, sondern er nährt und pflegt ihn, wie auch Christus die Kirche. Denn wir sind Glieder seines Leibes. Darum wird der Mann Vater und Mutter verlassen und sich an seine Frau binden, und die zwei werden ein Fleisch sein. Dies ist ein tiefes Geheimnis; ich beziehe es auf Christus und die Kirche. Was euch angeht, so liebe jeder von euch seine Frau wie sich selbst, die Frau aber ehre den Mann.
(Eph 5,21-33)

Die Ehe hat Anteil an dem neuen Bund Gottes und der Menschheit. Die Eheleute finden in der Ehe ihr Heil und sind zugleich Zeichen für den Bund Gottes mit den Menschen. Dieser Bund trägt auch die Ehe. Dadurch wird den Kindern ein Zugang zu Gott erschlossen.

Die Eltern vermitteln die Erfahrung von der Treue Gottes

Diese erfahren in der Liebe und Treue der Eltern auch etwas von der Liebe und Treue Gottes.

Diese weit ausgreifende Ehetheologie des Christentums kollidiert sicher mit der Realität vieler Ehen. Sie beinhaltet jedoch die Perspektive, daß Krisen des Zusammenlebens überwunden werden können, daß man am anderen nicht verzweifeln muß, daß Versöhnung und ein neuer Anfang möglich sind.

Öffentliche Dimension der Eheschließung

Diese personale Sicht der Ehe ist jedoch nur die eine Seite des Sakraments, das wie alle anderen Sakramente einen öffentlichen Charakter hat und in der abendländischen Geschichte die Institution Ehe gesichert hat. Über Jahrhunderte hinweg war die kirchliche Eheschließung auch die öffentliche Proklamation der Ehe und damit staatliche Anerkennung der Beziehung zweier Menschen als Ehe.

Scheidungsverbot - Schutz für die Frau

Das Verbot der Scheidung war eine besondere Stütze für eine dauerhafte eheliche Bindung und bis in die Zeit nach dem Krieg ein besonderer Schutz für die Frau, die in unserer Gesellschaftsordnung bis in die letzten Jahre wirtschaftlich, aber auch gesellschaftlich von ihrer Rolle in der Familie abhängig war. Erst die volle Integration der Frau in das Ausbildungssystem und das Berufsleben hat die Verhältnisse grundlegend verändert.

Die Kirche hat sich nicht auf die neue Situation der Ehe eingestellt - Rückgang der kirchlichen Eheschließungen

Ehekrisen - kein Thema in der Kirche

Auf diesen Wandel war die Kirche nicht vorbereitet. Eine christliche "Theorie" der Ehe, die den neuen Bedingungen gerecht wird, ist erst in Ansätzen formuliert. Die geringe Überzeugungskraft kirchlicher Ehevorstellungen schlägt sich in dem starken Rückgang kirchlicher Eheschließungen nieder. Die kirchliche Ehetheorie hat im übrigen dazu geführt, daß in der kirchlichen Publizistik Krisen oder das Zerbrechen von Ehen kein Thema war, während Literatur, Film, Fernsehen und Presse alle Aspekte des Problems zur Darstellung bringen.

Voraussetzung für die Ehe: Freiheit der Entscheidung

Ein wichtiger Aspekt der christlichen Vorstellung von der Ehe wird oft übersehen - auch in der seelsorglichen Praxis selbst. Voraussetzung für das Sakrament ist die freie Entscheidung.

Die Treue, die eine lebenslange Bindung tragen soll, ist nur auf der Basis einer freien Entscheidung möglich, die die dafür notwendige seelische Reife voraussetzt und die durch äußeren Druck und psychischen Zwang unmöglich gemacht wird. Eine Ehe kommt auch dann nicht zustande, wenn ein oder beide Partner die Bindung als zeitlich begrenzt sehen oder wenn sie Kinder ausschließen.

Voraussetzungen der kirchlichen Ehegesetzgebung

Die gegenseitige Annahme des anderen zum Ehegatten ist das Zentrum des Sakramentes. Nach der theologischen Lehre ist es nicht der Priester, sondern sind es die Eheleute, die sich das Sakrament durch das Ja-Wort spenden. Der Priester "assistiert" ihnen nur, wie es im kirchlichen Sprachgebrauch heißt.

Die Eheleute, nicht der Priester spenden das Sakrament

Die Skepsis gegenüber einer lebenslangen Bindung prägt stärker als die personalen oder religiösen Perspektiven die Einstellung gegenüber der Ehe.

Skepsis gegenüber lebenslanger Bindung

Heute dürfte es so sein, daß junge Paare, die sich für eine kirchliche Eheschließung entscheiden, eine bewußt christliche Motivation für die Gestaltung ihrer Ehe suchen.

Entschiedene christliche Motivation junger Ehepaare

Soziologisch gesehen sind die Ehepaare, die ihre Ehe christlich gestalten, die Basis für das Leben einer Gemeinde. Das hängt nicht zuletzt damit zusammen, daß sich Veranstaltungen und Feste auf die Lebensabschnitte eines Menschen beziehen und daher stärker als andere Institutionen den einzelnen in seinen familiären Bindungen ansprechen.

Familie - Basis christlicher Gemeinden

Bei der Eheschließung von Partnern, die nicht der gleichen Konfession angehörten, hat sich bis zum letzten Konzil die Kirchenspaltung voll ausgewirkt. Es war jeweils ein Streitpunkt, in welcher Kirche geheiratet wurde, in welcher Konfession die Kinder erzogen wurden. Viele Ehen sind dadurch erheblich belastet worden. Wegen der religiösen Kindererziehung hat die konfessionelle Ausrichtung der Ehe eine eminente Bedeutung für die jeweilige Kirche. Seit 1968 gibt es ökumenische Trauungen, bei denen Geistliche beider Konfessionen assistieren.

Ehe zwischen Partnern verschiedener Konfessionen

Konsequenz ökumenischer Trauungen

Die Zusammenarbeit der Kirchen wird allerdings noch nicht der Tatsache gerecht, daß ein immer größer werdender Teil der Ehen zwischen konfessionsverschiedenen Partnern geschlossen wird und dadurch ganz neue Aufgaben für die Seelsorge entstehen.

Gottesdienstbesuch bei Ehejubiläen

Ehejubiläen, silberne und goldene Hochzeit, sind für christliche Eheleute ein Anlaß zum Gottesdienstbesuch. Dafür gibt es besondere Meßtexte. In der Seelsorgepraxis werden die Paare, die 20 oder 25 Jahre verheiratet sind, durch besondere Veranstaltungen angesprochen. Dieser Zeitabschnitt bringt meist tiefgreifende Veränderungen für die Eheleute, da die Kinder das Haus verlassen oder bereits verlassen haben.

7.5.2. Die Feier der Eheschließung

Die Trauung findet meist im Rahmen einer Messe nach dem Wortgottesdienst statt. Nach der Predigt wird die Trauung vollzogen. Danach werden Fürbitten gebetet und der eucharistische Gottesdienst gefeiert. Wird keine Messe gefeiert, geht der Trauung ein Wortgottesdienst mit Schriftlesung, Ansprache und Gebeten voraus.

> Die folgenden Fragen richtet der Priester zunächst an den Bräutigam; dann richtet er die gleichen Fragen an die Braut.
>
> P.: N., ich frage Sie: Sind Sie hierhergekommen, um nach reiflicher Überlegung aus freiem Entschluß mit ihrer Braut N./Ihrem Bräutigam N. den Bund der Ehe zu schließen?
> Antwort: Ja.
>
> P.: Wollen Sie Ihre Frau/Ihren Mann lieben und achten und ihr/ihm die Treue halten alle Tage Ihres Lebens, bis der Tod Sie scheidet?
> Antwort: Ja.
>
> P.: Sind Sie bereit, die Kinder, die Gott Ihnen schenken will, anzunehmen und sie im Geiste Christi und seiner Kirche zu erziehen?
> Antwort: Ja.

Dann richtet der Priester an beide gemeinsam die Frage:

P.: Sind Sie bereit, als christliche Eheleute Ihre Aufgabe in Ehe und Familie, in Kirche und Welt zu erfüllen?
Beide antworten: Ja.

Die Segnung der Ringe

Wenn die Ringe nicht bereits gesegnet sind, geschieht das jetzt. Sie werden auf einen Teller (Tablett) vor den Priester gebracht. Dieser spricht darüber ein Segensgebet.

P.: Da Sie also beide zu einer christlichen Ehe entschlossen sind, so schließen Sie jetzt vor Gott und der Kirche den Bund der Ehe, indem Sie das Vermählungswort sprechen. Dann stecken Sie einander den Ring der Treue an.

Der Vermählungsspruch kann entweder vom Priester vorgesprochen und von den Brautleuten wiederholt oder von diesen auswendig gesprochen oder abgelesen werden.

Der Bräutigam nimmt den Ring der Braut und spricht:

N., vor Gottes Angesicht nehme ich Dich an als meine Frau.

Er steckt ihr den Ring an und fährt fort:

Trag diesen Ring als Zeichen der Liebe und Treue. Im Namen des Vaters und des Sohnes und des Heiligen Geistes.

Danach nimmt die Braut den Ring des Bräutigams und spricht ebenso:

N., vor Gottes Angesicht nehme ich Dich an als meinen Mann.

Sie steckt ihm den Ring an und fährt fort:

Trag diesen Ring als Zeichen der Liebe und Treue. Im Namen des Vaters und des Sohnes und des Heiligen Geistes.

Der Priester umwindet die beiden ineinandergelegten Hände der Brautleute mit der Stola und spricht:

Euch aber, die ihr zugegen seid, nehme ich zu Zeugen dieses heiligen Bundes. Was Gott verbunden hat, darf der Mensch nicht trennen.

Dann spricht der Priester über beide den Brautsegen.

7.5.3. Ideen für Beiträge und Sendungen

Eine kirchliche Trauung bietet viele Motive für Foto und Film. Die Darstellung vermittelt meist eine Ahnung, eine Hoffnung von Glück. Wie bei anderen Sakramenten, Taufe, Erstkommunion, Firmung, ist die Vorbereitung jedoch von großer Wichtigkeit. Die Kirche verpflichtet, anders als der Staat, die Eheleute zu einer Vorbereitung, die als Ehevorbereitungskurse von Ehepaaren, Ärzten, Juristen und Seelsorgern durchgeführt werden. Die Themen und Erfahrungen dieser Kurse geben Material für Beiträge und Sendungen.

Weiter gibt es verschiedene kirchliche Initiativen, die Realisierung einer christlichen Ehe zu unterstützen.

- Familienkreise, in denen sich Eheleute treffen, um Fragen zu besprechen, das religiöse Leben zu intensivieren und um zu feiern.
- Eheseminare in der Erwachsenenbildung. Von besonderem Interesse dürfte die Methode "Marriage-Encounter" sein, die in den USA entwickelt wurde und auch in Europa übernommen wird.
- Eheberatungsstellen, in denen Eheleute bei ausgebildeten Fachleuten Rat und Therapie erhalten können.

Im Zusammenhang mit dem Ehesakrament können natürlich weitere Fragen aufgegriffen werden, die sich auf die Ehe beziehen.

- Stellenwert der kirchlichen Trauung in der Bevölkerung (Entfremdung und Engagement)
- Haltung der Kirchen gegenüber Gläubigen, deren Ehe gescheitert ist.
- Weitere Entwicklung der Ehetheorie durch das Lehramt.

7.6. Profeß, Gelübde, Jungfrauenweihe

7.6.1. Die religiöse und soziale Dimension des Ordenslebens

Das Leben in einer religiösen Ordensgemeinschaft, das ehelose Leben als Ausdruck einer besonderen Hingabe an Gott, wird in der Tradition der Christenheit nicht als Junggesellen-Stand, sondern als eigener Stand, der Ehe vergleichbar, gesehen. Das gilt auch für die Diakonissen und andere Ordensgemeinschaften der evangelischen Kirchen. Wie das Eheversprechen beinhalten auch die Gelübde eine lebenslange Bindung. Sie haben den Charakter der Endgültigkeit.

Das Ordensleben hat sich über Jahrhunderte entwickelt und ist auch jetzt in seiner Entwicklung noch nicht abgeschlossen. In den ersten Jahrhunderten waren "Jungfrauen" eine Vorstufe des Ordenslebens. Sie lebten aus einer religiösen Berufung heraus ehelos, aber noch nicht in einer Gemeinschaft, sondern in ihren Großfamilien. (Jungfrauen werden bereits im 1 Kor 7,32-35 erwähnt.)

Eine weitere Form beginnenden Ordenslebens waren die Einsiedler in der ägyptischen Wüste, die seit dem 4. Jahrhundert Lebensgemeinschaften bildeten. Für die Gestaltung des gemeinsamen Lebens geben Satzungen, Regeln einen Rahmen ab. Die Schaffung von Regeln, die zugleich die religiöse Dimension beschreiben und auch ein lebbares Konzept hergeben, werden als große Leistungen gesehen. Für das Mönchtum der östlichen Kirchen sind die Regeln des Basilius (330 - 379) von großer Bedeutung. Augustinus (354 - 430) hat auch Ordensregeln verfaßt, nach denen u.a. die Dominikaner leben. Luther gehörte zu einem Orden, der sich ebenfalls an diesen Regeln orientierte (Augustiner-Eremiten).

Im Westen ist das Mönchtum von den Regeln des Benedikt von Nursia (480 - 547) geprägt. Im Mittelpunkt steht das liturgische Chorgebet sowie die Arbeit in der Landwirtschaft, in der Wissenschaft, in Unterricht und Lehre.

Franz von Assisi (1182 - 1226) entwickelte einen neuen Typ des Ordenslebens. Zentral ist das einfache, arme Leben und die Solidarität mit den Armen.

Ignatius von Loyola (1491 - 1556) fand ein Ordenskonzept, das maßgebend auch für die Ordensgründungen der letzten Jahrhunderte wurde. Im Mittelpunkt stehen die Aufgaben Mission, Unterricht und Lehre.

Die vielfältigen Formen des Ordenslebens haben als gemeinsame Basis eine ausdrücklich religiöse Ausrichtung des Lebens und eine besondere Bindung an die Kirche. Die Ordensleute stellen den Bezug zu Gott als strukturierendes Element ihres Lebens in den Mittelpunkt. Daher ist das Gebet, Meditation und gemeinsames Beten konstitutiv für ihr Leben.

Der Verzicht auf eigene Nachkommenschaft stellt einen zentralen Unterschied zur jüdischen Religion dar. Die Verheißung von Nachkommen gehört zum zentralen Bestand der jüdischen Religion. Die Verheißung an Abraham gilt für alle Israeliten.

> Da erging das Wort des Herrn an Abraham: ....
> Sieh doch zum Himmel hinauf und zähl die Sterne, wenn Du sie zählen kannst.
> Und er sprache zu ihm: So zahlreich werden deine Nachkommen sein.
> (Gen 15,5)

Die christliche Religion ist auf das Ende der Zeiten, die endgültige Erfüllung, orientiert, in der Zeugen und Gezeugtwerden nicht mehr notwendig sind. Wie Jesus selbst keine Nachkommen hatte, aber von einer neuen, geistigen Geburt sprach, versuchen auch die Ordensleute, die geistig-religiöse Dimension zu leben.

Während man von einem Verzicht auf Nachwuchs sprechen kann, kann man von einem Verzicht auf Familie nur in einem eingeschränkten Sinn sprechen. Die Ordensleute leben in der "Familie" der Ordensgemeinschaft, des Klosters. Das Leben in solchen Gemeinschaften unterliegt einer anderen Dynamik als das einer Familie, hat aber ebenso stabilisierende Funktion.

Die Bindung der Ordensgemeinschaften an die Kirche hat für das kirchliche Leben eine große Bedeutung. Klöster waren und sind religiöse Zentren, religiöse Erneuerungsbewegungen wurden von Orden getragen: Cluniazensische Reform (10. Jahrhundet), franziskanische Reform im 13. Jahrhundert, Gegenreformation - Jesuiten (16. - 17. Jahrhundert). Der religiöse Aufbruch im 19. Jahrhundert war mit vielen Ordensgründungen verbunden. Krankenpflege, Unterricht und Mission als auch in neuerer Zeit kirchliche Medienarbeit wurden von einem großen Teil von Ordensleuten getragen.

In den letzten zwei Jahrzehnten ist eine Krise des Ordenslebens zu verzeichnen. Viele Ordensleute, Männer und Frauen, haben ihre Gemeinschaften verlassen, der Nachwuchs ist stark zurückgegangen, manche Orden sind zum Aussterben verurteilt.

Seit den siebziger Jahren gibt es dagegen neue Impulse für das Ordensleben. Es werden neue Formen des Gebetes und des Zusammenlebens entwickelt, es gibt ein verstärktes Engagement für die unteren Bevölkerungsschichten. In Asien, aber auch überhaupt in der Dritten Welt, finden die Orden viele Menschen, die sich ihnen anschließen.

7.6.2. Die Feier der Profeß, der Gelübde, die Jungfrauenweihe

Die Zugehörigkeit zu einer Klostergemeinschaft und zu einem religiösen Orden wird durch die Ablegung von Gelübden und die feierliche Profeß vollzogen. Diejenigen, die Gelübde ablegen für die Ordensgemeinschaft wie auch für Verwandte und Freunde feiern einen solchen Tag als Fest.

Die Gelübde werden innerhalb einer Messe abgelegt. Die Texte für die Gelübde sind in den einzelnen Orden verschieden, da in ihnen auch spezifische Ordensziele, z.B. die Sorge für die Jugend oder für Kranke, ihren Ausdruck finden. Die Ablegung der Gelübde ist zugleich die formelle Aufnahme in den Orden. Die feierliche Profeß ist die endgültige Verpflichtung, in dem

Orden nach dessen Zielen und Regeln zu leben. Gelübde können nämlich auch erst einmal auf eine bestimmte Zeit hin abgelegt werden. Das wird in den meisten Orden für die jungen Mitglieder, die das Noviziat beendet haben, so gehandhabt.

Die Jungfrauenweihe war in den ersten Jahrhunderten der Kirche ein Ritus für diejenigen, die nicht in einer Klostergemeinschaft lebten. Ab dem Mittelalter war die Jungfrauenweihe nur für Nonnen, die in einem Kloster lebten, üblich. 1974 wurde der Ritus wieder eingeführt, auch für Frauen, die nicht in einem Kloster leben. Der Ritus, die Übergabe des Schleiers, leitet sich von der Eheschließung her. Der Schleier war Kennzeichen der verheirateten Frau. Die Jungfrau hatte den Stand und das Ansehen einer verheirateten Frau, wie später die Haube der Krankenschwester Zeichen für deren gesellschaftliche Gleichstellung mit der verheirateten Frau wurde. Neben dem Schleier wird der geweihten Frau ein Ring und ein Stundenbuch, eine Form des Breviers, übergeben. Die Jungfrauenweihe selbst ist zu unterscheiden von den Gelübden, sie wird aber oft mit der Profeß verbunden.

7.6.3. Ideen für Beiträge und Sendungen

So vielfältig das Ordensleben ist, so viele Themen bieten sich auch an. Die Geschichte einzelner Orden, aber auch einzelner Klöster ist bereits Thema von Artikeln und Beiträgen geworden. Beiträge über Ordensstifter finden auch immer wieder das Interesse von Lesern und Zuschauern. Die Tätigkeit von Ordensleuten, auch im lokalen Bezug, wird auch in Beiträgen dargestellt.

Schwieriger darzustellen ist das Leben der Ordensgemeinschaften selbst und der Lebensweg von Ordensleuten. Die Gefahr besteht, daß stereotype Bilder einzelner Gemeinschaften und Menschen nachgezeichnet werden, die dem "offiziellen Bild", das man sich von ihnen macht, entsprechen. Die Spannungen, das Auf und Ab, die persönlichen Entwicklungen eines Ordenslebens sind nicht weniger vielschichtig als die einer Ehe.

Ordensleute sind weiter dazu gezwungen, sich mit ihrer Lebensform und ihrem Beruf auseinanderzusetzen. Sie gehen einen Weg, der nicht üblich ist, suchen andere emotionale Stabilisierungsfaktoren, als sie im gesellschaftlichen Kontext vorgezeichnet sind. Sie können, einfach durch ihre Entscheidung, anderen helfen, sich über ihr Lebenskonzept klar zu werden.

Adressen von Orden finden sich im Telefonbuch, z.B. Franziskaner oder unter "Katholischer Kirche". Die Orden haben meist eine Organisationsstruktur in der Weise, daß mehrere Häuser eine Provinz bilden mit einer Provinzleitung. Anschriften finden sich im Adressbuch für das Katholische Deutschland. Auskunft geben:

Vereinigung der Ordenoberinnen Deutschland
Königstr. 28, 5300 Bonn

Vereinigung Deutscher Ordensobern
Kieler Str. 35, 5000 Köln 80

Vereinigung höherer Ordensobern der Brüderorden
und -kongregationen
Johannes Höver-Haus, Rütscherstr. 182, 5100 Aachen

7.7. Diakonats-, Priester-, Bischofsweihe

7.7.1. Die religiöse und soziale Dimension des Amtes in der katholischen Glaubensgemeinschaft

Eine der schwierigen Fragen des kirchlichen Lebens ist die Struktur und die Ausübung des Amtes in einer Glaubensgemeinschaft. Die christlichen Konfessionen haben, ähnlich wie der Islam, unterschiedliche Verständnisse und Formen des Amtes entwickelt. Hier liegen heute die entscheidenden Probleme zwischen den Konfessionen.

Daß Gruppen Leitungsfunktionen ausüben, ist ein psychologisches Gesetz. In einer Religionsgemeinschaft erhält das Leitungsamt natürlich eine religiöse Dimension.

Als Religionsstifter hat Jesus bereits aus seiner Anhängerschaft Männer ausgewählt und sie mit besonderen Aufgaben betraut, die Apostel.

Entsprechend seines Sendungsverständnisses standen die zwölf Apostel stellvertretend für die zwölf Stämme Israels. Von diesen Männern ging die Gründung der Kirche aus (s.o. 3.8. Pfingsten, S. 167). Als konstituierendes Element für die Glaubensgemeinschaft erwies sich die Fortsetzung des Mahles, das Jesus mit seinen Anhängern am Gründonnerstagabend gefeiert hatte (s.o. S. 121).

Die Leitung der Gemeinde ist wohl von Anfang an mit der Leitung des gemeinsamen Mahles verbunden gewesen. Der Zusammenhang von Amt und Eucharistie ist für das Amtsverständnis, vor allem der katholischen Kirche, auch heute noch zentral. Das Leitungsamt hat von den Anfängen der Kirche an die Verantwortung für die Verkündigung des Evangeliums und die Mission gehabt.

Die heutige Form des Amtes hat sich bereits im 2. Jahrhundert herausgebildet. Nicht ein Kollegium, ein Presbyterium, sondern ein einzelner hatte die Leitung einer Gemeinde. Priester und Diakone waren seine Helfer.

Die Übernahme eines Leitungsamtes wird als lebenslange Aufgabe gesehen. Priester und Bischöfe, auch die meisten Diakone, üben ihre Aufgabe als "Hauptberuf" aus. Priester und Bischöfe leben ehelos - aus derselben Motivation heraus wie die Ordensleute (s.o. 7.6.1.).

Mit dem Amt ist auch die Verpflichtung zum ausdrücklichen religiösen Leben gegeben. Das drückt sich u.a. darin aus, daß Diakone, Priester und Bischöfe zum Stundengebet verpflichtet sind. Sie beten das "Brevier", das sich von dem Chorgebet der Mönche und der Chorherren der mittelalterlichen Kathedralen herleitet. Zu bestimmten Tageszeiten, z.B. "Laudes" am Morgen und "Vesper" am Abend, sind Psalmen, Lesungen und Gebete zusammengestellt. Diese finden sich, entsprechend dem Wochenrhythmus und dem Ablauf des Kirchenjahres, im Brevier.

Die Priester und Bischöfe feiern in der Regel täglich die Messe. Weiter organisieren sie das Leben der Gemeinde, betreuen Gruppen, unterrichten, sind in der Erwachsenenbildung tätig.

Das kirchliche Amt, vor allem das des Priesters, ist in den letzten Jahren einer tiefgreifenden Krise unterworfen gewesen. Viele Priester haben ihren Beruf aufgegeben, der Priesternachwuchs ist stark zurückgegangen. Das gilt allerdings für viele Länder der Dritten Welt nicht. Wie bei den Orden gibt es jedoch wieder ein etwas größeres Interesse an dem Beruf.

Diskutiert wird auch ein anderer Zugang zum kirchlichen Amt. Seit Jahrhunderten, das Konzil von Trient (1545 - 63) hat auch hier klare Regelungen gebracht, wird man Priester, indem man sich in jungen Jahren für den Beruf entscheidet, während des Philosophie- und Theologiestudiums und einer an der Praxis orientierten Ausbildungszeit mit anderen "Priesteramtsanwärtern" zusammenlebt und nach der Priesterweihe in einer Gemeinde eine Aufgabe übernimmt (als Hilfsgeistlicher, Kaplan oder Vikar).

Nach einigen Jahren übernimmt man die Leitung einer Gemeinde und wird Pfarrer. Es gibt auch andere Aufgabenfelder für Priester: Unterricht, Wissenschaft (Theologie), Medienarbeit, Mitarbeit in kirchlichen Verbänden u.a.. Aus dem Kreis der Priester wird der Bischof gewählt.

Es gäbe auch die Möglichkeit, daß Männer, die Eignung für das Amt zeigen, zu Priestern geweiht werden. Diese Männer sind aber in der Regel verheiratet, so daß wegen des Zölibats nur wenige diesen Weg gehen.

Diakone können jedoch verheiratet sein, sie rekrutieren sich zu einem guten Teil aus dem Kreis (nichtakademischer) Berufstätiger.

7.7.2. Die Feier der Diakonats-, Priester-, Bischofsweihe

Die katholische Kirche kennt, wie auch die orthodoxen Kirchen, einen besonderen Weiheritus, in dem zugleich kirchliche Ämter übertragen werden.

Der Diakon ist als eigenes Amt erst seit dem letzten Konzil wieder eingeführt worden. Die Apostelgeschichte (Apg 6,1-7) kennt dieses Amt bereits, dort hat es, wie auch heute, eine soziale Ausrichtung. Es ist vor allem ein Dienst an den Armen und Kranken. In den Gottesdiensten übernimmt der Diakon besondere Funktionen, so vor allem die Lesung des Evangeliums, er kann Taufen spenden und den Brautleuten bei der Eheschließung assistieren.
Hier spendet er nicht das Sakrament, das tun die Brautleute gegenseitig (s.o. 7.5., S. 371). Der Diakon leitet Wortgottesdienste und den Beerdigungsritus und ist auch in der Katechese tätig.

Bischöfe sind im Verständnis der katholischen und orthodoxen Kirche die Nachfolger der Apostel. Sie tragen die Gesamtverantwortung für die Kirche und bilden als Kollegium die höchste Autorität der Kirche, stehen allerdings nicht über dem Papst. Neben dem Bischof, der ein Bistum leitet, gibt es noch in vielen Diözesen Weihbischöfe, die, wie die Bischöfe, alle Sakramente, selbst die Bischofsweihe, spenden können, aber nicht die oberste Verantwortung für das Bistum tragen. Die Weihe wird nach altchristlichem Brauch (Apostelgeschichte 6,6; 13,3; 1 Tim 4,14; 2 Tim 1,6; Tit 1,5) durch Handauflegung gespendet. Der Bischof legt dem Weihekandidaten die Hand auf den Kopf. Die Weihe wird in einer Eucharistiefeier nach dem Evangelium gespendet. Den neuen Diakonen bzw. Priestern wird das Meßgewand angelegt, der Bischof salbt ihre Hände und überreicht ihnen die Gefäße, Kelch und Patene, die im Gottesdienst gebraucht werden. Danach legen ihnen die anwesenden Priester auch die Hände auf. Die neu geweihten Priester feiern dann mit dem Bischof die Messe.

Bei einer Bischofsweihe sind mindestens drei Bischöfe zugegen, die dem Weihekandidaten die Hand auflegen. Der Geweihte erhält das Evangeliumbuch als Zeichen für seinen Auftrag, das Evangelium zu verkünden. Sein Haupt wird gesalbt, er erhält die bischöflichen Insignien, Ring, Stab und Mitra.

Neben der Handauflegung und den begleitenden Riten beinhaltet die Weihe zugleich auch eine Aufnahme in das Kollegium der Diakone, Priester bzw. Bischöfe.

7.7.3. Ideen für Beiträge und Sendungen

Amtsträger der Kirche erscheinen oft in Beiträgen der Zeitungen, des Hörfunks, des Fernsehens. Sie vertreten die Kirche und werden wie Vorsitzende von Parteien, Gewerkschaften oder Verbänden zitiert. Die Mechanismen der Berichterstattung führen dazu, daß die Amtsträger das Bild der Kirche in den Medien weitgehend bestimmen. Dieselben Mechanismen sorgen auch dafür, daß Kritiker und Opponenten der Amtsträger ebenfalls überdurchschnittlich häufig zu Wort kommen.

Eine Darstellung des Amtes und seiner Funktionen sollte nicht die institutionelle Sicht der Kirche verstärken, sondern menschliche Entwicklungen zeigen, wie ein solches Amt gelebt werden kann.

7.8. Schwere Krankheit

7.8.1. Die religiöse und soziale Dimension des Sakraments der Krankensalbung

Krankheit - Gefahr der Verzweiflung

Die schwere Krankheit ist für den einzelnen eine Zeit der Krise. Er ist in Gefahr zu verzweifeln, das Vertrauen zu Gott zu verlieren. Zugleich ist die Krankheit eine Herausforderung, intensiver nach dem Sinn des Lebens zu fragen und sein Leben neu zu verstehen.

Menschen in schwerer Krankheit spricht die Kirche Gottes Gnade und Hilfe zu. Im Jakobusbrief wird aus dem Leben der ersten Christengemeinden berichtet:

> Ist einer von euch krank, dann rufe er die Ältesten der Gemeinde zu sich: sie sollen Gebete über ihn sprechen und ihn im Namen des Herrn mit Öl salben. Das gläubige Gebet wird den Kranken retten, und der Herr wird ihn aufrichten. Wenn er Sünden begangen hat, werden sie ihm vergeben.
> (Jak 5,14-15)

Salbung mit Öl "Letzte Ölung"

Die Salbung mit Öl ist symbolischer Ausdruck für die Heilkraft des Sakramentes. Die Liturgiereform des letzten Konzils hat den ursprünglichen Sinn der Krankensalbung, einem schwer Erkrankten beizustehen, wieder hergestellt. Allerdings ist die Vorstellung der Kirchenmitglieder noch weitgehend die alte: Man ruft den Priester, wenn die Krankheit zum Tod führt. Die Krankensalbung hatte sich in der seelsorglichen Praxis und im Bewußtsein der Katholiken zur "Letzten Ölung" entwickelt. Oft wird auch heute noch ein Priester erst zu einem Kranken gerufen, wenn die Krankheit zum Tode führt und die Krankensalbung nur als Sterbesakrament gespendet wird.

Aus der Krankensalbung wurde ein Sterbesakrament

Krankensalbung und Sorge für die Kranken

Das Sakrament, verbunden mit der Weisung Jesu, sich der Schwachen anzunehmen, hat eine Verwurzelung in der Praxis der Kirche, die nicht auf das Rituelle beschränkt ist. Die Sorge für den Kranken findet in vielen Orten und Institutionen ihre Realisierung.

In den letzten Jahren werden, nachdem die Gesundheitsdienste nicht mehr auf Spenden und den kostenlosen Dienst der Ordensleute, Diakonissen und der anderen Schwesternschaften angewiesen sind, neue Formen der Sorge für den Kranken entwickelt. Einzelne Gemeinden haben Krankenbesuchsdienste aufgebaut. Es gibt auch Gruppen, die in die Krankenhäuser gehen, um den Patienten Gesprächsangebote zu machen.

Krankenbesuchsdienste

7.8.2. Die Spendung des Sakramentes der Krankensalbung

Wie die anderen Sakramente hat die Krankensalbung den Rahmen einer gemeinsamen Feier. Sie beginnt mit dem Schuldbekenntnis und einer Lesung aus der Bibel. Nach Fürbittgebeten betet der Priester und salbt die Stirn und Hände des Kranken mit folgendem Gebet:

> Durch diese heilige Salbung helfe dir der Herr in seinem reichen Erbarmen, er stehe dir bei mit der Kraft des Heiligen Geistes. Der Herr, der dich von Sünden befreit, rette dich. In seiner Gnade richte er dich auf.

Meist empfängt der Kranke im Anschluß an die Salbung auch das eucharistische Brot.

Kommt ein Mensch zum Sterben, soll er nicht allein gelassen werden. Verwandte und Mitglieder der Gemeinde sollen bei ihm ausharren und beten. Das eucharistische Brot wird für den Sterbenden zur Wegzehrung und ist damit das eigentliche Sterbesakrament. Bei dem Toten halten Verwandte und Gemeindemitglieder die Totenwache.

7.8.3. Ideen für Beiträge und Sendungen

Das Thema Krankheit wird in den Medien vielfach aufgegriffen. Kranke dürften auch besonders intensive Nutzer vor allem des Hörfunks und Fernsehens sein. Die Diskussion um eine Neuorientierung der Medizin, die die psychische Situation des Kranken und den Prozeß des Sterbens in den Mittelpunkt stellt, ist in vollem Gange. Vielleicht fehlen neben der Diskussion noch persönliche Zeugnisse von Menschen, die eine schwere Krankheit durchlitten haben. Berichte von Gruppen, die Kranke besuchen, können das Interesse für einen solchen Dienst unterstützen.

- Krankensalbung, nicht nur "Letzte Ölung", Besinnung auf den letzten Sinn
- Tod im Krankenhaus - über das Sterben in Verlassenheit und die Aufgabe der Umwelt
- "Sterbehilfe", unnötige medizinische Behandlung Sterbender
- Krankenhausseelsorge - Interviews mit Seelsorgern und Besuchsdienstgruppen

7.9. Begräbnis

7.9.1. Die religiöse und soziale Bedeutung des Begräbnisses

Die christliche Religion sagt dem Sterbenden, daß er auf ein neues Leben zugeht, daß der Tod Durchgangsstadium ist, jedoch nicht das Ende des Lebens überhaupt bedeutet.

Begräbnisriten in vielen Religionen: Versöhnung mit dem Tod

Beim Begräbnis spricht die Kirche den Trauernden Trost zu. Sie setzt dem Schmerz, der Infragestellung der menschlichen Gemeinschaft etwas entgegen. Der Tod wird spontan als zerstörerisch erlebt, nicht nur setzt er dem Leben des einzelnen ein Ende. Auch die Gemeinschaft ist durch den Verlust eines ihrer Mitglieder in ihrem Bestand bedroht. Die religiöse Feier am Grab vereinigt die Trauernden, stärkt die familiären Bande, die Freundschaften und die Nachbarschaft. Die Trauergemeinde übergibt den Toten in die Hand Gottes und baut so eine neue Beziehung zu dem Toten auf.

Auf ein Problem soll hier noch hingewiesen werden, das nur von wenigen christlichen Gemeinden angegangen wird: Für die Angehörigen des Toten beginnt die schwere Zeit erst nach dem Begräbnis. Verwandte und Freunde sind abgereist, es gibt nichts mehr zu regeln, zu organisieren. Jetzt erst wird der Verlust richtig bewußt. In dieser Phase brauchen die Angehörigen Gesprächspartner, die ihnen bei der Bewältigung des Schmerzes helfen.

Nach dem Begräbnis: Schwerste Zeit für die Angehörigen

7.9.2. Die Begräbnisfeier

Im Vergleich zu anderen Religionen sind die Begräbnisriten der Christen eher nüchtern und einfach. Sie beginnen mit Gebeten und Lesungen, meist in der Friedhofskapelle. Der Sarg wird mit Weihwasser und Weihrauch gesegnet. Dann begleiten die Trauernden den Sarg zum Grab.

Gebet in der Friedhofskapelle

Gebete und Riten am Grab

Der Sarg wird in das Grab eingesenkt. Der Priester segnet ihn wiederum mit Weihwasser und Weihrauch, wirft mit folgenden Worten Erde auf den Sarg

> Von der Erde bist du genommen
> und zur Erde kehrst du zurück.
> Der Herr aber wird dich auferwecken.

und steckt ein Kreuz über dem Grab auf. Nach Fürbitten und einem Gebet für "den, der als erster dem Verstorbenen vor das Angesicht Gottes folgen wird" treten die Trauernden ebenfalls an das Grab und werfen Blumen und Erde auf den Sarg.

Messe, Sechswochenamt, Jahresgedächtnis

Vor oder nach dem Begräbnis wird eine Messe gefeiert, die auch "Seelenamt" genannt wird. Nach sechs Wochen und jeweils am Jahrestag des Sterbetages kommen die Verwandten und Freunde des Toten zum Gottesdienst. Die Messe wird vom Priester ausdrücklich für den Toten gefeiert. Die Katholiken erhoffen sich dadurch für den Toten eine besondere Hilfe, solange dieser noch am Ort der Reinigung, im Fegfeuer auf die endgültige Vollendung wartet (s.o. 3.15. Allerheiligen, Allerseelen, S. 208).

7.9.3. Ideen für Beiträge und Sendungen

Praktisch jeder in unseren Breiten kommt einmal mit einer katholischen Begräbnisfeier in Berührung. Die Feier selbst bereitet in ihrer Einfachheit keine Verständnisschwierigkeiten.

Schwieriger ist der geistig-religiöse Hintergrund. Im Vergleich zu anderen Kulturen sind Tod und Begräbnis aus der Öffentlichkeit verdrängt. Es wären Beiträge zu folgenden Situationen, Themen notwendig:

- Die Sorge für Sterbende und ihre Angehörigen
  Beispiele und Versäumnisse

- Die Sorge für die Angehörigen Verstorbener
  Beispiele und Versäumnisse

- Wer hat Anspruch auf ein kirchliches Begräbnis?

8. Christen unterwegs

8.1. Wallfahrten

Die Wallfahrt, die Pilgerreise ist eine religiöse Handlung, die nicht spezifisch für das Christentum ist. Im Unterschied zum Islam oder zum Judentum gehört die Wallfahrt im Christentum nicht zu dem notwendigen Bestand der Riten. Wallfahrten werden den Christen nicht vorgeschrieben, allenfalls war es im Mittelalter üblich, eine Wallfahrt als Buße aufzuerlegen.

Wallfahrt - kein Wesensmerkmal des Christentums

Ziel der Wallfahrt sind Orte, die durch religiöse Erfahrungen, Erscheinungen oder durch religiöse Menschen ausgezeichnet sind. Der Wallfahrer will an der Erfahrung des Numinosen, an der Erfahrung der Transzendenz, die an dem Ort von einzelnen gemacht wurde, teilhaben.

Teilnahme an der Erfahrung des Numinosen

8.1.1. Typologie der Wallfahrtsziele

Im Judentum und im Islam waren und sind die zentralen Kultstätten Ziele von Wallfahrten. Die Israeliten kannten mehrere Kultstätten, Bethel und Gilo. David machte Jerusalem zum Zentralheiligtum der israelitischen Stämme. Zur Zeit Jesu waren die erwachsenen Juden verpflichtet, zu den Hauptfesten nach Jerusalem zu pilgern (Passah-, Pfingst- und Laubhüttenfest).

Wallfahrten im Judentum

Palästina wurde dann auch das erste Wallfahrtsziel der Christen. Wallfahrten einzelner sind bereits aus dem 2. Jahrhundert bekannt. Unter Kaiser Konstantin wurden über den wichtigsten Gedenkstätten (Geburtsgrotte, Kreuzigungsstätte und Grab) Kirchen errichtet. Seit dem 3. Jahrhundert werden Gruppenwallfahrten organisiert. Die Kreuzzüge sind auch als Reaktion auf die Sperrung des See- wie des Landweges durch islamische Völker zu verstehen.

Palästina

Wallfahrten zu den Gräbern von Heiligen

Im Osten wie im Westen sind die Gräber von Heiligen seit dem Ende des 2. Jahrhunderts Wallfahrtsziele. Im Osten übten die Styliten, die Säulensteher, eine besondere Anziehungskraft aus (seit dem 4. Jahrhundert). Im Westen ist das Grab des heiligen Martin in Tours (s.o. 4.6.5., S. 316) Wallfahrtsziel der Franken.

Eine große Bedeutung als Wallfahrtsort hatte und hat Rom. Die Gräber der Apostel sind nur ein Grund für die Wallfahrt. Die Einrichtung des "Heiligen Jahres" (seit 1300 eingeführt, seit 1475 alle 25 Jahre gefeiert) förderte die Romwallfahrt.

Engelserscheinungen

Wallfahrtsorte entwickelten sich auch an Orten, von denen Engelserscheinungen berichtet werden: Monte Gargano in Italien, Erscheinung des hl. Michael 492, Mont St. Michel in der Normandie, Chonai in Kleinasien.

Santiago de Compostela

Ein großer europäischer Wallfahrtsort des Mittelalters ist Santiago de Compostela, in der spanischen Provinz Galizien, wo nach einer Legende Bischof Theodomir im 9. Jahrhundert die Gebeine des Apostels Jakobus des Älteren gefunden haben soll. Auf den Wegen nach Santiago entstanden Herbergen, Hospitäler, dem Jakobus geweihte Kirchen und Kapellen. Die Muschel ist Zeichen dieser Wallfahrt.

Marienwallfahrtsorte

Seit dem Barock üben in der westlichen Kirche die Marienwallfahrtsorte die größte Anziehungskraft aus. Im deutschen Sprachraum sind das Altötting, Maria Zell, Einsiedeln, Kevelaer, Telgte, Neviges und viele andere, in Polen Tschenstochau und andere Wallfahrtsorte. Anlaß für die Wallfahrt ist an den meisten Orten ein Bild oder eine Statue Marias, ein Gnadenbild, das auf wunderbare Weise gefunden wurde, vor dem ein Mensch gebetet hat, ein Bild, dem eine wundertätige Wirkung zugeschrieben wird.

Ein besonderer Wallfahrtsort ist Loreto in Italien, wohin nach der Legende im 13. Jahrhundert das Haus der Familie Jesu von Nazareth über Dalmatien von Engeln gebracht worden sein soll.

La Salette, Lourdes und Fatima sind durch Marienerscheinungen zu Wallfahrtsorten geworden.

Splitter des Kreuzes, das seit 350 in Jerusalem den Pilgern gezeigt wurde, werden in Konstantinopel, Rom, Venedig, Neapel, Paris und an vielen Orten verehrt. In Deutschland bewahren Kreuzreliquien die Städte Donauwörth, Wieblingen, Scheyern, Maria Laach, Trier, Limburg, Köln.

Kreuzreliquien

In Trier wird der "heilige Rock" verehrt, der nach der Legende von der hl. Helena, der Mutter Konstantins, nach Trier gebracht worden sein soll. Seit dem 16. Jahrhundert wird der "heilige Rock" in unregelmäßigen Abständen ausgestellt, in diesem und im letzten Jahrhundert zog er große Pilgerströme an (1959 mehr als 1,5 Millionen).

Der "heilige Rock"

Aus der Verehrung des eucharistischen Brotes entstanden im Spätmittelalter Wallfahrten zu "Bluthostien" (Walldürn, Heiligenblut, Vilsnack, Brügge). Die "Bluthostien" sind mit Legenden verknüpft. Die Hostie wurde nicht verzehrt, sondern versteckt, der Frevel führt zum Bluten der Hostie, sie wird wiedergefunden und feierlich in die Kirche gebracht.

Bluthostien

8.1.2. Elemente, Bilder, Brauchtum

Die christlichen Wallfahrten finden in verschiedenen Zeiten unterschiedlichen Zuspruch. In den letzten Jahren ist eine wachsende Teilnahme zu beobachten. Studentenwallfahrten nach Chartres oder Tschenstochau ziehen Teilnehmer aus vielen Ländern an. Wallfahrten als religiöse Handlung finden wie andere Riten im Vollzug ihren Sinn. Die Zurücklegung des Weges hat deshalb nicht nur den Sinn, das Ziel zu erreichen. Das Gehen, das Pilgern ist selbst ein Ausdruck der menschlichen Existenz und wird auch als Bußübung angesehen. Wallfahrten zu Fuß setzen sich daher wieder durch. Der Weg zum Wallfahrtsort wird betend zurückgelegt, die Pilger beten oft gemeinsam, meist den Rosenkranz, und singen Lieder.

Der Weg als Ausdruck der menschlichen Existenz

Wallfahrt als Bittgebet

Für viele Menschen ist die Wallfahrt ein Ausdruck der Bitte. Vor allem Marienwallfahrtsorte sind Stätten des Bittgebetes. Votivtafeln und Votivbilder werden am Wallfahrtsort als Dank dafür abgelegt, daß eine Bitte erhört wurde.

Am Wallfahrtsort selbst gehört der Besuch des Gnadenbildes oder der Reliquie neben dem Gottesdienst in der Wallfahrtskirche zu den religiösen Handlungen. Das ist nur die eine Seite. Der Besuch des Gasthauses ist für die inzwischen hungrigen und durstigen Pilger ebenfalls Bestandteil einer Wallfahrt.

Andenken, Medaillen

An Wallfahrtsorten werden Andenkenartikel, Medaillen, Abbildungen des Gnadenbildes, Rosenkränze u.a. verkauft.

Die touristische Seite der Wallfahrt

Die Wallfahrt ist nicht nur ein religiöses, sondern war immer schon ein touristisches Unternehmen. Seit dem 4. Jahrhundert gibt es Kritik an der Wallfahrtspraxis, an den lockeren Sitten der Wallfahrer, teilweise wurde Klosterfrauen die Wallfahrt verboten.

Es gab auch immer schon "Werbung", die die Betreuer der Wallfahrtsorte, meist sind es Orden, betrieben haben. Zu großen Wallfahrtsorten im Ausland sowie nach Rom und Palästina organisieren die diözesanen Pilgerbüros Wallfahrten mit Bussen oder Sonderzügen.

8.1.3. Ideen für Beiträge und Sendungen

Berichte über die Wallfahrten sind so alt wie die Wallfahrt selbst. Durch die Berichte wurden immer wieder Menschen motiviert, eine Wallfahrt anzutreten und sich dadurch nicht unerheblichen Gefahren auszusetzen.

Uns sind auch schriftliche Berichte überliefert. Viel Aufschluß über Palästina, die Gestaltung der Prozessionen und Gottesdienste vermittelt der Bericht der Pilgerin Ätheria (um 400).

Schriftliche Reiseführer (Itinerarium) gab es schon bei den Römern und wurden auch für christliche Wallfahrer geschrieben. Die ersten Palästina-Reiseführer gehen auf die Zeit Konstantins zurück.

Verfilmung eines Itinerariums

Die Berichtsform, die die einzelnen Wegstrecken und Stationen der Wallfahrt festhält, dürfte am besten geeignet sein, einen Eindruck der Wallfahrt zu vermitteln, wenn auch die Erfahrung des Wallfahrers nur im Gehen und eventuell Fahren selbst gemacht werden kann.

Reizvoll wäre es, ein altes Itinerarium für das heilige Land in einer Reportage oder einem Film umzusetzen oder den Weg eines mittelalterlichen Pilgers nach Santiago de Compostela oder Rom nachzuzeichnen.

Geschichte von Wallfahrtsorten

Neben dem meist legendären Ursprung einer Wallfahrt ist die Geschichte eines Wallfahrtsortes von großem Interesse. In ihr spiegeln sich religiöse Strömungen, Kriege und Notzeiten.

Begleitung von Wallfahrern

Die Erfahrung einer Wallfahrt kann auch dadurch wiedergegeben werden, daß ähnlich wie bei einer Gruppenreise, der Berichtende subjektiv schildert, wie er die Wallfahrt erlebt.

8.2. Tourismus

8.2.1. Die Situation der Touristen

Die Pilger des Altertums sind möglicherweise gar nicht so verschieden von den heutigen Touristen. Der Drang, die Fremde kennenzulernen, das Gewohnte zu verlassen, um es bei der Rückkehr dann wieder genießen zu können, war sicher auch Motiv für die Pilgerscharen früherer Jahrhunderte.

Die Touristen heute begegnen auf ihren Reisen den verschiedenen Manifestationen der Religion - Kirchen, Tempel, Plastiken, Gottesdienste, Prozessionen.

Möglicherweise stoßen sie auch bei sich selbst in einer neuen Weise auf die religiöse Dimension - ein anderes Erleben der Welt, Begegnungen mit Menschen, die Erfahrung von Gastfreundschaft. Im Unterschied zum Wallfahrer bricht der Tourist nicht mit einem religiösen Ziel auf, vielleicht macht er aber ähnliche Erfahrungen wie der Wallfahrer.

Schließlich gibt es Begegnungen mit Touristen am eigenen Wohnort. Es gibt allerdings nur wenige Berührungspunkte, die Touristen leben in Hotels und Omnibussen, sammeln sich vor den Sehenswürdigkeiten, während die Bewohner ihrer Arbeit und ihren Geschäften nachgehen. Vielleicht stecken in den beiden Welten mehr Chancen der Begegnung, wenn sie bewußt vermittelt werden.

8.2.2. Ideen für Beiträge und Sendungen

- Einüben ins Kennenlernen
  Gespräche mit Touristen vor Ort
  Berichte von denen, die weggefahren und Menschen begegnet sind

- Meditationen über die Schöpfung
  Erfahrungen der Bewegung, der Geräusche, der Stille, verschiedener Landschaften
  Begegnung mit anderen Kulturen

- Ausdrucksformen der Religion
  Christliches Leben in anderen Ländern
  christliche Gemeinde
  Kirchen, religiöse Kunst
  andere Religionen

- Der Europagedanke
  die christlichen Wurzeln des heutigen Europas

- Lebensweisheiten anderer Völker
  Märchen, Sprichwörter

- Für die Daheimgebliebenen
  Ausflüge in die nähere Umgebung
  Entdeckungsreisen in die Natur mit einem Förster
  Kirchen und religiöse Kunstwerke der Umgebung

0. Materialerschließung - Literaturhinweise

Zuerst eine Warnung: Was im folgenden bibliografiert ist, kann das Verständnis und das Sprachgefühl des Lesers strapazieren. Es wird in einer kirchlichen Binnensprache und in einer Fachterminologie geschrieben, die nicht jedermann vertraut ist. Zudem hat die Theologie ihre Fachausdrücke, wie andere Wissenschaften auch. Vieles will der Leser auch gar nicht so genau wissen, wie es die Historiker erforscht und die Theologen formuliert haben.

Man muß auch nicht unbedingt alles lesen, um ein Thema zu bearbeiten. Es gibt im kirchlichen Raum Fachleute für fast alle Fragen, die mit Festen, Gottesdienst und Kirchenjahr zusammenhängen. Diese sind schnell ausfindig zu machen. Sie geben sicher auch gerne Auskunft, zumal eine Anfrage eines Redakteurs oder Autors als positive Überraschung erlebt wird. Der nächste Fachmann ist der

- Pfarrer

  Er hat ständig mit der Gestaltung von kirchlichen Festen zu tun, hat in der Regel auch historische Interessen und meist eine gute Bibliothek. Schließlich kennt er Fachleute für einzelne Fragen.

- Ordenshäuser, Klöster

  Vor allem der Seelsorgs- und Schulorden haben neben auskunftswilligen Mitgliedern auch meist gut ausgestattete Bibliotheken.

- Bistum - Diözesanverwaltung

  Die Bistümer verfügen über ein Seelsorgsamt, das in den meisten Fällen auch ein Referat "Gottesdienst" oder "Liturgie" hat. Dieses Referat entwickelt Arbeitshilfen und führt Kurse und Seminare durch.

- Diözesanbibliothek - Diözesanarchiv

  Ein Bistum verfügt in der Regel über eine gutausgestattete Fachbibliothek. Vor allem finden sich hier Unterlagen über regionale und lokale Frömmigkeitsgeschichte.

- Lehrstuhl für Liturgik der theologischen Fakultäten

  Eine Fakultät für katholische Theologie hat in der Regel einen Lehrstuhl für Liturgik, der sich mit Fragen des Gottesdienstes, des Kirchenjahres und der Heiligenverehrung wissenschaftlich beschäftigt. Es wird eine umfassende historische Forschung betrieben.

- Liturgisches Institut (Jesuitenstr. 13 c, 5500 Trier, Tel. 06 51 / 4 81 06 - 7)

  Für die gottesdienstlichen Belange auf überdiözesaner Ebene gibt es in Deutschland (seit 1947) ein Liturgisches Institut. Es unterhält das Sekretariat und die Arbeitsstelle der Liturgiekommission der Deutschen Bischofskonferenz, ist federführend bei der Erarbeitung der liturgischen Bücher für das deutsche

Sprachgebiet, gibt Fachzeitschriften, Arbeitshilfen und Handreichungen heraus und veranstaltet Kurse und Seminare. Das Liturgische Institut verfügt über eine ausgezeichnete liturgiewissenschaftliche Fachbibliothek.

Die aktuelle Literatur ist hervorragend erschlossen. Jede mittlere Buchhandlung verfügt über das

Verzeichnis lieferbarer Bücher,

Verzeichnis im Autorenalphabet kumuliert mit Titel- und Stichwortregister mit Verweisung auf den Autor,

Verlag der Buchhändlervereinigung

Zu den Festen und Heiligen finden sich jeweils Stichworte.

zu 1

1. Allgemeine Literatur

Die Feier der kirchlichen Feste erfolgt auf der Basis von Büchern. In diesen Büchern finden sich die Texte für die Gottesdienste sowie auch Hinweise zur Gestaltung und zur Aussage des Festes.

Gottesdienstbücher

Für den Gebrauch in der Kirche gibt es zwei wichtige Bücher:

1. - 1 Meßbuch

- 2 Lesungsbuch (Meßlektionar)

Im Meßbuch stehen die Gebetstexte; es sind einmal die Gebetstexte, die spezifisch für ein Fest oder einen Sonntag gelten sowie die sogenannten gleichbleibenden Teile der heiligen Messe.

Im Lesungsbuch finden sich die Texte aus dem Alten und Neuen Testament, die im Gottesdienst vorgelesen werden. Für die verschiedenen Zeiten und Feste gibt es jeweils eigene Lesungsbücher.

I - III	Schriftlesungen für die Sonntage der Lesejahre A, B und C
IV und V	(zwei Teilbände) Schriftenlesungen für die Wochentage des Kirchenjahres und Gedenktage der Heiligen
VI/1	Schriftlesungen für verschiedene Anläße
VI/2	Schriftlesungen für die Meßfeier für Verstorbene

So wie für die Meßfeier gibt es auch für die anderen Gottesdienste (z.B. Tauffeier, Beerdigung) liturgische Bücher.

Gebet- und Gesangbuch

- 3 Gotteslob

Für die deutschsprachigen Diözesen (mit Ausnahme der Schweiz) ist in langjähriger Arbeit ein Gebet- und Gesangbuch entwickelt worden, das 1975 eingeführt wurde und die entsprechenden Bücher der einzelnen Diözesen abgelöst hat.

Neben vielen Liedern enthält das Buch Texte für das private Gebet, für Andachten und die Texte für die Spendung der Sakramente.

Zum allgemeinen Teil gibt es für jedes Bistum einen Anhang, der vor allem regionales Liedgut berücksichtigt.

Meßbücher für die Gottesdienstbesucher

Die Texte der Bücher, die der Priester benutzt, werden auch in handlicher Form für die Gottesdienstbesucher gedruckt. Dabei sind Meßbuch und Lesungsbuch nicht getrennt, sondern für den jeweiligen Tag zusammengestellt. Diese Bücher sind von der "Liturgischen Bewegung" schon lange vor dem Konzil entwickelt worden, um den Gottesdienstbesuchern eine Mitfeier der damals noch in lateinischer Sprache gehaltenen Liturgie zu ermöglichen.

Durch die Ausweitung der biblischen Lesungen passen die Texte jetzt nicht mehr wie früher in einen Band. Neben diesen in der Liturgie benutzten Texten enthalten die Bücher jeweils kurze, sorgfältig erarbeitete Einführungen in das Fest bzw. an Heiligengedenktagen eine kurze Biografie sowie Erläuterungen zu den biblischen Lesungen. Hingewiesen sei hier auf zwei weitverbreitete Bücher:

1. - 4 Der große Sonntags-Schott für die Lesejahre A-B-C
3 Bände

Der große Wochentags-Schott
2 Bände

Texte für die gewöhnlichen Wochentage und die Heiligengedenktage, Verlag Herder, Freiburg

Textprobe aus dem Wochentags-Schott

23. April

Hl. Adalbert

Bischof, Glaubensbote, Märtyrer

Adalbert wird der Apostel der Preußen genannt, obwohl seine Missionstätigkeit wenig Erfolg hatte und damit endete, daß er 997 von sieben Preußen mit Spießen erstochen wurde. Er stammte aus dem böhmischen Adelsgeschlecht der Salvnik und wurde an der Magdeburger Domschule erzogen. 983 wurde er, noch sehr jung, zweiter Bischof von Prag. Zu seiner Diözese gehörten außer Böhmen auch Schlesien, das südliche Polen und die heutige Slowakei. In der Ausübung seines Bischofsamtes stieß er auf heftigen Widerstand beim Adel und beim Volk. Das Land war zwar offiziell christlich geworden, aber man hielt noch an heidnischen Gebräuchen fest. Nach wenigen Jahren bat Adalbert um Enthebung von seinem Amt und trat in ein römisches Benediktinerkloster ein. Aber 992 mußte er nach Prag zurück, konnte jedoch wieder nichts ausrichten. Deshalb ging er als Missionar nach Ungarn, später nach Polen und Preußen. Adalbert hat in seinem Leben nicht viel erreicht. Aber er hat das Gute gewollt und das Große erstrebt.

zu 1

1. - 5 Pustet Taschenmeßbuch

a) Die Sonn- und Feiertage im Lesejahr A
b) Die Sonn- und Feiertage im Lesejahr B
c) Die Sonn- und Feiertage im Lesejahr C

Werktagstaschenmeßbuch, vollständige Ausgabe (3476 Seiten!), Verlag Friedrich Pustet, Regensburg

Nachschlagewerke

Die Theologen sind eine fleißige Zunft, die ihre Quellen sorgfältig gesichtet und untersucht hat. In den letzten 150 Jahren ist eine immense historische Forschung betrieben worden. Die biblischen Texte wurden mit den Methoden der Text- und Literaturkritik, der Formgeschichte und neuerdings der Linguistik untersucht. Dabei wurden auch viele Handschriftenfunde aus ältester Zeit gemacht. Ebenfalls wurde die Geschichte der frühen Kirche, die Entwicklung der theologischen Lehre, der religiösen Praxis und auch der Festzeiten und Gottesdienste erforscht. Wie jede Wissenschaft hat auch die Theologie eine eigene Terminologie und eine Art Binnensprache entwickelt, die auf wohlmeinende Leser störend wirken kann.

Die im folgenden angegebene Literatur baut also einige Barrieren vor sich auf, da sie selten den nicht eingeweihten Leser im Auge hat. Die Ergebnisse, die die theologische Forschung erzielt hat, werden in Lexika und Handbüchern dargestellt. Auf einige dieser in Bibliotheken meist leicht zugänglichen Werke soll hier hingewiesen werden.

- 6 Lexikon für Theologie und Kirche, 2. Auflage, herausgegeben von Josef Höfer und Karl Rahner, 10 Bände und Registerband, abgekürzt LThK, Herder Freiburg 1957-1967

Dieses Lexikon ist hervorragend gearbeitet, oft informativer als Fachbücher und enthält sowohl theologisch fundierte Artikel wie auch eine Fülle historischer Informationen sowie Angaben zu Personen der Kirchengeschichte. Dieses Lexikon ist in der Bibliothek fast jedes Pfarrers zu finden.

- 7 Die Religion in Geschichte und Gegenwart, 3. Auflage, herausgegeben von Kurt Galling, 6 Bände und 1 Registerband 1957-1962, abgekürzt RGG, Verlag J.C.B. Mohr, Tübingen

Das evangelische Pendant zum Lexikon für Theologie und Kirche.

- 8 Theologische Realenzyklopädie, herausgegeben von Gerhard Krause und Gerhard Müller, mehr als 20 Bände, bisher sind 12 erschienen 1977 ff, abgekürzt TRE, Walter de Gruyter, Berlin, New York

Die Enzyklopädie ist ökumenisch angelegt. Dieses Werk ist zur Hälfte erschienen, wird aber sicher ein Standardwerk, das weitaus ausführlicher die Stichworte behandelt als die beiden oben angegebenen Lexika (Der Buchstabe A verteilt sich auf 4,5 Bände!). Es finden sich umfängliche Literaturangaben zu den einzelnen Stichworten.

1. - 9 Reallexikon für Antike und Christentum, Sachwörterbuch zur Auseinandersetzung des Christentums mit der antiken Welt, herausgeg. von Theodor Klauser u.a., 1950 ff bisher bis zum Band 10, Buchstabe G, erschienen, Verlag Anton Hiersmann, Stuttgart

Ausführliche Artikel, in denen eine Fülle von Material zusammengestellt ist. Das Lexikon umfaßt die Zeit bis zum 6. Jahrhundert. Die Stichworte umfassen auch die Bereiche Gebet, Kult und Liturgie. Zu den theologischen Stichworten werden die wichtigen Theologen der alten Kirche dargestellt. Stichworte über einzelne Persönlichkeiten gibt es nicht.

-10 Adam, Adolf; Berger, Rupert; Pastoralliturgisches Handlexikon, Herder Verlag, Freiburg, Basel, Wien 1980, 720 Stichworte auf 570 Seiten

Das Lexikon ist sachlich-informativ orientiert, erläutert die Riten, Bräuche und das liturgische Gerät, z.B. Brevier, Klingelbeutel, Patene, an die Brust klopfen.

Textauszug aus Pastoralliturgisches Handlexikon

Hungertuch, auch Fastenvelum genannt, mit dem im Mittelalter und z.T. noch heute der Altar verhängt wird, oft mit Darstellungen von Passionssymbolen und -szenen geschmückt, im ausgehenden Mittelalter nicht selten zu einer Fahne verkleinert, die aus dem Gewölbe herunterhängt. Mit der Sitte des Hungertuches hängt wahrscheinlich auch die Verhüllung der Kreuze und Bilder am (früheren) Passionssonntag zusammen. Den Ursprung des Hungertuches sehen manche in der solidarischen Verbundenheit der Gläubigen mit den öffentlichen Büßern, die im Rahmen der Bußriten zu Beginn der Fastenzeit aus dem Gotteshaus verwiesen wurden. Ähnlich wie alle Gläubigen den ursprünglich nur den Büßern zugedachten Ritus der Asche übernommen hätten, so hätten sie auch mit ihnen auf den Anblick des Altares und seiner Bilder verzichten wollen (Fasten der Augen). Vielleicht stehen hinter dem Brauch des Hungertuches aber auch die alten Altarvelen, die im Gebälk der Chorschranken befestigt waren, um den Altar teilweise den Blicken der Gläubigen zu entziehen, ähnlich der griechischen Bilderwand (Ikonostase). Das Hungertuch hat in den letzten Jahren durch die Fastentücher der bischöflichen Hilfswerke "Misereor" und "Not in der Welt" eine gewisse Neubelebung erfahren, wobei es jedoch nicht um die Verhüllung des Altares, sondern um eine katechetisch-pastorale Zielsetzung geht.
Lit.: J. Sauer, Symbolik des Kirchengebäudes, Freiburg 2/1924) 401 ff

zu 1

Biblische Bücher und Kommentare

Die großen kirchlichen Feste gehen auf Ereignisse zurück, die in der Bibel berichtet werden. Bibeltexte stehen im Mittelpunkt der Feste, die Bibel selbst ist ein Gottesdienstbuch.

Die Ergebnisse der Bibelwissenschaft finden sich vor allem in den Kommentaren zu den einzelnen Büchern der Bibel. Neben einer Einführung und einer Darstellung der Grundlinien des biblischen Buches werden die Textabschnitte einzeln kommentiert. In deutscher Sprache gibt es mehrere Kommentarreihen, die jedoch meist nicht vollständig bzw. in allen Teilen auf einem neueren Stand sind.

1. -11 Lohfink, Gerhard; Jetzt verstehe ich die Bibel,
Katholisches Bibelwerk, Stuttgart, 10/1980, 168 Seiten

Dieses Buch von einem Bibelwissenschaftler zeigt an einzelnen Beispielen, mit welcher Aussageabsicht verschiedene biblische Texte niedergeschrieben wurden und wie man das Verständnis der Texte erarbeiten kann.

Neues Testament

-12 Das Neue Testament Deutsch, Neues Göttinger Bibelwerk,
herausgegeben von Paul Althaus (gestorben) und Gerhard Friedrich, 12 Bände und weitere Bände zur Zeitgeschichte, Theologie, Ethik des Neuen Testaments, Vandenhoeck & Ruprecht, Göttingen.

Dieses evangelische Kommentarwerk ist knapp gehalten, dient der schnellen Übersicht. Einige Bände stammen noch aus der Vorkriegszeit. (Textbeispiel S. 423)

-13 Regensburger Neues Testament,
herausgegeben von Alfred Wickenhauser (gestorben) und Otto Kuss, 9 Bände (in mehreren Teilbänden) 1940-1976, Verlag Friedrich Pustet, Regensburg

Dieses katholische Kommentarwerk ist bei Pfarrern und Religionslehrern weit verbreitet. Es liegt vollständig vor, ist aber in vielen Teilen überholt, wird teilweise neu überarbeitet.

-14 Die Neue Echter Bibel, Kommentar zum Neuen Testament,
Echter Verlag, Würzburg 1983 f

Knappes Kommentarwerk, noch im Aufbau begriffen.

1. -15 Ökumenischer Taschenbuchkommentar zum Neuen Testament, herausgegeben von Erich Gräßer und Karl Kertelge 1977, GTB Siebenstern, Gütersloher Verlagshaus Gerd Mohn und Echter Verlag, Würzburg

In dieser Reihe sind bisher 4 Bänder schienen (Markus, Lukas, Johannes, Johannesbriefe). Die knappe Kommentierung ist durchaus auf dem neuesten Stand der Bibelwissenschaft.

-16 Evangelisch-Katholischer Kommentar zum Neuen Testament, herausgegeben von Josef Blank, Rudolf Schnackenburg, Eduard Schweizer, Ulrich Wilckens 1975 ff, Benziger Verlag, Zürich, Köln; Neunkirchener Verlag, Neuenkirchen-Vluyn

Dieses Kommentarwerk ist breiter angelegt als der Taschenbuchkommentar, jedoch noch für einen ersten Einblick geeignet. Bisher sind 6 Bänder erschienen (Markus, Römerbrief, Kolosserbrief, 2. Thessalonicherbrief, Philemonbrief, 1. Petrusbrief)

Ökumenische Kommentare sind heute kein Problem mehr. Die Wissenschaftler benutzen die gleichen Methoden, Differenzen gibt es eher in der theologischen Interpretation. Hier verlaufen die unterschiedlichen Richtungen jedoch quer zu den Konfessionen.

-17 Geistliche Schriftlesung, Erläuterung zum Neuen Testament für die geistliche Lesung, herausgegeben von Wolfgang Trilling, Patmos Verlag, Düsseldorf 1961-1977, 23 Bände (vollständig)

Diese Reihe gibt jeweils knappe Erläuterungen zu den biblischen Texten und zur Gesamtausgabe des biblischen Evangeliums bzw. Briefes. Es wird auf wissenschaftliche Information verzichtet, die Autoren sind jedoch Bibelwissenschaftler.

Wissenschaftliche Kommentare zum Neuen Testament

Diese sehr ausführlichen Kommentare streben eine totale Darstellung der Forschungsergebnisse an.

-18 Herders Theologischer Kommentar zum Neuen Testament, herausgegeben von Alfred Wickenhauser (gestorben) und Anton Vögtle, 14 Bände jeweils in mehreren Faszikeln 1953 ff, Herder, Freiburg

Dieses ausführliche Werk gibt auch zu Spezialfragen den Stand der Forschung wieder. Bisher erschienen sind Matthäus, Markus, Lukas 1. Teil, Johannes, Apostelgeschichte, Römerbrief, Galaterbrief, Epheserbrief, Philipperbrief, Jacobusbrief, Petrusbrief, Judasbrief, Johannesbriefe.

zu 1

1. -19 Kritisch-Exegetischer Kommentar über das Neue Testament, begründet von H.A.W. Meyer, herausgegeben von Ferdinand Hahn 1832, Vandenhoeck & Ruprecht, Göttingen

Diese Reihe ist nahezu vollständig, in Teilen überholt, jedoch werden neue Kommentare kontinuierlich veröffentlicht.

Altes Testament

Zum Alten Testament liegen nur wenige Kommentarreihen vor, als für das Neue Testament.

-20 Das Alte Testament Deutsch, Neues Göttinger Bibelwerk, herausgegeben von Otto Kaiser und Lothar Perlitt, 25 Bände, 1949 ff, Vandenhoeck & Ruprecht, Göttingen

Diese Reihe liegt vollständig vor, ist knapp gefaßt und bietet einen schnellen Zugang zur wissenschaftlich fundierten Bibelauslegung. Die Kommentare werden kontinuierlich überarbeitet.

-21 Die Neue Echter Bibel, Kommentar zum Alten Testament, Echter Verlag, Würzburg, 1980 ff

Dieses neue Kommentarwerk ist für den Praktiker angelegt und bietet in knappen Erläuterungen die Ergebnisse der Bibelwissenschaft.

-22 Kommentar zum Alten Testament, herausgegeben von W. Rudolph, K. Elliger, F. Hesse, O. Kaiser, 17 Bände, Gütersloher Verlagshaus Gerd Mohn

Breiter angelegtes, wissenschaftlich orientiertes Kommentarwerk aus der Vorkriegszeit, das schrittweise überarbeitet wird. An neueren Kommentaren liegen vor: 1 Sam, Bd 13,1; Hos, Bd 13/2; Joel; Amos; Obadja; Jona, Bd 13,3; Micha; Nahum; Habakuk; Zephanja, Bd 13,4; Hagai; Sacharja; Maleachi, Bd 17; Prediger; Esther, Bd 18; Daniel, Bd 16; Hiob, Bd 17; Ruth; Hoheslied; Klagelieder.

-23 Biblischer Kommentar, Altes Testament, herausgegeben von Siegfried Hermann und Hans-Walter Wolff, 21 Bände, Neunkirchener Verlag, Neunkirchen-Vluyn

Sehr breit angelegtes wissenschaftliches Kommentarwerk. Erschienen sind Kommentare zu den Büchern bzw. Teilen alttestamentlicher Bücher Gen 1-36; 1 Kön 1-16; Jes 1-45; Ezechiel; Hosea; Joel, Amos, Obadja, Jonas, Psalmen, Hiob, Kohelet, Hoheslied, Klagelieder, Esther.

1. -24 Geistliche Schriftlesung, Erläuterung zum Alten Testament für die geistliche Lesung
herausgegeben von Hermann Eising und Hand Lubscyk, Patmos Verlag, Düsseldorf

Dieser knappe Kommentar verzichtet auf bibelwissenschaftliche Informationen und bietet allein eine kurze Erschließung des Textes. Geschrieben ist er allerdings von Bibelwissenschaftlern, die in einem Anmerkungsteil auf Forschungsergebenisse Bezug nehmen. Die Reihe schließt an die Geistliche Schriftlesung - Neues Testament an. Erschienen sind Erläuterungen zu den Büchern Hiob, Zephanja, Nahum, Habakuk, Genesis, Amos, Jeremias, Ezechiel, Psalmen. (Die Bände sind nicht entsprechend der allgemeinen Folge der alttestamentlichen Bücher nummeriert.)

Kommentare zu den biblischen Texten der Gottesdienste

Für die biblischen Texte, die in den Gottesdiensten verwendet werden, sind eigene Kommentarbände erschienen.

-25 Maertens, Thierry; Frisque, Jean; Kommentar zu den neuen Lesungen der Messe (aus dem Französischen übersetzt), 9 Bände für die Sonn-, Feier-, und Wochentage
Verlag Herder, Freiburg, 1969 - 1970

-26 Am Tisch des Wortes, Liturgisch-homiletische Arbeitshilfen zu den gottesdienstlichen Schriftlesungen
herausgegeben von Clemens Jockwig und Willi Massa, Katholisches Bibelwerk, Stuttgart, über 60 Bände, 1970 ff

Brauchtum - Volkskunde

-27 Handwörterbuch des deutschen Aberglaubens
herausgegeben von Hanns Bächtold-Stäubli, 9 Bände und Registerband,
Verlag Walter de Gruyter, Berlin, Leibzig, 1927-1942, abgekürzt Bächtold-Stäubli

Der Titel ist etwas irreführend. Das Lexikon ist eine Enzyklopädie der volkskundlichen Forschung, das streng wissenschaftlich gearbeitet ist. Für die kirchlichen Fest- und Heiligengedenktage finden sich ausführliche Artikel, die auch das regionale Brauchtum erfassen.

-28 Wörterbuch der deutschen Volkskunde,
begründet von Oswald A. Erich und Richard Beitl, 2. Auflage neu bearbeitet von Richard Beitl
Kröners Taschenausgabe Band 127, Kröner, Stuttgart 1955, 919 Seiten

zu 1

1. -29 Schnitzler, Theodor; Kirchenjahr und Brauchtum neu entdeckt
Herder, Freiburg, Basel, Wien 1977, 48 Seiten

Dieses knappe Werk ist sehr informativ, es geht jeweils von dem Bild, den Symbolen aus und beschränkt den Text auf kurze, prägnante Hinweise.

-30 Kirchhoff, Hermann; Christliches Brauchtum,
Von Advent bis Weihnachten, 1985, 164 S.

ders. Christi Himmelfahrt bis St. Martin im christlichen Brauchtum 1986, 143 S., Kösel-Verlag, München

-31 Küster, Jürgen; Wörterbuch der Feste und Bräuche im Jahreslauf
Herderbücherei 1177, Freiburg 1985

-32 Küster, Jürgen; Bräuche im Kirchenjahr. Historische Anregungen für die Gestaltung christlicher Festtage
Herder, Freiburg 1986 143 S.

Christliche Kunst

Eine Art Inventarisierung der christlichen Kunstwerke findet sich in zwei Lexika:

-33 Lexikon der christlichen Ikonografie
herausgegeben von Engelbert Kirchbaum S.J. (gestorben) und Wolfgang Braunfels
Herder, Rom, Freiburg, Basel, Wien 1968 - 1976

Band I-IV Allgemeine Ikonografie
z.B. Arche Noah, Christus, Kugel, Verklärung .....

Aufbau eines Artikels
Begriff, Quellen (z.B. Bibeltexte), Ikonografie, Fundorte einzelner Kunstorte, Literatur zahlreicher Abbildungen

Band V-VIII Heilige

-34 Schiller, Gertrud; Ikonografie der christlichen Kunst
Gütersloher Verlagshaus Gerd Mohn 1969-1976

Bd 1 Inkarnation, Kindheit, Taufe, Versuchung, Verklärung, Wirken und Wunder Jesu
Bd 2 Die Passion Jesu Christi
Bd 3 Die Auferstehung und Erhöhung Christi
Bd 4.1. Die Kirche
Bd 4.2. Maria

Das Werk enthält viel weniger Stichworte als das Lexikon 1.-33 und bietet eine eher monografische Darstellung. Ausgehend von den biblischen Quellen wird ein kunsthistorischer Überblick gegeben. Das Werk enthält auch Hinweise auf einzelne Kunstwerke. Jeder Band hat einen umfangreichen Bildteil.

1.1. Kirchliche Feste (katholisch) - ein erster Überblick

Der Kalender für das Kirchenjahr und für die Heiligenfeste finden sich auch in den Gottesdienstbüchern (s. 1.-1,2,4,5)

- 1 Adam, Adolf; Das Kirchenjahr mitfeiern. Seine Geschichte und seine Bedeutung nach der Liturgiereform
Herder, Freiburg 1979, 272 Seiten

Das Buch zeigt die Struktur des Kirchenjahres und stellt die Feste im einzelnen dar. Lesenswert ist in der Regel der historische Überblick zum einzelnen Fest. Aussagen zu Fest selbst beschränken sich auf eine Inhaltsangabe der Gottesdiensttexte. Interessant sind die Informationen über die Entwicklung des Kalenders.

- 2 Richter, Klemens; Was ich vom Kirchenjahr wissen wollte
Herder, Freiburg 1982

Ein Buch zur schnellen und knappen Information.

- 3 Reckinger, Francois; Gott begegnen in der Zeit.
Unser Kirchenjahr. Ein Führer
Bonifatius Verlag, Paderborn 1986, 200 S.

- 4 Nocent, Adrian; Das heilige Jahr
Schwaben Verlag, Stuttgart 1965/66

Bd 1	Advent, Weihnachten, Epiphanie
Bd 2	Fastenzeit
Bd 3	Karwoche
Bd 4	Ostern
Bd 5	Pfingsten

Ausführliche Interpretation der Feste, ihrer Thematik, Entwicklung, der biblischen Grundlagen und Gottesdiensttexte, an der Tradition des Benediktinerordens orientiert.

1.2.1. Christliche Feste in einer Arbeits- und Freizeitwelt

- 1 Gottesdienst in einem säkularisierten Zeitalter
Eine Konsultation der Kommission für Glauben und Kirchenverfassung des Ökumenischen Rates der Kirchen.
Herausgegeben von Karl Ferdinand Müller; Joh. Stauda Verlag, Kassel, Paulinus Verlag, Trier 1971, 216 Seiten

Es werden die Aspekte des Problems aufgearbeitet;

Das Weltverständnis heute, der Mensch versteht sich als Schöpfer seiner Zukunft.
Ziel des Gottesdienstes: Feier des Bestehenden oder Veränderung? Symbolhandlung, Gottesdienst als Handeln Gottes und der Menschen, die Erwartungsstruktur des Gottesdienstes.

zu 1.2.1. - 1.2.2.

1.2.1. - 2 Koch, Kurt; Aufstand der Hoffnung. Die befreiende Lebenskraft christlicher Feste
Christopherus Verlag, Freiburg 1986 259 S.

Der alternative Lebensentwurf christlicher Feste wird als Kritik der modernen Lebensverhältnisse dargestellt.

- 3 Trillhaas, Wolfgang; Das Evangelium und der Zwang der Wohlfahrtsgesellschaft
Berlin 1966

- 4 Cornehl, Peter; Bahr, Hans E.; Gottesdienst und Öffentlichkeit
Furche, Hamburg 1970, 262 Seiten

- 5 Schmidtchen, Gerhard; Was den Deutschen heilig ist
Religiöse und politische Strömungen in der Bundesrepublik
Kösel, München 1979, 228 Seiten

Ergebnisse religionssoziologischer Forschungen

- 6 Schmidtchen, Gerhard; Gottesdienst in einer rationalen Welt
Religionssoziologische Untersuchungen im Bereich der Vereinigung Evangelisch-Lutherischer Kirchen Deutschlands
Stuttgart, Freiburg 1973

1.2.2. Säkularisierung und Sakrament

Säkularisierung

Unter dem Stichwort finden sich in den verschiedenen Lexika ausführliche Artikel.

Die Säkularisierung als Ablehnung der Religion als Idee ist mit den philosophischen Strömungen eng verbunden. Aus der umfänglichen Literatur hier nur einige Hinweise.

1.2.2. - 1 Blumenberg, Hans; Die Legitimität der Neuzeit, 3 Bände
Suhrkamp, Frankfurt 1977

1. Säkularisierung und Selbstbehauptung 250 S.
2. Der Prozeß der theoretischen Neugierde 320 S.
3. Aspekte der Epochenschwelle, Cusaner und Nolaner 300 S.

- 2 Religionskritik von der Aufklärung bis zur Gegenwart, Autorenlexikon von Adorno bis Wittgenstein
herausgegeben von Karl Heinz Weger S.J.
Herderbücherei Bd 716, Herder, Freiburg 1979, 317 Seiten

Theologische Arbeiten zu der Problematik

1.2.2. s. 1.2.1. -1 Gottesdienste in einem säkularisierten Zeitalter

- 3 Mühlen, Heribert; Entsakralisierung. Ein epochales Schlagwort für die Zukunft der christlichen Kirchen
Schöningh, Paderborn 1971, 568 Seiten

- 4 Kaltenbrunner, Gerd-Klaus (Hrsg); Grund zum Feiern: Abschaffung und Wiederkehr der Feste
Herder, Freiburg 1981

- 5 Ruh, Ulrich; Säkularisierung als Interpretationskategorie zur Bedeutung des christlichen Erbes in der modernen Geistesgeschichte
Herder Verlag, Freiburg 1980, 478 Seiten

- 6 Cox, Harvey; Stadt ohne Gott
Kreuz Verlag, Stuttgart 1971

- 7 Cox, Harvey; Das Fest der Narren
Kreuz Verlag, Stuttgart 1972

Sakrament

Die Artikel "Sakrament" in den theologischen Lexika und Handbüchern.

- 8 Boff, Leonardo; Kleine Sakramentenlehre
Patmos Verlag, Düsseldorf 1976, 120 Seiten

In sehr plastischer Weise wird erklärt, daß wir im alltäglichen Leben Dinge wie Sakramente behandeln und was die theologische Bedeutung eines Sakramentes ist.

- 9 Jüngel, Eberhard/Rahner, Karl; Was ist ein Sakrament? Vorstöße zur Verständigung, Herder, Freiburg 1971, 85 Seiten

Vorträge evangelischer und katholischer Theologen, Versuch, die Gegensätze zwischen den Konfessionen abzubauen.

-10 Luthe, Hubert (Hrsg); Christusbegegnung in den Sakramenten
Butzon & Bercker, Kevelaer 1981

-11 Sartory, Gertrude; Türen zwischen Himmel und Erde. Sakramente als Schlüsselerfahrungen
Herderbücherei 1349, Freiburg 1987

zu 1.2.2. - 1.2.3.

1.2.2. -12 Schneider, Theodor; Zeichen der Nähe Gottes. Grundriß der Sakramententheologie
Matthias Grünewald Verlag, Mainz 1979

Umfassende Darstellung der katholischen Theologie der Sakramente.

-13 Schnitzler, Theodor; Was die Sakramente bedeuten
Herder, Freiburg 1983, 232 Seiten

Ein gut geschriebenes, knappes Buch, das sich nicht an Fachleute wendet.

1.2.3. <u>Christliche Feste - eine Kurzbeschreibung</u>

- 1 Jetter, Werner; Ritus und Symbol, Anthropologische Elemente im Gottesdienst
Vandenhoeck & Ruprecht, Göttingen 1978, 334 Seiten

Grundlegende Arbeit zum christlichen Gottesdienst, die die anthropologische Forschung sowie die Philosophie des Symbols einbezieht und den Gottesdienst als symbolische Kommunikation versteht. Ein ausführliches Sachregister macht das Buch zwar nicht für eine schnelle Information, wohl aber bei der Auseinandersetzung mit Problemen zu einem guten Hilfsmittel.

- 2 Anthropologie des Kults; Beiträge von Alois Hahn, Peter Hünermann, Herbert Mühlen u.a.
Herder Verlag, Freiburg, Basel, Wien 1977, 157 Seiten

In den Beiträgen wird eine philosophische, religionsgeschichtliche und theologische Begründung des Gottesdienstes geleistet.

Stichworte: Erscheinung des Göttlichen, Erneuerung durch Bezug zur Ursprung, Abgrenzung von Kult und Magie, kultische Handlungen in Revolutionen, Mahl: Urszene des Kults, Struktur kommunikativer Handlungen.

- 3 Meyer, Hans Bernhard u.a. (Hrsg.) Gottesdienst der Kirche, Handbuch der Liturgiewissenschaft
Pustet Verlag, Regensburg 1983 ff

Umfangreiches Handbuch, von dem die ersten Bände erschienen sind.

1.2.3. - 4 Adam, Adolf; Grundriß der Liturgie
Herder, Freiburg 1985 336 S.

Darstellung des Liturgieverständnisses der katholischen Kirche, geschichtliche Entwicklung, die einzelnen Sakramente, Kirchenjahr, Stundengebet. Das Buch kann als Nachschlagewerk benutzt werden.

Gottesdienst - Eucharistiefeier - Messe

- 5 Schritte zur sichtbaren Einheit (sog. Lima Papier), Sitzung der Kommission für Glauben und Kirchenverfassung, Hrsg. von Hans Georg Link, Frankfurt 1983 213 Seiten

Die Kommission des Ökumenischen Rates der Kirchen hat die theologischen Aussagen über Taufe, Eucharistie und Amt formuliert. Zwischen den Auffassungen der verschiedenen Kirchen ist eine wachsende Annäherung zu verzeichnen. Dies betrifft auch die katholische Kirche, die in dieser Kommission Mitglied ist.

- 6 Emminghaus, Johannes; Die Messe, Wesen, Gestalt, Vollzug
Österreich. Katholisches Bibelwerk, Klosterneuburg 1976

- 7 Symbolik der Religionen;
herausgegeben von Ferdinand Hermann, Stuttgart

Bd III Ernst L. Ehrlich; Kultsymbole im Alten Testament und im nachbiblischen Judentum, 1959, 143 Seiten

Bd VI Josef A. Jungmann; Symbolik der katholischen Kirche und des Kirchenbaues, 1960, 100 Seiten

u.a. geschichtlicher Abriß, Typologien, Ostern, Taufe, Maria, Prozessionen

Bd VII Kurt Goldammer; Kurzsymbolik des Protestantismus und des protestantischen Kirchengebäudes, 1960, 112 Seiten

u.a. geschichtlicher Abriß, Abendmahl, Eheschließung, Begräbnis

Bd X Ernst Hammerschmidt; Symbolik des orthodoxen und orientalischen Christentums, 1962, 280 Seiten

zu 1.2.3. - 1.3.2.

1.2.3. - 8 Baur, Wolfgang/Dümotz, Irmtraud; Bildlexikon der Symbole
Trikont-Dianus Verlag, München, 1980, 692 Seiten

Dieses Lexikon spiegelt einen neuen, aufgeklärten, aber positiven Umgang mit den Symbolen. Es wird auf außerchristliche und vorchristliche Religionen zurückgegangen.

- 9 Kriss-Rettenbeck, Lenz; Bilder und Zeichen religiösen Volksglaubens
Callwey, München 1971, 2. Auflage

u.a. Andacht, Jesusfrömmigkeit, Gegenwart des Heiligen. Ein großes Register erleichtert die Benutzung des Buches.

-10 Lurker, Manfred; Wörterbuch der Symbolik
Alfred Kröner Verlag, Stuttgart 1979

u.a. Blindheit, Kelch, Ölbaum ...

1.3. Programmentwicklung - Themen, Kriterien, Sendeformen

1.3.1. Feste in den Medien - sperrige Themen

Zöchbauer, Franz (Hrsg); Verkündigung im Zeitalter der Massenmedien
Kösel Verlag, München, 1969, 198 Seiten

1.3.2. Die Darstellung des religiösen Bezugs

Die Geschichte der christlichen Kunst ist eine Geschichte des Versuchs, den religiösen Bezug zur Darstellung zu bringen. Die Handbücher und Lexika haben das Material zusammengetragen und interpretieren die Symbolsprache.

s.o. 1. -31 Lexikon der christlichen Ikonografie
S.406 -32 Ikonografie der christlichen Kunst

- 1 Biser, Eugen; Religiöse Sprachbarrieren. Aufbau einer Logoporetik
Kösel Verlag, München, 1980, 452 Seiten

Bericht über ein Forschungsprojekt, das auch die Frage der Massenmedien einschließt.

- 2 Bastian, Hans Dieter; Kommunikation. Wie christlicher Glaube funktioniert.
Kreuz Verlag Stuttgart, Berlin, 1972, 166 Seiten

1.3.2. - 3 Calvelli Adorno, Franz; Über die religiöse Sprache - kritische Erfahrungen
Knecht, Frankfurt, 1965, 137 Seiten

- 4 Babin, Pierre u.a.; Audiovisuelle Glaubenserziehung
Bachem Verlag, Köln, 1972

Eine grundlegende Arbeit über die audiovisuelle Sprache zur Vermittlung religiöser Erfahrungen.

- 5 Pastoralinstruktion Communio et Progressio über die Instrumente der sozialen Kommunikation
Paulinus Verlag, Trier, 1971 - vor allem die Nummern 126 ff

Offizielles Dokument der katholischen Kirche, in dem die Grundlinien der Medienarbeit entwickelt werden. Prägnant formuliert, problembewußt und mit klaren Positionen zu einzelnen Problemen.

- 6 Lipfert, Klementine; Symbol-Fibel, Eine Hilfe zum Betrachten und Deuten mittelalterlicher Bilder
Stauda Verlag, Kassel, 6/1976, 160 Seiten

u.a. Pflanzen, Tiere, Farben, Bienenkorb, Engel ...

- 7 Rech, Photina; Inbild des Kosmos, Eine Symbolik der Schöpfung
Otto Müller Verlag, Salzburg, Freilassing 1966, 2 Bände, 1220 Seiten

Eine meditative Auseinandersetzung mit der Thematik. Nach einer allgemeinen Einführung werden Symbolgruppen dargestellt u.a. Wind-Atem, Kreuz-Kosmos, Feuer, Sonne, Mond, Brot, Öl. Die Grundidee ist, daß die Welt selbst symbolischen Charakter hat.

- 8 Forstner, Dorothea; Die Welt der christlichen Symbole
Tyrolia, Innsbruck, 3/1976, 462 Seiten

u.a. Kreuz, Zahl, Pflanzen, biblische Gestalten, mythische Gestalten

- 9 Rahner, Hugo; Griechische Mythen in christlicher Deutung
Rhein-Verlag, Zürich, 1957

Mysterien des Kreuzes, der Taufe, von Sonne und Mond, Ostersonne, Weihnachtssonne, Mysterium des Mondes, Seelenheilung - Kraut des Hermes, Mandragore, Weidenzweig, Odysseus am Mastbaum

1.3.3. <u>Zielraster und thematische Leitlinien</u>

Zu den Festen des Kirchenjahres gibt es eine Literatur, die zur Ideenfindung dienen kann. Die Autoren legen Überlegungen und Erklärungen vor, die meist auf Predigten zu dem Fest zurückgehen. Manchmal erscheint das Stichwort "Kirchenjahr" sogar im Titel.

zu 1.3.3. - 1.3.4.

1.3.3. - 1 Jockwig, Klemens; Tage und Festtage, Gedanken und Meditationen zu Themen des Jahres
Verlag Katholisches Bibelwerk, Stuttgart, 1979, 131 Seiten

Themen u.a. Weihnachten, Leiden und Sterben, Ostern, Pfingsten, Petrus, Franziskus

- 2 Biser, Eugen; Die großen Festgeheimnisse, Eine meditative Erschließung
Don Bosco Verlag, München, 1975, 168 Seiten

Predigtähnliche Texte zu den Festen des Kirchenjahres.

- 3 Jorissen, Ingrid/Meyer, Hans B.; Feste und Zeiten
Band 1 Advent - Fastenzeit 152 Seiten
Band 2 Ostern - Christkönig 136 Seiten
Tyrolia, Innsbruck, 1978

- 4 Rahner, Karl; Kleines Kirchenjahr
Ars Sacra, München, 144 Seiten

1.3.4. Gottesdienstübertragungen

Die innerkirchliche Diskussion über die theologische Problematik von Gottesdienstübertragungen referiert

- 1 Vogt, Gerburg Elisabeth; Kirche und Fernsehanstalten, Entwicklungen, Konzepte, Programmrealisierungen, im Kapitel 3.6., S. 73-84
Verlag Fromm, Osnabrück, 1978

- 2 Zeichen im Gottesdienst, Ein Arbeitsbuch von Günther Schiwy u.a.
Chr. Kaiser Verlag, Kösel Verlag, München, 1976, 160 Seiten

Dieses Buch ist eine Schule des Sehens, geht nicht von den Texten aus, sondern davon, wie sich Gottesdienst darstellt, welche Bedeutung der Raum, die Bewegungen und Gesten der "Akteure" vermitteln. Die allgemeinen Überlegungen werden an zwei Beispielen verifiziert. Ein unentbehrliches Buch für Regisseure von Gottesdienstübertragungen.

2. Die christlichen Riten und der Festkalender

2.1. Charakteristika christlicher Riten

- 1 Jungmann S.J., Josef A.; Liturgie der christlichen Frühzeit bis auf Gregor den Großen
Universitätsverlag, Freiburg, Schweiz, 1967, 287 Seiten

- 2 Jungmann S.J., Josef A.; Der Gottesdienst der Kirche, Auf dem Hintergrund seiner Geschichte kurz erläutert
Tyrolia Verlag, Innsbruck, 1962, 272 Seiten

Jungmann ist der große Erforscher der Liturgiegeschichte, der zugleich die Symbolsprache der Liturgie erschließt. Beide Bücher sind die Ausarbeitung von Gastvorlesungen, die einen Überblick geben. Hingewiesen sei auf sein zweibändige Werk "Missarum Sollemnia" Wien 1948, in dem die Geschichte der Messe dargestellt wird.

- 3 Hahn, Ferdinand; Der urchristliche Gottesdienst, Stuttgarter Bibelstudien, Band 41
Katholisches Bibelwerk, Stuttgart, 1970, 101 Seiten

Der Band gibt einen Überblick über die Kenntnisse, die die Bibelwissenschaft gewonnen hat. Die Darstellung verfolgt die Entwicklung bis ins 2. Jahrhundert.

- 4 Adam, Adolf/Berger, Rupert; Pastoralliturgisches Handlexikon
Herder Verlag, Freiburg, 1980, 570 Seiten

In dem Lexikon finden sich u.a. Erklärungen für die Symbole und Riten. (s.o. S. 401, 1.10)

- 5 Adam, Adolf; Grundriß Liturgie
Herder Verlag, Freiburg, 1985, S. 1.2.3-4

- 6 Schnitzler, Theodor; Was die Messe bedeutet, Hilfen zur Mitfeier
Herder Verlag, Freiburg, 1970, 224 Seiten

Erklärungen der Meßfeier entlang den einzelnen Abschnitten, Gebeten, Handlungen. Auch als Nachschlagewerk geeignet.

- 7 Heitz, Sergius (Hg.); Mysterium der Anbetung, Göttliche Liturgie und Stundengebet der Orthodoxen Kirche
Luthe Verlag, Köln, 1986, 812 Seiten

zu 2.1. - 2.2.

2.1. - 8 Fischer, Balthasar; Von der Schale zum Kern, Kurzansprachen zu Zeichen und Worten der Liturgie
Herder Verlag, Freiburg, 1979, 96 Seiten

u.a. Kreuzzeichen, Weihrauch, Kyrie eleison, Halleluja

- 9 Forstner, Dorothea; Die Welt der christlichen Symbole
Tyrolia, Innsbruck, 1986, 490 Seiten

-10 Herder Lexikon Symbole
Freiburg, 1979, 191 Seiten, 1000 Stichworte

-11 Jorissen, Ingrid/Meyer, Hans Bernhard; Zeichen und Symbole im Gottesdienst
Tyrolia Verlag, Innsbruck, 1977, 148 Seiten

u.a. Wort und Schweigen, Wasser, Öl, Segen

-12 Kaspar, Peter Paul; Geheiligte Zeichen,
Herder, Freiburg, 1986, 136 Seiten

Der Autor stellt, bezogen auf den Gottesdienst, 53 Zeichen nach 8 Gruppen geordnet dar. Zum Nachschlagen geeignet.

-13 Kleinheyer, Bruno; Heil erfahren in Zeichen
Don Bosco, München, 1980

-14 Kuhne, Alexander; Zeichen und Symbole im Gottesdienst und Leben
Paderborn, 1981

-15 Rahner, Karl/Modehn, Chr./Göpfert, M. (Hrsg); Volksreligion - Religion des Volkes
Urban Taschenbuch, Bd 643, Stuttgart, 1979, 199 Seiten

Dreizehn Beiträge über Volksreligion in Südamerika, USA, Japan, Afrika und in den romanischen Ländern. Der Band gibt den augenblicklichen Stand der noch jungen Diskussion wieder. Die Beiträge sind auch unter religionssoziologischen Aspekten sehr interessant.

-16 Richter, Klemens; Was ich von der Messe wissen wollte
Herder, Freiburg, 1984, 144 Seiten

-17 Brauneck, Manfred; Religiöse Volkskunst, Votivgaben, Andachtsbilder, Hinterglas, Rosenkranz, Amulette
DuMont Buchverlag, Köln, 1978, 387 Seiten

2.2. Der Aufbau des Festkalenders

- 1 Adam, Adolf; Das Kirchenjahr mitfeiern
Verlag Herder, Freiburg, 1979

Das Buch erläutert knapp und übersichtlich die Entwicklung und Struktur des christlichen Festkalenders.

- 2 Grundordnung des Kirchenjahres und des Kalenders vom 21. März 1969, Bd 20 der Nachkonziliaren Dokumentation
Paulinus Verlag, Trier, 1969

Das offizielle kirchliche Dokument für die Neuordnung des Kirchenjahres.

- 3 Petuchowski, Jakob J.; Feiertage des Herrn, Die Welt der jüdischen Feste und Bräuche
Herder, Freiburg, 1984

zu 3.1 - 3.1.5.

3.1. Materialerschließung: Advent

3.1.1. Anthropologische Grundlagen

Walter, Eugen; Der größere Advent
Herder, Freiburg, Basel, Wien, 1977, 120 Seiten

3.1.3. Entstehung des Advent

Die umfangreichste Darstellung über die Entstehung des Advent findet sich im Band 1, Spalte 112 - 125 des Reallexikons für Antike und Christentum, Sachwörterbuch zur Auseinandersetzung des Christentums mit der antiken Welt
Stuttgart, 1950

Das Stichwort Advent im Lexikon der Theologie und Kirche gibt einen kurzen, sehr informativen Überblick. Band 1, Spalte 160 - 161

3.1.4. Aussagen der Adventszeit

- 1 Schlier, Heinrich; Der Herr ist nahe, Adventsbetrachtungen
Herder, Verlag, Freiburg, 4/1977, 112 Seiten

- 2 Ratzinger, Josef; Licht, das uns leuchtet, Besinnungen zu Advent und Weihnachten
Herder, Freiburg, 6/1979, 69 Seiten

3.1.5. Elemente, Bilder, Brauchtum

Adventskalender sind über den Buchhandel beziehbar.

Seuffert, Josef, Adventskalender für Erwachsene
Ulm, 1979

Rorate Messen
s. Lexikon für Theologie und Kirche, Band 9, Spalte 39, Texte im Meßbuch, Schott, unter "Marienmessen im Advent"

Frauentragen
s. Lexikon für Theologie und Kirche, Band 4, Spalte 311

Herbergssuche
s. Lexikon für Theologie und Kirche, Band 5, Spalte 240

Klöpfelnächte
s. Wörterbuch des deutschen Aberglaubens, Artikel Klopfnächte, Band 4, Spalte 1542 - 1546

Brauchtum
Wörterbuch der deutschen Volkskunde
Stuttgart, 1955

Heilige im Advent
s. Literatur bei 4.3., S. 463 ff

ADVENIAT - Aktion der Katholiken für die Kirche Südamerikas, Bernestr. 5, 4300 Essen 1, Tel.: 02 01 / 2 20 41

Darstellungen der bildenden Kunst

3.1.5. - 1 Lexikon der christlichen Ikonografie
Stichworte:
Propheten, Band 3, Spalte 461-462, s. auch David, Isaias, Micha u.a., Johannes der Täufer, Band 7, Spalte 164-190, Parusie, Band 3, Spalte 384-386, Weltgericht, Band 4, Spalte 513-523

- 2 Schiller, Gertrud; Ikonografie der christlichen Kunst Band 1, Seite 16-68, Bildteil Nr. 1 - 142

3.2. Materialerschließung: Weihnachten und die Weihnachtszeit

3.2.1. Anthropologische Voraussetzungen

Ausgehend von dem Faktum, daß Weihnachten gefeiert wird, finden sich in Zeitungsartikeln, Rundfunkbeiträgen und Predigten immer wieder Versuche, einen allgemeineren Zugang zum Weihnachtsfest zu erschließen, Aspekte herauszusuchen, die nicht unmittelbar vom christlichen Glauben her gegeben sind.

zu 3.2.1. - 3.2.3.3.

Hingewiesen sei auf folgende Publikationen:

3.2.1. - 1 G. Rein (Hrsg); Überredung zu Weihnachten
München, 1968

- 2 Ladislaus, Boros; Sinn der Weihnacht
Arche, Zürich, 1979, 100 Seiten

3.2.2. Bezug zur Öffentlichkeit

Kielholz, Paul; Weihnachten, die programmierte Depression?
Die Arche, Zürich, 1979, 80 Seiten

3.2.3. Entstehung der Feste der Weihnachtszeit

3.2.3.1. 25. Dezember

- 1 Artikel "Weihnachten I. Heortologie" im Lexikon für Theologie und Kirche, Band X, Spalte 986, gibt den augenblicklichen Stand der Forschung wieder.

- 2 Usener, Hermann; Das Weihnachtsfest, Religionsgeschichtliche Untersuchungen
Bouvier, Bonn, 3/1968, 485 Seiten

- 3 Cullmann, Oscar; Der Ursprung des Weihnachtsfestes
Theologischer Verlag, Zürich, 3/1963

3.2.3.2. 6. Januar

Artikel "Epiphanie" im Lexikon für Theologie und Kirche, Band 3, Spalte 941 f, Artikel "Drei Könige", Band 3, Spalte 566 f

3.2.3.3. s. Adam, Adolf; Das Kirchenjahr mitfeiern, S. 117-121, 125-130

3.2.4. Aussage des Festes

- 1 Beck, Eleonore; Gottes Sohn kam in die Welt
Katholisches Bibelwerk, Stuttgart, 1977, 188 Seiten

Großzügig angelegtes Arbeitsbuch, in dem auch schwerer auffindbare Texte der orientalischen Religionen und der Antike abgedruckt sind. Neben einer Erläuterung der biblischen Erzählungen werden die Messiaserwartungen des Alten Testaments, die historischen Entwicklungen der damaligen Zeit sowie die Berichte der apokryphen Evangelien herangezogen. Auf diese Weise werden die Aussageabsichten der Evangelien plastischer als in den meisten Kommentaren und Monografien herausgearbeitet.

Auszug:

2. Kaiser Augustus

Oktavian Augustus, geboren 63 v. Chr., gestorben 14 n. Chr., war ein Großneffe von Julius Cäsar, der ihn erzogen, testamentarisch als Sohn angenommen und als Erben eingesetzt hatte. Zunächst bildete er mit Marc Antonius und Lepidus das zweite Triumvirat; dann kam es zu Spannungen; schließlich siegte Oktavian in der Schlacht bei Actium (31 v. Chr.) über Mark Anton und wurde Alleinherrscher. Von nun an trug er seinen Frieden (pax Augusta) nach Rom und in die Provinzen.

> Mit welchem Zulauf, mit welcher Begeisterung von Menschen aller Altersstufen und aller Klassen der Kaiser bei seiner Rückkehr nach Italien und Rom (29 v. Chr.) begrüßt wurde, wie prächtig seine Triumphe und seine Geschenke waren, das läßt sich nicht einmal in einem Werk von größerem Wurf, geschweige denn in diesem Abriß angemessen darstellen. Nichts können die Menschen von den Göttern erbitten, nichts die Götter den Menschen gewähren, nichts kann in ein Gebet gefaßt, nichts von glücklichem Gelingen gekrönt werden, was nicht Augustus nach seiner Rückkehr in die Hauptstadt dem römischen Staat und Volk und dem ganzen Erdkreis gegeben hätte. Nach zwanzig Jahren waren die Bürgerkriege beendet, die auswärtigen begraben, der Friede wieder ins Land gerufen ... Sobald die altehrwürdige Staatsform erneuert war, wurden die Felder wieder bearbeitet, die Heiligtümer wieder geehrt, die Menschen gewannen ihre Sicherheit zurück, jeder konnte seines Besitzes sicher sein.
>
> Velleius Paterculus, Römische Geschichte II 89

Die griechischen Städte der Provinz Asia beschlossen vermutlich im Jahr 9 v. Chr. den Julianischen Kalender und mit ihm eine neue Zeitrechnung einzuführen. "... darum scheint es mir richtig, daß alle Gemeinden ein und denselben Neujahrstag haben, eben den Geburtstag des göttlichen Kaisers, und daß an ihm alle Beamten ihr Amt antreten, das ist am 9. Tag vor den Kalenden des Oktober." Damit ist der Neujahrstag auf den 23. Oktober festgelegt.
In vier kleinasiatischen Städten fand man Fragmente dieses Erlasses, der vermutlich auf den Marktplätzen bekanntgemacht wurde. Darunter auch die 1890 entdeckte "Inschrift von Priene":

zu 3.2.4.

> Dieser Tag, der Geburtstag des Kaisers, hat der Welt ein anderes Gesicht gegeben. Sie wäre dem Untergang verfallen, wenn nicht in dem heute Geborenen für alle Menschen ein gemeinsames Heil aufgestrahlt wäre... Wer richtig urteilt, wird in diesem Geburtstag den Anfang des Lebens und der Lebenskräfte für sich erkennen. Es ist unmöglich, in gebührender Weise für so große Wohltaten zu danken, die dieser Tag uns gebracht hat. Die Vorsehung, die über allem Leben waltet, hat diesen Mann zum Heile der Menschen mit solchen Gaben erfüllt, daß er uns und den kommenden Geschlechtern als Heiland gesandt ist. Jedem Krieg wird er ein Ende setzen und alles herrlich machen. In seiner Erscheinung sind die Hoffnungen der Vorfahren erfüllt. Er hat nicht nur die früheren Wohltäter der Menschheit allsamt übertroffen, es ist unmöglich, daß je ein größerer käme. Mit dem Geburtstag des Gottes beginnt für die Welt das Evangelium, das sich mit seinem Namen verbindet.

Wer die Sprache solcher Ankündigungen und Inschriften im Ohr hat, wird etwa die Ankündigung der Geburt Jesu, das Lied der Engel auf dem Hirtenfeld anders hören und verstehen. Er wird erfahren, wie sehr das Evangelium die Sprache seiner Zeit spricht: Der Geburtstag des Kaisers ist der Beginn einer neuen Zeit; seine Erlasse sind Evangelium; er trägt den Titel Heiland (Retter); mit seiner Geburt strahlt Licht auf in der Welt.

Augustus wurde im ganzen Reich verehrt. Der römische Senat baute ihm zwar zu Lebzeiten keinen Tempel in der Stadt, doch nach seinem Tod erhob er den Herrscher in den Stand der Unsterblichen und erklärte ihn zum göttlichen Wesen.

3.2.4. - 2 Riedl, Johannes; Die Vorgeschichte Jesu,
Katholisches Bibelwerk, Stuttgart, 1968, 79 Seiten

Interpretation der matthäischen und lukanischen Kindheitsgeschichte, die die alttestamentlichen Bezüge und die Aussageabsichten der Texte herausarbeitet. Eine informative, knappe Übersicht, die sich im Gegensatz zu dem unter 3.2.4.- 1 genannten Buch ganz auf die Auslegung der Texte beschränkt.

- 3 Knörzer, Wolfgang; Wir haben seinen Stern gesehen, Verkündigung der Geburt Christi nach Lukas und Matthäus
Katholisches Bibelwerk, Stuttgart, 1967, 272 Seiten

Vermittlung der bibelwissenschaftlichen Forschungsergebnisse für den Praktiker. Das Buch ist stärker an den Texten orientiert als das von E. Beck 3.2.5. - 1, bringt allerdings auch viele alttestamentliche Texte im Wortlaut. Es werden auch Anwendungsbereiche für Gemeindearbeit und Religionsunterricht erschlossen.

3.2.4. - 4 Laurentin, René; Struktur und Theologie der lukanischen Kindheitsgeschichte
Katholisches Bibelwerk, 1967, 249 Seiten mit einem zusätzlichen Beitrag von Josef Gewieß "Die Marienfrage", Lk 1,34. (Das Erscheinungsjahr der französischen Originalausgabe ist nicht angeführt.)

Diese Monografie stellt eine gründliche Analyse der lukanischen Kindheitsgeschichte dar. Es werden nicht nur die alttestamentlichen Bezüge, sondern auch Verbindungen zu anderen neutestamentlichen Autoren herausgearbeitet. Es wird zugleich eine Grundlegung der Mariologie erarbeitet.

Neben den Monografien und Arbeitsbüchern bieten die wissenschaftlichen Kommentare zum Neuen Testament einen Zugang zu den Texten. Diese Kommentare sind allerdings für Fachtheologen geschrieben und setzen in der Regel Kenntnisse über die gesamte Heilige Schrift und über exegetische Arbeitsmethoden voraus. Es wird hier nur auf drei neuere Kommentare verwiesen.

- 5 Neues Testament Deutsch
Schweitzer, Eduard; Das Evangelium nach Matthäus,
Vandenhoeck & Ruprecht, Göttingen 1976

Auszug:

Die Flucht Jesu Mt 2,13-23

Die Geschichte selbst erinnert wieder an die Moseserzählung, besonders in der Form des Josephus (Altertümer 2, 205 ff, 210 ff, 254 ff): Ein priesterlicher Schriftgelehrter in Ägypten verkündet dem König die kommende Geburt eines Retters; der König fürchtet sich vor ihm und läßt alle männlichen Kinder töten. Der Vater Moses, in großer Sorge wegen der kommenden Geburt, wird im Traum durch Gott beruhigt und die Geburt erfolgt schmerzlos. Drei Monate lang behalten die Eltern das Knäblein daheim und setzen es dann auf dem Nil aus. Auch an die spätere Flucht Moses und seine Rückkehr nach Ägypten nach dem Tode des verfolgenden Königs (2. Mose 2, 15 ff), ist zu erinnern. Später erzählen jüdische Lehrer von einem Rabbi, der mit Jesus nach Ägypten geflohen sei, als der König Jannaeus (104-78 v. Chr.) die Gelehrten töten ließ; dort habe Jesus ägyptische Zauberei gelernt. Das könnte zurückgehen auf ein vages Wissen, daß die Christen von der Flucht nach Ägypten redeten; sicher nicht auf die genaue Kenntnis von Mt.2; denn Joseph ist kein gelehrter Rabbi und Jesus noch nicht im Alter, in dem er bei ägyptischen Zauberern in die Lehre gehen könnte. Mehr als solche unbestimmten Erinnerungen an christliche Geschichten liegt kaum hinter dieser jüdischen Tradition.

Zugrunde liegt also wahrscheinlich eine Erzählung von Geburt, Namensgebung, Verfolgung, Flucht und Rückkehr, die Jesus weithin in Parallele zu Mose gesehen hat. Typisch dafür ist die fünfmalige Erwähnung einer Entscheidung durch einen Traum 1,20 = 2,13 = 2,19; 2,12 = 2,22). Teile von 2,13 f. kommen in 2,20 f. wörtlich wieder vor. Überall steht Joseph im Mittelpunkt. ......
Wie in 1,20 bestimmt der "im Traume erscheinende Engel des Herrn", wie im Alten Testament im "Ich" Gottes redend, alles Folgende. Er ist gewissermaßen das gestaltgewordene Wirken Gottes. Auch hier steht Joseph im Zentrum. Sein Gehorsam zeigt sich wieder (vgl. zu 1,25) in der wörtlich dem Befehl entsprechenden Ausführung: "Er aber stand auf und nahm das Kind und seine Mutter mit" (genau so V. 20f.). Die Flucht zeigt nochmals die Diskrepanz zwischen der scheinbaren Macht des jetzigen Königs und der Niedrigkeit und Ohnmacht des kommenden Weltenkönigs auf. Dieser scheint Objekt, nicht Subjekt der Geschichte zu sein; tatsächlich aber beherrscht er das ganze Geschehen. ...... Die Grausamkeit des Herodes ist sprichwörtlich gewesen; drei Söhne ließ er hinrichten und zu seinem Begräbnis hätte aus jeder Familie einer getötet werden sollen, damit man auch wirklich traure (Josephus, Altertümer 17,181). Daß freilich Josephus, der diese Grausamkeiten mit Absicht zusammenstellt, nichts von einem Kindermord berichtet, spricht gegen die Historizität gerade dieser Untat. ...... Die Weisung zur Rückkehr entspricht völlig derjenigen zur Flucht im V.13. "Land Israel", der im modernen Staat Israel wieder aufgenommene Begriff, findet sich im Neuen Testament einzig hier. Auffällig ist die Mehrzahl "die nach dem Leben ... trachten"; vielleicht wirkt hier die Parallele zu 2. Mose 4,19 (LXX) ein: "Da starb der König von Ägypten. Der Herr aber sprach zu Mose: ... Gehe weg nach Ägypten, ... denn gestorben sind alle, die nach deinem Leben trachten." Das Reich des Herodes wurde nach dessen Tod unter drei Söhne geteilt, von denen Archelaos am meisten gefürchtet war. Besonders wichtig ist für Matthäus, daß auch die Umsiedlung nach Nazareth auf Befehl des Engels erfolgt. Der Ausdruck "er bezog Wohnung" und die Tatsache, daß erst eine Weisung im Traum Joseph zum Umzug nach Nazareth bewegt, sind eindeutig; nach Matthäus haben die Eltern Jesu vorher nicht in Nazareth, sondern in Bethlehem gewohnt. Mit dieser Ansiedlung im galiläischen Nazareth, nochmals durch Prophetenwort bestätigt, ist der Höhepunkt erreicht.

Im Rückblick auf die ersten zwei Kapitel erkennt man, in wie verschiedener Weise die Gemeinde versucht hat, die Einzigartigkeit Jesu auszudrücken. Der Stammbaum stellt ihn als den von Gott verheißenen Davididen dar, der zugleich die ganze Geschichte Israels seit der Berufung Abrahams erfüllt. Die folgenden Geschichten sehen in ihm den Mose noch überbietenden Erlöser Israels. Außerdem sind schon Texte auf ihn bezogen worden, die ihn als den von den Propheten Verheißenen darstellen. Während in

Stammbaum und Kindheitsgeschichten Joseph die zentrale Stellung einnimmt, fiele diese Rolle in der Tradition der Jungfrauengeburt eigentlich der Maria zu; doch ist dies einzig im Bericht von der Anbetung der Magier der Fall. Hier erscheint auch das Motiv des Weltenkönigs. ......

3.2.4. - 6 Regensburger Neues Testament
Ernst, Josef; Das Evangelium nach Lukas
Pustet, Regensburg, 1977

- 7 Ökumenischer Taschenbuchkommentar zum Neuen Testament 3/1
Schneider, Gerhard; Das Evangelum nach Lukas
Siebenstern Taschenbuch Nr. 500, Gütersloh-Würzburg, 1977

- 8 Lohfink, Gerhard; Jetzt verstehe ich die Bibel
Katholisches Bibelwerk, Stuttgart, 1973

Die folgende Textprobe gibt einen längeren Auszug aus dem Kapitel zu Lk 1,26-38 wieder:

Die Verheißung der Geburt Jesu

Im sechsten Monat wurde der Engel Gabriel von Gott in die Stadt Nazareth in Galiläa zu einer Jungfrau gesandt. Sie war mit einem Mann namens Josef verlobt, der aus dem Haus David stammte, und ihr Name war Maria. Der Engel trat bei ihr ein und sagte: Sei gegrüßt, du Begnadete, der Herr ist mit dir! Sie erschrak über diese Anrede und überlegte, was dieser Gruß zu bedeuten habe. Da sagte der Engel zu ihr: Fürchte dich nicht, Maria; denn du hast vor Gott Gnade gefunden. Du wirst ein Kind bekommen, einen Sohn wirst du gebären; dem sollst du den Namen Jesus geben. Er wird groß sein und Sohn des Höchsten genannt werden. Gott, der Herr, wird ihm den Thron seines Vaters David geben. Er wird über das Haus Jakob in Ewigkeit herrschen, und seine Herrschaft wird kein Ende haben. Maria sagte zu dem Engel: Wie soll das geschehen, da ich mit keinem Mann zusammenlebe? Der Engel antwortete ihr: Heiliger Geist wird über dich kommen, und die Kraft des Höchsten wird dich überschatten. Deshalb wird auch das Kind heilig und Sohn Gottes genannt werden. Auch Elisabeth, deine Verwandte, hat noch im Alter einen Sohn empfangen; sie ist jetzt schon im sechsten Monat und galt doch als unfruchtbar. Denn für Gott ist nichts unmöglich. Da sagte Maria: Ich bin die Magd des Herrn; mit mir geschehe, was du gesagt hast. Danach verließ sie der Engel.

Das Konstruktive unserer Erzählung wird deutlich, wenn man den Aufbau des Gesprächs im ganzen untersucht. Es muß ja auffallen,

zu 3.2.4.

daß sich die Ankündigung des Johannes in Lk 1,5-20 und die Ankündigung Jesu in unserem Text nach genau dem gleichen Schema vollzieht:

1 Ein himmlisches Wesen erscheint

2 Die Geburt eines Sohnes wird angekündigt

3 Sein Name wird festgelegt

4 Seine Zukunft wird offenbart

Woher stammt dieses Schema, dessen Bestandteile und dessen Aufbau doch keineswegs selbstverständlich sind? Die Antwort ist einfach und der biblischen Forschung seit langem bekannt: Das Schema stammt aus dem Alten Testament. Es findet sich dort in zahlreichen Texten, in denen die Geburt eines Kindes vorausgesagt und verkündet wird. Man nennt es deshalb einfach "Verkündigungsschema". ......
In Gen 17,15-19 erscheint Gott vor Abraham und kündigt ihm, zunächst in allgemeiner Form, die Geburt eines Sohnes aus Sara an. Abraham fällt auf sein Angesicht und lacht. Er denkt bei sich: "Können denn einem Hundertjährigen noch Kinder geboren werden, und kann Sara als Neunzigjährige noch gebären?" Da macht ihm Gott die feierliche Zusage: "Sara, deine Frau, wird dir einen Sohn gebären. Du sollst ihm den Namen Isaak geben. Ich werde meinen Bund mit ihm errichten als einen ewigen Bund für seine Nachkommen."
Die vier Bestandteile des Verkündigungsschemas sind deutlich zu erkennen: Gott oder der Engel Gottes erscheint, die Geburt eines Sohnes wird angekündigt, sein Name wird festgelegt, seine Zukunft oder ein wichtiger Aspekt seiner Zukunft wird offenbart. Die Ankündigung des Johannes (Lk 1,13-17) und die Ankündigung Jesu (Lk 1,31-33) folgen diesem Schema aufs genaueste. Die neutestamentlichen Erzähler müssen also entsprechende alttestamentliche Texte gekannt und ihren Aufbau sorgfältig nachgeahmt haben. Wiederum ein Zeichen für das Schematische und Konstruktive unserer Erzählung!
Nun ist mit dem Verkündigungsschema allerdings erst die Hälfte der Erzählung strukturell erklärt. Anschließend meldet Maria ja noch ihr Bedenken an, der Engel beseitigt dieses Bedenken und gewährt Maria schließlich ein Zeichen, an dem sie erkennen kann, daß Gott seine Zusage erfüllt. Läßt sich auch für diesen zweiten Teil der Erzählung ein bereits vorgeprägtes alttestamentliches Schema nachweisen?
Das ist tatsächlich der Fall. Die Gewährung eines Zeichens durch Gott ist fester Bestandteil alttestamentlicher Berufungserzählungen.

Solche Berufungserzählungen sind oft nach folgendem Schema aufgebaut:

zu 3.2.4.

1 Gott spricht eine Berufung aus

2 Der Berufene äußert ein Bedenken

3 Gott beseitigt dieses Bedenken durch eine Erklärung

4 Gott gewährt zur Bekräftigung der Erklärung ein Zeichen

In Exodus 3,10-12 wird die Sendung des Mose zum Pharao folgendermaßen erzählt: Gott spricht zu Mose: "So gehe hin! Ich sende dich zum Pharao. Führe mein Volk, die Israeliten, aus Ägypten heraus! Moses antwortet ihm: Wer bin ich, daß ich zum Pharao gehen und die Israeliten aus Ägypten herausführen könnte? Da sprach Gott: Ich selbst bin mit dir! Und dies soll dir zum Zeichen sein, daß ich dich gesandt habe: Wenn du das Volk aus Ägypten herausgeführt hast, werdet ihr Gott an diesem Berge verehren." ......

Maria äußert, gleich Mose und Jeremia, ein Bedenken. Dieses Bedenken wird dann, wie es das Schema verlangt, durch eine Erklärung Gabriels ausgeräumt. Und hierauf folgt das vierte Bauelement des Berufungsschemas, das beglaubigende Zeichen: Maria wird an der Schwangerschaft der hochbetagten Elisabeth erkennen, daß Gott seine Zusage erfüllt. ......

Es gibt auf diese Fragen keine wirkliche Antwort, solange man nicht die Struktur des Textes ganz ernst nimmt. Wir hatten gesehen, daß unserem Text zwei geprägte alttestamentliche Schemata zugrundeliegen: das Verkündigungsschema und das Berufungsschema. Die oben gestellten Fragen sind somit zu präzisieren: Worum geht es in diesen beiden Schemata? Was ist ihre eigentliche Aussageabsicht? Wo liegt ihr Sinnzentrum? ......

So zeigt die Strukturanalyse ganz eindeutig, daß der Höhepunkt und das Sinnzentrum unserer Erzählung in dem Satz liegt: "Dieser wird groß sein und Sohn des Höchsten genannt werden. Gott, der Herr, wird ihm den Thron seines Vaters David geben, er wird herrschen über das Haus Jakob in Ewigkeit und seine Herrschaft wird kein Ende haben" (Verse 32-33).
Das ist natürlich ein äußerst wichtiges, ja entscheidendes Ergebnis. Aber bevor wir es im einzelnen auswerten, wollen wir uns noch einmal unsere Fragestellung vergegenwärtigen. Wir hatten aus dem konstruktiven und schematischen Charakter der Verkündigungserzählung geschlossen, daß es ihr nicht in erster Linie darum geht, Fakten mitzuteilen, sondern eine Deutung zu geben. Wir hatten daraufhin gefragt: Was soll in dieser Erzählung eigentlich gedeutet werden? Nachdem wir jetzt mit Hilfe der Formkritik erkannt haben, welcher Satz im Mittelpunkt steht, kann die Antwort nur lauten: Die Person Jesu, ihr Wesen und ihr Geheimnis, soll gedeutet werden. Wir haben eine christologische Erzählung vor uns. Sie will sagen: Das Kind, das Maria empfangen wird, wird Sohn des Höchsten genannt werden - das heißt, man wird von ihm bekennen, daß es der Sohn Gottes ist. Ferner: Gott wird ihm den Thron seines Vaters David geben - das heißt, Jesus wird als Messias eingesetzt werden, und zwar, wie der

Text präzisiert, zu einer ewigen Herrschaft. Ja, wenn wir bedenken, daß das Verkündigungsschema erzählerisch schon vor der Geburt ansetzt, um das Wesen eines Menschen zu enthüllen, so müssen wir als die eigentliche Aussage unserer Erzählung sogar formulieren: Jesus ist der Sohn Gottes, er ist der Messias, er ist in seine ewige Herrschaft eingesetzt, in ihm haben sich die messianischen Verheißungen des Alten Testaments erfüllt.
Das alles sind aber Bekenntnisaussagen der nachösterlichen Gemeinde über Jesus. Im Neuen Testament finden sich zahlreiche Texte, die zeigen, daß "Sohn Gottes" und "Messias" zentrale Bekenntnisaussagen der Urkirche sind, in denen diese das Geheimnis des gekreuzigten und auferstandenen Jesus zu begreifen suchen. Wir dürfen also sagen, daß im Sinnzentrum unserer Erzählung ein nachösterliches Glaubensbekenntnis über Jesus steht, allerdings nicht als isoliertes Bekenntnis, sondern vorgetragen und formuliert als Erzählung.
Nun spielt in Lk 1,26-38 allerdings auch die geistgewirkte Empfängnis Jesu eine wichtige Rolle. Welchen Stellenwert und welche Funktion hat die Aussage, daß Jesus ohne Zutun eines Mannes empfangen wurde, im Text?
Zunächst einmal ist klar, daß diese Aussage besonders betont werden soll. Maria äußert ja ein Bedenken, das dann durch die Erklärung Gabriels beseitigt wird. Damit ist erzähltechnisch zweifellos ein starker Akzent gesetzt. Andererseits liegt aber auch auf der Hand, daß die Erklärung Gabriels in Vers 35 nicht gleichwertig neben der Offenbarung Jesu als Messias und Sohn des Höchsten in Vers 32 steht. Denn die Erklärung in Vers 35 soll ja die Offenbarung in Vers 32 nur unterstreichen und verdeutlichen: Jesus ist der Sohn Gottes, weil er sein menschliches Dasein der schöpferischen Tat Gottes im Schoß einer Jungfrau verdankt. Schon allein Form und Struktur unserer Erzählung beweisen also, daß die Aussage von der geistgewirkten Empfängnis Jesu nicht einfach gleichwertig neben der Aussage, Jesus sei der Sohn Gottes, steht. In dieselbe Richtung weist aber auch noch eine ganz andere Beobachtung:
Das Bekenntnis, Jesus sei der verheißene Messias und der Sohn Gottes, findet sich in allen Schichten des Neuen Testaments, vom ältesten Paulusbrief bis zum Johannesevangelium. Es ist uraltes Glaubensgut der Kirche, das in allen Gemeinden lebendig war und das im Neuen Testament in vielerlei Variationen immer wieder auftaucht. Hingegen findet sich die Aussage von der geistgewirkten Empfängnis Jesu nur in unserem Text und in Mt 1,18-25. Sie fehlt im gesamten übrigen Neuen Testament, und sie ist in den beiden Texten, in denen sie auftaucht, auch noch keine echte Bekenntnisaussage; sie tritt ja nicht für sich auf, sondern sie hat beidemale die Funktion, die Gottessohnschaft Jesu zu unterstreichen und zu verdeutlichen.
Wir dürfen also wirklich sagen: Unsere Erzählung ist eine christologische Erzählung. In ihrem Zentrum stehen nachösterliche Bekenntnisaussagen: Jesus ist der Sohn Gottes. Jesus ist der zu ewiger Herrschaft erhöhte Messias, Jesus ist die Erfüllung der alttestamentlichen Verheißungen. Um die Hervorhebung und Veranschaulichung dieser urchristlichen Bekenntnisaussagen geht es in unserer Erzählung. Wir werden deshalb bei der Bestimmung der Gattung am besten von einer "Bekenntniserzählung" sprechen. Sie sagt und bekennt, wer Jesus war, indem sie auf die Zeit vor der Empfängnis Jesu zurückblendet und mit Hilfe alttestamentlicher Schemata den Anfang Jesu erzählt. Sie sagt und bekennt: Jesus ist der Sohn Gottes, denn er kam aus Gott.

Wenn das so ist, haben wir natürlich keine Möglichkeit mehr, die Verkündigungserzählung auf irgendwelche historischen Vorkommnisse zu hinterfragen - zum Beispiel darauf, ob Maria ein besonderes Offenbarungserlebnis hatte oder nicht. Selbstverständlich kann es ein solches Offenbarungserlebnis gegeben haben. Aber aus der Erzählung in Lk 1,26-38 läßt es sich nicht beweisen. Die Gattung der Erzählung bietet dazu einfach keinen Ansatzpunkt. Die Erzählung sagt uns nur: Jesus ist der Sohn Gottes, denn seine Empfängnis geschah durch den Geist Gottes. Über alles andere schweigt sie. ......

Es liegen eine Vielzahl von Arbeiten vor, die eine Auslegung der biblischen Erzählungen versuchen, die sich nicht streng am Text entlang bewegen.

3.2.4. - 9 Vögtle, Anton; Was Weihnachten bedeutet, Meditationen zu Lk 2, 1-20
Herder, Freiburg, 3/1978, 144 Seiten

-10 Das Evangelium der Bauern von Solentiname, aufgezeichnet von Ernesto Cardenal
Jugenddienst-Verlag, Wuppertal, 1976

Gespräche mit Campesinos in Nicaragua über biblische Texte.

Die neueste umfassende Monografie über die Kindheitsevangelien ist:

-11 Drewermann, Eugen; Dein Name ist wie der Geschmack des Lebens, Tiefenpsychologische Deutung der Kindheitsgeschichte nach dem Lukasevangelium
Herder, Freiburg, 1986, 168 Seiten

Der Autor interpretiert die Weihnachtserzählungen einmal auf dem Hintergrund der altägyptischen Religion, vor allem bzgl. der Geburt des Gottessohnes, und legt die Texte so aus, daß die Erfahrungen, die Träume und Hoffnungen des Menschen sich in den biblischen Erzählungen wiederfinden. Die Auslegung steht im bewußten Gegensatz zur historisch-kritischen Methode, die die meisten Bibelwissenschaftler heute anwenden.

3.2.5. Elemente, Bilder, Brauchtum

Eine umfassende Darstellung des Brauchtums findet sich in:

- 1 Handwörterbuch des deutschen Aberglaubens, Band 9, Sparte 864-968
(Achtung: Das Stichwort "Weihnachten" findet sich im Anhang des 9. Bandes, der in der Mitte noch einmal mit der Paginierung beginnt.)

zu 3.2.5.

3.2.5. - 2 Wörterbuch der deutschen Volkskunde, Kröner Taschenbuch 127, s. Stichworte Weihnachten, Weihnachtsbaum, Weihnachtsgebäck

- 3 Schneider, Camille; Der Weihnachtsbaum und seine Heimat das Elsaß Philos. Anthroposofischer Verlag, CH-Dornach, 3/1977, 112 Seiten

- 4 Heim, Walter; Weihnachtsbrauchtum Kanisius-Verlag, Freiburg/Schweiz, 48 Seiten

Zum Stichwort "Weihnachtsspiele" findet sich ein ausführlicher Artikel im Lexikon

- 5 Religion in Geschichte und Gegenwart, 3. Auflage, Band VI, Spalte 1569 - 1571

Ein Überblick über die Bücher zu und über Weihnachten ist leider nicht möglich. Die Fülle der Titel konnte nicht gesichtet werden. Es bleibt nur der Hinweis auf das

- 6 Verzeichnis der lieferbaren Bücher, Verlag der Buchhändler-Vereinigung

Zum Stichwort Weihnachten finden sich 8 Spalten mit Erzählbüchern, Liederbüchern, die Darstellung des Weihnachtsfestes in verschiedenen Ländern und Regionen, Bücher über Weihnachtsgebäck und vieles andere.

Weihnachten in der darstellenden Kunst wird unter verschiedenen Stichworten dargestellt in

- 7 Lexikon der christlichen Ikonografie

Jesuskind	Band 2, Sp. 400-406
Geburt Christi	Band 2, Sp. 86-120
Krippe	Band 2, Sp. 657-658
Ochs und Esel	Band 3, Sp. 339
Drei Könige	Band 1, Sp. 539-549
Flucht nach Ägypten	Band 2, Sp. 43-50
Darbringung Jesu im Tempel	Band 1, Sp. 473-477
Zwölfjähriger Jesus im Tempel	Band 4, Sp. 583-589
Maria - Marienbild	Band 3, Sp. 154-210
Wurzel Jesse	Band 4, Sp. 549-558

3.2.5. - 8 Schiller, Gertrud; Ikonografie der christlichen Kunst, Band 1, S. 17 - 135, Bildteil Nr. 1 - 343

- 9 Die Heiligen Drei Könige, heilsgeschichtlich, kunsthistorisch, das religiöse Brauchtum, hrsg. von Adam Wienand
Wienand Verlag, Köln, 1973, 144 Seiten

3.3. Verkündigung des Herrn

Die Literaturhinweise zu Weihnachten gelten auch für dieses Fest. s. besonders 3.2.
ebenso die Hinweise zum Kapitel Marienfeste
4.5., S. 476 ff

3.4. Karneval - Fastnacht

- 1 Reitzel, Adam; Carneval - antik bis modern, Von alten Festen und Spielen zum literarischen Mainzer Carneval
Deutscher Fachschriftenverlag Braun, Wiesbaden, 150 Seiten

- 2 Künzig, Johannes; Die alemannisch-schwäbische Fasnet
Verlag Rombach, Freiburg, 1980, 100 Seiten

- 3 Fuchs, Peter/Schwering, Max; Die geschichtliche Entwicklung des Kölner Karnevals von seinen Ursprüngen bis in die Gegenwart
Greven Verlag, Köln, 1972, 192 Seiten

- 4 Simon, Gerd; Die erste deutsche Fastnachtsspieltradition (Germanistische Studie)
Matthiesen Verlag, Husum, 1970, 192 Seiten

- 5 Die Geschichte der Fastnacht wird im Institut für Volkskunde der Universität Freiburg/Brg. erforscht. Dort geht man von einem christlichen Ursprung der Fastnacht im 13. Jahrhundert aus. Aufgabe der Narren sei es anfänglich gewesen, die Vergänglichkeit irdischer Werte zu verdeutlichen.

Elemente, Bilder, Brauchtum

- 6 Artikel "Fastnacht" im Handwörterbuch des deutschen Aberglaubens Band II, Spalte 1246 - 1263 zu 3.4 - 3.5.

3.4. - 7 Moser, Dietz-Rüdiger; Fastnacht, Fasching, Karneval
Das Fest der "Verkehrten Welt"
Styria Verlag, Graz 1986, 382 S.

Es wird nicht nur das Brauchtum beschrieben, sondern auch die Wurzeln der Fastnacht in der mittelalterlichen Weltsicht, die auf Augustinus zurückgeht.

3.5. Fastenzeit

3.5.1. Anthropologische Grundlagen

Pesch, Otto H.; Buße konkret - heute, Theologische Meditationen
Benziger, Einsiedeln, 1974, 64 Seiten

3.5.3. Entstehung der Fastenzeit

Artikel "Quadragesima" in
Adam/Berger "Pastoralliturgisches Handlexikon"
Freiburg, 1980, S. 442 f

Artikel "Quadragesima"
Lexikon für Theologie und Kirche, Band 8, Spalte 910 f

3.5.4. Aussage der Fastenzeit

s. Texte und Meditationen zum Kirchenjahr 1.3.3. - 1, 3, 4

Nikolasch, Franz; Die Feier der Buße, Theologie und Liturgie
Echter Verlag, Nürnberg, 108 Seiten

3.5.6. Elemente, Bilder, Brauchtum

Ziegenaus, Anton; Umkehr, Versöhnung, Friede, Zu einer theologisch verantwortbaren Praxis von Bußgottesdienst und Beichte
Herder, Freiburg, 1975, 328 Seiten

Artikel "Fasten" und "Fastenzeit" im
Handbuch des deutschen Aberglaubens, Band 2, Spalte 1234 - 1246

MISEREOR - Fastenaktion der deutschen Katholiken
Mozartstr. 9, 5100 Aachen, Tel.: 02 41 / 44 21

3.6. Karwoche

3.6.1. Anthropologische Grundlagen

Der Mensch in den Konfliktfeldern der Gegenwart
Verlag Wissenschaft und Politik, Köln, 1975

Beiträge von Soziologen, Politikern, Psychologen und Ethikern

3.6.2. Bezug zur Öffentlichkeit

Stock, A./Wichelhaus, M.; Ostern in Bildern, Reden, Riten, Geschichten und Gesängen
Benziger, Zürich, 1979, 239 Seiten

In dem Band werden interessante politische und gesellschaftliche Aspekte des Osterfestes unter dem Stichwort "Deutschland erwache" sowie "Auferstehung und Weltmeister" dargestellt.

3.6.3. Entstehung und Entwicklung der Kartage

3.6.3.1. Der Ostertermin

- 1 Lexikon für Theologie und Kirche, Stichworte Osterfestberechnung und Osterfeststreit, Band 7, Spalte 1271 - 1275
Karwoche Band 6, Spalte 4 - 9

- 2 Strobel, August; Ursprung und Geschichte des frühchristlichen Osterkalenders, Band 121 der Texte und Untersuchungen zur Geschichte der altchristlichen Literatur
Akademie Verlag, Berlin, 1977

Zum Sterbetag Jesu siehe

- 3 Pesch, Rudolf; Das Evangelium nach Markus, Band II Exkurs: Zur Chronologie der Passion Jesu, S. 323 - 327

- 4 Schnackenburg, Rudolf; Das Johannesevangelium, Band III, Exkurs 15: Das johanneische Abendmahl und seine Probleme, S. 38-45

zu 3.6.3.1. - 3.6.4.4.

3.6.4.2. - 5 Haag, Herbert; Vom alten zum neuen Pascha, Geschichte und Theologie des Osterfestes
Stuttgarter Bibelstudien, Band 49, Katholisches Bibelwerk, Stuttgart, 1971

Vor allem die Entwicklung des Paschafestes in Israel wird dargestellt.

- 6 Fischer, Balthasar/Wagner, Johannes; Paschatis Sollemnia, Studien zur Osterfeier und Osterfrömmigkeit
Herder Verlag, Freiburg, 1959

36 meist kurze Beiträge: Theologie, Osterfrömmigkeit der Frühzeit, Brauchtum, Osterfrömmigkeit heute.

3.6.4.2. <u>Aussagen des Palmsonntag</u>

Gnilka, Joachim; Das Evangelium nach Markus, Band 2, 113-122
Benziger Verlag, Zürich, Neunkirchener Verlag, Neukirchen-Vluyn, 1979

3.6.4.3. <u>Aussage des Gründonnerstag</u>

- 1 Pesch, Rudolf; Wie Jesus das Abendmahl hielt, Der Grund der Eucharistie
Herder Verlag, Freiburg, 3/1979, 110 Seiten

- 2 Jeremias, Joachim; Die Abendmahlsworte Jesu
Vandenhoeck & Ruprecht, Göttingen, 4/1967, 275 Seiten

- 3 Schürmann, Heinz; Ursprung und Gestalt, Kap. III Das Mahl des Herrn, S. 77-198
Patmos Verlag, Düsseldorf, 1970

3.6.4.4. <u>Der Karfreitag - seine Aussage</u>

Die Berichte über Gefangennahme, Prozeß und Hinrichtung Jesu beinhalten zugleich eine Deutung dieses Geschehens. In der Auslegung der biblischen Texte wird besonders diese Deutung herausgearbeitet.

- 1 Schneider, Gerhard; Die Passion Jesu nach den drei älteren Evangelien
Kösel Verlag, München, 1973

Der Autor stellt die Ergebnisse einer Vielzahl exegetischer Untersuchungen zusammen.

3.6.4.4. - 2 Conzelmann, H. u.a.; Zur Bedeutung des Todes Jesu, Exegetische Beiträge
Gütersloher Verlagshaus G. Mohn, Gütersloh, 1968

In dem Band sind Vorträge zusammengestellt, die neben den Synoptikern auch die paulinische und johanneische Theologie einbeziehen sowie den alttestamentlichen Hintergrund der christlichen Kreuzestheologie herausarbeiten. Im folgenden sind Auszüge aus dem Beitrag über den johanneischen Passionsbericht wiedergegeben (Autor: Ernst Haenchen).

> Packen wir die Sache am anderen Ende an: Wer hat Jesus an Pilatus ausgeliefert? Judas? Der ist bei Johannes eine erbärmliche Hintergrundsfigur. Seine Auftraggeber aber, die wahrhaft Schuldigen, waren - so sieht es der Evangelist - die Hohenpriester als die Repräsentanten der Juden. Auch sie haben Macht, aber ihnen ist sie nicht von einem menschlichen Vorgesetzten gegeben worden, sonst hätten sie nicht die größere Schuld. ...... Die Hohenpriester sind als die Vertreter der gottfeindlichen Welt ohne die besondere Fügung Gottes in ihr Amt gelangt. Das kann man von Pilatus nicht sagen. Er ist von Gott in sein Amt eingesetzt worden, ohne daß er das freilich ahnt. Was besagt das? Er ist eine Figur im Heilsplan Gottes. Er hat freilich keine dankbare Aufgabe bekommen: er wird den Gottessohn zum Kreuz verurteilen müssen. Das geht nicht ohne Schuld ab, gewiß nicht. Aber Pilatus handelt doch nicht, wie die Hohenpriester, aus einem gottfeindlichen Herzen heraus - so sieht es wenigstens der Evangelist und macht es an den Bemühungen des Prokurators anschaulich, Jesus die Freiheit zu geben. Pilatus möchte, daß noch alles gut geht und man Jesus nicht tötet. Aber er ist wie ein Mann in einem Boot, das in rasender Fahrt auf einen Katarakt zuschießt. ...... "Wer sich zum König macht, ist ein Feind des Caesars." Der Caesar wurde im Osten damals ...., "König", genannt. Nahm nun ein anderer für sich die Königswürde in Anspruch, dann war er damit ohne weiteres der Rivale, der Feind des Kaisers. Wer einen solchen König unterstützt, meint es nicht gut mit dem Caesar - und will Jesus nicht der "König der Juden" sein?
>
> In dieser Lage sieht Pilatus nur noch einen Ausweg; er muß den Juden begreiflich machen, was für sie mit ihrem König auf dem Spiele steht (selbstverständlich ist das alles vom Evangelisten mit christlichen Augen gesehen!). Wenn die Juden das begreifen, müssen sie doch eigentlich zur Vernunft kommen! Denn ohne Messias sind sie auch kein messianisches, kein auserwähltes Volk mehr. Pilatus bringt ihnen (oder der Evangelist seinen Lesern) nun sehr sinnfällig zum Bewußtsein, um was es hier geht. ......
>
> Vers 19,141 Pilatus sagt zu den Juden: Da ist euer König! Sie aber schrien: Weg mit ihm, kreuzige ihn!
>
> So ist diese Szene unter den Händen des Evangelisten geradezu der entscheidende Augenblick dieses Prozesses geworden. ...... Pilatus sagt noch einmal zu den Juden: "Siehe da ist euer König!" Nun müssen sie sich endlich für oder gegen den Anspruch Jesu entscheiden. Sie schreien: "Weg mit ihm! Weg mit ihm! Kreuzige ihn!" Pilatus fragt

zu 3.6.4.4.

ausdrücklich zurück: "Soll ich euren König kreuzigen?" Die Hohenpriester antworten: "Wir haben keinen König außer Caesar!" Damit hat nach der Sicht des Evangelisten Israel sein Vorrecht weggeworfen: Ohne seinen gesalbten König ist Israel nicht mehr das auserwählte Gottesvolk. Damit hat freilich auch Pilatus - so wie er hier verstanden wird - das letzte Druckmittel gegen die Juden eingebüßt: "Da überlieferte er ihn ihnen zur Kreuzigung".
Alle Versuche, aus dieser "kerygmatischen" Darstellung einen modernen historischen Dokumentarfilm zu machen, gehen an der Absicht des Evangelisten vorbei. Er will hier vor allem zweierlei veranschaulichen, das sich nicht trennen läßt. Einmal - und das war wohl dem Erzähler besonders wichtig - seine Erkenntnis: Indem Israel Jesus verstieß, hat es sich selbst preisgegeben. Damit kommen wir zu dem anderen: Das bisher Gesagte gilt im Grunde nur, wenn nicht Pilatus, sondern Israel Jesus ans Kreuz gebracht hat. ......
Was der Erzähler an Tradition vorfand, hatte sich in einer Zeit gebildet, wo sich die beiden Gemeinden - die jüdische und die christliche - schon auseinandergelebt hatten und die Juden für die Christen die Repräsentanten der ungläubigen Welt waren. Pilatus hat, so meint der Evangelist, von der Unschuld Jesu mehr und mehr überzeugt, alles getan, um Jesus zu retten. Weil aber feststand, daß Jesus gekreuzigt worden ist, muß die Bemühung des Prokurators irgendwo auf eine Grenze gestoßen sein. In diesem Rahmen hat der Erzähler das Bild von den Verhandlungen des Pilatus mit den Juden und mit Jesus hineingezeichnet. Es hat freilich mit dazu beigetragen, daß die Juden durch Jahrhunderte immer wieder verfolgt wurden. Das II. Vatikanische Konzil hat dem für die katholische Kirche ein Ende bereitet. Es liegt nun an der evangelischen Kirche, in ihrer Predigt dieses an den Juden begangene Unrecht wiedergutzumachen. Dabei kann ihr Apg 3,17 helfen, wo Petrus zugibt, daß auch die jüdische Obrigkeit Jesus gegenüber aus Unkenntnis gehandelt hat, also ohne ihn zu erkennen. In Wirklichkeit war er für sie ein Mann, der mit seiner Verkündigung den spätjüdischen Gottesglauben zu erschüttern drohte.

Das besondere Interesse der Forschung hat der Passionsbericht des Markus gefunden, weil das älteste Evangelium sich auf einen ihm vorliegenden Bericht stützt, der sehr alt sein muß und daher einen besonders guten Zugang zu dem Geschehen bietet.

3.6.4.5. - 3 Schenke, Ludger; Der gekreuzigte Christus, Versuch einer literakritischen und traditionsgeschichtlichen Bestimmung der vormarkinischen Passionsgeschichte
Katholisches Bibelwerk, Stuttgart, 1974

Diese fachexegetische Arbeit ist sehr knapp gehalten. Die einzelnen Szenen des Passionsberichtes werden gut herausgearbeitet.

3.6.4.4. - 4 Dormeyer, Detlev; Die Passion Jesu als Verhaltensmodell, Literarische und theologische Analyse der Traditions- und Redaktionsgeschichte der Markuspassion
Aschendorf, Münster, 1974

Auch diese Arbeit ist fachexegetisch, sie hebt besonders die theologischen Aussagen heraus.

Die verschiedenen Untersuchungen zu dem bereits Markus vorliegenden Passionsbericht sind in den neueren Kommentarwerken ebenfalls dargestellt und berücksichtigt.

- 5 Herders Theologischer Kommentar zum Neuen Testament, Das Markusevangelium, II. Teil, von Rudolf Pesch
Freiburg, 1977

s. besonders Exkurs S. 1-27

Auszug:

5. Der Aufbau der vormarkinischen Passionsgeschichte

Der Erzählzusammenhang der vormk. Passionsgeschichte scheint nach einer Dreiergliederung aufgebaut; die neununddreißig Erzähleinheiten lassen sich im ganzen leicht in dreizehn Dreiergruppen zusammenordnen:

I		
1.	8,27-30	Messiasbekenntnis bei Cäsarea Philippi
2.	8,31-33	Erste Leidens- und Auferstehungsweissagung
3.	9,2-8	Verklärung Jesu auf dem hohen Berg
II		
4.	9,9-13	Gespräch über Leiden und Auferstehung Jesu
5.	9,30-32	Zweite Leidens- und Auferstehungsweissagung
6.	9,33-35	Gespräch im Haus zu Kafarnaum
III		
7.	10,1,32-34	Dritte Leidens- und Auferstehungsweissagung
8.	10, 46-52	Heilung des blinden Bartimäus in Jericho
9.	11,1-11	Ritt nach Jerusalem
IV		
10.	11,12-14	Verfluchung des Feigenbaums
11.	11,15-19	Messianische Tempeldemonstration
12.	11,20-23	Der verdorrte Feigenbaum - Spruch vom Glauben

zu 3.6.4.4.

V		
13.	11,27-33	Vollmachtsfrage
14.	12,1-12	Winzergleichnis
15.	12,13-17, 34c	Steuerfrage
VI		
16.	12,35-37	Belehrung über den Messias
17.	12,41-44	Das Scherflein der armen Witwe
18.	13,1-2	Die Tempelweissagung Jesu
VII		
19.	14,1-2	Tötungsbestrebung der Gegner Jesu
20.	14,3-9	Vorweggenommene Totensalbung Jesu
21.	14,10-11	Der Verrat des Judas
VIII		
22.	14,12-16	Vorbereitung des Paschamahls
23.	14,17-21	Verratsvorhersage beim Paschamahl
24.	14,22-25	Jesu Todesdeutung beim Paschamahl
IX		
25.	14,26-31	Vorhersage von Jüngerflucht und Petrusverleugnung
26.	14,32-42	Jesu Gebetsringen in Getsemani
27.	14,43-52	Verhaftung Jesu und Flucht der Jünger
X		
28.	14,53-54	Abführung Jesu und Nachfolge des Petrus
29.	14,55-65	Das Verhör vor dem Synedrion
30.	14,66-72	Verleugnung Jesu durch Petrus
XI		
31.	15,1-5	Auslieferung an und Verhör vor Pilatus
32.	15,6-15	Paschaamnestie: Jesus oder Barabbas
33.	15,16-20a	Verhöhnung Jesu durch die römischen Soldaten
XII		
34.	15,20b-24	Die Kreuzigung Jesu
35.	15,25-32	Die Verspottung des Gekreuzigten
36.	15,33-39	Der Tod Jesu
XIII		
37.	15,40-41	Die galiläischen Frauen, Zeugen beim Kreuz
38.	15,42-47	Das Begräbnis Jesu
39.	16,1-8	Die Auferweckungsbotschaft

3.6.4.4. - 6 Das Neue Testament Deutsch
Eduard Schweitzer, das Evangelium nach Markus
Neues Göttinger Bibelwerk, Vandenhoeck & Ruprecht, Göttingen,1967

Der Kommentar ist weniger wissenschaftlich orientiert als der Herder-Kommentar. Im folgenden ein Abschnitt über die theologische Aussage der Markus-Passion:

Seit 2. Sam 7, 12-16 wartet Israel auf jenen Nachkommen Davids, der als "Sohn" Gottes den Thron Davids besteigen und die davidische Herrschaft über Israel für immer festigen wird. Diese Hoffnung ist im palästinensischen und hellenistischen Judentum bis in die Zeit Jesu hinein lebendig geblieben und taucht auch in den Schriften von Qumran auf. Was sich schon beim Christustitel gezeigt hat (vgl. zu 8,29) gilt auch hier: Jesus hat zwar Gott in einzigartiger Weise als seinen Vater angerufen (vgl. zu 14,36), hat aber kaum je selbst den Titel "Sohn Gottes" auf sich angewendet, gerade weil die bloße Übernahme eines schon eingeführten Titels die Menschen nur hinderte, wirklich dem zu begegnen, was in ihm in einzigartiger, nicht mit irgendeiner Etikette so einfach abzutuender Weise geschah. Die Aufnahme des Titels durch die Gemeinde geht denn auch tastend vor sich und erweist gerade dadurch die Echtheit des Bekenntnisses; hier versuchen durch Gott überwundene Menschen das, was ihnen an Erkenntnis geschenkt wurde, in die Formen menschlicher Sprache zu bringen, indem sie sich immer wieder abgrenzen gegen Mißverständnisse, die in den verwendeten Sprachformen laufern. ...... Der durch das Alte Testament geschulte Mensch zur Zeit Jesu fragt nicht so sehr nach dem Wesen als nach dem Handeln, dem Wirken einer Person oder einer Sache. Ob einer "an und für sich" Gottessohn ist, interessiert ihn nicht; ja, er könnte diese Fragestellung kaum verstehen. Ihm ist allein wichtig, ob jemand in seinem Handeln ihm wirklich als der seinen Gehorsam Fordernde, seine Herrschaft über ihn Ausübende, ihn Beschützende und Führende begegnet. In diesem Sinne hat die Gemeinde bekannt, daß sie seit Ostern die Herrschaft Jesu, also seine Gottessohnschaft, über sich erlebt hat, und diese aller Welt verkündet. War aber der an Ostern Auferweckte derselbe, der als Jesus von Nazaret auf Erden weilte, mußte man den Beginn seiner Herrschaft als des Repräsentanten Gottes doch eigentlich schon in seiner Taufe sehen.
......
Die entscheidende Frage, die sich Markus stellt, ist aber die: in welcher Weise geschieht das? Die Versuchung lag ja nahe, die Offenbarung Gottes in allerlei Wundern Jesu zu sehen, und es hat Strömungen in der Gemeinde gegeben, die Jesus einfach als "göttlichen Menschen" ansahen, der mehr konnte als gewöhnliche Sterbliche. Damit wäre Jesus einfach neben allerlei mehr oder weniger zweifelhafte Gestalten von Wundertätern gerückt, und seine Gottessohnschaft hätte sich beschränkt auf besondere Hilfeleistungen mirakulöser Art in außergewöhnlichen Notfällen. Diese Entwicklung zeigt gerade, wie wenig mit dem Fürwahr-Halten eines noch so hohen Titels an sich erreicht ist und welch letzte Weisheit im Verzicht Jesu auf alle schon geprägten und mit allerlei Vorstellungen schon gefüllten Titel, bei denen der Mensch immer schon ein mehr oder weniger fertiges Bild mitbringt, bevor er dem lebendigen und dann doch immer wieder anderen Jesus Christus begegnet, lag. Solchen Tendenzen entgegen konzipiert Markus sein Evangelium. ...... Daß Jesus nicht von Anfang an Gottessohn im Vollsinn ist, ist nirgends angedeutet. Richtig ist nur, daß für Markus die Passion

zu 3.6.4.4.

die entscheidende Offenbarung der Gottessohnschaft Jesu ausmacht. Allerdings ist Jesus Gottes Sohn, wie vielleicht schon 1,1 festhält; aber das beruht auf dem Auftrag Gottes, der ihn auf einen ganz bestimmten Weg stellt (1,9-11). Darum ist jener Glaube, der Jesus einfach auf Grund seiner Wunder Göttlichkeit zuschreibt, nur Dämonenglaube (3,11; 5,7) und soll daher auf keinen Fall weiterverkündet werden. Erst nachdem das Mißverständnis des Petrus zurechtgerückt, die zentrale, bisher durch die Parabelrede noch verhüllte Offenbarung Gottes in der Ankündigung des Leidens des Menschensohnes erfolgt und nur dem Nachfolger auf dem Kreuzweg die Möglichkeit echten Glaubens verheißen ist, enthüllt Gott selbst den drei Vertrauten die Gottessohnschaft Jesu, wobei er sie noch einmal nicht auf seine Wunder, sondern auf seine Worte verweist (9,7). Erst als sein Leiden einsetzt, bekennt Jesus selbst sich, wenn auch in merkwürdig zurückhaltender Weise, zu dem von Hohenpriester (nicht von Jesus selbst) verwendeten Titel, und nicht bevor Jesus mit lautem Schrei verschieden ist, kann der erste Mensch von sich aus glaubend bekennen: "Wahrhaftig, dieser Mensch ist Gottes Sohn gewesen." Daß es ein Heide ist, zeigt zugleich, wie dieser Tod die Tür in die Völkerwelt hinaus geöffnet hat.

3.6.4.4. - 7 Ökumenischer Taschenbuchkommentar zum Neuen Testament, Walter Schmithals, Das Evangelium nach Markus
Gütersloh, Würzburg, 1979

Der Autor arbeitet die Bezüge zur Frömmigkeitsgeschichte heraus und zeigt damit die theologischen und spirituellen Zusammenhänge auf.

- 8 Dormeyer, Detlev; Der Sinn des Leidens Jesu, Historisch-kritische und textpragmatische Analysen zur Markuspassion,
Stuttgarter Bibelstudien Band 96, 1979

Der Autor hat sich ausführlich mit der Markuspassion beschäftigt (s. 3.6.6.4. - 4). Hier ist er nicht nur um eine textorientierte Auslegung bemüht, sondern auch um die Herausarbeitung der Bedeutung der Worte und Ereignisse sowohl für den damaligen Hörer wie auch für heutige Leser. Dazu der folgende Auszug:

Zugänge zum Verstehen

Es sind die beiden Bereiche "zwischenmenschliche Beziehung" und "theologische Vorstellungen" zu unterscheiden. Der unfair geführte Prozeß gegen Jesus ruft eigene Erfahrungen mit ungerechter Beurteilung und Aburteilung durch Vorgesetzte, Behörden, Gerichte oder andere Macht ausübende Institutionen und Organisationen wach. Beruht diese Identifikation aber nur auf subtilen Ähnlichkeiten, so kann die Ähnlichkeit zwischen Auseinandersetzungen innerhalb religiöser Gruppen und dem Prozeß Jesu deutlicher werden, und zwar dann, wenn dem "Gegner" Unwahrhaftigkeit unterstellt wird.

In der christlichen Theologie bildet die Spannung zwischen christologischem Glauben, seiner Durchsetzung (ohne/mit Gewalt) und seiner Repräsentation (ohne/mit verdinglichtem Kult) weiterhin ein Zentralgebiet der Glaubenserfahrung. Diese Spannung ist aber nicht nur ein Kennzeichen christlichen Glaubens, sondern trifft auf alle Sinnsysteme zu. Sinn entsteht im Laufe der Erziehung durch Übernahme der Sinngebungen der Bezugspersonen. Wird dieser Sinn reflektierend ins Bewußtsein gehoben, so entsteht ein Sinnsystem mit ideologischem Anspruch: Der Zusammenhang von Sinn soll möglichst geschlossen sein, um eine plausible Erklärung der gesamten Erfahrung zu ermöglichen. Wenn solche unbewußten und bewußten Sinngebungen wie Glaubenswahrheiten formuliert werden, entstehen die Mythen, wie sie die Umgangssprache kennt: Das muß so sein; es ist so; das macht man so; dies ist ein Symbol für ... Solche Mythisierungen lösen Einsichten, Werte, Normen und Haltungen von der ursprünglichen Erfahrung ab und immunisieren sie gegen eine rationale Veränderung, die durch neue Erfahrungen notwendig würde. So entsteht eine realitätsferne Sicht der Wirklichkeit und damit ein falsches Bewußtsein, das wiederum weitere Mythen zu seiner Stabilisierung produziert: Konfliktfreie Harmonie in den Partnerschaftsbeziehungen, Sex als Technik und Ware, Beruf als Job, Bildung als Erwerb und Vermittlung vorprogrammierter Inhalte und Fertigkeiten, Religion als beruhigende Neutralisierung von Sinnfragen ....
Jesus füllt nun das mythische Sprechen nicht weiter auf, noch löst er es wie heutige Sprachanalytiker gänzlich in rationale Vorgänge auf. Er kritisiert es vielmehr durch den Abbau der alten Mythen und den Aufbau eines neuen Glaubens. In der Ablösung des Judentums mit seinen "von Menschen geschaffenen" Mythen, z.B. dem des Tempels und des Messias, durch das Christentum mit seinem neuen Glauben, z.B. dem Fortwirken des Auferstandenen in der Kirche, offenbart sich Gottes Handeln selbst. Gott wird durch Jesus als kritische Instanz des religiösen Sprechens eingeführt. Nur da, wo Jesus unrückführbar Gottes Handeln zur Sprache bringt, dürfen wieder Mythen gebildet werden; das verweisende Sprechen mit unpersönlichen Konstruktionen und Symbolen bringt erst dann eine echte Wirklichkeit zur Sprache. Darum erfolgt konsequent auf das Tempelwort die Selbstoffenbarung Jesu.
Der Weg Jesu ist die Lebenshaltung, die im Vertrauen auf Auferweckung und bestätigendes Urteil Gottes die herrschende Wirklichkeit als Raum rationalen Handelns ernst nimmt. Alle Mythen des Alltags und der neutralisierten Religion werden radikal entmythologisiert und neue Mythen nur insoweit zugelassen, wie sie helfen, die herrschende Wirklichkeit auf die Wirklichkeit der Auferweckung hin zu verändern.

zu 3.6.4.4.

> Erst durch einen Glauben, der die Auferweckung als Zukunft zur Geltung bringt, wird die herrschende Wirklichkeit wieder verfügbar und auf Gott hin veränderbar. Kirche ist die Gemeinschaft derer, die in der Nachfolge Jesu diesen Anfang des Reiches Gottes setzen und Israel mit seinem überholten Tempelkult und hinfälligem Messiasglauben ablösen.

3.6.4.4. - 9 Ruppert, Lothar; Jesus als der leidende Gerechte
Stuttgarter Bibelstudien Nr. 59, 1972

In einer knappen Übersicht werden die alttestamentlichen Vorstellungen vom leidenden Gerechten dargestellt. Weiter wird gezeigt, wie sich das Selbstverständnis Jesu sowie die Passionsberichte an diesem Bild orientieren.

-10 Lohfink, Gerhard; Der letzte Tag Jesu, Die Ereignisse der Passion
Herder Verlag, Freiburg, 1981, 91 Seiten

3.6.4.5. Karsamstag - Ostern, die Aussage des Festes

Zu der Interpretation der Auferstehungsbotschaft des Neuen Testamentes gibt es eine vielfältige Literatur. Im folgenden werden nur einige Titel genannt, die eine Zusammenfassung der Forschungsergebnisse versuchen.

- 1 Kremer, Jacob; Die Osterberichte, Geschichten um Geschichte
Katholisches Bibelwerk, Stuttgart, Kloster Neuburg, 1977

In diesem Buch ist die Diskussion um die Auferstehungsberichte, die wohl innerhalb der Bibelwissenschaft zu einem gewissen Abschluß gekommen ist, eingearbeitet. Die Berichte der vier Evangelien werden ausführlich ausgelegt, in ihrer literarischen Eigenart bestimmt und ihre Aussageabsichten zusammengefaßt.
Im folgenden werden zwei Textauszüge vorgestellt. Der eine zeigt die literarische Eigenart der letzten Verse des Matthäusevangeliums auf, der andere faßt die Diskussion über das leere Grab zusammen.

> Die elf Jünger gingen nach Galiläa auf den Berg, wie Jesus ihnen aufgetragen hatte. Und als sie Jesus sahen, fielen sie vor ihm nieder. Einige aber hatten Zweifel. Da trat Jesus auf sie zu und sagte zu ihnen: Mir ist alle Macht im Himmel und auf der Erde gegeben. Darum geht zu allen Völkern und macht alle Menschen zu meinen Jüngern, tauft sie auf den Namen des Vaters und des Sohnes und des heiligen Geistes und lehrt sie, alles zu befolgen, was ich euch geboten habe. Und ich bin bei euch alle Tage bis zur Vollendung der Welt.

1. Betrachtet man den kurzen Text als Ganzes, so steht neben der als Vorbereitung dienenden Angabe über die Elf (sie sind es, die angeredet werden) die auf eine kurze Einleitung folgende dreigliedrige Rede Jesu. Auf ihr liegt der Hauptakzent dieses Textabschnittes. Auf den ersten Blick macht die Perikope den Eindruck eines Berichtes. Doch tritt das Interesse des Verfassers an äußeren Vorgängen völlig zurück. Das Sehen wird zudem nur angedeutet. ...... Deshalb kann sie keineswegs als protokollarischer Erscheinungsbericht aufgefaßt werden. ...... Mit gewissen Einschränkungen kann man diese Schilderung zwar den übrigen Erscheinungsgeschichten zuordnen, sie weicht jedoch in wichtigen Punkten von diesem Muster ab. ...... Das dreigliedrige Wort des Erscheinenden (Selbstvorstellung, Auftrag, Verheißung) ist verwandt mit dem Schema der alttestamentlichen Gottesrede, mehr aber noch mit dem Schema eines amtlichen Dekrets, wie dies 2 Chr 36, 23 vorliegt: "So spricht Cyrus, der König von Persien: 'Der Herr, der Gott des Himmels, hat mir alle Reiche der Erde verliehen. Er selbst hat mir aufgetragen, ihm zu Jerusalem in Juda ein Haus zu bauen. Wer immer unter euch zu seinem Volk gehört, mit dem sei der Herr, sein Gott! Er ziehe hinauf!" Vielleicht hat Matthäus sogar den Schluß seines Evangeliums dem des Buches der Chronik nachgestaltet. Durch die einleitenden Verse wird die diesem Dekret sehr ähnliche Erklärung des Auferstandenen im Rahmen einer Szene vorgetragen, die aus dem Kontext heraus - und nur aus diesem - als Erscheinung des Auferstandenen erkennbar ist. Der Nachweis, daß Jesus auferstanden ist, steht für Matthäus und seine Leser hier nicht zur Diskussion. Die Gattung von Mt 28, 16-20 wird deshalb am besten bestimmt als eine programmatische Erklärung, die im Rahmen einer Ostergeschichte vorgetragen wird.

2. War das Grab Jesu leer?

Seit der Aufklärungszeit wird die Frage, ob das Grab Jesu wirklich leer war, diskutiert. Sehr oft wurde in ihrer Beantwortung ein Indiz für die Leugnung oder Bejahung der Osterbotschaft gesehen. Zur Entschärfung der Problematik kann zunächst daran erinnert werden, daß zumindest vom heutigen Verstehenshorizont aus das leere Grab keine unabdingbare Voraussetzung für die Wahrheit der Osterbotschaft ist, da die Existenz des Auferstehungsleibes nicht von seiner materiellen Identität mit dem biochemischen Substrat des irdischen Leibes abhängt. Deshalb können heute auch ernsthafte Verteidiger der kirchlichen Osterbotschaft die These vertreten, Jesu Grab sei wahrscheinlich nicht leer gewesen.

zu 3.6.4.5.

Als Gründe für die Kritik lassen sich vor allem folgende aufzählen:
1. In den ältesten Zeugnissen fehlt nicht nur ein direkter Hinweis auf das leere Grab, sondern vor allem jegliche Argumentation unter Berufung auf dasselbe.
2. Die aus jüngerer Zeit stammenden Evangelientexte kommen für den Historiker zudem wegen ihrer widersprüchlichen Angaben nicht als zuverlässige Quellen in Betracht. Vermutlich, so wird argumentiert, war das Grab Jesu den Aposteln überhaupt nicht bekannt.
3. Schließlich spricht das wunderbare Verschwinden des Leichnams aus dem Grab gegen jede Analogie zu innerweltlichem Geschehen.

Weitaus die meisten Exegeten halten trotz dieser Bedenken an der Zuverlässigkeit der biblischen Aussagen über das leere Grab fest, und zwar aus folgenden Gründen:
1. Offenbarungen und Deutungen in der apokalyptischen Literatur nehmen meist auf geschichtliche Ereignisse Bezug und knüpfen daran an. Von der literarischen Gattung aus ist deshalb mit einem historischen Kern der Überlieferung zu rechnen.
2. Selbst eine kritische Exegese der Grablegungsgeschichte ergibt, daß das Grab Jesu bekannt war. Wenn aber ein Kult dieses Grabes, womit in der jüdischen Umwelt zu rechnen war, ausblieb, so muß es dafür eine Erklärung geben.
3. Es entsprach damaligem Gebrauch, daß Frauen die Gräber von Toten besuchten und die während des Sabbats unterbrochene Totenklage wieder aufnahmen. Die Entdeckung des geöffneten, leeren Grabes durch Frauen kann außerdem kaum als Erfindung der Urkirche erklärt werden, da Frauen nicht als zuverlässige Zeugen galten und die Gemeinde sich ihre Verkündigung dadurch nur erschwert hätte (vgl. Lk 24,11).
4. Die Osterbotschaft implizierte für Juden das leere Grab, da ihnen die abendländischem Denken vertraute Trennung von Leib und Seele nicht geläufig war. Hätte man in Jerusalem auf den Leichnam Jesu im Grab zeigen können, wäre die Verkündigung der Osterbotschaft unmöglich gewesen.
5. Das leere Grab Jesu wurde auch von den Gegnern nicht bestritten, sondern nur anders gedeutet (vgl. Mt 28, 13 ff).
6. Für die Auferweckung des Gekreuzigten als der neuen Schöpfungstat Gottes gibt es keine Analogie in der bestehenden Weltordnung; deshalb kann auch für die Offenbarung dieser Machttat Gottes nicht a priori gefordert werden, daß sie in Analogie zu dem innerweltlichen Geschehen stehen müsse.
Aus der Sicht des kritischen Forschers gilt darum auch heute noch: "Es spricht vieles für und nichts Durchschlagendes und Bestimmtes gegen sie (die Tradition vom leeren Grab); sie ist also wahrscheinlich historisch". (H.v. Campenhausen)

3.6.4.5. - 2 Kessler, Hans; Sucht den Lebenden nicht bei den Toten. Die Auferstehung Jesu Christi in biblischer, fundamentaltheologischer und systematischer Sicht
Patmos Verlag, Düsseldorf, 1985, 422 Seiten

Eines der wichtigsten theologischen Bücher der letzten Jahre. Es faßt die Ergebnisse der bibelwissenschaftlichen Forschung zusammen und arbeitet die zentrale Bedeutung des Auferstehungsglaubens für die christliche Religion heraus. Die besonderen Schwierigkeiten der Neuzeit mit dieser zentralen Aussage des Christentums dienen als Ausgangspunkt und werden mit den Fragen des Menschen nach Sinn und endgültiger Gerechtigkeit in Zusammenhang gesehen. Die leitenden Grundfragen des Alten Testaments und der Predigt Jesu werden zum Verständnis der Aussagen über die Auferstehung herangezogen. Die wichtigsten Kritiker der christlichen Auferstehungsbotschaft sowie die Interpretationen herausragender Theologen werden ausführlich dargestellt.

Textauszug
Auferstehung wird als Grundaxiom christlicher Existenz entfaltet, als Kampf des auferstandenen Jesus gegen die Macht des Todes, als Erfahrung der Kraft im Leiden.

Nach glaubwürdiger Auskunft des Neuen Testaments geht der Osterglaube nicht auf eine Weiterentwicklung der vorösterlichen Gegebenheiten durch die Jünger, sondern auf eine für sie überraschende, unmotivierte, von außerhalb ihrer selbst zustoßende (fremde), radikale neue göttliche Initiative zurück: auf die Bekundung des Gekreuzigten als des Auferstandenen durch Gott bzw. auf die Selbstbekundung des Auferstandenen von Gott her. Diese hat den Charakter der Begegnung (ab extra), der (von den Jüngern) erlittenen Begegnung.
Neuzeitliches Verstehen neigt nun tendenziell dazu, von der Frage nach dem wahrnehmenden Subjekt auszugehen und von ihm her das Wahrgenommene zu bemessen. Dieses dem Subjekt-Objekt-Verhältnis abgewonnene Modell ist aber schon untauglich, wenn es um zwischenmenschliche Begegnungen, um Subjekt-Subjekt-Verhältnisse (personale Begegnung und Erkenntnis) und die durch sie ausgelöste Veränderung der Grundstruktur und Grundorientierungen der Subjekte geht. Erst recht ist es unbrauchbar, wo ein den Horizont des menschlichen Subjekts prizipiell sprengendes, seine Grundstruktur radikal verwandelndes personales Begegnungsgeschehen zur Frage steht. Ein solches aber wird von den neutestamentlichen Texten behauptet. Ihr Interesse liegt daher überhaupt nicht beim wahrnehmenden (und seine Bedingungen der Wahrnehmbarkeit stellenden) Subjekt als solchem, sondern primär und eindeutig beim wahrgenommenen "Gegenstand", genauer: beim "Begegnenden" (dem auferstandenen Jesus, der auf sie zukam), und sekundär dann bei dem, was er an den wahrnehmenden Subjekten (den Jüngern) gerade verändert hat (neue Existenz, Glaube, Sendung, Gemeinde).
Es ist von grundlegender Bedeutung, zu sehen, daß die österliche Wende sich - nach übereinstimmender Meinung der Zeugen - nicht auf das beschränkt, was in und mit ihnen vor sich gegangen ist. Ostern reduziert sich für

> sie nirgendwo auf ihr definitives Zum-Glauben-Kommen, die Auferstehungsaussage ist nicht nur Spiegelung und mythologischer Ausdruck eines Geschehens in der Subjektivität der Jünger. Eigentlicher Kern und Grund der österlichen Wende (und damit Grund auch des Geschehens an und mit den Jüngern) ist vielmehr das, was - "mit unbezweifelbarer Klarheit für alle Beteiligten" - an und mit Jesus selber geschehen ist: die endgültige heilvolle Manifestation Gottes im neu gegenwärtigen (und das heißt auferweckten, erhöhten, lebendigen) Jesus bzw. dessen überraschendes Hervortreten (Selbstbekundung) aus der Verborgenheit und Vorbehaltenheit Gottes in die geschichtliche Erfahrung der Jünger hinein. Dies ist der entscheidende Sachverhalt, der in dem Wort "Erscheinungen" - mit seiner Betonung der Aktivität Gottes bzw. des neu gegenwärtigen Jesus - zum Ausdruck kommt. ...
> Durch dieses Hervortreten Jesu von Gott her, durch seinen Übergang und sein Eintreten in die geschichtliche Erfahrung der Jünger hinein und die dadurch bewirkte elementare Unterbrechung ihres bisherigen Existenzverlaufs wird Jesu neue lebendige Gegenwart überhaupt erst ursprünglich erkennbar und so auch geschichtlich wirksam; sonst wäre sie rein verborgen, unerkannt und geschichtlich-praktisch bedeutungslos geblieben.
> So schafft der Auferstandene selber durch das grundlegende Geschehen seiner neuen Begegnung jene geschichtliche "Beziehungswirklichkeit", zu der diejenigen, denen er erscheint, hinzugehören, und zwar als Zeugen. Sie sind bestimmte, konkrete Zeugen einer neuen, geschichtlich konkreten Wirklichkeit, die von Gott her zu ihnen kommt, die daher selbst die Bedingungen ihrer Erkenntnis (zumindest mit) stellt und die man nicht unter schon vorgegebene Bedingungen stellen kann. Auch diejenigen, die das eigentümlich einmalige Hervortreten dieser neuen Wirklichkeit des Auferstandenen in die ursprüngliche Erfahrung der Jünger hinein nivellieren, reduzieren und so wegerklären wollen, zehren noch einmal davon, daß die Jünger sie einstmals als sie selbst haben vorkommen und sich von ihr radikal haben ergreifen lassen; denn sonst gäbe es weder christlichen Glauben noch eine Kirche. ...

3.6.4.5. - 3 Schlier, Heinrich; Über die Auferstehung Jesu Christi
Johannes Verlag, Einsiedeln, 1968, 72 Seiten

Schlier legt auf 72 Seiten eine theologische Deutung der Auferstehungsbotschaft vor. Eine eingehende Analyse der Texte erfolgt nicht. Dieses Büchlein ist in der Herausarbeitung der Grundlinien der Auferstehungsbotschaft nicht überholt.

> Aber ist er dann ins irdische Leben zurückgekehrt, wie der antike Mythos von Toten und auch vom toten Gott gelegentlich berichtet, und wie solche Totenerweckungen durch Jesus in den Evangelien vorausgesetzt werden?,

vgl. z.B. Mk 5,21 ff; Lk 7,11 ff; Joh 11. Nein, zum Phänomen der Auferweckung Jesu Christi von den Toten gehört nach dem Neuen Testament ausdrücklich, "daß er" - anders als David - "nicht mehr in die Verwesung zurückkehren sollte", Apg 13,34. ...... Sie versuchen das Unsagbare und Unvergleichliche des von den Toten Auferweckten und Erhöhten zu benennen oder weisen wenigstens in die Richtung seiner Unbegreiflichkeit, der Unbegreiflichkeit der "neuen Schöpfung", vgl. 2 Kor 15,42 ff.

Auch die Berichte der Evangelien lassen in unterschiedlicher Weise die unfaßbare Transzendenz des Auferstandenen in seiner Erscheinung erkennen, freilich in größerer Unbeholfenheit, wenn auch in eigentümlicher Dialektik der Vorstellung. Er wird erkannt und ist doch nicht zu erkennen. Er ist anwesend im Gewähren seiner selbst und zugleich im Entzug. Er gibt sich zu berühren und verweigert sich solcher Berührung. Er ist leibhaftig da, aber in unfaßlicher, himmlischer Andersartigkeit. ......
Zum Ereignis der Auferstehung Jesu Christi gehört aber auch die Selbstbekundung des Auferstandenen in der Geschichte und in die Geschichte hinein. Auferstehung Jesu Christi ereignet sich auch als "Erscheinung" vor den Zeugen zu seinem Zeugnis.
Solche Inanspruchnahme der Geschichte durch die Auferstehung Jesu Christi geschieht schon durch das leere Grab. Dieses ist ein stummer und doch beredter Einbruch des Ereignisses in die Geschichte. ...... Das leere Grab drängt, wie man mit Recht gesagt hat, "von sich und seiner Eigenbedeutung weg und auf die Mitte des Ereignisses hin" (Koch). Es "stellt auf den Weg, auf dem sich der Auferstandene bezeugt" (Nauck). Aber eben zu solchem Wegzeichen dient es. Mit ihm hebt die zögernde Aussage und stumme Zusage des Ereignisses an.
Das Hauptinteresse hat im NT ein anderes Ereignis: die "Erscheinung" des Auferstandenen vor Zeugen. Der entscheidende Begriff: "er erschien" meint dabei: er ließ sich sehen, er gab sich zu sehen, er macht sich sichtbar und erfahrbar. ......
Die Singularität der Erscheinung des Auferstandenen spiegelt sich dann in deren eigentümlicher Art wider. Der Auferstandene erscheint immer so, daß er sich entzieht, und die ihn sehen, können ihn nicht festhalten, auch nicht mit ihrem Blick. Lukas hat diesen Sachverhalt erzählerisch dargestellt. "Da wurden ihnen (den Jüngern von Emmaus) die Augen aufgetan, und sie erkannten ihn, und er entschwand ihren Blicken" (Lk 24,31). ......
Er ist "erschienen" meint auch eine Selbsteröffnung des Auferstanden in seinem Wort und seinen Zeichen. Und "sehen" meint auch die entsprechende Erfahrung. Auferstehung ist als Einbruch in die Geschichte auch Begegnung. Diese Begegnung, die den Zeugen widerfährt, geht von dem Auferstandenen aus. Sie ist in Wort und Zeichen, in Gruß und Segen, in Anruf und Anrede und Belehrung, in Weisung und Sendung, in Stiftung neuer Gemeinschaft reine Gabe. ......

zu 3.6.4.5.

Die Offenbarung des Auferstandenen geht in das Wort der Zeugen ein. Auch der Auferstandene überliefert sich, aber nun nicht mehr dem Tod, sondern dem Wort und der Sprache. Er überliefert sein Kreuz nun als der Lebendige, der verborgen in Gott lebt, dem Wort. So spricht Paulus nicht nur Gal 1,15 f. davon, daß Gott beschlossen hatte, "... seinen Sohn mir zu offenbaren, damit ich ihn unter den Heiden verkündige", sondern verdeutlicht das auch 2 Kor 4,6 dahin, daß Gott, "der gesagt hat: aus der Finsternis strahle das Licht", es ist, "der es in unseren Herzen hat aufstrahlen lassen, damit wir erleuchtet werden und Erkenntnis der Herrlichkeit Gottes auf dem Angesichte Christi (gewinnen)". Solche von Gott erleuchtete Erkenntnis bringt sich im Evangelium zur Sprache.

3.6.4.5. - 4 Vögtle, Anton; Was Ostern bedeutet, Meditation zu Matthäus 28,16-20
Herder Verlag, Freiburg, 1976

Theologische, weniger textkritische Auslegung, die die Grundlinien herausarbeitet.

Die einschlägigen Kommentare zu den Evangelien wurden bereits unter 3.6.4.4. - Karfreitag - angegeben. Siehe 3.6.4.4. - 5, 6, 7, 9, 10, 11, 13, S. 434 ff

Für die Überlieferung der Osterbotschaft ist der 1. Korintherbrief 15, 1-11 mit einer größeren Liste von Zeugen von großer Bedeutung.

- 5 Kremer, Jacob; Das älteste Zeugnis von der Auferstehung Christi
Stuttgarter Bibelstudien 17, 1967

- 6 Das Neue Testament Deutsch, H.D. Wendland, Die Briefe an die Korinther
Göttingen, 1968

- 7 Kritisch-Exegetischer Kommentar über das Neue Testament, Der erste Brief an die Korinther, übersetzt und erklärt von Hans Conzelmann, Göttingen, 1969

- 8 Meliton von Sardes, Vom Passa, Die älteste christliche Osterpredigt (2. Jahrhundert)
Lambertus Verlag, Freiburg, 1963

Text der Predigt , Interpretation der Predigt.

- 9 Stock, A./Wichelhaus, M; Ostern in Bilder, Riten, Geschichten und Gesängen
Benziger Verlag, Zürich, 1979, 239 Seiten

Analysen einiger biblischer Texte, der Osterliturgie und der Ostergesänge mit semiotischer Methode. Ein ideenreiches Buch auch zur gesellschaftlich-politischen Dimension des Osterfestes.

3.6.5. **Elemente, Bilder, Brauchtum**

3.6.5.1. - 1 Henrichs, Norbert; Kult und Brauchtum im Kirchenjahr
Patmos Verlag, Düsseldorf, 1967

- 2 Schnitzler, Theodor; Kirchenjahr und Brauchtum neu entdeckt
Herder Verlag, Freiburg, 1977

- 3 Schiller, Gertrud; Ikonografie der christlichen Kunst, Band 2 - Die Passion Jesu/Band 3 - Die Auferstehung und Erhöhung Christi
Gütersloher Verlagshaus Gerd Mohn, 1968, 1971

3.6.5.2. **Palmsonntag**

- 1 Handwörterbuch des deutschen Aberglaubens, Band VI, Spalte 1365-1386, Palm, Palmesel und Palmsonntag

- 2 Artikel Palmesel und Palme im Lexikon der christlichen Ikonografie Band 3, Spalte 363-365
Herder Verlag, Freiburg, 1971

3.6.5.3. **Gründonnerstag**

Handwörterbuch des deutschen Aberglaubens, Stichwort "Gründonnerstag", Band III, Spalte 1186-1196

3.6.5.4. **Karfreitag**

Handwörterbuch des deutschen Aberglaubens, Stichworte "Karfreitag, Karfreitagsei, Karfreitagswasser", Band IV, Spalte 985-1004

Artikel "Leben Jesu" im Lexikon der christlichen Ikonografie

3.6.5.5. **Ostern**

Handwörterbuch des deutschen Aberglaubens, Band VI, Stichworte Osterbrot, Ostergebäck, Osterei, Osterfeuer, Osterkerze, Osterlamm, Ostern, Osterrute, Ostersonne, Osterwasser

zu 3.6.5.5.

s. auch Titel 3.6.4.5. - 9, Stock u.a., Ostern in Bildern, Riten, Geschichten und Gesängen

Artikel "Auferstehung" im Lexikon der christlichen Ikonografie, Band 1, Spalte 201-218
Herder Verlag, Freiburg, 1968

Auszug: Schnitzler, Kirchenjahr und Brauchtum neu entdeckt

Osterhase, Fuchs und Schlange, Storch

Grundlage: Byzantinische Tiersymbolik, aufgezeichnet im Physiologus" (6. Jh.) eines griechischen Klosters

Hase: schläft nicht" (Das heißt, er hat keine Augenlider, schiebt zum Schlaf Pupille nach oben.)

Also: Symbol der Auferstehung, weil Christus im Tode nicht entschläft.

Hasenbild, den österlichen Bildbroten aufgeprägt, Brot in Hasenform (vgl. Hasenbrot - Reisebrot wie an Ostern).

Hasen-bild-brot, zusammengebacken mit einem Ei - Osterei - als Ostergabe, Osterzins

So entsteht die Mär: Der Hase legt die Eier.

Auf den Teufel weisen zwei Tiere hin: die Schlange und der Fuchs,

Schlange - wegen des Berichtes der Genesis;

Fuchs - wegen seiner Verschlagenheit.

Deshalb unpassende abwertige Bemerkungen über die Rothaarigen: Ein "Fuchs" erinnert an den Teufel, deshalb muß man sich vor dem Fuchshaarigen in acht nehmen.

Vgl. lokale Märlein: neugeborene Kinder aus Brunnen oder fließendem Wasser geholt (z.B. Köln: Kinder aus dem Kunibertspütz" = Brunnen unter der Krypta der Kunibertskirche): Die Geburt des Gotteskindes im Taufbrunnen als Deckaussage für die leibliche Geburt.

Osterei

Zwei Ursprungsideen:

Ei in allen Kulturen: Lebenssymbol	Ei = Pacht und Zins des kleinen Mannes nach Einführung der Geldwirtschaft: Soundso viele Eier entrichtet als Pacht für ein Stück Land.
Zeichen des neuen Lebens der Auferstehung	Pachttermine sind Weihnachten (Adventsbeginn Mitte November, also Martini, 11.11.; Schlußfeier Lichtmeß, also 2.2.) und Ostern, da vor allem der Antlaßtag = Gründonnerstag
Ostergabe	Darum Ostereier als Zins und "Gehalt" für die Ministranten und den Küster eingeholt.
	Am Gründonnerstag wurden die öffentlichen Sünder entlassen.

Zier des Ostereies

Gefärbt: für den baldigen Genuß gekocht und durch Farbe kenntlich gemacht	Ungefärbt u.dgl.: zum Aufbewahren in Stroh	Geschmückt: als Festgabe kenntlich
		Künstliches Ei aus Wachs, Perlmutter, Marmor, Edelsteinen. So in Fürstenhäusern, im griechischen liturgischen Brauch, in Italien

3.7. Himmelfahrt

3.7.1. Anthropologische Voraussetzungen

Artikel "Himmel" in den verschiedenen Lexika und Symbolhandbüchern
s.o. 1. - 1.2.3.

3.7.3. Entstehung des Festes

s. Artikel "Himmelfahrt Christi" (III liturgisch) im Lexikon für Theologie und Kirche, Band 5, Spalte 362

3.7.4. Aussage des Festes

- 1 Lohfink, Gerhard; Die Himmelfahrt Jesu - Erfindung oder Erfahrung? Katholisches Bibelwerk, Stuttgart, 1980, 66 Seiten

  In einer knappen Darstellung werden die Bedeutung der biblischen Texte entwickelt und die Glaubensaussage herausgearbeitet.

- 2 Schneider, Gerhard; Die Apostelgeschichte, I. Teil
  Herder Verlag, Freiburg, 1980, S. 195-211

- 3 Artikel "Himmelfahrt Christi" im Lexikon für Theologie und Kirche
  Band 5, Spalte 358-362

3.7.5. Elemente, Bilder, Brauchtum

- 1 Artikel "Himmelfahrt Christi" im Lexikon der christlichen Ikonografie
  Band 2, Spalte 268-276

- 2 Schiller, Gertrud; Ikonografie der christlichen Kunst
  Band 3, S. 140-164 Himmelfahrt Christi

3.8. Pfingsten

3.8.1. Anthropologische Grundlagen

Schmidtchen,Gerhard; Was den Deutschen heilig ist
Kösel, München 1979

Ergebnisse religionssoziologischer Umfragen

3.8.3. Entstehung des Pfingstfestes

Adam/Berger; Artikel Osterzeit im Pastoralliturgischen Handlexikon
Herder Verlag, Freiburg, 1980, S. 394-396

3.8.4. Aussagen des Festes

- 1 Kremer, Jacob; Pfingsten, Erfahrung des Geistes, Was sagt darüber die Bibel?
Katholisches Bibelwerk, Stuttgart, 1974, 88 Seiten

Knappe Darstellung der Aussagen der biblischen Texte.

- 2 Kremer, Jacob; Pfingstbericht und Pfingstgeschehen, Eine exegetische Untersuchung zu Apostelgeschichte 2, 1-13
Stuttgarter Bibelstudien 63/64, Katholisches Bibelwerk, Stuttgart, 1973, 297 Seiten.

Der Pfingstbericht in der Apostelgeschichte wird im Zusammenhang mit den anderen Texten des Neuen Testamentes über die Wirkungen des Heiligen Geistes interpretiert. Texte der jüdischen Literatur sind abgedruckt.

Auszug:

Zeit, Ort, Anwesende

Lukas setzt Apg 2, 1-13 ein tatsächliches Ereignis voraus, auf das sich Petrus bei mehreren Gelegenheiten (Apg 10, 47; 11,15-17, 15,8) bezieht. Ausdrücklich wird es Apg 11, 15 ("wie auch auf uns im Anfang") als zum "Anfang" des apostolischen Wirkens gehörend gekennzeichnet und entspricht dadurch dem "Anfang" des öffentlichen Wirkens Jesu. Der Verfasser des lukanischen Doppelwerkes erkennt dem Pfingstgeschehen eine ähnliche heilsgeschichtliche Stellung zu wie der Herabkunft des heiligen Geistes auf Jesus nach dessen Taufe. (Dem Pfingstbericht kommt deshalb in der Apostelgeschichte die gleiche programmatische Bedeutung zu wie die Erzählung über den Anfang des Wirkens Jesu im Lukasevangelium.)

zu 3.8.4.

Als Termin wird Apg 2,1 das Pfingstfest genannt. Auf dessen Feier wird im Bericht und auch sonst nicht näher eingegangen. Lukas betont auch in der Art seiner Darstellung keine Beziehung zu den Inhalten dieses Festes (Erntedank, Bundesschluß, Gesetzgebung). ......
Das Pfingstgeschehen ereignete sich in Jerusalem, dem Zentrum des jüdischen Volkes, wo Jesus starb, (nach Lukas) als Auferstandener erschien und in den Himmel aufgenommen wurde. ...... Die Sonderstellung Jerusalems in der Urkirche als Bindeglied zwischen der Geschichte Israels und der Zeit der Kirche wird durch die dort stattgefundene erste Geistbegabung unterstrichen. ......
Anwesend waren bei dem Pfingstgeschehen nach Apg 2 mit Sicherheit "alle" Apostel, die Jesus "durch den heiligen Geist erwählt" hatte (Apg 1,2) und deren Zahl durch die Wahl und Berufung des Matthias wieder aufgefüllt worden war. Ihnen hatte der Auferstandene den Auftrag gegeben, seine Zeugen zu sein (Lk 24,48; Apg 1,8), und dafür die Kraft des heiligen Geistes verheißen (Apg 1,5; Lk 24, 49). ...... In der Pfingstpredigt tritt Petrus als ihr Sprecher auf und verkündet der zusammengeströmten Bevölkerung Jerusalems die Bedeutung des Pfingstgeschehens. Wie auch sonst (z.B. Lk 24,13 ff) grenzt allerdings Lukas den Kreis der zwölf Apostel nicht ganz scharf von dem größeren Kreis derer ab, die mit den "Frauen und Maria, der Mutter Jesu, und seinen Brüdern" (Apg 1,14) nach der Himmelfahrt einmütig im Gebet verharrten und die (wohl zusammen mit noch anderen) den Kreis der mehr als 120 Brüder bildeten (Apg 1, 15ff). ....

"Brausen" und "Zungen"

Die Aussagen von Apg 2,2-3 über das plötzlich vom Himmel her entstandene Brausen, das mit einem heftigen Sturm verglichen wird und das ganze Haus erfüllte, sowie über das Sichtbarwerden von Zungen, die dem Feuer ähnlich waren und sich auf einen jeden herabließen, scheinen auf den ersten Blick hin - auch für Lukas - äußerlich wahrnehmbare Vorgänge zu betreffen. Auf sie wird allerdings weder in den Versen 5-13 noch in der Pfingstpredigt näher eingegangen. (Vielleicht liegt aber V.6 und V. 19 eine Anspielung vor.) ...... Offensichtlich hat Lukas über die Historizität nicht weiter reflektiert und zu den vorgefundenen Traditionen, deren Vorstellungs- und Darstellungsweise mit theophanieartigen und apokalyptischen Schilderungen verwandt sind, ein anderes Verhältnis besessen, als es einem modernen Historiker eigen ist. ....
Das vom Himmel her entstandene Brausen (also nicht in erster Linie der Sturm!) ist Metapher für die Herabkunft des heiligen Geistes, der die ganze Versammlung erfüllt und eine nach außen hin laut kundtuende und zusammenrufende Wirkung hat. Das Erscheinen von "Zungen" wie von Feuer deutet die im folgenden berichtete Befähigung zu einem geistgewirkten Sprechen in anderen "Zungen" an. ...... Die in diesem Punkt bestehende Unklarheit der Darlegung hängt offensichtlich damit zusammen, daß Lukas die Alternative "Metapher" (Symbol, Zeichen) oder "Ver-

körperung" des Geistes (manchmal wird sogar fälschlich "Inkarnation" gesprochen) fremd war und er sich diesbezüglich - von der heutigen Fragestellung aus betrachtet - sehr unklar ausgedrückt hat.

Reden in fremden Sprachen

Was zu Pfingsten in Jerusalem allgemeines Erstaunen erregte, steht in dem kurzen Nachsatz: "und sie fingen an, in fremden Sprachen zu reden". Gemeint ist damit ein Sprechen fremder Sprachen. ...... Auffallenderweise interessiert den Schriftsteller jedoch die Beherrschung von fremden Sprachen überhaupt nicht. Wie auf das VV. 2-3 Erzählte geht er darauf weder hier noch sonst ein. Worauf es ihm ankommt, ist die Tatsache, daß die "Galiläer" (d.h. die Jünger Jesu) von "Juden und Proselyten" aus aller Welt in Judäa verstanden wurden. ......
Am Anfang der Pfingstpredigt wiederholt Petrus im Hinblick auf dieses Reden in dem Joelzitat die Wendung "und sie werden prophezeien". Wie der Rückverweis auf Pfingsten in Apg 10,44 ff lehrt, besteht für den Verfasser der Apostelgeschichte gerade in lobpreisendem Reden die charakteristische Auswirkung des Geistempfangs, ... so daß aus seiner Sicht das pfingstliche Reden der Apostel vor allem in einer von Enthusiasmus getragenen lobpreisenden Verkündigung bestand.
Im Licht der Voraussagen des Pfingstgeschehens muß die Befähigung zu dieser außergewöhnlichen Verkündigung in Verbindung mit der Aufgabe der Apostel, Zeugen für Jesus Christus zu sein, betrachtet werden. Um diesen Auftrag erfüllen zu können, bedarf es - das wird vorausgesetzt - einer ungewöhnlichen Kraft. Die Ausführung des Missionsauftrags beginnt am Pfingsttag in Jerusalem. Petrus richtet seine Predigt, die als Bezeugung des Auferstandenen (vgl. 2,40) aufzufassen ist, im Namen der Zwölf an alle Juden in Jerusalem, ja an "das ganze Haus Israel" (2,36) ......

Erfüllt mit heiligem Geist

Im Mittelpunkt des Pfingstberichts steht die Herabkunft des heiligen Geistes auf die Apostel. ......
Wie im Alten Testament findet sich auch in den Aussagen über Pfingsten - im Unterschied zu hellenistischen Darstellungen (z.B. der Begeisterung der Pythia in Delphi) - keine anschauliche Schilderung des Geistempfangs selbst (z.B. über ein Eindringen des heiligen Geistes in die Apostel). Das weist darauf hin, daß es sich auch nach Lukas beim Erfülltwerden mit dem heiligen Geist nicht um ein direkt wahrnehmbares Geschehen handelt, sondern um einen Vorgang, der nur aus seiner Wirkung erschlossen werden kann. Wenn Lukas mehrfach voraussetzt, daß der Geistempfang feststellbar ist (z.B. Apg 8,16 und 19,2), so ist das auf die Wirkung des Geistempfangs zu beziehen - auch wenn es nicht eigens gesagt wird. ......

Der Empfang des heiligen Geistes darf offensichtlich auch nach dem Hellenisten Lukas - trotz der manchmal gegenteilig klingenden Diktion - nicht nach Art eines gewöhnlichen Vorgangs auf einen Zeitpunkt beschränkt und nur an diesen gebunden werden. Vielmehr ist er der ständigen Aktualisierung fähig. Mit Recht darf in dieser Auffassung ein Weiterwirken der alttestamentlichen Anschauung von dem Geist Gottes als dem von Jahwe ausgehenden Odem gesehen werden. ......

Gabe des erhöhten Herrn

Wichtiger als eine klare und eindeutige Definition des heiligen Geistes und seines Wirkens - sie wird niemals gegeben werden können - ist dem Erzähler des Pfingstberichts etwas ganz anderes: Was zu Pfingsten und in der Urkirche geschah, ist Auswirkung der Erhöhung des gekreuzigten Jesus von Nazaret. Apg 2,2-3 wird dies vermutlich durch die Schilderung des vom Himmel her entstandenen Brausens und der sich auf jeden herablassenden Zungen angedeutet, wenn diese in Verbindung mit der kurz vorher geschilderten Aufnahme Jesu in den Himmel (Apg 1,9-11) betrachtet wird. ......
Die zu Pfingsten und auch später in der Urkirche erfahrene Gabe des heiligen Geistes ist also nach Lukas, wenn sie in Verbindung mit den biblischen Verheißungen betrachtet wird, ein Beweis für die Erhöhung des Gekreuzigten, für seine Messianität und seine Herrschaft. Da der heilige Geist das Zeugnis der Apostel bekräftigt, kann er in diesem Sinne selbst als Zeuge angeführt werden: "Wir sind Zeugen dieser Geschehnisse und der heilige Geist, den Gott denen gab, die ihm gehorchen" (Apg 5,31). ......
Allerdings vermag dieser Beweis, der kein zwingender im Sinne des modernen naturwissenschaftlichen Denkens ist, nur den zu überzeugen, der noch staunen und fragen kann, nicht aber für alles sofort eine eigene Erklärung zur Hand hat (vgl. Apg 2,13).
Wenn der zur Rechten Gottes erhöhte Jesus von Nazaret zu Pfingsten und auch später den Aposteln und der Urkirche den heiligen Geist gab, so setzt er darin sein am Jordan begonnenes Wirken fort. Das Pfingstgeschehen ist dann ein von Christus gegebenes Zeichen, das zusammen mit den früher von ihm gewirkten (Apg 2,22) zu denen gehört, die auf den bevorstehenden Tag des Herrn hinweisen. Das "Zeichen" besteht aber nicht so sehr in den geschilderten außergewöhnlichen Phänomenen, als in der geistgewirkten, prophetischen und allen verständlichen (aber auch mißdeutbaren) Verkündigung der "Galiläer". Es ist die gleiche Predigt, die Johannes der Täufer als letzter Prophet des Alten Bundes im Hinblick auf den Kommenden (vgl. Apg 19,4) hielt, die Jesus seit der Salbung am Jordan verkündet und in seinen letzten Worten den Jüngern aufgetragen hat (vgl. Lk 24,47).

Targume

In den Targumen zu den Texten, die über die Gottesoffenbarung am Sinai handeln(z.B. Ex 19) oder darauf bezogen werden (Hab 3; Ez 1), wird die Majestät Gottes oft eindrucksvoll betont und erhält die Sinaitheophanie den Charakter einer Gerichtsdrohung. Ergiebiger ist für den Vergleich mit dem Pfingstbericht, in dem jegliche Spur einer Gerichtsandrohung fehlt, der in den Targumen dem Dekalog (Ex 20,2) vorangestellten "Midrasch über das Wort".

> Das erste Wort, als es den Mund des Heiligen - gepriesen sei sein Name - verließ, war wie brennende Pfeile, wie Blitze, wie Feuerflammen; eine Fackel von Feuer war zu seiner rechten Seite, eine flammende Fackel zu seiner Linken. Es flog und schwebte in der Luft des Himmels; darauf wurde es sichtbar dem ganzen Lager Israels und darauf grub es sich ein auf den Tafeln des Bundes.

In diesem Text wird das Wort Gottes teilweise in personifizierter Weise dargestellt, aber auch mit "Pfeilen", "Blitzen", "Feuerfackeln" verglichen. Bevor es sich der steinernen Tafel einprägt, schwebt es in der Luft, umgeben von lodernden Fackeln, und wird von ganz Israel gesehen. Sinn dieser Darstellung ist, die Bedeutung des im Dekalog verkündeten Wortes Gottes hervorzuheben. ......

Rabbinische Texte

Eigentümlich sind zwei Motive (Verbreitung der Stimme nach den vier Himmelsrichtungen und Verteilung der Stimme in 70 Sprachen), die sich in dem jüngeren Midrasch Exodus rabba beisammen finden:

> Das steht auch geschrieben Ijob 37,5: "Gott donnert mit seiner Stimme Wunder". Was heißt ..... (es donnert)? Als Gott das Gesetz auf dem Sinai gab, ließ er die Israeliten durch seine Stimme Wunder über Wunder sehen. Wieso? Als Gott sprach, erscholl eine Stimme, verbreitete sich in der ganzen Welt, die Israeliten hörten sie, sie kam zu ihnen von der Mittagsgegend und liefen ihr dahin nach, um sie zu empfangen, da wandte sie sich nach Mitternacht und sie liefen ihr dahin nach, von da wandte sie sich nach Morgen, und sie liefen ihr dahin nach, von da wandte sie sich nach der Abendseite, und sie liefen ihr dahin nach, von da wandte sie sich nach dem Himmel, und sie richteten ihre Augen dahin, dann wandte sie sich zur Erde, und sie blickten auch dahin, wie es heißt Dtn 4,36: "Vom Himmel herab hat er dich seine Stimme vernehmen lasen, um dich zu züchtigen". Da sprachen die Israeliten zueinander mit Ijob 28,12: "Und die Weisheit, wo findest du sie? d.i. die Israeliten sprachen: Woher kommt Gott (die göttliche Erscheinung), vom Morgen oder vom Mittag? wie es heißt Dtn 33,2: "Der Ewige kam vom Sinai", ...

zu 3.8.4.

> und es heißt Hab 3,3: "Gott kommt vom Teman". Es heißt Ex 20,18: "Das ganze Volk sah die Stimmen (..........). Es heißt nicht .... die Stimme, sondern .... die Stimmen. R.Jochanan sagte: Die Stimme ging aus und teilte sich in 70 Stimmen nach den 70 Sprachen, damit alle Nationen sie vernehmen sollten. Jede Nation hörte die Stimme in der Sprache ihrer Nation.

Wenn dieser Midrasch auch erst im 11.-12. Jahrhundert n. Chr. niedergeschrieben wurde, so stammt er doch zumindest aus sehr früher Zeit. ......
An anderer Stelle beruft sich die Mekhilta für den gleichen Gedanken auf Dtn 33,2 und zählt vier Völker auf, denen Gott vom Sinai aus die Tora verkündete: Edomiter, Ammoniter, Ismaeliter und Israeliten. Einzig Israel aber habe sie angenommen.

3.8.4. - 3 Schneider, Gerhard; Die Apostelgeschichte, 1. Teil
Herder Verlag, Freiburg, 1980, S. 239-282

- 4 Conzelmann, Hans; Die Apostelgeschichte
Tübingen, 1963

- 5 Mühlen, Heribert/v. Heitmanns, Claus (Hrsg); Erfahrung und Theologie des Heiligen Geistes
Agentur des Rauhen Hauses, Hamburg, 1974, 312 Seiten

- 6 Schneider, Theodor; Gott ist Gabe, Meditationen über den Heiligen Geist
Herder Verlag, Freiburg, 1979, 109 Seiten

- 7 Jetter, Werner; Über den Geist, Zwei Versuche, die christliche Rede vom Heiligen Geist verständlich zu machen
Verlag Mohr, Tübingen, 1968

- 8 Congar, Yves; Der Heilige Geist, übersetzt von August Berz
Herder, Freiburg, 1982

- 9 Basilisus von Caesarea; Über den Heiligen Geist, eingeleitet und übersetzt von Manfred Blum
Paulines Verlag, Trier, 120 Seiten

Einer der großen Theologen der alten Kirche, der vor allem die Theologie des Heiligen Geistes entwickelt hat (329 - 379).

Pfingstbewegung

3.8.4. -10 Hollenweger, Walter; Christen ohne Schriften, Fünf Fallstudien zur charismatischen Bewegung in Amerika, Afrika, Europa
Evang.-Luth. Missionswerk, Erlangen, 1976, 144 Seiten

-11 Wiederentdeckung des Heiligen Geistes, Der Heilige Geist in der charismatischen Erfahrung und theologischen Reflexion
Verlag Lembeck, Knecht, Frankfurt, 1974, 119 Seiten

3.9. Dreifaltigkeitssonntag

Das Geheimnis des dreifaltigen Gottes findet in den theologischen Handbüchern eine spekulative Darstellung. Hingewiesen sei auf den Artikel Dreifaltigkeit bzw. Trinität in den Lexika. Eine ausführliche Darstellung findet sich in

- 1 Mysterium Salutis, Grundriß heilsgeschichtlicher Dogmatik, Band 2, S. 15-401
Benziger Verlag, Einsiedeln, 1967

Es werden ausführlich die biblischen Texte und die Entwicklung der Theologie dargestellt sowie eine spekulative Durchdringung des Geheimnisses versucht.

- 2 Heufelder, Emmanuel M.; Das Geheimnis der Dreifaltigkeit, Nach der heiligen Schrift meditiert
Pustet, Regensburg, 1979, 144 Seiten

- 3 Darstellungen der Kunst, Artikel "Dreifaltigkeit" im Lexikon der christlichen Ikonografie, Band 1, Spalte 525-537
Herder, Freiburg, 1968

3.10. Fronleichnam

3.10.3. Entstehung des Festes

s. Artikel Fronleichnam im Pastoralliturgischen Handlexikon, S. 154-156, berücksichtigt auch Fronleichnamsprozession, Artikel Fronleichnam (Text und Prozession) im Lexikon für Theologie und Kirche, Band 4, Spalte 405-407

zu 3.10.4 -3.11.

3.10.4. Aussage des Festes

- 1 Gerken, Alexander; Theologie der Eucharistie
Kösel Verlag, München, 1973, 260 Seiten

- 2 Thurian, Max; Die eine Eucharistie
M. Grünewald Verlag, Mainz, 2/1979, 88 Seiten

s. auch Literatur zu Gründonnerstag 3.6.4.3., S. 434

3.10.5 Elemente, Bilder, Brauchtum

- 1 Eucharistische Frömmigkeit in Bayern, hrsg. von Adolf v. Ziegler
Seitz Druck, München, 1963, 184 Seiten

- 2 Wainwright, Elisabeth; Studien zum deutschen Prozessionsspiel, Die Tradition der Fronleichnamsspiele in Künzelsau und Freiburg und ihre textliche Entwicklung
Arbeo Gesellschaft, Bachenhausen, 1974, 292 Seiten

- 3 Bendel, Johann; Die Gottestracht zu Mülheim am Rhein, Die Schiffsprozession zu Mülheim a.Rh.
Scriba Verlag, Köln, 1972, 32 Seiten
(Faksimile Ausgabe)

3.11. Herz Jesu Fest

- 1 Artikel Herz Jesu im Lexikon für Theologie und Kirche, Band 5, Spalte 289-294

Es findet sich ein geschichtlicher Überblick über die Herz Jesu Verehrung sowie eine theologische Begründung.

- 2 Stierli, Josef (Hrsg); Cor Salvatoris, Wege zur Herz Jesu Verehrung
Herder, Freiburg, 1954, 270 Seiten

- 3 Bea, Augustin/Rahner, Hugo (Hrsg); Cor Jesu, 2 Bände
Herder, Freiburg, 1959, 661 Seiten

Kommentar zur Enzyklika Pius' XII. "Haurietis Aquas" über die Herz Jesu Verehrung.
In diesen beiden Bänden wird eine theologische Grundlegung der Herz Jesu Verehrung geleistet. Die Bücher sind in theologischen Bibliotheken zu finden.

3.11. - 4 Birrer, Eduard; Im Herzen des Seins, Grundlagen für eine Herz Jesu Verehrung
Kanisius Verlag, Freiburg, Schweiz, 1979, 112 Seiten

- 5 Seuffert, Josef; Der Herz Jesu-Freitag, Modelle für Messfeiern und Andachten
Don Bosco Verlag, München, 3/1980, 160 Seiten

- 6 Darstellungen der Kunst, Artikel "Herz Jesu" im Lexikon der christlichen Ikonografie, Band 2, Spalte 250-254

3.12. Verklärung Christi

Das Fest bezieht sich auf einen biblischen Bericht, der von den ersten drei Evangelisten überliefert wird.

Matthäus 17, 1- 9
Markus 9, 2-13
Lukas 9, 28-36

Siehe dazu die Erläuterungen zu den Kommentaren zu den neutestamentlichen Büchern.

Darstellungen der Kunst

Schiller, Gertrud; Ikonografie der christlichen Kunst, Band 1, Kapitel "Verklärung", S. 155-161
Gütersloher Verlagshaus Gerd Mohn, Gütersloh, 1969

3.13. Fest der Kreuzerhöhung

Die christliche Verehrung des Kreuzes ist eng mit dem Karfreitag verbunden. (s. 3.6.4.4., S. 434 ff)

Lexikon der christlichen Ikonografie, Band II, Spalte 562-590, Herder, Freiburg, 1970

s. auch Handbücher über Symbole (1.2.3. - 8 - 11, S. 411 f)

zu 3.14. - 3.16.

3.14. **Erntedank**

Handwörterbuch des deutschen Aberglaubens, Band II,
Spalte 939-963
Berlin, 1929

Texte für eine Erntedankmesse finden sich im Meßbuch

3.15. **Allerheiligen, Allerseelen**

Adam, Adolf; Das Kirchenjahr mitfeiern, S. 188 f, 195-198
Herder, Freiburg, 1969

3.16. **Christkönigsfest**

Adam, Adolf; Das Kirchenjahr mitfeiern, S. 146-149
Herder, Freiburg, 1979

Zur Bedeutung des Christkönigssonntags zur Zeit des Nationalsozialismus:

Schellenberg, Barbara; Katholische Jugend und Drittes Reich, Veröffentlichungen der Kommission für Zeitgeschichte, Band 17
Matthias Grünewald Verlag, Mainz, 1975

4. Materialerschließung "Heilige"

4.1. Die Verehrung der Heiligen

- 1 Müller, Gerhard Ludwig; Gemeinschaft und Verehrung der Heiligen, Geschichtlich-systematische Grundlegung der Hagiologie
Herder, Freiburg, 1986, 368 Seiten

Das Buch ist nicht am Heiligenkalender orientiert, sondern geht den grundlegenden theologischen Fragen nach, inwieweit Heiligenverehrung mit den Grundaussagen der christlichen Religion zusammenhängen. Hier gibt es erhebliche Unterschiede zwischen der katholischen und der orthodoxen Theologie einerseits und den Kirchen der Reformation.

- 2 s. Artikel Heilige/Heiligenverehrung in
Theologischer Realenzyklopädie, Bd 14

Auf 30 Seiten werden die Entwicklung der Heiligenverehrung sowie die Charakteristika der verschiedenen Kirchen dargestellt.

Zur Heiligenverehrung siehe auch die Einführungen der unter 4.3.1. genannten Sammelbände.

4.2. Der Heiligenkalender

Harnoncourt, Philipp; Gesamtkirchliche und teilkirchliche Liturgie
Herder, Freiburg, Basel, Wien, 1973

Auf S. 63-245 wird die historische Entwicklung des Heiligenkalenders dargestellt.

4.3 Heiligenbiografien

Sammelwerke
Die meisten Sammelwerke orientieren sich am Heiligenkalender. Nur wenige haben Literaturangaben zu Quellen und Biografien. Zum Vergleich der Sammelwerke werden Textauszüge zur hl. Barbara wiedergegeben.

zu 4.3.

4.3. -1.1 Torsy, Jacob; Der große Namenstagskalender, 3500 Namen, 1495 Lebensbeschreibungen
Benziger, Herder, Einsiedeln, Freiburg, 1975

Heilige finden sich unter dem Datum ihres Gedenktages. Die kurzen Lebensbeschreibungen werden ergänzt durch Hinweise auf Attribute des Heiligen. Ikonografie und auf regionale Verwurzelung.

Textauszug

> Barbara wurde als jungfräuliche Märtyrin in Nikomedien verehrt. Ihr Martyrium wird in die Zeit der Verfolgung des Kaisers Maximinus Daja verlegt. Die romanhafte Legende berichtet, der heidnische Vater habe sie in einen Turm gesperrt. Dort sei sie auf wunderbare Weise durch die Eucharistie gestärkt worden. Dann habe der Vater seine Tochter, die ihren Glauben nicht verleugnen wollte, dem Gericht ausgeliefert, das Barbara nach grausamer Marterung zum Tode verurteilte. - Barbara gehört zum Kreis der vierzehn Nothelfer, wird gegen einen jähen Tod angerufen und gilt besonders als Patronin der Bergleute.

-1.2 Bibliotheka Sanctorum, hrsg. vom Instituto Giovanni XIII nella Pontificia Unversita Lateranense, 12 Bände und Registerband
Rom 1961-1969

Großangelegtes lexikalisches Werk in italienischer Sprache, ausführliche Literaturhinweise.

-1.3 Lexikon für Theologie und Kirche, hrsg. von Josef Höfer und Karl Rahner, 10 Bände und Registerband
Herder, Freiburg, 1957-1967

Zu den meisten Heiligen finden sich Artikel, wichtig sind die Literaturhinweise.

-1.4 Herders Kleines Lexikon der Heiligen
Herderbücherei Band 326, Freiburg, 1968

Knappe Hinweise, nur für eine erste Information geeignet.

-1.5 Schnitzler, Theodor; Die Heiligen im Jahr des Herrn
Herder, Freiburg, 1979

Prägnant geschriebene kurze Beiträge, die auch die kirchengeschichtliche Bedeutung der Heiligen herausarbeiten.

4. Dezember
Hl. Barbara, Märtyrin

Die Heilige hilft gegen physische und menschliche Macht, sie bringt Christus

Barbara ist von der Legende so umrankt, daß ihre Persönlichkeit nicht mehr sichtbar zu werden scheint. Nach der

Überlieferung hat sie unter Kaiser Maximinus Daja (310-313) das Martyrium erlitten. Sie wird als eine der heiligen Vierzehn Nothelfer verehrt. Sie ist Helferin in der Sterbestunde, Patronin der Bergleute und der Artillerie. Ihr Zeichen sind Turm, Zweige, Kelch.
An ihrem Fest werden vielerorts die Barbarazweige aufgestellt, ein Brauch, der in neuerer Zeit wieder sehr beliebt ist. Die kahlen Zweige werden von entlaubten Sträuchern abgeschnitten. Sie beginnen in der geheizten Stube zu treiben und blühen an Weihnachten. Vielleicht hat der Barbarazweig etwas mit der germanischen Lebensrute zu tun. Doch wird er empfunden als Darstellung des weihnachtlichen Mysteriums, das in der winterlichen Dunkelheit aus der adventlichen Erwartung erblüht. Oder man sieht ihn als Hinweis auf die aus der menschlichen Armseligkeit aufblühende göttliche Herrlichkeit Christi. Der Zweig präludiert zum Lied "Es ist ein Reis entsprungen".
Im Gegensatz zum Barbarazweig steht der Barbaraturm. Er weist nicht auf Sicherheit und Geborgenheit hin, sondern auf Verlies, Gefängnis, Ungeborgenheit und Finsternis, Festung und Verschanzung des Bösen. Barbaras Vater hat seine Tochter in ein Turmverlies geworfen, um sie vom Christentum abzubringen. Der Turm sagt den Kanonieren, daß sie dagegen kämpfen müssen. So wird Barbara Patronin der Artillerie.
Der Turm sagt den Bergleuten, daß sie durch die Macht ihrer Patronin Barbara gerettet und geborgen werden können. Wenn der Bergmann eingeschlossen ist in einem tiefen Stollen - er darf hoffen auf die Befreiung, die auch der heiligen Barbara gegeben worden ist. - Der Turm erinnert an die dunkle Stunde des Kranken in der Finsternis des Sterbens. Barbara bringt als Sterbepatronin den Kelch Christi mit der Eucharistie hinein. Stanislaus und andere Heilige sahen St. Barbara kommen im Geleit der Gottesmutter bei der wunderbaren Sterbekommunion. Bis in dieses Jahrhundert betete man nach dem häuslichen Rosenkranz ein Vaterunser, um Barbaras Hilfe in der Todesstunde zu erlangen.
Barbara wird mit Turm und Zweig und Kelch dargestellt: aus der Verschanzung des Bösen und aus dem Dunkel des Todes macht die heilige Nothelferin uns frei - durch den Zweig, das heißt: durch das Christusmysterium, durch den Kelch, das heißt: durch die Christusgegenwart in der Eucharistie. Der Zwang wird überwunden vom Zweig und vom Kelch!

4.3. -1.6 Manns, Peter (Hrsg.); Die Heiligen, Alle Biografien zum Regionalkalender für das deutsche Sprachgebiet
M. Grünewald Verlag, Mainz, 1975

Die Biografien sind ausführlicher und werden nicht nach dem Jahresrhythmus, sondern in der Folge der Epoche der Kirchengeschichte dargestellt. Im Anhang finden sich Attribute und Patronate, eine kurze Ikonografie sowie Hinweise auf die Herkunft der Namen.

zu 4.3.

Barbara

Widerstandsfähig gegen jede Form historischer Kritik ist sodann der unkomplizierte Liebreiz und die Anziehungskraft, die von der heiligen Barbara ausgehen. Auch in ihrem Fall gilt, daß die authentischen Quellen ihren Namen nicht kennen und daß sie darum historisch eigentlich nicht existiert. Sicher scheint indes, daß ihre weit verbreitete Verehrung älter ist als die erst im 7. Jahrhundert sich fixierende Legende, die uns in lateinischen, griechischen, syrischen und armenischen Fassungen vorliegt. Angesichts der hoffnungslos verworrenen literarischen Überlieferung beschränken wir uns auf die summarische Wiedergabe des gemeinsamen Kerns der Legende.
Danach war Barbara - philologisch die weibliche Form von "Barbarus", wie schon die Legende Christophorus nannte - die verführerisch schöne Tochter eines reichen heidnischen Vaters mit Namen Dioskur. Eifersüchtig auf die Schönheit seiner Tochter, verwahrte der Vater Barbara in einem festen Turm. Alle Bewerber, die um die Hand Barbaras anhielten, wurden von ihm abgewiesen. Der Bequemlichkeit und des Lebensstils wegen versorgte Dioskur das turmartige Gefängnis der Tochter mit einem großen Bad und ging anschließend auf Reisen. Die schöne Barbara aber, die dem Herzen nach bereits Christus angehörte, nützte die Gelegenheit, um sich taufen zu lassen. Zum Zeichen ihres Glaubens an den dreifaltigen Gott veranlaßte sie, daß außer den zwei vorhandenen Fenstern ein drittes in den Turm geschlagen wurde. Der unerwartet zurückkehrende Vater erkennt sofort die Bedeutung. Voller Zorn darüber, daß Barbara die angestammten Götter verachtet, will er sogleich die eigene Tochter töten. In ihrer Not und Angst sucht sie ihr Heil in der Flucht. Und selbst der harte Fels öffnet sich, um ihr einen Durchgang zu verschaffen. Wenig später verrät jedoch ein Hirte ihr Versteck. Es hilft ihr wenig, daß Gott zur Strafe für den Hirten dessen Schafe in Mistkäfer verwandelt. Denn der erzürnte Dioskur ergreift die eigene Tochter und schleppt sie vor den Richter, der mit grausamen Strafen gegen sie vorgeht. Christus selbst stärkt sie jedoch und gibt ihr in Juliana eine Gefährtin. Aber der Tyrann will Barbara in ihrem Herzen treffen. Darum läßt er das junge Mädchen entkleiden, um es nackt auf den Märkten des Landes den lüsternen Blikken einer schaulustigen Menge auszusetzen. Barbara fleht zu Gott, der seinen Himmel mit Wolken, seine Erde aber mit dem Nebel des Morgens und des Abends verhüllt. Und Gott erhört ihr Gebet - wobei es unerheblich ist, daß wir das gleiche Wunder bereits aus einer anderen Passio (Acta sactorum, t.I, S.210) kennen. Schließlich verurteilt der Richter Barbara zum Tod durch Enthauptung. Dabei geschieht das Ungeheuerliche, daß der vorher um Tugend und Schönheit seiner Tochter so besorgte Vater in eigener Person die Vollstreckung des Urteils vornimmt. Als er nach dem Mord nach Hause zurückkehrt, trifft ihn jedoch der Blitz und verbrennt seinen Leib zu Asche. Ein gewisser Valerian aber sorgt für die würdige Bestattung Barbaras und der mit ihr enthaupteten Juliana. Es dauert nicht lange, bis zahlreiche Pilger an ihrem Grab Befreiung von ihren Leiden oder den notwendigen Trost finden.

Als Zeitpunkt des Martyriums erwähnen die verschiedenen Fassungen der Legende Kaiser wie Maximin (235-238), Maximianus (286-305) oder Maximin Daia (308-313). Dioskur wohnt entweder in Antiochien oder in dem schwer zu lokalisierenden Heliopolis. Als Ort des Martyriums werden entweder Nikomedien, die Toscana oder Rom selbst genannt. Versuchen wir nicht das Unmögliche, und lassen wir diese oder ähnliche Schwierigkeiten ungelöst stehen. Sicher ist indes die Feststellung, daß die Barbara-Verehrung spätestens seit dem 9. Jahrhundert ebenso im Orient wie im Okzident verbreitet ist, was als ein Indiz für die orientalische Herkunft der Heiligen gelten mag, da die Ostkirche westliche Heilige nicht so ohne weiteres annahm.
Obgleich "legendäre Heilige" eigentlich kein Gebein hinterlassen, gibt es dennoch eine breite Streuung von Reliquien und die verschiedensten Translationsberichte. So finden sich unter den Städten, die Anspruch auf den Besitz der sterblichen Überreste Barbaras erheben, so bedeutende wie Venedig, Konstantinopel, Rom und Alt-Kairo oder so unbedeutende wie Plaisance und Rieti im Sabinerland. Der Kopf der heiligen Barbara aber wird gleichzeitig im russischen Nowgorod, das vorher schon eine Rarität wie die versteinerte Brust der Heiligen besaß, und im Pommernland verehrt. Von Bremen aus ist sodann die Barbara-Verehrung schon früh nach Lettland und Finnland gelangt. Im 13. Jahrhundert verhandelt Aragon mit dem Sultan von Kairo, um von den Kopten den ganzen Leichnam der Heiligen zu erhalten. Geliebt und verehrt ist aber Barbara auch auf der Insel Cypern, auf den Inseln der Ägäis, in Griechenland und im Balkan sowie in Armenien und Georgien. Ein nicht geringeres Ansehen genießt sie in Westeuropa, nämlich in Belgien, in den Niederlanden, im Norden und Osten Frankreichs sowie in der Schweiz und in Österreich. In Deutschland ist sie die Lieblingsheilige des Volkes vor allem im Rheinland und in Westfalen. So besaß die Abtei Mönchengladbach schon unter ihren ältesten Reliquien solche der heiligen Barbara. In Westfalen begegnen wir ihr häufig gemeinsam mit Margareta und Katharina als Patronin von Kirchen und Altären, während sie im Archidiakonat Xanten mit Anna und Katharina eine solche Dreiergruppe bildet.
Inhaltlich knüpft die volksfromme Verehrung naturgemäß an den verschiedenen Motiven der Legende an. So wird Barbara etwa als Nothelferin gegen den "bösen und plötzlichen Tod" verehrt, der den grausamen Vater durch den Blitz ereilte. Häufig ist darum das Bittgebet: "Bewirke, o Herr, daß wir auf die Fürsprache der heiligen Barbara vor dem Tod das Sakrament ... empfangen." Von daher wiederum erklärt sich, daß die Künstler die Heilige häufig mit einem Ziborium und der darüber gehaltenen Hostie darstellen. Aus dem gleichen Grund hatten außerdem zahlreiche "Bruderschaften vom guten Tod" Barbara zur Patronin. Ihre Beziehung zum Blitz macht sie sodann zur Schutzheiligen, die bei Gewitter und Brandgefahr angerufen wurde. Von daher ziert ihr Bild die bei solchen Anlässen geläutete Sturmglocke. Auch erscheint sie als die geeignete Patronin der Glöckner und Glockengießer sowie der Türme, der Berggipfel und der Befestigungsanlagen.

zu 4.3.

Nach der Erfindung des Pulvers, das die Macht des Blitzes und des Feuers in sich vereint, wurde die zarte und alle Gewalttat verachtende Heilige sehr bald auch zur Patronin der die Arkebuse bedienenden Landsknechte und der späteren Kanoniere. Aus dem gleichen Grund galt und gilt sie bis heute als die von den Bergknappen und Bergleuten geliebte Schutzheilige, die sie mit ihrem milden Lächeln in den dunklen Schacht begleitet, wo selbst heute noch Wetter aller Art ihr Leben mit Blitz und Tod bedrohen. Nicht umsonst tragen vor allem da zahlreiche Kirchen ihren Namen, wo auch die Fördertürme der Zechen aufragen.
Der Turm aber, in dem sie wohnte und mit dem sie oft dargestellt wird, war der Grund eines anderen alten Patronates, an das sich freilich die modernen Architekten und Baugewerkschaften kaum mehr erinnern dürften.
Aus dem reichen Brauchtum, mit dem die Kirche über die Verehrung der heiligen Barbara so manche heidnische Sitte zu christianisieren suchte, sei nur an den bis heute bekannten "Barbara-Zweig" erinnert. Die Menschen schneiden oder kaufen ihn am Barbara-Tag, um ihn in den adventlichen Stuben bis zum Christfest (ursprünglich bis zur Winter-Sonnenwende) zum Blühen zu bringen. So säkularisiert dieser Brauch gegenwärtig auch sein mag, in seiner schlichten Zeichenhaftigkeit bewahrt er eine ungewöhnliche Aussagekraft für jeden, der nicht ohne Hoffnung zu leben vermag. Er läßt uns nicht nur an das "Reis Jesse" denken, sondern er erinnert uns im Blick auf die heilige Barbara oder "Bärbel" - wie das Volk sie zärtlich nennt - zugleich daran, daß auch unsere Herzen in Liebe erblühen, wo ihnen Christus - meist lange vor oder auch unabhängig von der Bekanntschaft mit seiner Kirche - begegnet.
Ähnlich wie beim heiligen Christophorus läßt sich darum auch an der heiligen Barbara zeigen, daß sie ausgerechnet als "legendäre Heilige" über einen doppelten Vorzug verfügt: Einerseits verfügt sie über eine merkwürdige Resistenz gegenüber den zahlreichen Fehlformen, die uns in der Heiligenverehrung begegnen. Andererseits bewahrt sie sich in ihrer Transparenz für Christus eine beachtliche Anziehungskraft, die auch den modernen Menschen in den Bann der Heiligkeit zu ziehen vermag.

4.3. -1.7 Schmitz, Hans Josef; Von heiligen Menschen, Leben, Texte und Geschichte unserer Namenspatrone

Neben einer verhältnismäßig ausführlichen Biografie sind auch zu einigen Heiligen Erzählungen, Berichte und Zitate abgedruckt.

Barbara — 306 (?) Nikomedien
Namenstag: 4. Dezember

Geh in den Garten
am Barbaratag.
Gehe zum kahlen
Kirschbaum und sag:

Kurz ist der Tag,
grau ist die Zeit.
Der Winter beginnt.
Der Frühling ist weit.

Doch in drei Wochen,
da wird es geschehn:
Wir feiern ein Fest,
wie der Frühling so schön,
Baum, einen Zweig
gib du mir von dir.
Ist er auch kahl,
ich nehm ihn mit mir.

Und er wird blühen
im leuchtender Pracht
mitten im Winter
in der heiligen Nacht.

Ein schöner Brauch ist es, am Fest der heiligen Barbara von Obstbäumen oder Sträuchern Zweige mit vielen Blütenknospen abzuschneiden und in der Vase zum Blühen zu bringen.
An Weihnachten, wenn die Natur draußen in tiefer Ruhe liegt, wenn der Garten kahl und das Wetter unfreundlich ist, entfalten sich im warmen Zimmer die Knospen der "Barbarazweige" zu festlicher Blüte. Sie erinnern uns an Weihnachtslegenden, in denen die Natur einmal im Winter, und nur in der heiligen Nacht, frühlingshaft erblüht. Auch schöne alte Weihnachtslieder leben von diesem Sinnbild: "Maria durch ein Dornwald ging - der hatt' in 7 Jahrn kein Laub getragen ... als das Kindlein durch den Wald getragen, da haben die Dornen Rosen getragen - Jesus und Maria". Blüten gehen auf, aus der Dunkelheit wird uns Licht - Traurigkeit wird umgewandelt in Freude - im Leben ist Hoffnung.
Es gibt viele Weihnachtsbräuche. Aber wie kommt es, daß einer davon benannt wird nach einer Heiligen, von der man nicht einmal weiß, ob sie wirklich gelebt hat? Sicher ist, daß mit Barbara, die besonders als Schutzpatronin der Bergleute bekannt ist, viele Legenden verbunden sind. Der Volksglaube hat ihr Hilfe bei Blitz und Wettergefahr und Schutz vor plötzlichem Tod zugeschrieben. Man nimmt an, daß sie um 306 in Nikomedien den Märtyrertod starb.
Barbara soll ein bildschönes junges Mädchen gewesen sein. Die Legende weiß zu berichten, daß ihr heidnischer Vater Dioskur die Tochter in einem reich ausgestatteten Turmbau verwahrte, um sie vor zudringlichen Männern zu schützen. Wer sie heiraten wollte, wurde abgewiesen.
Barbara aber glaubte nicht mehr an die Götter, die man damals in ihrer Heimat verehrte. Als der strenge Vater auf Reisen war, ließ sie sich in ihrem Bad taufen und wurde Christin. Für Dioskur ist das eine Freveltat, die nicht ungestraft bleiben darf. Sein Zorn kennt keine Grenzen. Er will die eigene Tochter auf der Stelle töten. Mit Gottes Hilfe gelingt Barbara die Flucht. Die Turmmauer tut sich auf, und das junge Mädchen kann sich vor dem wütenden Vater verbergen. Doch ein Hirte verrät ihr Versteck. Für Barbara jedoch beginnt nun eine Leidenszeit. Sie wird vor den Richter geschleppt. Man droht ihr grausame Strafen an. Nackt soll sie auf dem Markt den Leuten zur Schau gestellt werden. Gott aber läßt Nebel fallen, der alles in undurchdringlichen Dunst hüllt. Und trotzdem entgeht Barbara dem Henkertod nicht. Sie soll mit dem Leben für ihren christlichen Glauben büßen. So unvorstellbar hart und erbittlich ist Dioskur, daß er sein Kind selbst enthauptet. Barbara stirbt zusammen mit einer Gefährtin. Dem

furchtbaren Vater aber folgt der Tod auf dem Fuße, er wird auf dem Heimweg vom Blitz getroffen und verbrennt zu Asche.
Barbaras Legende ist voller Wunder. Sie hat ihren Glauben mit dem Leben bezahlt, und doch begleitete sie Gottes Schutz. Ihr Leben lag in Gottes Hand. Vielleicht ist darum die Geschichte der heiligen Barbara bald so weit verbreitet worden. Und vielleicht verbindet man deshalb noch heute mit ihrem Namen alte Bräuche, die zeichenhaft zeigen, daß im Leben Hoffnung ist über den Tod hinaus.

4.3. -1.8 Wimmer, Otto; Handbuch der Namen und Heiligen mit einer Geschichte des christlichen Kalenders
Innsbruck, Wien, München, 1986, 980 Seiten

Gliederung der Beiträge:
Leben
Darstellung
Patron
Monografie

Barbara (Kf. Babe, franz. Babette, Betty, Bäbi, Waberl; griech.-lat. = die Fremde, Ausländerin), Hl., der Legende zufolge Tochter eines Heiden in Nikomedien (jetzt Ismid, östlich von Konstantinopel), vom ängstlichen Vater in einen Turm gesperrt; als Christin, vom eigenen Vater ausgeliefert, stirbt sie unter Maximinus Daja 306 einen qualvollen Märtyrertod, indes der Vater auf dem Richtplatz von einem Blitz erschlagen wird. M-Fest am 4. Dezember seit 12.Jh. - Eine der 14 Nothelfer.
Darstellung: als vornehmes Mädchen mit Kelch und Hostie (weil ihr ein Engel einen solchen in den Kerker brachte und weil sie Patronin ist für einen durch Empfang der hl. Sterbesakramente seligen Tod). Mit Schwert, womit sie enthauptet wurde. Mit dreifenstrigem Turm (weil "durch die drei Fenster" des Turmes, worin sie vom Vater eingesperrt war, die erleuchtende Gnade des dreifaltigen Gottes dennoch Eingang fand und sie Christin wurde). Öfters mit anderen Heiligen, besonders mit Katharina und Margareta dargestellt als die "drei hl. Madeln":

"Margareta mit dem Wurm, Barbar mit dem Turm,
Katharina mit dem Radl, das sind die drei
heiligen Madl."

Patronin der Architekten, Artillerie, Bauarbeiter, Bergleute, Dachdecker, Festungen, Feuerwehr, Gefangenen, Gießer, Glöckner, Hutmacher, Köche, Maurer, Schmiede, Steinhauer, Totengräber, Türme, Zimmerleute, des Wehrstandes; gegen jähen Tod, für eine glückliche Sterbestunde; gegen Blitz, Gewitter, Feuer, Fieber, Pest. - "Die drei heiligen Madln" sind die Schützerinnen des Nährstandes (Barbara), des Lehrstandes (Katharina), des Wehrstandes (Margareta).

4.3. -1.9 Melchers, Carlo; Das große Buch der Heiligen, Geschichte und Legende im Jahreslauf
Südwest Verlag und Verlag Borromäusverein, 1978

-1.10 Leidl, August (Hrsg.); Bistumspatrone in Deutschland, Festschrift für Jacob Torsy
Verlag Schnell und Steiner, München-Zürich, 1984, 223 Seiten

-1.11 <u>Walter Nigg - Autor von Biografien</u>

Der schon zum Klassiker gewordene Autor von Heiligenleben, Heiligenbiografien ist der protestantische Theologe Walter Nigg. Seine Bücher gehören schon lange zum Bestand der Bibliothek eines katholischen Pfarr- oder Ordenshauses. Nigg hat meistens Sammelbände veröffentlicht, aus deren Titel nicht erkennbar wird, welche Heilige beschrieben werden. Die folgende Aufstellung soll das Auffinden einzelner Biografien erleichtern.

Die Antwort der Heiligen, Wiederbegegnung mit Nikolaus v. Flüe, Franz v. Assisi, Martin von Tours, Thomas Morus
Herderbücherei 758, Freiburg, 1980

Botschafter des Glaubens, Der Evangelisten Leben und Wort
Walter Verlag, Olten - Freiburg, 1968

Markus, Matthäus, Lukas, Johannes

Buch der Büßer
Walter Verlag, Olten, 1972

Maria Magdalena, Makarius der Große, Margareta von Cortona, Hieronymus, Savonarola, Abbé de Rancé, Fjedor Dostojewski, Albert von Polen, Charles de Foucauld, Simone Weil

Buch der Ketzer
Artemis, Zürich, 1970

Simon Magus, Origines, Marcion, Irenäus, Kaiser Julian, Montanus, Arius, Pelagius, der Mönch Gottschalk, Johannes Scotus Erigena, Peter Abälard, die Katharer, die Waldenser, die Brüder und Schwestern des freien Geistes, Meister Eckart, Arnold von Brescia, John Wycliff, Johannes Hus, Martin Luther, Thomas Müntzer, Hans Denk, Michael Servet, Sebastian Castellio, Sebastian Franck, Gottfried Anold, Giordano Bruno, Baruch Spinoza, Blaise Pascal, Gotthold Ephraim Lessing, Leo Tolstoi

zu 4.3.

Der christliche Narr
Artemis, Zürich, 1956

Symeon v. Edessa, Jacopone da Todi, Erasmus von Rotterdam, Philipp Neri, Cervantes Don Quichotte, Heinrich Pestalozzi, Dostojewskis Idiot

Don Bosco, Ein zeitloser Heiliger
Don Bosco Verlag, München, 1978

Der exemplarische Mensch, Begegnung mit Heiligen
Herder, Freiburg, 1974

Ludwig von Frankreich, Felix und Regula, Adelheid

Glanz der ewigen Schönheit - Annette von Droste Hülshoff
Artemis, Zürich, 1966

Heilige im Alltag
Walter Verlag, Olten, 1978

Bezogen auf Situationen und Lebensformen (Jugend, Ehe, Politik, Vision, Arme, Kranke ...) wird das Verhalten einer Vielzahl von Heiligen dargestellt.

Die Heiligen kommen wieder, Leitbilder christlicher Existenz
Herder, Freiburg, 1974

Elisabeth von Thüringen, Hedwig von Schlesien, Nikolaus von der Flüe

Große Heilige
Artemis, Zürich, 1946

Franz v. Assisi, Jeanne d'Arc, Nikolaus von der Flüe, Theresia v. Avila, Johannes vom Kreuz, Franz v. Sales, Gerhard Tersteegen, Johannes Vianney, Pfarrer von Ars, Therese von Lisieux

Heilige ohne Heiligenschein
Walter Verlag, Olten, 1978

Abbé Stock, Wladimir Solwjew, Florence Nightingale, Alfred Delp, Friedrich v. Bodelschwingh, Marie Noel, Jacob Künzler, Leon Bloy

Heimliche Weisheit, Mystiker des 16.-19. Jahrhunderts
Walter Verlag, Olten, 1972

Jacob Böhme, Novalis, Oettinger, Schleiermacher, Angelus Silesius, Gerhard Tersteegen, Valentin Weigel

Nikolaus von der Flüe
Düsseldorf, 1962

Maler der Ewigen
Artemis, Zürich, 1951

Grünewald, Michelangelo, El Greco, Rembrandt

Philipp Neri, der Spaßvogel Gottes, Sokrates in der Soutane
Herderbücherei 576, Freiburg, 1976

Des Pilgers Wiederkehr
Artemis, Zürich, 1954

John Bunyan, Benedikt Labre, der russische Strannik

Prophetische Denker
Artemis, Zürich, 1957

John Henry Newman, Sören Kierkegaard, Fjedor Dostojewski, Friedrich Nietzsche

Der verborgene Glanz
Walter Verlag, Olten, 1974

Bruder Ägidius, Bruder Klaus, Bruder Lorenz, Bruder Konrad, Matthias Claudius, Joh. Christoph Blumenthal

Vom Geheimnis der Mönche
Artemis, Zürich, 1953

Antonius der Einsiedler, Pachomius, Basilius, Augustin, Benedikt, Bruno, Bernhard v. Clairvaux, Franziskus, Dominikus, Theresa v. Avila, Ignatius v. Loyola

Vom beispielhaften Leben
Walter Verlag, Olten, 1978

Johannes von Gott, Thomas Morus, Feodossij von Kiew, St. Ulrich, Heinrich Seuse, Sergius von Radonesch, Seraphim von Sarow, Maximilian Kolbe, Edith Stein

Von Heiligen und Gottesnarren
Herderbücherei Nr. 79, 1960 / Artemis, Zürich, 1956

Benedikt von Nursia, Franziskus, Philipp Neri, Dostojewskis Idiot

Was bleiben soll, zehn biografische Meditationen
Walter Verlag, Olten, 1974

Hermann Kutter, Albert Schweitzer, Georges Bernanos, Josef Orabuena, Julien Green, Romano Guardini, Peter Wust, Reinhold Schneider, Martin Buber, Leo Schestow

zu 4.3.

Große Unheilige
Walter Verlag, Olten

König Saul, Judas Ischariot, Heloise, Kaiser Friedrich II., Michael Bakunin, Charles Baudelaire, Friedrich Nietzsche

4.3. -1.12 Heilige und religiöse Gestalten der letzten 100 Jahre

Victor Conzemius; Propheten und Vorläufer, Wegbereiter des neuzeitlichen Katholizismus
Benziger, Einsiedeln, 1972

Daniel O'Connell, Félicité de Lamennais, Antonio Rosminij, Charles Forbes de Montalembert, Ignaz v. Döllinger, Adolf Kolping, Antoine Chevrier, Lord Acton, Lambert Beauduin, Paul Courturier, Marius Besson, Matthias Laros, John La Farge, Ronald Knox, Vincent Lebbe, Franz Jägerstätter, Robert Schumann, Jean Ploussard, Josef Cardijn, Madelaine Delbrêl

Aretz, Morsey, Rauscher; Zeitgeschichte in Lebensbildern 3 Bände
Grünewald, Mainz

aus dem Katholizismus des 19. und 20. Jahrhunderts

Band 1, 1973, 20. Jahrhundert
Kardinal Kopp, Julius Bachem, Graf Hetting, Franz Hitze, Peter Spahn, Karl Trimborn, Karl Muth, Matthias Erzberger, Felix Prosch, Hedwig Dransfeld, Konstantin Fehrenbach, Heinrich Brauns, Josef Wirth, Wilhelm Marx, Adam Stegerwald, Heinrich Held, Joseph Joos, Heinrich Brüning, Ludwig Kaas, Kardinal Bertram, Romano Guardini

Band 2, 1975
Bernhard Letterhaus, Edith Stein, Kardinal Galen, Friedrich Muckermann, Ildefons Herwegen, Franz v. Papen, Kardinal Preysing, Kardinal Faulhaber, Waldemar Gurian, Karl Arnold, Jacob Kaiser, Gustav Gundlach, Georg Schreiber, Konrad Adenauer, Christine Teusch

Band 3, 1979
Franz v. Baader, Joseph Görres, Adolf Kolping, Franziska Chervier, Ludwig Windthorst, Josef Edmund Jörg, Franz Brandts, Elisabeth Knanke-Kühne, Wilhelm Hohoff, Heinrich Pesch, Josef Mausbach, Josef Heß, Bernhard Otte, Otto Müller, Maria Schmitz, Helene Weber, Götz Briefs, Hans Globke, Kardinal Döpfner

4.3. -1.13 Lehrer des geistlichen Lebens, Ein Sammelband bietet einen Überblick über die wichtigsten Lehrer der christilchen Spiritualität:

Sudbrack, Josef; Walsch, James; Große Gestalten christlicher Spiritualität
Echter Verlag, Würzburg, 1969

Origines, Augustinus, Johannes Chrysostomos, Johannes Kassian, Benedikt v.Nursia, Venantius Fortunatus, Johannes Scotus Eriugena, Rupert v.Deutz, Bernhard v.Clairvaux, Hildegard v.Bingen, Guigo Angelicus, Franz v.Assisi, Bonaventura, Johannes Reusbroec, Johannes Tauler, Brigitta v.Schweden, Nikolaus v. Kues, Ignatius v.Loyola, Alphons Rodriguez, Johannes vom Kreuz, Franz v.Sales, Maria v.d. Menschwerdung, Caussade, Johann Michael Sailer, Hermann Schell, Charles de Foucauld, Edith Stein

Im Buchhandel lieferbare Biografien finden sich im:

-1.14 Verzeichnis der lieferbaren Bücher
Verlag der Buchhändlervereinigung
jeweils unter dem Namen des Heiligen
("mager" gedruckt)

-1.15 Bavaria Sancta, Zeugen christlichen Glaubens in Bayern, 3 Bände, hrsg. von Georg Schwaiger
Pustet, Regensburg, 1970-1973

-2 Namenskunde, Brauchtum

-2.1 Reclams Namensbuch, Die wichtigsten deutschen und fremden Vornamen mit ihren Ableitungen und Bedeutungen, hrsg. von Theo Herrle
Stuttgart, 11/1970

-2.2 Senger, Basilius; 2000 Vornamen - Ihre Deutung und ihre Patrone mit dem neuen Heiligenkalender
Laumann Verlag, Dülmen, 1986, 216 Seiten

-2.3 Handbuch des deutschen Aberglaubens, hrsg von Hanns Bächtold-Stäubli, 9 Bände und ein Registerband
Berlin, Leipzig, 1927-1942

Fundgrube für alle Fragen des Brauchtums bis in seine regionalen Ausfaltungen und Verschiedenheiten. Wissenschaftlich sauber gearbeitet.

-2.4 Wörterbuch der deutschen Volkskunde
Kröners Taschenbuchausgabe Band 127, Stuttgart 1955

Kleines Nachschlagewerk

zu 4.3. - 4.5.

4.3. -3 Darstellungen in der Kunst

s. auch 4.3. -1.2 Bibliotheka Sanctorum

-3.1 Lexikon der christlichen Ikonografie, Heilige: Bände V-VIII

Umfassendes wissenschaftliches Sammelwerk, das die Darstellungen auch nach ihrem Ort nachweist. Wichtiges Nachschlagewerk, um Darstellungen ausfindig zu machen.

-3.2 Reclams Lexikon der Heiligen und biblischen Gestalten, Legende und Darstellung in der bildenden Kunst
Stuttgart, 1970

Als Kunstführer angelegt, um das Verständnis der christlichen Ikonografie zu erleichtern. Hinweise auf einzelne Kunstwerke, das Brauchtum wird kurz erwähnt. Hinweise auf einzelne Werke.

4.5. Marienfeste

Literaturverzeichnis "Maria"
Verzeichnis des Katholischen Buchhandels mit 140 lieferbaren Titeln und Dia-Serien
Bezug: Verband Katholischer Verleger und Buchhändler,
Lehenstr. 31, 7000 Stuttgart 1

Beinert, W./Petri, H.; Handbuch der Marienkunde
Regensburg, 1984, 1100 Seiten

Geschichte der Marienverehrung

Graef, Hilda; Maria, Eine Geschichte der Lehre und Verehrung
Herder, Freiburg, 1964, 426 Seiten

Das Buch geht von einzelnen Theologen und Gebeten aus, gibt kurze Überblicke über die Frömmigkeit einer Epoche, bietet viele Materialien und Zitate und spiegelt so die Vielfalt der Marienverehrung.

Delius, Walter; Geschichte der Marienverehrung
E. Reinhardt, München, Basel, 1963

Der evangelische Autor legt eine kritische Darstellung vor und behandelt ausführlich die Standpunkte der Reformatoren.

Laurentin, René; Die marianische Frage
Herder, Freiburg, 1965, 186 Seiten

Eine kritische Auseinandersetzung mit der marianischen Bewegung und den Übertreibungen der Marienverehrung.

500 Jahre Rosenkranz
1475, Köln, 1975
Kunst und Frömmigkeit im Spätmittelalter und ihr Weiterleben.
Erzbischöfliches Diözesanmuseum, Köln

Katalog zu einer Ausstellung, der umfangreiches Material über die Frömmigkeit des Spätmittelalters enthält und die verschiedenen Entwicklungsphasen, die zum Rosenkranzgebet führten, darstellt.

Theologische Aussagen über Maria

Maria, die Gestalt der Mutter Jesu in jüdischer und christlicher Sicht
Herder, Freiburg, 1985, 105 Seiten

Ein jüdischer, ein katholischer und ein evangelischer Autor beschreiben aus ihrer Sicht die Person Maria. Dies wird ergänzt durch mittelalterliche Darstellungen des Marienlebens.

Ratzinger, Joseph; Die Tochter Sion
Johannes Verlag, Einsiedeln, 1977, 83 Seiten

Ausgehend von dem Bild der Frau im Alten Testament werden die theologischen Aussagen über Maria entwickelt.

Auszug:

Noch eine Bemerkung zum Schluß. Lukas erzählt in der Geschichte von dem Besuch Marias bei Elisabeth, daß Johannes beim Ertönen von Marias Grußwort "vor Freude hüpfte im Mutterschoß" (1,44). Er verwendet zum Ausdruck der Freude dasselbe Wort ....(hüpfen), das er auch als Ausdruck für die Freude derer eingesetzt hat, die von den Seligpreisungen getroffen sind (Lk 6,23). In einer der alten griechischen Übersetzungen des Alten Testaments kommt dieses Wort auch vor, wo der Tanz Davids vor der endlich heimgekehrten Bundeslade beschrieben wird (2 Sam 6,16; 16 Symmachus). Vielleicht hat Laurentin doch nicht völlig unrecht, wenn er die ganze Szene mit der Heimholung der Lade parallel gebaut findet, so daß das Hüpfen des Kindes die ekstatische Freude Davids angesichts der Bürgschaft von Gottes Nähe fortsetzen würde. Aber wie dem auch sei, etwas kommt hier zum Ausdruck, das uns in unserem kritischen Jahrhundert fast ganz abhanden gekommen ist und das doch von innen her zum Glauben gehört: Ihm ist die Freude über das Mensch gewordene Wort wesentlich, das Hüpfen vor der Bundeslade in dem selbstvergessenen Frohsinn dessen, der Gottes rettende Nähe erkannt hat. Nur wenn man dies versteht, kann man auch Marienverehrung begreifen: Sie ist über alle Probleme hinweg das Hingerissenwerden von der Freude darüber, daß es das wahre Israel unzerstörbar gibt; sie ist das glückselige Einschwingen in die Freude des Magnificat und damit Lobpreis dessen, dem sich die Tochter Zion verdankt und den sie trägt als die wahre, unverwesliche und unzerstörbare Lade des Bundes.

zu 4.5.

Boff, Leonardo; Ave Maria, Das Weibliche und der Heilige Geist
Patmos, Düsseldorf, 1982

Meinhold, Peter; Maria in der Ökumene, Die Mutter Jesu im Neuen Testament
Steiner Verlag, Wiesbaden, 1978, 45 Seiten

Der evangelische Theologe legt ein Marienverständnis vor, das allein von den Aussagen des Neuen Testamentes ausgeht.

Thurian, Max; Maria
M. Grünewald, Mainz; J. Stauda, Kassel, 1967

Entlang den biblischen Texten entwickelt der evangelische Mönch von Taizé eine Mariologie, in die auch die Geschichte der kirchlichen Lehre über Maria eingearbeitet ist.

Müller, Alois; Glaubensrede über die Mutter Jesu, Versuch einer Mariologie in heutiger Perspektive
M. Grünewald, Mainz, 1980, 150 Seiten

Ausgehend von sprachphilosophischen Überlegungen werden die theologischen Aussagen über Maria erläutert.

Maria im Neuen Testament, Eine ökumenische Untersuchung, Übersetzung einer amerikanischen Studie
Kath. Bibelwerk, Stuttgart, 1981

Greely, Andrew; Maria, Über die weibliche Dimension Gottes
Styria, Graz, 1979, 255 Seiten

Der amerikanische Autor sucht von anthropologischen und religionsgeschichtlichen Ansätzen einen neuen Zugang zur Gestalt Marias. Darstellungen der Kunst werden einbezogen. Gedichte und Gebete werden zitiert. Einige Kapitelüberschriften: Der Aufstieg Marias, Madonna, Jungfrau, Gemahlin, Pieta - die Frau als Spenderin und Zerstörerin des Lebens.

<u>Marienfest - Formen der Marienverehrung heute</u>

Beinert, Wolfgang (Hrsg.); Maria heute ehren
Herder, Freiburg, 1977, 320 Seiten

In dem Buch werden von 10 Autoren theologische Aussagen über Maria und Vorschläge für die Gestaltung der Marienverehrung gemacht. Das Buch ist nur unter Vorbehalten empfehlenswert, es ist in Teilen oberflächlich gearbeitet und pflegt eine theologisch kirchliche Binnensprache.

Rovira, German (Hrsg.); Der Widerschein des Ewigen Lichtes, Marienerscheinungen und Gnadenbilder als Zeichen der Gotteskraft
Butzon & Bercker, Kevelaer, 1984

Analysen, theologische Reflexion und Bedeutung der Gnadenbilder und Marienerscheinungen. Wissenschaftliches Werk des internationalen Mariologischen Arbeitskreises.

Darstellungen der Kunst

Schiller, Gertrud; Ikonografie der christlichen Kunst,
Band 4.2 Maria
Gütersloher Verlagshaus Gerd Mohn, Gütersloh, 1980

Lexikon der christlichen Ikonografie, Band 3 Maria, Marienbild, Marienleben, Spalte 154-233
Herder, Freiburg, 1971

Grimme, Ernst Günther; Deutsche Madonnen
DuMont Buchverlag, Köln, 1976 (nur Plastiken), 146 Abbildungen, 204 Seiten

Beschreibung der einzelnen Darstellungstypen und lexikalische Beschreibung einzelner Plastiken.

Maria, Königing des Himmels, Das große Marienbuch christlicher Malerei und Ikonendarstellungen
Pattloch, Aschaffenburg 1983, 239 Seiten

4.6. s. die unter 4.3. angegebenen Sammelwerke

4.6.1. Josef

Galot, Josef; Der heilige Josef
Paulus-Verlag, Freiburg, Schweiz

4.6.2. Johannes der Täufer

Becker, Jürgen; Johannes der Täufer und Jesus von Nazareth
Neunkirchener Verlag, Neunkirchen-Vluyn, 1973, 128 Seiten

In den biblischen Kommentaren (s.o. 1. -12 ff, S.402 ff) zu den Stellen:

Gebet des Johannes	Lk 1,26-38, 57-80
Predigt des Johannes	Mt 3,1-13, Mk 1,2-8, Lk 3,7-17, Joh 1,19-23
Jesus läßt sich von Johannes taufen	Mt 3,13-17, Mk 1,9-11, Lk 3,21-22, Joh 1,29-34

zu 4.6.2. - 4.6.3.

Frage des Johannes an Jesus, Urteil Jesu über Johannes	Mt 11,2-19, Lk 7,18-35
Tod des Johannes	Mt 14,3-12, Mk 6,17-29. Lk 3,19-20

Brauchtum

Handwörterbuch des deutschen Aberglaubens, Band IV. Stichworte Johannes der Täufer, Johannis Enthauptung, Johannisfeuer, Johanniskohle

4.6.3. Peter und Paul

Der Petrus der Bibel, Eine ökumenische Untersuchung, hrsg. von Brown, Raymond E; Donfried, Karl P.; Reumann, John
aus dem Amerikanischen von E. Füßl
Calwer Verlag, Stuttgart; Katholischen Bibelwerk, Stuttgart, 1976, 255 Seiten

Guarducci, Margherita; Petrus, sein Tod - sein Grab, Chronik einer Entdeckung
Pustet, Regensburg, 1976, 180 Seiten

Bericht über die archäologischen Funde in Rom, die Anhaltspunkte für den Aufenthalt des Petrus in Rom geben.

Das Petrusamt in der gegenwärtigen Diskussion
hrsg. von Hans Mund
Schöningh, Paderborn, 1976, 101 Seiten

Cullmann, Oscar; Petrus
Theologischer Verlag, Zürich, 2/1960, 287 Seiten

Die Darstellung eines evangelischen Bibelwissenschaftlers, der allerdings dem katholischen Standpunkt sehr nahe kommt.

Bradfort, Ernle; Die Reisen des Paulus
dtv 1455, München, 1979

Perowne, Stuart; Die Reisen des Apostels Paulus
Herder, Freiburg, 5/1976, 144 Seiten

Bornkamm, Günther; Paulus
Urbaun Taschenbuch 19, Stuttgart, ^{12}1980, 216 Seiten

Eine knappe Darstellung der Theologie des Paulus.

Ben-Chorin, Schalom; Paulus, der Völkerapostel in jüdischer Sicht
dtv 1550, München, 1980

Paulus, Apostat oder Apostel? Jüdische und christliche Antworten, Beiträge von fünf Autoren
Pustet, Regensburg, 1976, 176 Seiten

4.6.4. Michael

Sauser, Ekkhard; Heilige und Engel im Kirchenjahr, Besinnungen und Anregungen
Pustet, Regensburg, 1979, 160 Seiten

Siegen, Johann; Der Erzengel Michael
Christiana Verlag, Stein a. Rhein, 2/1975, 104 Seiten

Brauchtum

Handwörterbuch des deutschen Aberglaubens, Band VI, Stichwort "Michael", Spalte 232-240

Mai, Paul/Popp, Marianne/Altmann, Lothar; Sankt Michael in Bayern
Schnell und Steiner Verlag, München, 1978, 190 Seiten

Tatic-Djuric, Mirjana; Das Bild der Engel
Bongers, Recklinghausen, 1962, 86 Seiten

Darstellung der Engel auf Ikonen

4.6.5. Martin

Nigg, Walter/Loose, Helmuth; Martin von Tours
Herder, Freiburg, 1978, 120 Seiten

Sulpicius Severus, Vita Sancti Martini
Die Biografie des Zeitgenossen des Heiligen liegt in keiner aktuellen deutschen Übersetzung vor.
Kösel, München, 1914; Herder, Freiburg, 1940

In Bibliotheken finden sich jedoch sowohl Übersetzungen wie auch Ausgaben des lateinischen Textes.

zu 4.6.5 - 4.6.6.

Brauchtum

Handwörterbuch des deutschen Aberglaubens, Band V, Stichwort "Martin", Spalte 1708-1720

4.6.6. Nikolaus

Timmermanns, Felix; Sankt Nikolaus und die Kinder, Erzählungen Arche, Zürich, 3/1967

Tschizewskij, Dmitrij; Der heilige Nikolaus, Kleine Ikonenbücherei Band 4, Bongers, Recklinghausen, 2/1957, 80 Seiten

Brauchtum

Handwörterbuch des deutschen Aberglaubens, Band VI, Spalte 1086-1107

5. Ideentage - Zwecksonntage

5.1. Weltfriedenstag

Dienst am Frieden, Stellungnahmen der Päpste, des II. Vatikanischen Konzils und der Bischofssynode von 1963-1980
Nr. 23 der Verlautbarungen des apostolischen Stuhls

Sekretariat der Deutschen Bischofskonferenz, Kaiserstr. 163, 5300 Bonn 1, Tel.: 02 28 / 10 32 39

Von der Pressestelle des Sekretariat wie auch von

Pax Christi - Internationale Katholische Friedensbewegung, Windmühlstr. 2, 6000 Frankfurt/M 1, Tel.: 0 69 / 25 23 98,

können Unterlagen zum Weltfriedenstag angefordert werden.

5.2. Gebetswoche für die Einheit der Christen

Einen Überblick über die Ökumene und die Geschichte der ökumenischen Bewegung sowie Literaturhinweise finden sich in:

Heyer, Friedrich; Konfessionskunde
W. de Gruyter, Berlin, New York, 1977

Fahlbusch, Erwin; Kirchenkunde der Gegenwart
Kohlhammer, Stuttgart, 1979, 288 Seiten

Rouse, Ruth/Neill Stephen; Geschichte der ökumenischen Bewegung 1517-1948, 2 Bände
Vandenhoeck & Ruprecht, Göttingen, 1963, 1973

Fey, Harold (Hrsg.); Geschichte der ökumenischen Bewegung 1948-1968
Vandenhoeck & Ruprecht, Göttingen, 1974

Lengsfeld, Peter (Hrsg.); Ökumenische Theologie, Ein Arbeitsbuch
Kohlhammer, Stuttgart, 1980, 508 Seiten

Dokumente wachsender Übereinstimmung, sämtliche Berichte und Konsenstexte interkonfessioneller Gespräche auf Weltebene 1931-1982
Paderborn, Frankfurt, 1983

zu 5.2. - 5.3.

Adressen:

Arbeitsgemeinschaft der christlichen Kirchen in der Bundesrepublik Deutschland, Friedrichstr. 2-6, 6000 Frankfurt/Main, Tel.: 0 69 / 7 15 91

Konfessionskundliches Institut (evangelisch), Eifelstr. 35, 6140 Bensheim, Tel.: 0 62 51 / 3 80 00

Johann Adam Möhler Institut für Ökumenik (katholisch), Leostr. 19 a, 4790 Paderborn, Tel.: 0 52 51 / 2 46 44

5.3. Welttag der geistlichen Berufe

Klostermann, Ferdinand; Die pastoralen Dienste heute, Priester und Laien im pastoralen Dienst, Situation und Bewältigung
Pustet, Regensburg, 1980, 360 Seiten

Informationsmaterial kann angefordert werden bei:

Informationszentrum "Berufe der Kirche", Arbeitsstelle der Deutschen Bischofskonferenz, Schoferstr. 1, 7800 Freiburg i. Brg., Tel.: 07 61 / 3 32 66

In den einzelnen Diözesanverwaltungen gibt es jeweils Referate für "Berufe der Kirche".

5.4. Welttag der sozialen Kommunikationsmittel

Eine kirchliche Theorie und Praxis der Massenmedien findet sich in

Pastoralinstruktion "Communio et Progressio" über die Instrumente der sozialen Kommunikation, Lateinischer Text, Übersetzung und Kommentar von Hans Wagner
Paulinus Verlag, Trier, 1971 304 Seiten

Kirche und Publizistik, Dreizehn Kommentare zu "Communio et Progressio" mit dem deutschen Originaltext, hrsg. von Franz Eilers u.a.
Schöningh, Paderborn, 1973, 198 Seiten

Materialien zum Welttag der sozialen Kommunikationsmittel gibt heraus:

Zentralstelle Medien der Deutschen Bischofskonferenz, Referat Kommunikationspädagogik, Kaiserstr. 163, 5300 Bonn, Tel.: 0228/103240

Stellungnahmen der Kirche zu Medienfragen können ebenfalls bei der Zentralstelle angefordert werden.

Über die kirchlichen Medien informieren:

Presse: Arbeitsgemeinschaft Katholische Presse, Friedensstr. 30, 5205 St. Augustin 1, Tel.: 0 22 41 / 2 62 07

Film: Arbeitsgemeinschaft der AV-Medienzentrale, Referat Film/AV Medien der Zentralstelle Medien, Kaiserstr. 163, 5300 Bonn

Kirchliche Hörfunk- und Fernseharbeit: Arbeitsgemeinschaft Katholischer Hörfunk- und Fernseharbeit in der Bundesrepublik Deutschland und Berlin-West, Referat Hörfunk/Fernsehen der Zentralstelle Medien (Adresse s.o.)

Medienerziehung: Referat Kommunikationspädagogik der Zentralstelle Medien (Adresse s.o.)

5.5. Sonntag der Weltmission

Eine Analyse sowie Perspektiven der kirchlichen Missionsarbeit finden sich in

Bühlmann, Walbert; Wo der Glaube lebt, Einblicke in die Lage der Weltkirche
Herder, Freiburg, 1974

ders. Weltkirche, Neue Dimensionen für das Jahr 2001
Styria, Graz, 1984

Adressen:

Missio - Internationales Katholisches Missionswerk, Hermannstr. 14, 5100 Aachen, Tel.: 0 21 41 / 4 76 41

Missio - Internationales Katholisches Missionswerk, Ludwig-Missions Verein, Pettenkoferstr. 26, 8000 München 2, Tel.: 0 89 / 5 16 21

Beide Einrichtungen geben Materialien, auch Fotos, zum Missionssonntag heraus und stehen mit ihrem Referat Öffentlichkeitsarbeit ständig für Informationen zur Verfügung.

zu 6. - 6.2.

6. Feste der Gemeinde

Fährmann, Willi; Gemeinde mit Herz, Feste, Veranstaltungen und Aktionen
Echter, Tyrolia, Würzburg, 1974, 126 Seiten

Fährmann, Elisabeth und Willi; Kinderfeste im Kirchenjahr
Echter, Tyrolia, Würzburg, 1974, 127 Seiten

6.1. Kirchweihtag - Patronatsfest

Adam, Adolf; Das Kirchenjahr mitfeiern
Herder, Freiburg, 1979, S. 152-154

6.2. Erstkommunion

Für die Vorbereitung auf die Erstkommunion und die Feier des Gottesdienstes gibt es eine Vielzahl von Arbeitsmappen und Büchern. Die Pfarrer verfügen in der Regel über diese Materialien. Hier nur einige Hinweise:

Steiner, Josef (Hrsg.); Auf die Kommunion vorbereiten
Herder, Freiburg, 1979, 72 Seiten

Gruber, Elmar; Kinder zur Erstkommunion führen, Hilfen für Elternhaus, Schule und Gemeinde
Don Bosco Verlag, München, 1980, 76 Seiten

Kalteyer, Anton; Katechese in der Gemeinde, Hinführung der Kinder zur Eucharistie
Knecht, Frankfurt, 1976, 276 Seiten

Seuffert, Josef, Du gibst uns das Leben
Grünewald, Mainz, 1979

Stelzer, Karl; Unser Kind geht zu Erstkommunion, Warum Eltern helfen müssen, wie Eltern helfen können
Rex, Luzern, Stuttgart, 1977, 103 Seiten

6.3. Firmung

Wie für die Erstkommunion gibt es auch für die Firmung eine Vielzahl von Arbeitsmappen. Hier nur einige Hinweise.

Benning, Albert; Gabe des Geistes, Zur Theologie und Katechese des Firmsakramentes; Butzon & Bercker, Kevelaer, 1972, 120 Seiten

Weber, Günther; Gottes Geist in dieser Welt, Zur Vorbereitung auf die Firmung; Herder, Freiburg, 1978, 48 Seiten

Binder, Johanna; Unser Kind wird gefirmt, Wie Eltern und Erzieher helfen können; Rex, Luzern, Stuttgart, 1976, 106 Seiten

Höfer, Albert (Hrsg.); Arbeitsbuch für Firmhelfer 15 Gruppenstunden; Styria, Graz, 1975

Ott, Rudi u.a.; Die Firmung, Ein Buch für Firmhelfer und Eltern Kösel, München, 1972, 192 Seiten

Tigges, Klaus/Werner Ernst; Die Firmung in der Gemeinde, Kurs zur Ausbildung von Firmgruppenleitern
Kösel, Benziger, München, Köln, 1980

Seuffert, Josef; Unter uns ist Gottes Geist
Grünewald, Mainz, 1978

6.6. Gemeindewallfahrt

s. 8.1. Literatur zum Kapitel "Wallfahrten", S. 494

6.7. Primiz

Ordination und kirchliches Amt; hrsg. von Reinhard Mumm
Veröffentlichung des ökumenischen Arbeitskreises evangelischer und katholischer Theologen; Bonifacius Druckerei, Paderborn;
Luther Verlag, Bielefeld, 1976, 176 Seiten

Mitten in der Gemeinde, Werkbuch zur Vorbereitung und Gestaltung von Priesterweihe, Primiz und anderen Tagen des Priestertums der Kirche; Herausgeber: Arbeitsstelle des Päpstlichen Werkes für geistliche Berufe in Deutschland, Don Bosco, München, 1968, 352 Seiten

zu 7.

7. Feste des einzelnen und der Familie

Boff, Leonardo; Kleine Sakramentenlehre
Patmos, Düsseldorf, 1976, 120 Seiten

Das Buch zeigt an alltäglichen Beispielen, daß wir Dingen eine sakramentale Bedeutung zuerkenne. Aus diesen Überlegungen heraus wird die Auffassung der religiösen Sakramente, wie sie das Christentum entwickelt hat, dargestellt.

Textprobe

4. Kapitel
Das Sakrament des Brotes

Dann und wann wird bei uns zu Hause Brot gebacken. In einer großen Stadt mit ...zig Bäckereien und dazu noch in einer Etagenwohnung ist das immerhin bemerkenswert. Da gibt sich jemand dem Luxus hin, Brot zu backen. Das wäre doch nun wirklich nicht nötig! Aber das Brot ist ja auch nicht dazu bestimmt, nur den Hunger zu stillen. Denn Brotbacken spielt sich ab nach den Regeln eines alten Ritus. Es entspringt einem fundamentaleren Bedürfnis als dem, satt zu werden. Im Brotbacken wird nämlich eine archetypische Geste wiederholt. Der primitive Mensch wiederholte eine Reihe von Gesten, von Urgesten, mittels derer er sich in eine Vereinigung mit dem Ursprung der Dinge und dem verborgenen Sinn des Kosmos begab. So auch hier: Es wird ein Gestus wiederholt, der voll menschlicher Sinngebung steckt, die die unmittelbaren Bedürfnisse übersteigt.
Heutzutage wird unser Brot im engen Backofen eines Gasherdes gebacken, nicht mehr wie früher in einem gewaltigen Backofen aus Ziegelsteinen. Das Brot wird - lange - mit der Hand geknetet. Ohne Anstrengung geht's nicht, wenn man etwas zu kneten hat. Wenn das Brot schließlich fertig ist, wird es unter die zahlreichen Geschwister aufgeteilt, die jetzt schon außer Hause sind und selbst schon wieder Familie und Kinder haben. Allen schmeckt das Brot großartig: "Das ist Mamas Brot!" Unser Brot hat etwas ganz Besonderes an sich, das das namen- und geschichtslose Brot aus der Bäckerei des Portugiesen an der Ecke oder aus dem Supermarkt in der Stadtmitte nicht zu bieten imstande ist. Worin besteht dieses bestimmte Etwas unseres Brotes? Weshalb wird das Brot unter allen Familienmitgliedern aufgeteilt? -: weil es ein sakramentales Brot ist. Obwohl Weizenmehl und Zutaten, aus denen es zubereitet wird, sich in nichts von jedwedem anderen Brot unterscheiden, ist unser Brot dennoch anders. Es ist anders, weil es eine andere menschliche Wirklichkeit anklingen läßt, die in dem von Mama gebackenen Brot zugegen ist. Denn Mama - als Witwe mit weißem Haar - versteht sich auf Urgesten des Lebens und weiß damit auch um den tieferen Sinn, den jedes Ding im Leben einer Familie in sich birgt.

Dieses Brot erweckt die Erinnerung an eine Vergangenheit, in der es noch jede Woche unter großen Mühen gebacken wurde. Elf Mäuler waren wir, die wie Vogeljungen in ihrem Nest auf Mutters Brot warteten. In der Frühe stand sie auf, die allmählich zum Symbol für die mulier fortis und magna mater wurde. Sie schüttete einen großen Berg von schneeweißem Weizenmehl auf, gab Hefe hinzu und schlug viele Eier in Mehl und Hefe. Manchmal fügte sie auch Süßkartoffeln hinzu. Dann vermengte sie alles mit ihren starken Armen und kraftvollen Händen, bis daß ein schön gleichmäßiger Teig entstand. Darüber streute sie ein wenig gröberes Maismehl. Schließlich wurde das Ganze mit einem riesigen Tuch zugedeckt.
Wenn wir aufstanden, lag auf dem Tuch schon ein ganz beachtlicher Teigberg. Wir, die Kleinen, hoben vorsichtig das Tuch an, um nach dem bauschigen und lockeren Teig zu spähen. Heimlich naschten wir mit dem Zeigefinger ein Stückchen von dem Teig, das wir dann auf dem heißen Blech des Holz-Backofens backten. Und dann die Geschichte mit dem Feuer im Backofen: Dazu wär nämlich viel Brennholz nötig. Immer wieder gab es Streitereien. Wer war heute an der Reihe, Holz zu holen? Wenn dann aber das frische Brot fertig war, freuten sich alle zusammen, und Mutters Augen leuchteten in ihrem schweißüberströmten Gesicht, das sie mit der weißen Schürze abwischte.
Wie bei einem Ritual bekamen alle ein Stück. Dabei wurde das Brot nie geschnitten - bis heute -, sondern stets gebrochen. Vielleicht sollte damit an den erinnert werden, der am Brotbrechen erkannt wurde (vgl. Lk 24, 30,35).
Das Brot, dessen Teig unter Mühen gemengt, dessen Aufgehen erwartungsvoll beobachtet und das im Schweiß des Angesichts gebacken und mit Freuden gegessen wird, ist ein Grundsymbol des Lebens. Jedesmal, wenn Papa auf Reisen war, erwartete Mama ihn mit einem großen Backofen voll Brot. Und wenn er zurückkam, freute er sich - wie wir Kinder - über das frische Brot, das wir mit Käse oder italienischer Salami aßen. Dazu gab es ein gutes Glas Wein. Niemand freute sich mehr als er über dieses einfache Dasein und über die großzügige Genügsamkeit dieser ursprünglichen Nahrungsmittel der Menschheit.
Wenn jetzt das Brot in einer Etagenwohnung gebacken und unter die Geschwister verteilt wird, dann soll damit diese Geste von früher in Erinnerung gerufen werden. Freilich weiß keines von den Geschwistern um diese Absicht. Nur das Unbewußte und die Tiefenstrukturen des Lebens wissen darum. Das Brot bringt in den Bereich der bewußten Erinnerung, was in den Tiefen des Unbewußten unserer Familie verborgen liegt. Es kann immer wieder verlebendigt und jeweils neu belebt werden. Wir Geschwister halten Mutters Brot für das beste der Welt, nicht weil es nach irgendeiner Geheimformel hergestellt würde, mit der clevere Geschäftsleute riesige Gewinne machen, sondern weil es ein archetypisches und sakramentales Brot ist. Als Sakrament läßt es einen jeden von uns am Leben der Geschwister teilnehmen. Als solches spricht es das Herz an, nährt den Geist des Lebens und steckt voller Sinn, der durch die Materialität des Brotes hindurchscheint und transparent wird.

zu 7. - 7.1.

Schneider, Theodor; Zeichen der Nähe Gottes, Grundriß einer Sakramententheologie
M. Grünewald, Mainz, 1979, 322 Seiten

Eine fachtheologische Darstellung der katholischen Lehre von den Sakramenten.

Zulehner, Paul M.; Übergänge zum Leben
Kyrios Verlag, Meitingen, Fresing, 1980, 279 Seiten

Taufe, Firmung, Ehe, Tod

Zulehner, Paul M.; Heirat, Geburt, Tod
Herder, Wien, 1978

7.1. Taufe

Für die Spendung der Taufe gibt es eigene Textbücher.

Die Feier der Eingliederung Erwachsener in die Kirche
Herder, Freiburg, 1975, 270 Seiten

Die Feier der Kindertaufe
Herder, Freiburg, 1971

Taufe - theologisch gesehen

Barth, Gerhard; Die Taufe in frühchristlicher Zeit
Neunkirchener Verlag, Neunkirchen-Vluyn, 1981, 151 Seiten

Die biblische Tauflehre, die Ergebnisse der Bibelwissenschaft werden knapp zusammengefaßt.

Stenzel, Alois; Die Taufe, Eine genetische Erklärung der Taufliturgie
Verlag Felizian Rauch, Innsbruck, 1958, 319 Seiten

Eine Darstellung der christlichen Tauffeier im Verlauf der Jahrhunderte.

Ratschow, Carl Heinz; Die eine christliche Taufe
Gütersloher Verlagshaus G. Mohn, Gütersloh 2/1979, 279 Seiten

Eine Darstellung der christlichen Tauftheologie eines evangelischen Theologen.

Taufe, Eucharistie und Amt, Konvergenzerklärung (Lima Dokument); in: Dokumente wachsender Übereinstimmung, Paderborn, Frankfurt, 1983, s. 549-556

Jorissen, Ingrid/Meyer, Hans B.; Die Taufe der Kinder
Tyrolia, Innsbruck, 1975

Huber, Max; Taufgespräche
Pustet, Regensburg, 1976, 96 Seiten

Stelzer, Karl; Unser Kind wird getauft, Zur Vorbereitung der Eltern
Rex, Luzern, Stuttgart, 1974, 101 Seiten

7.2. Erstkommunion

s. 6.2. und 3.6. Gründonnerstag, S. 486 und 434

7.3. Firmung

s. 6.3., S. 487

7.4. Versöhnung

Zigenaus, Anton; Umkehr, Versöhnung, Friede
Herder, Freiburg, 1975, 324 Seiten
Es wird u.a. die Geschichte der kirchlichen Bußpraxis dargestellt.

Nikolasch, Franz; Die Feier der Buße, Theologie und Liturgie
Echter Verlag, Würzburg, 1974, 108 Seiten

Pastorale Handreichung für den pastoralen Dienst; Hrsg. Konferenz der deutschsprachigen Pastoraltheologen
Buße und Bußsakrament in der heutigen Kirche
Grünewald, Mainz, 3/1970, 44 Seiten

Feifel, E. (Hrsg.); Buße, Bußsakrament, Bußpraxis
Don Bosco, München, 1975, 152 Seiten

Tölg, Hans; Hinführung der Kinder zum Bußsakrament
Knecht, Frankfurt, 1980, 96 Seiten

zu 7.5. - 7.8.

7.5. Eheschließung

Gemeinsame Synode der Bistümer der Bundesrepublik Deutschland Beschlüsse der Vollversammlung; Abschnitt: Christlich gelebte Ehe und Familie
Herder, Freiburg, 1976, S. 411-457

Der Text der Synode gibt das heutige katholische Eheverständnis wieder, das auch von vielen Katholiken in dieser Formulierung mitgetragen wird.

Kasper, Walter; Zur Theologie der christlichen Ehe
Grünewald, Mainz, 1977, 95 Seiten

Emeis, Dieter; Die Ehe christlich leben, Anregungen
Herder, Freiburg, 1980, 128 Seiten

Richter, Klemens/Plock, Heinrich/Probst, Manfred; Die kirchliche Trauung
Herder, Freiburg, 1979, 175 Seiten

Reich, Werner; Vor Gott in Liebe vereint
Echter Verlag, Würzburg, 1982

Seuffert, Josef; Einander anvertraut
Grünewald, Mainz, 1981

7.7. Diakonats-, Priester- und Bischofsweihe

Congar, Yves; Priester und Laien
Herder, Freiburg, 1965

7.8. Schwere Krankheit, Tod

Die Feier der Krankensakramente
Herder, Freiburg. 1980, 176 Seiten

Engelke, Ernst; Sterbenskranke und die Kirche
Kaiser, München, Grünewald, Mainz, 1980, 196 Seiten

Jorissen, Ingrid/Meyer, Hans B.; Über Krankheit und Alter und das Sakrament der Krankensalbung
Tyrolia, Innsbruck, 1974, 108 Seiten

7.8. Heilssorge für die Kranken und Hilfen zur Erneuerung eines mißverstandenen Sakraments; Hrsg. von M. Probst, K. Richter
Herder, Freiburg, 1975, 158 Seiten

Stary, Otmar; Wir können dem Sterbenden helfen
Styria, Graz, 1976

7.9 Begräbnis

Die kirchliche Begräbnisfeier in den katholischen Bistümern des deutschen Sprachgebietes
Herder, Freiburg, 1980, 200 Seiten

Zeichen der Hoffnung in Tod und Trauer, Ein Werkbuch für die pastoralliturgische Praxis; Hrsg. von K. Richter, M. Probst, H. Plock
Herder, Freiburg, 1975, 176 Seiten

zu 8. - 8.1.

8. Christen unterwegs

8.1. Wallfahrten

Artikel Wallfahrt im Lexikon für Theologie und Kirche, Band 10, Spalte 942-945

Faktenreicher Überblick über die christliche Wallfahrt seit den Zeiten der alten Kirche.

Kolb, Karl; Große Wallfahrten in Europa; Würzburg, 1976

Donner, Herbert; Pilgerfahrt ins Heilige Land, Die ältesten Berichte christlicher Palestinapilger (4. - 7. Jahrhundert), Stuttgart, 1979

Hell, Vera/Hell, Helmut; Die große Wallfahrt des Mittelalters; Kunst an den romantischen Pilgerstraßen durch Frankreich und Spanien nach Santiago de Compostela; Tübingen, 1979

Fink, Humbert; Auf Pilgerstraßen durch Europa
List Verlag, München, 1980, 384 Seiten

Subjektiv geschriebene Berichte über die einzelnen Wallfahrtsorte mit ausführlicher Darstellung der Geschichte des Ortes, 30 Wallfahrtsorte u.a. Santiago de Compostela, Lourdes, Altötting, Die Wies, St. Wolfgang, Gargano, Mont Saint Michel

Lanczkowski, Günter; Die Heilige Reise, Auf den Wegen von Göttern und Menschen
Herder, Freiburg, 1983, 253 Seiten

Schutzmächte der Reise, Brückenheilige, Bildstöcke, Mythen, Himmelsreisen, Todesfahrten

Läpple, Alfred; Deutschland, deine Wallfahrtsorte
Pattloch, Aschaffenburg, 1983

8.2. Tourismus

Bleistein, Roman; Freizeit wofür? Christliche Antwort auf eine Herausforderung der Zeit
Echter Verlag, Würzburg, 1978, 156 Seiten

Bleistein, Roman; Tourismus - Pastoral, Situationen, Probleme, Modelle
Echter Verlag, Würzburg, 1973, 272 Seiten

Eicher, Peter; Der Herr gibt's den Seinen im Schlaf
Kösel, München, 1980, 111 Seiten